职业教育·道路运输类专业教材
交通职业教育教学指导委员会推荐教材

Tuzhi yu Gonglu Jianzhu Cailiao
土质与公路建筑材料

（第2版）

孙新枝　主　编
王潘劳　主　审

人民交通出版社股份有限公司
China Communications Press Co.,Ltd.

内 容 提 要

本书为职业教育·道路运输类专业教材。其主要内容包括：土质、岩石与集料、无机胶凝材料、水泥混凝土与砂浆、无机结合料稳定材料、沥青材料、沥青混合料、钢材等9个单元，主要介绍公路工程用土和建筑材料的基本概念、物理性质、力学性质及各指标技术标准与技术要求、测定方法与测试结果的计算与分析。全书结合生产一线的实际情况进行编写，以任务引入为切入点，对各单元涉及的知识点、技能点进行分析讲解。

本书可作为交通职业院校道路与桥梁工程施工专业、公路养护与管理专业及其他相关专业教学用书，亦可供交通土建工程技术人员参考。

本书配套多媒体课件，教师可以通过加入职教路桥教学研讨群（QQ561416324）获取。另外，本书配以二维码资源，读者可通过扫码查看相关视频资源。

图书在版编目（CIP）数据

土质与公路建筑材料/孙新枝主编．— 2版．— 北京：人民交通出版社股份有限公司，2019.1

ISBN 978-7-114-14860-6

Ⅰ.①土… Ⅱ.①孙… Ⅲ.①道路工程—土质学—中等专业学校—教材②道路工程—建筑材料—中等专业学校—教材 Ⅳ.①U412.22②U414

中国版本图书馆CIP数据核字（2018）第264966号

职业教育·道路运输类专业教材
交通职业教育教学指导委员会推荐教材

书　　名：	土质与公路建筑材料（第2版）
著 作 者：	孙新枝
责任编辑：	刘　倩
责任校对：	张　贺
责任印制：	张　凯
出版发行：	人民交通出版社股份有限公司
地　　址：	（100011）北京市朝阳区安定门外外馆斜街3号
网　　址：	http://www.ccpcl.com.cn
销售电话：	（010）59757973
总 经 销：	人民交通出版社股份有限公司发行部
经　　销：	各地新华书店
印　　刷：	中国电影出版社印刷厂
开　　本：	787×1092　1/16
印　　张：	22.5
字　　数：	547千
版　　次：	2009年1月　第1版 2019年1月　第2版
印　　次：	2023年12月　第2版　第6次印刷　总第13次印刷
书　　号：	ISBN 978-7-114-14860-6
定　　价：	55.00元

（有印刷、装订质量问题的图书由本公司负责调换）

第2版前言

"土质与公路建筑材料"是全国职业院校道路运输类专业的一门技术性较强的专业基础课。《土质与公路建筑材料》于2009年1月正式出版,至今已被全国几十所职业院校作为教材使用,受到了使用院校师生的广泛好评。本教材2012年被交通职业教育教学指导委员会评为"十一五"全国交通职业教育优秀教材"三等奖"。

全书编写结合生产一线的实际情况,以"任务引入"为切入点,对单元(课题)涉及的知识点、技能点进行分析讲解,以"技能训练"为范例进行引导,并配合"课后任务"加强训练,形成"任务引入"→"任务分析"→"相关知识"→"任务实施"→"技能训练"→"课后任务"一整套的任务链。

本版教材在前版的基础上进行修订,引入最新标准、规范与规程。修订时,结合公路施工与养护中的实际情况,加入新技术、新工艺,并把布局不合理的单元进行了重新调整。增加了"任务实施"中的技能操作内容,重新设计"技能训练"的表达方式,使读者能更好地针对当前任务进行训练。另外,本版教材还为部分知识点增配了数字资源,便于学生学习理解。

本次教材修订过程中,编写组经过多方调研并听取学生反馈情况,结合此次修订重点,在吸收第一版教材使用意见的基础上,对部分单元(课题)内容进行了删减和补充。具体修订内容如下:

(1)在教材"任务实施"环节中,为部分知识点增配了试验检测操作视频,学生可随时扫码观看,有利于其自学与课前预习。

(2)教材有配套的PPT课件,内含辅助教学资料、习题集与答案,方便教师利用多媒体教学,也可以让学生在试验操作场地"边看""边学""边做",更能调动学生的学习积极性。

(3)教材每个课题后新增"技能训练"(试验实例)和"课后任务",有利于学生实践能力的培养。

(4)单元二新增集料的磨耗试验(T0317—2005)与粗集料及集料混合料的筛分试验(T0302—2005)。

(5)单元三根据《公路工程无机结合料稳定材料试验规程》(JTG E51—2009),修订石灰技术指标检测方法;根据《公路路面基层施工技术细则》(JTG

F20—2015),修订石灰等级的划分;根据《水泥标准稠度用水量、凝结时间、安定性检验方法》(GB/T 1346—2011),修订水泥标准稠度用水量、凝结时间、安定性检测方法;根据《公路工程路面基层稳定用水泥》(JT/T 994—2015),增加路面基层用水泥的技术性质要求与技术标准。

(6)单元四根据《公路水泥混凝土路面施工技术细则》(JTG/T F30—2014)与《公路桥涵施工技术规范》(JTG/T 3650—2020),修订水泥混凝土用粗细集料的技术要求与质量标准;根据《普通混凝土拌和物性能试验方法标准》(GB/T 50080—2016),修订普通混凝土拌和物性能试验方法;根据《普通混凝土配合比设计规程》(JGJ 55—2011),修订普通混凝土配合比设计方法、步骤;根据《建筑砂浆基本性能试验方法标准》(JGJ/T 70—2009),修订建筑砂浆基本性能试验方法;根据《砌筑砂浆配合比设计规程》(JGJ/T 98—2010),修订砌筑砂浆配合比设计方法、步骤。

(7)单元五重新调整课题设计。根据《公路路面基层施工技术细则》(JTG F20—2015)修订无机结合料稳定材料各材料的要求;根据《公路工程无机结合料稳定材料试验规程》(JTG E51—2009)修订无机结合料稳定材料技术性质指标的检测方法。

(8)单元六根据《公路工程沥青及沥青混合料试验规程》(JTG E20—2011),修订沥青技术性质指标的测定方法。

(9)单元七根据《公路工程沥青及沥青混合料试验规程》(JTG E20—2011),修订沥青混合料技术性质指标的测定方法,增加沥青混合料中沥青含量试验(燃烧炉法)(T0735—2011)。

(10)单元八根据《金属材料 拉伸试验 第一部分:室温拉伸试验方法》(GB/T 228.1—2010),修订金属材料冷拉试验方法;根据《金属材料 弯曲试验方法》(GB/T 232—2010),修订金属材料冷弯试验方法;根据《钢筋混凝土用钢 第1部分:热轧光圆钢筋》(GB 1499.1—2017),修订热轧直条光圆钢筋牌号、力学性能特征值与冷弯性能;根据《钢筋混凝土用钢 第2部分热轧带肋钢筋》(GB 1499.2—2018),修订热轧带肋钢筋牌号、力学性能特征值与冷弯性能。

(11)单元九根据《公路土工合成材料应用技术规范》(JTG/T D32—2012),修订土工合成材料的概念、分类及工程应用。

本教材具有以下特色:

1. 校企双元合作开发教材,突出职业教育特色

本教材编写组成员来自全国不同职业院校或企业,他们是多年从事"土质与公路建筑材料""公路工程现场检测技术"理论与试验检测操作的"双师型"教师,或是企业一线多年试验检测人员。编写人员多元化,使得教材内容既符合学生的知识结构和认知水平,又贴近工程实际,实用性更强。

2. 内容编排合理,突显"数字化"

学生可以在试验实习场所扫二维码观看试验操作视频,既适合教师利用多媒体教学,实现图、文、声、像并茂,使得内容呈现更直观形象、活泼生动,又便于学生理解和掌握。

3. 学习任务明确,培养学生自主学习的能力、团结协助精神

教师在教学前几天,下达任务书,让学生以小组的形式按任务要求自主学习,并按要求完成学习任务。

参加本书编写工作的有:四川交通职业技术学院王新宇(编写单元一、八),河南省驻马店市公路工程开发公司翟光明(编写单元二、三),河南省交通高级技工学校孙新枝(编写单元四、九),河南省驻马店市公路工程开发公司马仁胜(编写单元五、六),浙江公路技工学院洪新兰(编写单元七)。全书由孙新枝担任主编,浙江公路技工学院王潘劳担任主审。

由于编者水平有限,书中难免存在错误,请广大读者批评指正。

编者

2018 年 9 月

第1版前言

全国交通技工学校公路施工与养护专业第一轮通用教材于2001年5月出版,至今已经7年,为本专业的人才培养起到了极其重要的作用。但随着教学模式的变革及知识与技术的更新,该套教材已显陈旧。为此,经交通职业教育教学指导委员会公路(技工)专业指导委员会研究,决定对公路施工与养护专业的教学计划和课程内容进行修订,并在此基础上编写第二轮教材。在本套教材编写过程中我们力求做到以下几点:

第一、立足行业。从用人单位的岗位要求入手,分析现代公路建设对专业技术工人的能力结构要求,确定课程体系,明确教学目标,强化教材的针对性和实用性。

第二、立足国家职业标准。本教材以国家职业标准为依据,使教材涵盖了公路施工与养护职业或工种的相关要求,便于双证书制度在人才培养过程中的落实。

第三、立足学生的实际基础情况和学习规律。本教材充分考虑了技工学校学生的基础和学习特点,尽力摒弃冗长的理论叙述和复杂的公式,力求做到以图代文、通俗易懂、简明扼要。

第四、根据公路施工和养护技术的发展趋势,适当地加入了新知识和新技术的内容,使全书教学内容更趋合理。

第五、本套教材的每门课程都配有复习题,便于学生对知识的学习和巩固。

《土质与公路建筑材料》是全国技工学校公路施工与养护专业通用教材之一,内容包括:土质、集料、无机胶凝材料、水泥混凝土与砂浆、无机结合料稳定材料、沥青、沥青混合料、钢材及土工合成材料。

参加本书编写工作的有:四川交通职业技术学院王新宇(编写单元一),广西公路技工学校韦灵美(编写单元二、八),河南省交通高级技工学校孙新枝(编写单元三、四)、唐慧敏(编写单元五,单元七的课题三,单元九),浙江公路机械技工学校毛刚(编写单元六,单元七的课题一、二、四、五)。全书由孙新枝担任主编,浙江公路机械技工学校王潘劳担任主审,公路(技工)专业指导委员会聘请山东省公路高级技工学校刘治新担任本套教材的总统稿人。

本套教材在编写过程中得到了全国17个省市交通技工学校领导的大力支持

和帮助,共有 80 余名教师参加了教材的编审工作,在此表示感谢!

由于我们的业务水平和教学经验有限,书中难免有不妥之处,恳请使用本书的广大读者批评指正,并给出宝贵的建议。

交通职业教育教学指导委员会
公路(技工)专业指导委员会
2009 年 1 月

本教材配套资源索引

资源编号	资源名称	资源类型	对应本书页码
1	细集料的表观密度试验	视频	57
2	细集料的堆积密度及紧装密度试验	视频	59
3	细集料的筛分试验	视频	67
4	粗集料密度及吸水率试验	视频	76
5	粗集料的压碎值试验	视频	81
6	粗集料的磨耗率试验	视频	84
7	粗集料的筛分试验（干筛法）	视频	86
8	粗集料的筛分试验（水洗法）	视频	86
9	石灰有效 CaO+MgO 含量测定	视频	107
10	水泥细度（80μm 筛筛析法）试验	视频	120
11	水泥的标准稠度用水量试验	视频	123
12	水泥的凝结时间试验	视频	123
13	水泥的体积安定性试验	视频	123
14	水泥胶砂强度（ISO 法）试验	视频	129
15	水泥混凝土拌和物的拌和与现场取样方法	视频	154
16	水泥混凝土拌和物的和易性	视频	155
17	水泥混凝土试件的制作与养护（一）试件成型	视频	168
18	水泥混凝土试件的制作与养护（二）试件养护	视频	168
19	硬化后水泥混凝土的力学性质（一）	视频	169
20	硬化后水泥混凝土的力学性质（二）	视频	171
21	砂浆的保水性试验	视频	187
22	砂浆的稠度试验	视频	189
23	砂浆的立方体抗压强度试验	视频	191
24	无机结合料稳定材料的压实性（一）试料准备	视频	202
25	无机结合料稳定材料的压实性（二）试验步骤（甲法）	视频	202
26	无机结合料稳定材料的无侧限抗压强度	视频	211
27	沥青的黏滞性（一）准备工作	视频	238
28	沥青的黏滞性（二）试验步骤	视频	238
29	沥青的低温延伸性（一）准备工作	视频	241
30	沥青的低温延伸性（二）试验步骤	视频	241
31	沥青的温度稳定性（一）准备工作	视频	243

续上表

资源编号	资源名称	资源类型	对应本书页码
32	沥青的温度稳定性(二)试验步骤	视频	243
33	矿粉密度试验	视频	272
34	沥青与集料的黏附性 水煮法(一)准备工作	视频	275
35	沥青与集料的黏附性 水煮法(二)试验步骤	视频	275
36	沥青与集料的黏附性 水浸法(一)准备工作	视频	275
37	沥青与集料的黏附性 水浸法(二)试验步骤	视频	275
38	沥青混合料试件制作方法(击实法)一、准备工作	视频	287
39	沥青混合料试件制作方法(击实法)二、拌制沥青混合料	视频	287
40	沥青混合料试件制作方法(击实法)三、成型方法	视频	287
41	压实沥青混合料密度(表干法)试验	视频	294
42	沥青混合料马歇尔稳定度试验	视频	297
43	钢筋的拉伸试验	视频	327

注:直接扫描对应二维码观看学习。

目 录

单元一 土质 1
- 课题一 土的三相组成和粒度成分 1
- 课题二 土的物理性质及其指标 9
- 课题三 黏性土的稠度与塑性 20
- 课题四 土的压实性 27
- 课题五 土的工程分类及野外鉴别 39

单元二 岩石与集料 45
- 课题一 岩石 46
- 课题二 细集料 54
- 课题三 粗集料 73
- 课题四 矿质混合料的配合比设计 95

单元三 无机胶凝材料 100
- 课题一 石灰 100
- 课题二 水泥 111
- 课题三 粉煤灰 137

单元四 水泥混凝土与砂浆 141
- 课题一 水泥混凝土概述 141
- 课题二 新拌混凝土混合料的工作性 150
- 课题三 普通水泥混凝土的强度与耐久性 164
- 课题四 普通混凝土配合比设计(选学) 174
- 课题五 砂浆 186

单元五 无机结合料稳定材料 194
- 课题一 无机结合料稳定材料概述 194
- 课题二 无机结合料稳定材料的技术性质 199
- 课题三 无机结合料稳定材料的组成设计(选学) 217

单元六 沥青材料 224
- 课题一 石油沥青 224

课题二　乳化沥青 …… 249
　　课题三　改性沥青 …… 260
　　课题四　其他沥青 …… 262
单元七　沥青混合料 …… 264
　　课题一　沥青混合料概述 …… 264
　　课题二　沥青混合料中各组成材料的要求 …… 267
　　课题三　沥青混合料的技术性质和技术标准 …… 281
　　课题四　沥青混合料的配合比设计 …… 310
　　课题五　新型沥青混合料 …… 320
单元八　钢材 …… 324
　　课题一　钢材的技术性质 …… 324
　　课题二　钢筋与钢绞线 …… 334
单元九　土工合成材料（选学）…… 338
参考文献 …… 345

单元一 土 质

1. 土的概念及土的三相组成。
2. 土的粒度成分分析方法及表示方法。
3. 土的物理性质指标。
4. 黏性土的稠度与稠度指标。
5. 黏性土的击实性与击实规律。
6. 土的工程分类。

1. 土的颗粒分析(筛分法)。
2. 原状土的环刀法测定。
3. 土样含水率烘干法测定。
4. 土的液限、塑限测定。
5. 土的标准击实试验。
6. 各试验结果的计算与分析。

课题一　土的三相组成和粒度成分

 任务引入

什么是土？土有什么作用？土的大小如何表示？什么样的土能够在工程上使用？

 **任务分析**

土是一种天然材料，一般用在公路工程的路基中。土的三相组成决定了土的工程特性。土是由不同的土颗粒组成，土颗粒的大小对土的工程性质影响较大，因此，确定土的粒度成分是本课题的重点。

 相关知识

1. 土的概念

土是由地壳岩石经风化、剥蚀、搬运、沉积，形成由固体矿物、液态水和气体组成的一种集合体。换言之，岩石经过物理、化学、生物风化作用所形成的矿物颗粒堆积在一起，与其孔隙间的水以及空气等集合体组成了土。在不同的风化作用条件下可形成不同性质的土，包括黏土、砂、岩屑、岩块和砾石等。

土的特征是颗粒与颗粒之间的黏结强度低，甚至没有黏结性。因此，根据土粒之间有无黏结性，大致可将土分为砂类土（砾石、砂）和黏类土两大类。

土的颜色较为复杂，但以黑、红、白为基本色调。颜色是土粒成分的直观反映，黑色是因所含有机物腐化造成的，白色来自石英和高岭石的本色，红色主要是土中含有高价氧化铁。土的颜色随着土的形成环境不同，呈现着多种多样的变化。

在工程建设中，土往往因其用途不同而具有不同的功能。在建筑工程中（公路、桥梁、房屋、堤坝）土常被用作地基，用来支撑建筑物；在路堤、大坝等工程中，土则被用作建筑材料；在隧道、涵洞及地下建筑工程中，土则成为建筑物周围的介质或环境。

2. 土体与三相组成

土体是指建筑场地范围内由不同土层组成的单元体。土体中主要有固体颗粒、液态水、填充在孔隙中的空气。通常把土体看成是由固相（固体颗粒）、液相（液态水）和气相（气体）三部分组成的三相体（也称为三相土）。土的固体颗粒构成土的骨架，骨架之间存在大量孔隙，孔隙中被液态水（液相）和空气（气相）所填充，因此土也被称为三相介质。

（1）土的固体颗粒（也称为固相）

土的固体颗粒主要由矿物成分与有机质成分组成，是土体的骨架物质。土中固体颗粒的大小、形状、矿物成分及粒径大小的搭配情况，决定土的物理力学性质与工程性质。

（2）土的液相

土的液相是指土中孔隙中存在的水，它充填在颗粒间的孔隙内。土中的水以固态、液态、气态三种状态存在。

（3）土的气相

土中气体是指填充在土体孔隙中的气体。土中气体可分为自由气体（与大气连通）和封闭气体（与大气不连通）两种。自由气体由于与大气连通，土层受压力作用时土中气体能够从孔隙中挤出，对土的性质影响不大，工程建设中不予考虑。封闭气体与大气隔绝，存在于黏性土中，土层受压力作用时气体被压缩或溶解于水中，压力减小时又会恢复原状，因此，封闭气体的存在使土具有弹性和压缩性，对土的工程性质有较大影响。

自然界土体的三相比例不是一成不变的，而是随着周围环境条件改变而变化。土的三相比例不同，土的状态和工程性质也各不相同。当土中孔隙只有气体填充时为干土；当土中孔隙由液态水和气体填充时为湿土；当土中孔隙只有液态水填充时为饱和土。所以饱和土和干土都是两相土，湿土为三相土。

3. 土的粒度成分

土的成分包括矿物成分、化学成分和粒度成分三个方面。

1）粒组的划分

土的粒度是指土颗粒的大小，以粒径表示，通常以mm为单位。工程上通常把土粒由粗到细，将每一区段中所包括大小比例相近且工程性质基本相同的颗粒合并为组，称为粒组。每个粒组的区间常以其粒径的上、下限给以粒组命名，如砾粒、砂粒、粉粒、黏粒等。各组内还可细分成若干亚组。表1-1是我国部颁标准《公路土工试验规程》（JTG 3430—2020）粒组划分表。

粒 组 划 分 表   表1-1

200		60	20	5	2	0.5	0.25	0.075	0.002(mm)
巨粒组		粗粒组						细粒组	
漂石(块石)	卵石(小块石)	砾(角砾)			砂			粉粒	黏粒
		粗	中	细	粗	中	细		

2）粒度成分及粒度分析

工程上常把组成土的各种大小颗粒的相互比例关系，称为土的粒度成分（通常以干土重量的百分比表示）。土中各粒径范围颗粒重量的分布比例称为土的级配。用指定方法测定土的粒度成分的试验，称为土的颗粒分析。

土的粒度成分可用来描述土的各种不同粒径土粒的分布特性。

（1）粒度成分的分析方法

目前，我国常用的粒度分析方法是：对于粒径大于0.075mm的土粒，采用筛分法直接测定（具体测定方法见 T 0115—1993）；对于粒径小于0.075mm的细粒土，主要用沉降分析法测定；若土中粗细颗粒兼有时，则可联合使用上述两种方法。

（2）粒度成分的表示方法

常用粒度成分的表示方法有表格法、累计曲线法和三角坐标法。

①表格法。颗粒分析后，按粒径由大到小划分的各粒组及其测定的质量百分数，用表格的形式（表1-2）直接表达其颗粒级配情况。同一表格中可以表示多种土样的粒度成分的分析结果。

粒度成分的累计百分含量表示法   表1-2

粒径 d_i(mm)	粒径小于或等于 d_i 的累计百分含量 p_i(%)		
	土样 A	土样 B	土样 C
10	—	100	—
5	100	73	—
2	95	55	—
1	91	40	—
0.5	77	36	—
0.25	32	25	100
0.10	7	21	94
0.075	—	18	76
0.010		11	40
0.005	—	6	26
0.001		1	9

②累计曲线法。通常用半对数坐标纸绘制。横坐标表示粒径 d_i；纵坐标表示小于某一粒径的累计百分数 p_i 的含量。图1-1a）是根据表1-2提供的数据，在半对数坐标纸上绘制的土的粒度成分累计曲线。

从累计曲线图上可以看出：曲线平缓，表明土的粒度成分混杂，大小粒组都有，各粒组的相对含量都差不多；曲线坡度较陡，表明土粒比较单一，斜率最大线段所包括的粒组，在土样中的含量最多，成为具有代表性的粒组。

累计曲线的用途主要有以下两个方面：

a.由累计曲线可以直观地判断土中各粒组的分布情况。曲线 A 表示该土绝大部分是由比

3

较均匀的砂粒组成;而曲线 B 表示该土是由各种粒组的土粒组成,土粒极不均匀;曲线 C 表示该土中砂粒极少,主要由粉粒和黏粒组成。

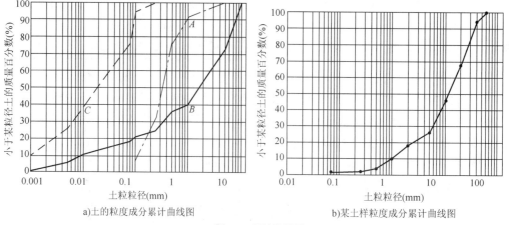

a)土的粒度成分累计曲线图　　　　b)某土样粒度成分累计曲线图

图 1-1　累计曲线图

b.由累计曲线可确定两个土粒的级配指标。

不均匀系数 C_u:

$$C_u = \frac{d_{60}}{d_{10}} \tag{1-1}$$

曲率系数(或称级配系数) C_c:

$$C_c = \frac{(d_{30})^2}{d_{10}d_{60}} \tag{1-2}$$

式中:d_{10}——土的有效粒径,即土中小于该粒径的颗粒质量为10%的粒径(mm);

d_{60}——土的限制粒径,即土中小于该粒径的颗粒质量为60%的粒径(mm);

d_{30}——土的平均粒径,即土中小于该粒径的颗粒质量为30%的粒径(mm)。

不均匀系数 C_u 反映土的粗细情况和级配情况。C_u 值越大,曲线越平缓,表明土颗粒大小分布范围大,土的级配良好。C_u 值越小,曲线越陡,表明土粒大小相近,土的级配不良。一般认为不均匀系数 $C_u < 5$ 时,称为匀粒土,其级配不好;$C_u \geq 5$ 时的土为非匀粒土,其级配良好。但仅用不均匀系数 C_u 来确定土的级配情况是不够的,还必须同时考虑曲率系数 C_c 的大小。C_c 值越高,表明土的均匀程度高;反之,均匀程度低。在工程上,常利用累计曲线确定的土粒两个级配指标来判断土的级配优劣情况。当同时满足不均匀系数 $C_u \geq 5$ 和曲率系数 $C_c = 1 \sim 3$ 这两个条件时,土为级配良好的土;若不能同时满足,土为级配不良的土。如图 1-1b)中,$d_{10} = 1.0\text{mm}$,$d_{30} = 6.8\text{mm}$,$d_{60} = 16.0\text{mm}$,计算得到 $C_u = 16.0$,$C_c = 2.89$,因此该土为级配良好土。

③三角坐标法。此法可用一张图来表达黏粒、粉粒和砂粒三种粒组的百分含量。其原理是利用几何上等边三角形中任意一点到三边的垂直距离之和等于三角形的高,即 $h_1 + h_2 + h_3 = H$ 来表达粒度成分。

任务实施(技能操作)

颗粒分析试验(筛分法)(T 0115—1993)

1.目的和适用范围

本试验方法适用于粒径大于0.075mm的土颗粒组成。对于粒径大于60mm的土样,本试验方法不适用。

2．仪器设备

（1）标准筛。粗筛（圆孔）孔径为60mm、40mm、20mm、10mm、5mm、2mm；细筛孔径为2.0mm、1.0mm、0.5mm、0.25mm、0.075mm。

（2）天平。称量5000g，感量5g；称量1000g，感量1g；称量200g，感量0.2g。

（3）摇筛机。

（4）其他。烘箱、筛刷、烧杯、木碾、研钵及杵等。

3．试样

从风干、松散的土样中，用四分法按照下列规定取出具有代表性的试样：小于2mm颗粒的土100～300g；最大粒径小于10mm的土300～900g；最大粒径小于20mm的土1000～2000g；最大粒径小于40mm的土2000～4000g；最大粒径大于40mm的土4000g以上。

4．试验步骤

1）对于无黏聚性的土

（1）按规定称取试样，将试样分批过2mm筛。

（2）将大于2mm的试样依从大到小的次序，通过大于2mm的各级粗筛。将留在筛上的土分别称重。

（3）2mm筛下的土如数量过多，可用四分法缩分至100～800g。将试样按从大到小的次序通过小于2mm的各级细筛。可用摇筛机进行振摇，振摇时间一般为10～15min。

（4）由最大孔径的筛开始，顺序将各筛取下，在白纸上用手轻轻摇晃，至每分钟筛下数量不大于该级筛余质量的1%为止。漏下的土粒应全部放入下一级筛内，并将留在各筛上的土样用软毛刷刷净，分别称量。

（5）筛后各级筛上和筛底土总质量与筛前试样质量之差，不应大于1%。

（6）如2mm筛下的土不超过试样总质量的10%，可省略细筛分析；2mm筛上的土不超过试样总质量的10%，可省略粗筛分析。

2）对于含有黏土粒的砂砾土

（1）将土样放在橡皮板上，用木碾将黏结的土团充分碾散、拌匀、烘干、称量。如土样过多时，用四分法称取代表性土样。

（2）将试样置于盛有清水的瓷盆中，浸泡并搅拌，使粗细颗粒分散。

（3）将浸润后的混合液过2mm筛，边冲边洗边过筛，直至筛上仅留大于2mm以上的土粒为止。然后，将筛上洗净的砂砾风干称量，按以上方法进行粗筛分析。

（4）通过2mm筛下的混合液存放在盆中，待稍沉淀，将上部悬液过0.075mm洗筛，用带橡皮头的玻璃棒研磨盆内浆液，再加清水，搅拌、研磨、静置、过筛，反复进行，直至盆内悬液澄清。最后，将全部土粒倒在0.075mm筛上，用水冲洗，直到筛上仅留大于0.075mm净砂为止。

（5）将大于0.075mm的净砂烘干称量，并进行细筛分析。

（6）将大于2mm颗粒及0.075～2mm的颗粒质量从原称量的总质量中减去，即为小于0.075mm颗粒质量。

（7）如果小于0.075mm颗粒质量超过总土质量的10%，有必要时，将这部分土烘干、取样，另做密度计或移液管分析。

5.结果整理

(1)按公式(1-3)计算小于某粒径颗粒质量百分数。

$$X = \frac{A}{B} \times 100 \tag{1-3}$$

式中：X——小于某粒径颗粒的质量百分数(%)，计算至0.1；
$\quad\quad A$——小于某粒径的颗粒质量(g)；
$\quad\quad B$——试样的总质量(g)。

(2)当小于2mm的颗粒用四分法缩分取样时，试样中小于某粒径的颗粒质量占总土质量的百分数，按公式(1-4)计算。

$$X = \frac{a}{b} \times p \times 100 \tag{1-4}$$

式中：a——通过2mm的试样中小于某粒径的颗粒质量(g)；
$\quad\quad b$——通过2mm筛的土样中所取试样的质量(g)；
$\quad\quad p$——粒径小于2mm的颗粒质量百分数(%)。

(3)在半对数坐标纸上，以小于某粒径的颗粒质量百分数为纵坐标，以粒径(mm)为横坐标，绘制颗粒大小级配曲线，求出各粒组的颗粒质量百分数，以整数(%)表示。

(4)必要时按式(1-1)与式(1-2)计算不均匀系数与曲率系数。不均匀系数计算至0.1且含两位以上有效数字。

(5)试验记录。土颗粒筛分试验记录见表1-3。

土颗粒筛分试验记录　　　　　　　表1-3

工程名称_____　　　　　试验方法_____
路段范围_____　　　　　试　验　者_____
试样来源_____　　　　　校　核　者_____
试验规程_____　　　　　试验日期_____

筛前总土质量		g	小于2mm取试样质量			g
小于2mm土质量		g	小于2mm土占总土质量			%

粗筛分析				细筛分析				
孔径 (mm)	留筛 土质量 (g)	小于该孔 径的土质量 (g)	小于该孔径 土质量 百分比 (%)	孔径 (mm)	留筛 土质量 (g)	小于该孔 径的土质量 (g)	小于该孔径 土质量 百分比 (%)	占总土 质量 百分比 (%)
60				2				
40				1				
20				0.5				
10				0.25				
5				0.075				
2				底盘				
底盘								
结论								

技能训练(试验实例)

试验实例见表1-4。

土的颗粒分析(筛分法)试验实训任务单及试验结果评定　　　表1-4

实训日期		姓名		成绩	
实训任务	土的颗粒分析(筛分法)(T 0115—1993)				
实训任务书	题目:现从施工现场取回桩号K1+520处的土一袋,作为路基填筑材料,试对该材料进行颗粒分析。 要求:对此土样用筛分法进行试验,测定其各粒组成分,绘制累计曲线图并判定其级配情况				
主要设备					
主要步骤	(每位学生按照实际操作过程进行填写)				

土颗粒筛分试验记录

工程名称	××二级公路	试验方法	T 0115—1993
路段范围	K1+000～K5+000	试验者	××
试样来源	委托	校核者	××
试验规程	JTG 3430—2020	试验日期	××

筛前总土质量	4000g	小于2mm取试样质量	100g
小于2mm土质量	1710g	小于2mm土占总土质量	42.8%

粗筛分析				细筛分析				
孔径 (mm)	留筛土 质量 (g)	小于该孔径 土质量 (g)	小于该 孔径土质量 百分比(%)	孔径 (mm)	留筛土 质量 (g)	小于该 孔径土 质量(g)	小于该 孔径土质量 百分比(%)	占总土 质量 百分比(%)
60	0	4000	100.0	2	0	100	100.0	42.8
40	200	3800	95.0	1	25	75	75.0	32.1
20	450	3350	83.8	0.5	22	53	53.0	22.7
10	780	2570	64.2	0.25	18	35	35.0	15.0
5	540	2030	50.8	0.075	14	21	21.0	9.0
2	320	1710	42.8	底盘	5	—	—	—
底盘								

结论	查图得知:$d_{10}=0.09$mm; $d_{30}=0.89$mm;$d_{60}=8.1$mm; $C_u=8.1/0.09=90.0$ $C_c=0.89^2/(0.09×8.1)=1.09$ 该土为级配良好土	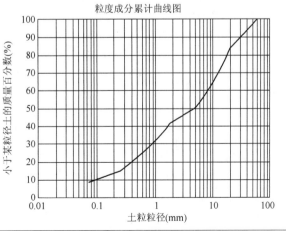 粒度成分累计曲线图

课后任务

任务一 什么是土？土的用途有哪些？

任务二 何谓土的粒组？土粒粒组如何划分？

任务三 什么是土的不均匀系数及曲率系数？如何从土的颗粒级配曲线及级配参数数值上评价土的工程性质？

任务四 完成表1-5中的实训任务并进行试验结果计算与评定。

土颗粒分析及试验结果评定　　　　　　　　　　　　　　　　　表1-5

实训日期		姓名		成绩	
实训任务	土的颗粒分析(筛分法)(T 0115—1993)				
实训任务书	题目：某高速公路需要用天然砂砾石作为路基填筑材料，试对该种材料进行颗粒分析。要求：对此土样用筛分法进行试验，测定其各粒组成分，绘制累计曲线图并判定其级配情况				
主要设备					
主要步骤					

土颗粒筛分试验记录

工程名称_____　　　　试验方法_____
路段范围_____　　　　试　验　者_____
试样来源_____　　　　校　核　者_____
试验规程_____　　　　试验日期_____

筛前总土质量	4000g	小于2mm取试样质量	100g
小于2mm土质量	g	小于2mm土占总土质量	%

粗 筛 分 析				细 筛 分 析				
孔径(mm)	留筛土质量(g)	小于该孔径的土质量(g)	小于该孔径土质量百分比(%)	孔径(mm)	留筛土质量(g)	小于该孔径的土质量(g)	小于该孔径土质量百分比(%)	占总土质量百分比(%)
60	0			2	0			
40	168			1	28			
20	632			0.5	42			
10	1465			0.25	15			
5	930			0.075	8			
2	243			底盘	7			
底盘	512							

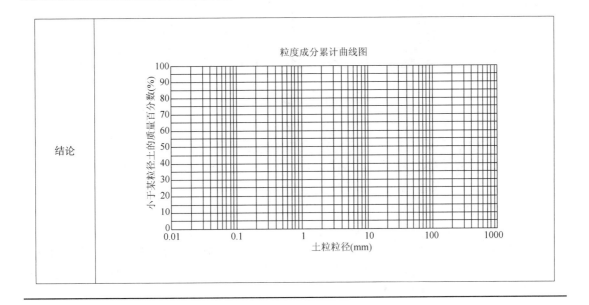

课题二 土的物理性质及其指标

 任务引入

什么是土的物理性质？土的物理性质指标有哪些？怎样计算？哪些属于实测指标？如何测定？

任务分析

土的三相物质体积和质量比例关系的有关指标，称为土的物理性质指标。土的三相物理指标反映土的干湿、松密、软硬等物理状态，是评价土的工程性质的基本物理性质指标。土的物理指标分别包括土的质量指标、土的含水性指标、土的孔隙性指标三大类指标。

相关知识

土的物理性质指标，是指土中固相、液相、气相三者在体积和质量方面的相对比值。组成土的固体颗粒、水和气体在质量和体积上的比例不同，则土的物理状态也会不同。土中的孔隙体积大，土就松；土中水分多，则土就软。要研究土的状态，就要分析土的三相比例关系。土的三相关系简图见图1-2。

1. 土的质量指标

1）土的相对密度 G_s

土的相对密度是指土在105～110℃下烘干至恒重时的质量与同体积4℃蒸馏水质量的比值。按公式(1-5)计算。它是土的基本物理性质指标之一。

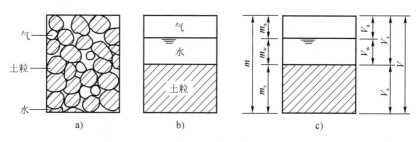

图1-2 土的三相图

$$G_s = \frac{m_s}{V_s \times \rho} \tag{1-5}$$

式中：G_s——土粒的相对密度；
m_s——干土粒的质量(g)；
V_s——干土粒的体积(cm^3)；
ρ——水在4℃时的密度(g/cm^3)。

土的相对密度只与组成土的矿物成分有关,而与土的孔隙大小及其所含水分多少无关。一般砂土的相对密度为2.65～2.69；粉质土的相对密度为2.70～2.71；黏土的相对密度可达2.72～2.75；含腐殖质多的黏质土相对密度较小,约为2.60。

常用测定方法有：比重瓶法、浮称法与虹吸筒法。

土粒相对密度常用比重瓶法测定。通常将烘干试样15g装入容积100mL玻璃制的比重瓶,用0.001g精度的天平称瓶加干土质量。注入半瓶水后煮沸1h左右以排除土中气体,冷却后将纯水注满比重瓶,再称总质量并测量瓶内水温计算而得。此法适用粒径小于5mm的土,对于粒径大于或等于5mm的土,可用浮称法和虹吸筒法测定。因各种土的相对密度相差不大,仅小数点后第2位不同,若当地已进行过大量比重试验,则往往采用经验值,当地无资料则必须进行试验实测。

2) 土的密度(ρ)

土的密度是指土的总质量与土的总体积的比值,单位为g/cm^3。这里所说的总质量包括：土粒的质量(m_s)、土孔隙中的水分(m_w)和气体(m_a)的质量；因气体质量极小,可视为$m_a \approx 0$。根据孔隙中水分情况可将土的密度分为天然密度(ρ)、干密度(ρ_d)、饱和密度(ρ_f)和水下密度(ρ')。

(1) 天然密度

天然密度(ρ)是指在天然状态下,土的单位体积的质量,包括土粒的质量(m_s)和孔隙中天然水分的质量,故又称之为土的湿密度,按公式(1-6)计算。它是土的基本物理性质指标之一。

$$\rho = \frac{m_w + m_s}{V} = \frac{M}{V} \tag{1-6}$$

式中：ρ——土的天然密度(g/cm^3)；
m_w——土中的水的质量(g)；
m_s——土中土粒的质量(g)；
V——土的总体积(cm^3)；
M——土的总质量(g)。

土的密度与土的结构和所含水分的多少以及矿物成分有关,所以在测定土的湿密度时,必须用原状土样。原状土是指天然结构与天然含水率没有发生变化的土。测定土的湿密度也可根据工程的需要制备所需状态的扰动土样。

土的湿密度值一般在 1.60~2.20g/cm³ 之间。

测定土的湿密度,通常用环刀法,适用于细粒土;电动取土器法适用于无机结合料稳定细粒土和硬塑土密度的快速测定;灌水法适用于现场测定粗粒土和巨粒土的密度;灌砂法适用于现场测定细粒土、砂粒土和砾类土的密度;蜡封法适用于易破裂土和形状不规则的坚硬土。

(2)干密度

干密度(ρ_d)是指干燥状态下单位体积土的质量,即土中固体土粒的质量(m_s)与土的体积(V)比值。按公式(1-7)计算。

$$\rho_d = \frac{m_s}{V} = \frac{\rho}{1+0.01w} \tag{1-7}$$

式中:ρ_d——土的干密度(g/cm³);

m_s——土中土粒的质量(g);

V——土的总体积(cm³);

ρ——湿密度(g/cm³);

w——土的含水率(%)。

土的干密度实际上是土中完全不含水分的密度,某一土样的干密度值的大小反映了土粒排列的紧密程度。一般情况下土的干密度值越大,土越密集,孔隙度越小。在工程中把干密度作为评定填土施工质量的重要指标,用它计算其土的压实度 γ,按公式(1-8)计算。

$$\gamma = \frac{\rho_d}{\rho_{dmax}} \times 100 \tag{1-8}$$

式中:γ——压实度(%);

ρ_d——工地实测的干密度(g/cm³);

ρ_{dmax}——标准击实试验所得最大干密度(g/cm³)。

(3)饱和密度

饱和密度(ρ_f)是指当土的孔隙中全部为水所充满时的密度,按公式(1-9)计算。

$$\rho_f = \frac{m_s + m_w'}{V} = \frac{m_s + v_n \rho_w}{V} \tag{1-9}$$

式中:ρ_f——饱和密度(g/cm³);

m_w'——土的孔隙中充满水的质量(g);

ρ_w——水的密度(g/cm³);

v_n——土的孔隙体积(cm³)。

(4)土的水下密度

土的水下密度 ρ' 是指在地下水位以下,土体受水的浮力作用时,单位体积土体中土粒的质量扣除土体排开同体积水的质量,又称为浮密度或浸水密度,按公式(1-10)计算。

$$\rho' = \frac{m_s + m_w' - V\rho_w}{V} = \rho_f - 1 \tag{1-10}$$

式中:ρ'——土的水下密度(g/cm³)。

在工程计算中,地下水位以下土层的密度,都要采用水下密度指标。

同一种土的四种密度之间的关系为:$\rho_f \geq \rho \geq \rho_d > \rho'$。

2.土的含水性指标

土的含水率是指土中水的质量与土颗粒质量的比值,以百分率表示,它是土的基本物理性质指标之一,表征土中含水情况的指标有天然含水率和饱和度。

1)土的天然含水率(w)

土的天然含水率是指在 105~110℃下烘至恒重时所失去的水分质量和达到恒重时干土质量的比值,一般用百分数表示,按公式(1-11)计算。

$$w = \frac{m_w}{m_s} \times 100 \tag{1-11}$$

式中:w——土的天然含水率(%)。

土的天然含水率要求直接采用原状土测定。含水率的测定方法有多种,工程上常用的有以下几种:

(1)烘干法。适用于测定黏质土、粉质土、砂类土、有机质土和冻土类的含水率。

(2)酒精燃烧法。适用于快速简易测定细粒土的含水率。将称完质量的试样盒放在耐热桌面上,倒入酒精至试样表面齐平,点燃酒精燃烧,熄灭后仔细搅拌试样,重复倒入酒精燃烧3次,冷却后称其质量,计算而得。该方法操作简便,可在施工现场试验,但对于含有有机质的土不宜用该方法测定含水率。

(3)比重法。仅适用于砂类土。向玻璃瓶中注入清水至1/3左右,然后用漏斗将200~300g 试样倒入瓶中,并用玻璃棒搅拌1~2min,至空气完全排出。再向瓶中加清水至完全充满,称质量(准确至0.5g),合计而得。

2)土的饱和度(S_r)

土的饱和度是指孔隙中水的体积 V_w 与孔隙体积 V_v 之比,按公式(1-12)计算。

$$S_r = \frac{V_w}{V_v} \times 100 \tag{1-12}$$

式中:S_r——土的饱和度(%);

V_w——孔隙中水的体积(cm^3);

V_v——孔隙体积(cm^3)。

土的饱和度是一个辅助性指标,它可以用来评价土的干湿状态。完全干燥的土,$S_r = 0\%$;完全饱和的土,$S_r = 100\%$。根据土的饱和度可以把砂类土划分为稍湿($0\% < S_r \leq 50\%$)、很湿($50\% < S_r \leq 80\%$)和饱和($80\% < S_r \leq 100\%$)三种状态。

颗粒较粗的砂类土,对含水率的变化不敏感,当 w 发生变化时,它的工程性质变化不大,所以对于砂类土的物理状态可采用 S_r 来反映;但对于颗粒较细的黏性土,对含水率的变化十分敏感,当 w 增加时,体积膨胀,结构也发生了改变,因而黏质土一般不用 S_r 这一指标。

3.土的孔隙性指标

土中存在着许多孔隙及其所具有的这些特性,称为土的孔隙性。土的透水性、压缩性等物理特性,都与土的孔隙性有密切的关系。孔隙性指标有孔隙率与孔隙比。

1)土的孔隙率 n

土的孔隙率是指土体中孔隙的体积与土总体积的比值,以百分率表示,又称孔隙度。它表示土中孔隙大小的程度。按公式(1-13)计算。

$$n = \frac{V_n}{V} \times 100 \tag{1-13}$$

式中：n——土的孔隙率(%)。

在工程计算中，n 是常用指标，一般为 30%～50%。

2) 孔隙比 e

孔隙比是土中孔隙的体积与固体颗粒体积的比值，常用小数表示，按公式(1-14)计算。

$$e = \frac{V_n}{V_s} \tag{1-14}$$

式中：e——土的孔隙比。

土的孔隙比直接反映土的紧密程度，孔隙比越大，土越疏松；孔隙比越小，土越密实。一般在天然状态下的土，若 $e<0.6$，可作为良好的地基；若 $e>1$，表明土中 $V_n > V_s$，是工程性质不良的土。

n 与 e 都是反映孔隙性的指标。但在应用上却有所不同。凡是用于与整个土的体积有关测试时，一般用 n 较为方便；但若是要对比一种土的变化状态时，则用 e 较为准确。由于 V_s 是不变的，可视为定值，土在荷载作用下引起变化的是 V_n，而 e 的变化与 n 的变化成正比，所以 e 能明显地反映孔隙体积的变化。在工程设计计算中，常用 e 这一指标。

孔隙率与孔隙比的相互关系见公式(1-15)：

$$n = \frac{e}{1+e} \text{ 或 } e = \frac{n}{1-n} \tag{1-15}$$

4. 砂类土的相对密实度 D_r

密实度是反映砂类土松紧状态的指标，常用相对密实度来表示，也称为无黏聚性土的相对密实度。砂类土天然结构（即土粒排列松紧）的状况，对其工程性质有极大影响。砂类土在最松散状况下的孔隙比值为最大孔隙比 e_{max}；经振动或捣实后，砂砾间相互靠拢压密，其孔隙比为最小孔隙比 e_{min}；在天然状态下的孔隙比为 e。

砂类土的相对密实度就是指最大空隙比和天然孔隙比之差与最大孔隙比和最小孔隙比之差的比值，一般用小数或百分数表示，按公式(1-16)计算。

$$D_r = \frac{e_{max} - e}{e_{max} - e_{min}} \tag{1-16}$$

式中：D_r——砂类土的相对密实度。

当 $D_r = 0$，即 $e = e_{max}$ 时，表示砂类土处于最疏松状态；当 $D_r = 1$ 时，即 $e = e_{min}$，表示砂类土处于最紧密状态。

《公路桥涵地基与基础设计规范》(JTG 3363—2019)中用标准贯入试验的锤击数 N 来判定砂土的密实度，将砂土分为四级，见表1-6。

砂土密实度划分表　　　表1-6

分　级	标准贯入平均击实数 N
密实	$N > 30$
中密	$15 < N \leq 30$
稍密	$10 < N \leq 15$
松散	$N \leq 10$

e 可推导计算，但对 e_{max}、e_{min} 而言不能准确测定，加之要取原状砂土的土样也十分困难，故对砂土，D_r 值的误差也很大。对此，在实际工程中，用标准贯入试验法或静力触探试验，

在现场测其近似值,作为 D_r 分级的参考。具体测定方法在《公路工程现场测试技术》中讲授。

土的十个物理性质指标——G_s、ρ、ρ_d、ρ_f、ρ'、S_r、n、e 并非各自独立,互不相关。G_s、ρ 和 w 为基本物理性质指标,必须通过试验直接测定,称为三个实测指标,其余指标可根据三个实测指标计算导出。其换算关系见表1-7。

土的物理性质主要指标一览表　　　　　　　　　　　　　　　　　表1-7

指标名称	表达式	参考数值	指标来源	实际应用
相对密度 G_s	$G_s = \dfrac{m_s}{V_s \rho_w}$	2.65~2.75	由试验测定	换算 n、e、ρ_d
密度 ρ (g/cm³)	$\rho = \dfrac{m}{V}$	1.60~2.20	由试验测定	换算 n、e,说明土的密实情况
干密度 ρ_d (g/cm³)	$\rho_d = \dfrac{m_s}{V}$	1.30~2.00	$\rho_d = \dfrac{\rho}{1+w}$	换算 n、e、s,进行粒度分析,压缩试验资料整理
饱和密度 ρ_f (g/cm³)	$\rho_f = \dfrac{m_s + V_n \rho_w}{V}$	1.80~2.30	$\rho_f = \dfrac{\rho(G_s-1)}{G_s(1+w)}+1$ 或 $\rho_f = \rho_d + n\rho_w$	
水下密度 ρ' (g/cm³)	$\rho' = \dfrac{m_s - V_s \rho_w}{V}$		$\rho_f = \dfrac{\rho(G_s-1)}{G_s(1+w)}$ 或 $\rho' = \rho_f - \rho_w$	计算潜水面以下地基土自重应力;分析人工边坡稳定
天然含水率 $w(\%)$	$w = \dfrac{m_w}{m_s} \times 100$	0~100%	由试验测定	换算 S_r、ρ_d、n、e,计算土的稠度指标
饱和度 $S_r(\%)$	$S_r = \dfrac{V_w}{V_n} \times 100$		$S_r = \dfrac{G_s \rho w}{G_s(1+w)-\rho} \times 100$	说明土的饱水状态;计算砂土、黄土地基承载力
孔隙度 $n(\%)$	$n = \dfrac{V_n}{V} \times 100$		$n = \left[1 - \dfrac{\rho}{G_s(1+w)}\right] \times 100$	计算地基承载力;估计砂土密度和渗透系数;压缩试验资料整理
孔隙比 e	$e = \dfrac{V_n}{V_s}$		$e = \dfrac{G_s(1+w)}{\rho} - 1$	计算土中孔隙体积;换算 e 和 ρ'

任务实施(技能操作)

【一】 土的含水率试验(烘干法)(T 0103—2019)

1. 目的和适用范围

本试验方法适用于测定黏质土、粉类土、砂类土、砂砾石、有机质土和冻土等土类的含水率。

2. 仪器设备

(1)烘箱。可采用电热烘箱或温度能保持105~110℃的其他能源烘箱。

(2)天平。称量200g,感量0.01g;称量5000g,感量0.1g。

(3)其他。干燥器、称量盒等(图1-3)[为简化计算手续,可将盒质量定期(3~6个月)调整为恒质量值]。

3.试验步骤

(1)取具有代表性试样,细粒土不小于50g砂类土,有机质土不小于100g,砂砾石不小于1kg,放入称量盒内,立即盖好盒盖,称质量。

图1-3 环刀、铝盒

(2)揭开盒盖,将试样和盒放入烘箱内,在温度105~110℃恒温下烘干①。烘干时间对细粒土不得少于8h,对砂类土不得少于6h,对含有机质超过5%的土或含石膏的土,应将温度控制在60~70℃的恒温下,干燥12~15h为宜。

(3)将烘干后的试样和盒取出,放入干燥器内冷却(一般只需0.5~1h即可)②。冷却后盖好盒盖,称质量,准确至0.01g。

注:①对于大多数土,通常烘干16~24h就足够。但是,某些土或试样数量过多或试样很潮湿,可能需要烘更长的时间。烘干的时间也与烘箱内试样的总质量、烘干的尺寸及其通风系统的效率有关。

注:②如铝盒的盖密闭,而且试样在称量前放置时间较短,可以不需要放在干燥器中冷却。

4.结果整理

(1)按公式(1-17)计算含水率。

$$w = \frac{m - m_s}{m_s} \times 100 \tag{1-17}$$

式中:w——含水率,计算至0.1(%);

m——湿土质量(g);

m_s——干土质量(g)。

(2)试验记录。土的含水率试验记录表如表1-8所示。

土的含水率试验记录(烘干法)　　　　表1-8

工程名称_____　　　　试验方法_____
路段范围_____　　　　试　验　者_____
试样来源_____　　　　校　核　者_____
试验规程_____　　　　试验日期_____

盒号	项目编号及计算公式	1	2	3	4
盒质量(g)	(1)				
盒+湿土质量(g)	(2)				
盒+干土质量(g)	(3)				
水分质量(g)	(4)=(2)-(3)				
干土质量(g)	(5)=(3)-(1)				
含水率(g)	(6)=(4)/(5)				
平均含水率(g)	(7)				

(3)精密度和允许差。本试验须进行二次平行测定,取其算术平均值作为测定值,允许平行差值应符合表1-9规定。

含水率测定的允许平行差值　　　　表1-9

含水率W(%)	允许平行差值(%)	含水率(%)	允许平行差值(%)
$W \leq 5$	≤ 0.3	>40.0	≤ 2.0
$5.0 < W \leq 40.0$	≤ 1.0	—	—

【二】 土的密度试验(环刀法)(T 0107—1993)

1. 目的和适用范围

本试验方法适用于细粒土。

2. 仪器设备

(1)环刀(图1-3)。内径6~8cm,高2~5.4cm,壁厚1.5~2.2mm。

(2)天平。感量0.1g。

(3)其他。修土刀、钢丝锯、凡士林等。

3. 试验步骤

(1)按工程需要取原状土或所需状态的扰动土样,整平两端,环刀内壁涂一薄层凡士林,刀口向下放在土样上。

(2)用修土刀或钢丝锯将土样上部削成略大于环刀直径的土柱,然后将环刀垂直向下压,边压边削,至土样伸出环刀上部为止。削去两端余土,使土样与环刀口面齐平,并用剩余土样测定含水率。

(3)擦净环刀外壁,称环刀与土的质量m_1,准确至0.1g。

4. 结果整理

(1)按公式(1-18)计算湿密度及公式(1-19)计算干密度。

$$\rho = \frac{m_1 - m_2}{V} \tag{1-18}$$

$$\rho_d = \frac{\rho}{1 + 0.01w} \tag{1-19}$$

式中:ρ——湿密度计算至0.01(g/cm³);

m_1——环刀与土的质量(g);

m_2——环刀质量(g);

V——环刀体积(cm³);

ρ_d——干密度计算至0.01(g/cm³);

w——含水率(%)。

(2)试验记录。土的密度试验记录见表1-10。

土的密度试验记录(环刀法)　　　　　　　表1-10

工程名称_____　　　试验方法_____
路段范围_____　　　试　验　者_____
试样来源_____　　　校　核　者_____
试验规程_____　　　试验日期_____

土样编号				
环刀号				
环刀容积(cm³)				
环刀质量(g)				
湿土+环刀质量(g)				
湿土质量(g)				
湿密度(g/cm³)				
平均湿密度(g/cm³)				
盒号				
盒质量(g)				
盒+湿土质量(g)				
盒+干土质量(g)				
干土质量(g)				
水质量(g)				
含水率(%)				
平均含水率(%)				
干密度(g/cm³)				

(3)精密度与允许差。本试验须进行二次平行测定,取其算术平均值作为测定值,其平行差值不得大于0.03g/cm³。

 技能训练(试验实例)

试验实例见表1-11、表1-12。

土的含水率试验实训任务单及试验结果评定　　　　　表1-11

实训日期		姓名		成绩	
实训任务	土的含水率试验				
实训任务书	题目:现从施工现场取回K1+500及K2+680两段不同桩号的细粒土两袋,拟测定其天然含水率 要求:对土样进行制备,并用烘干法测定其天然含水率				
主要设备	烘箱、天平				
主要步骤	(每位学生按照实际操作过程进行填写)				

17

续上表

土的含水率试验记录(烘干法)

工程名称　××二级公路　　　　试验方法　T 0103—2019
路段范围　K1+000~K3+000　　　试验者　　××
试样来源　委托　　　　　　　　校核者　　××
试验规程　JTG 3430—2020　　　 试验日期　××

盒号	项目编号及计算公式	01	02	03	04
盒质量(g)	(1)	20.00	20.00	20.00	20.00
盒+湿土质量(g)	(2)	38.87	40.54	40.65	40.45
盒+干土质量(g)	(3)	34.45	36.76	36.16	35.94
水分质量(g)	(4)=(2)-(3)	3.42	3.78	4.49	4.51
干土质量(g)	(5)=(3)-(1)	15.45	16.76	16.16	15.94
含水率(g)	(6)=(4)/(5)	22.1	22.6	27.8	28.3
平均含水率(g)	(7)	22.4		28.1	

环刀法测土的天然密度试验实训任务单及试验结果评定　　表1-12

实训日期		姓名		成绩	
实训任务	土的天然密度试验					
实训任务书	题目:为评定某路基的工程特性,需要测定土基的天然密度,以便于路基设计。 要求:按一定的频率在地基上现场钻取的芯样,用环刀法测土的天然密度,并计算其干密度				
主要设备					
主要步骤	(每位学生按照实际操作过程进行填写)				

土的密度试验记录(环刀法)

工程名称　××二级公路　　　　试验方法　T 0107—1993
路段范围　K1+235 桥基　　　　 试验者　　××
试样来源　委托　　　　　　　　校核者　　××
试验规程　JTG 3430—2020　　　 试验日期　××

土样编号	1					
环刀号	01	02				
环刀容积(cm^3)	200	200				
环刀质量(g)	209.0	199.8				
土+环刀质量(g)	574.0	566.0				
土样质量(g)	365.4	366.2				
湿密度(g/cm^3)	1.83	1.83				
平均湿密度(g/cm^3)	1.83					
盒号	01	02				
盒质量(g)	37.20	33.90				
盒+湿土质量(g)	66.40	62.30				

续上表

盒+干土质量(g)	62.40	58.30				
干土质量(g)	25.20	24.40				
水质量(g)	4.00	4.00				
含水率(%)	15.9	16.4				
平均含水率(%)	16.2					
干密度(g/cm³)	1.58					

课后任务

任务一 土的物理性质指标有哪些？哪些指标是可以直接测定的？如何测定？

任务二 说明土的天然密度、干密度、饱和密度与水下密度的物理概念和相互之间的关系，并比较同一种土的各密度数值的大小。

任务三 相对密度是否会出现 $D_r > 1.0$ 和 $D_r < 0$ 的情况？

任务四 某土样体积为 80cm³，经测定，土粒相对密度为 2.72，土样的质量为 154g，烘干质量为 140g，求该土样的天然密度、干密度、孔隙比各是多少？

任务五 某砂土的密度为 1.68g/cm³，天然含水率为 12.4%，土粒相对密度为 2.70，烘干后测得土样的最小孔隙比为 0.478，最大孔隙比为 0.917，判定该砂土的密实度。

任务六 完成表 1-13 环刀法测定土的天然密度任务单及干密度计算。

环刀法测定土的天然密度任务单及干密度计算　　　　表1-13

实训日期		姓名		成绩	
实训任务	土的天然密度试验				
实训任务书	题目：在某二级公路路基施工现场用环刀法对原状土进行天然密度测定，以便于路基施工。 要求：要求按一定的频率用环刀法测定土的天然密度，并计算其干密度				
主要设备					
主要步骤	（每位学生按照实际操作过程进行填写）				

土的密度试验记录（环刀法）

工程名称＿＿＿＿＿＿＿　　　　试验方法＿＿＿＿＿＿＿

路段范围＿＿＿＿＿＿＿　　　　试　验　者＿＿＿＿＿＿＿

试样来源＿＿＿＿＿＿＿　　　　校　核　者＿＿＿＿＿＿＿

试验规程＿＿＿＿＿＿＿　　　　试验日期＿＿＿＿＿＿＿

土样编号	1		2		3	
环刀号	01	04	15	09	12	27
环刀容积(cm³)	200	200	200	200	200	200
环刀质量(g)	198.2	195.4	197.4	198.3	199.1	195.2
土+环刀质量(g)	624.3	617.8	665.2	670.2	642.4	648.9
土样质量(g)						

续上表

土样编号	1		2		3	
湿密度(g/cm³)						
平均湿密度(g/cm³)						
盒号	17	31	28	29	10	39
盒质量(g)	45.10	39.62	42.15	44.52	40.92	45.10
盒+湿土质量(g)	73.60	72.32	69.41	73.92	58.42	61.03
盒+干土质量(g)	68.20	65.94	62.65	66.68	54.38	57.24
干土质量(g)						
水质量(g)						
含水率(%)						
平均含水率(%)						
干密度(g/cm³)						

课题三　黏性土的稠度与塑性

任务引入

黏性土随着含水率的不同稠度状态有哪些？什么是黏性土的界限含水率？黏性土的界限含水率有哪些？如何测定土的界限含水率？

任务分析

黏性土中的液相决定其稠度状态，利用黏性土在不同含水率下表现出的稠度不同，来反映黏性土的稠度状态。而黏性土的界限含水率是确定土的稠度状态的主要指标。

相关知识

含水率对黏性土的工程性质(如强度、压缩性等)有极大的影响。当土从很湿的状态逐渐变干时，会表现出不同的物理状态，土也就有不同的工程性质。

1) 稠度、稠度状态和界限含水率

土的软硬程度特性称为稠度。随着含水率的增高，土从固体状态变为半固体状态再到可塑状态，最后转变为流动状态，这些不同的物理状态称为土的稠度状态。通常把土的稠度状态分为固态、半固态、塑态、液态等。

黏性土由一种稠度状态转变到另一种稠度状态的分界含水率称为界限含水率(表1-14)。工程上常用的分界含水率有缩限、塑限、液限，它对黏性土的分类和工程性质的评价有重要意义。

土的稠度及界限含水率 表1-14

稠度状态	稠度特征	界限含水率	含水率减少方向	土体积缩小方向
流塑的	呈层状流动	液限 w_L 塑限 w_p 缩限 w_s		
可塑的	塑性变形			
硬塑的	不易变形			
坚硬的	坚硬难变形		土体积不变	

(1)缩限 w_s(%)。黏性土呈半固态不断蒸发水分,则体积不断缩小,直到体积不再变化时的界限含水率称为缩限。

(2)塑限 w_p(%)。黏性土由半固态转到可塑状态的界限含水率称为塑限。

(3)液限 w_L(%)。黏性土由可塑状态转到流动状态的界限含水率称为液限。

2)黏性土的塑性及其指标

土的塑性是指土在一定外力作用下可以塑造成任何形状而不改变其整体性,当外力取消后,在一段时间内仍保持其已变形后的形态而不恢复原状的性能,也称为土的可塑性。塑性状态是黏性土的一种特殊状态,因此,黏性土又称为塑性土。

判断土的可塑性强弱的指标采用塑性指数 I_p,即土的液限与塑限之差,按公式(1-20)计算。

$$I_p = w_L - w_p \tag{1-20}$$

式中:I_p——土的塑性指数;

w_L——土的液限;

w_p——土的塑限。

黏性土的塑性指数大小,主要取决于土中黏粒、胶粒及矿物成分的亲水性。即:土中黏粒、胶粒含量越多,亲水性越强,土的塑性指数越大,可塑性愈强;反之,则越小。在工程应用中常用 I_p 值对黏性土进行分类和命名,见表1-15。

土按塑性指数(I_p)的分类 表1-15

土的名称	砂土(无塑性土)	亚砂土(低塑性土)	亚黏土(中塑性土)	黏土(高塑性土)
塑性指数	$I_p \leq 1$	$1 < I_p \leq 7$	$7 < I_p \leq 17$	$I_p > 17$

根据塑性指数 I_p 值对土进行分类,其局限性较大,只能作为参考,如两种细粒土液限和塑限不同,所得的塑性指数可能相同。细粒土的分类还可用塑性图来定名,此种分类方法在本单元课题五中讲述。

3)液性指数 I_L

黏性土的液性指数又称相对稠度,是天然含水率与塑限的差值与液限与塑限的差值之比,按公式(1-21)计算。

$$I_L = \frac{w - w_p}{w_L - w_p} \tag{1-21}$$

式中:I_L——土的液性指数;

w——土的天然含水率;

w_L——土的液限;

w_p——土的塑限。

黏性土的液性指数是反映土的稠度的指标。对于某种黏性土,其液限 w_L 和塑限 w_p 都是一定值,土的天然含水率越大,液性指数越大,土越稀软。在工程上,为了更好地掌握天然土的稠度状态,将液性指数划分为五级,见表1-16。

黏性土相对稠度状态 表1-16

液性指数值	$I_L \leq 0$	$0 < I_L \leq 0.25$	$0.25 < I_L \leq 0.75$	$0.75 < I_L \leq 1$	$I_L > 1$
稠度状态	坚硬状态	硬塑状态	可塑状态	软塑状态	流塑状态

4)天然稠度 w_c

黏性土的液限和天然含水率的差值与液限和塑限的差值之比,称为天然稠度,按公式(1-22)计算:

$$w_c = \frac{w_L - w}{w_L - w_p} \qquad (1-22)$$

在公路工程中,常用天然稠度来区分黏性土的状态,它与液性指数的关系是 $w_c + I_L = 1$。

5)黏性土的界限含水率测定方法

黏性土界限含水率的测定方法很多,目前常用液限和塑限联合测定仪同时测定液限和塑限(见 T 0118—2007),也可用液限碟式仪法、塑限滚搓法等方法测定。

任务实施(技能操作)

液限和塑限联合测定法(T 0118—2007)

1.目的和适用范围

(1)本试验的目的是联合测定土的液限和塑限,为划分土类、计算天然稠度和塑性指数提供依据,供公路工程设计和施工使用。

(2)本试验适用于粒径不大于0.5mm、有机质含量不大于试样总质量5%的土。

2.仪器设备

(1)液塑限联合测定仪(图1-4)。锥质量为100g或76g,锥角为30°,读数显示形式宜采用光电式、数码式、游标式和百分表式。

(2)盛土杯。直径50mm,深度40~50mm。

(3)天平。称量200g,感量0.01g。

(4)其他。筛(孔径0.5mm)、调土刀、调土皿、称量盒、研钵(附带橡皮头的研杵或橡皮板、木棒)、干燥器、吸管、凡士林等。

3.试验步骤

(1)取有代表性的天然含水率或风干土样进行试验。如土样中含大于0.5mm的土粒或杂物时,应将风干土样用带橡皮头的研杵研碎或用木棒在橡皮板上压碎,过0.5mm的筛。

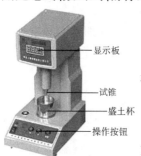
图1-4 数显示液限和塑限联合测定仪

(2)取0.5mm筛下代表性风干土样,每个盛土皿中放大约200g,加入不同数量蒸馏水土样的含水率分别控制在液限(a点)、略大于塑限(c点)和二者的中间状态(b点)。用调土刀调匀,盖上湿布,放置18h以上。测定 a 点的锥入深度应为20mm±0.2mm(100g锥)或17mm(76g锥)。测定 c 点的锥入深度应控制在5mm(100g锥)或2mm

(76g锥)以下。对于砂类土,测定 c 点的锥入深度可大于5mm(100g锥)或2mm(76g锥)。

(3)将制备的土样充分搅拌均匀,分层装入盛土杯,用力压密,使空气逸出。对于较干的土样,应先充分搓揉,用调土刀反复压实。试杯装满后,刮成与杯边齐平。

(4)调平仪器,接通电源,打开开关,提起锥体,锥头上涂少许凡士林。

(5)将装好土样的试杯放在联合测定仪升降座上,转动升降旋钮,待锥尖刚与土样表面接触时停止升降,打开测试键,锥体自行下沉,经5s时,试锥自动停止下沉,读数窗显示锥入深度 h_1。

(6)改变锥尖与土接触位置(锥尖两次锥入位置距离不小于1cm),重复(4)、(5)步骤,得锥入深度 h_2,要求 h_1、h_2 允许误差为0.5mm,否则应重做。取 h_1、h_2 平均值作为该点的锥入深度 h。

(7)去掉锥尖入土时的凡士林,取10g以上土样两个,分别装入称量盒内,称质量(准确至0.01g),测定其含水率 w_1、w_2(计算到0.1%),计算含水率平均值 w。

(8)重复(3)~(7)步骤,对其他两个含水率进行试验,测其锥入深度和含水率。

4.结果整理与试验记录

1)结果整理

(1)在双对数坐标纸上,如表1-17所示,以含水率 w 为横坐标,锥入深度 h 为纵坐标,点绘 a、b、c 三点含水率与锥入深度的关系图 h-w 图,连接此三点,应呈一条直线。如三点不在同一条直线上,要通过 a 点与 b、c 两点连成两条直线,根据液限(a 点含水率)在 h_p-w_L 图上查得 h_p,以此 h_p 再在 h-w 图上的 ab 及 ac 直线上求出相应的两个含水率,当两个含水率的差值小于2%时,以该两点的平均值与 a 点连成一条直线。当两个含水率的差值大于2%时,应重做试验。

(2)液限的确定。在 h-w 图上,若为100g锥,查得纵坐标入土深度 $h=20$mm 所对应的横坐标的含水率 w,即为该土样的液限 w_L;若为76g锥,查得纵坐标入土深度 $h=17$mm 所对应的横坐标的含水率 w,即为该土样的液限 w_L。

(3)塑限的确定。根据所求液限 w_L,通过液限与塑限时入土深度的关系曲线(图1-5),查得 h_p,再由 h-w 图求出入土深度为 h_p 时所对应的含水率,即为该土样的塑限 w_p。

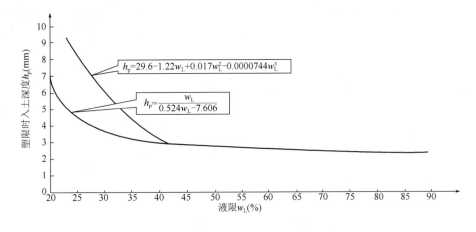

图1-5 液限 w_L 与塑限时入土深度 h_p 关系曲线图

对于细粒土,液限 w_L 与塑限时入土深度 h_p 的关系曲线,是按经验公式(1-23)的计算值绘制成的,同时,塑限时入土深度 h_p 也可按公式(1-23)计算。

$$h_p = \frac{w_L}{0.524w_L - 7.606} \tag{1-23}$$

对于砂类土则用多项式曲线确定 h_p 的值,相应的计算公式为式(1-24)。

$$h_p = 29.6 - 1.22w_L + 0.017w_L^2 - 0.0000744w_L^3 \tag{1-24}$$

在使用这两个公式之前,须先通过简易鉴别及筛分法,把砂类土与细粒土区分开来。

2)精密度与允许差

本试验须进行两次平行测定,取其算术平均值作为测定值,以整数(%)表示。其允许差为:高液限小于或等于2%,低液限小于或等于1%。

3)试验记录

土的液限、塑限试验记录表见表1-17。

土的液限、塑限试验记录表 表1-17

工程名称_____　　　　试验方法_____
路段范围_____　　　　试　验　者_____
取土深度_____　　　　校　核　者_____
取样设备_____　　　　试验日期_____

试验项目		试验次数		
		1	2	3
入土深度(mm)	h_1			
	h_2			
	平均值			
含水率(%)	盒号			
	盒质量(g)			
	盒+湿土质量(g)			
	盒+干土质量(g)			
	干土质量(g)			
	水质量(g)			
	含水率(g)			
	平均值(%)			

液限 w_L(%)	
塑限 w_p(%)	
塑性指数 I_p	

h-w 关系图

技能训练(试验实例)

试验实例见表1-18。

黏性土的液限和塑限联合测定实训任务单及试验结果计算 表1-18

实训日期		姓名		成绩	
实训任务	液限和塑限联合测定法(T 0118—2007)				
实训任务书	题目:对表1-4土的颗粒分析试验实训任务单上所用土拟测定其液限、塑限。 要求:采用液塑限联合测定法测定其液限、塑限,并计算其塑性指数				
主要设备					
主要步骤	(每位学生按照实际操作过程进行填写)				

土的液限、塑限试验记录表

工程名称　　××二级公路　　　　　　试验方法　　T 0118—2007
取样桩号　　K1+500　　　　　　　　试验者　　　××
试样来源　　委托　　　　　　　　　　校核者　　　××
试验规程　　JTG 3430—2020　　　　　试验日期　　××

试验项目		试验次数					
		1	2		3		
入土深度(mm)	h_1	4.80	12.20		20.10		
	h_2	4.70	12.40		20.00		
	平均值	4.75	12.30		20.05		
含水率(%)	盒号	1	2	3	4	5	6
	盒质量(g)	12.41	13.02	12.11	12.02	11.81	12.13
	盒+湿土质量(g)	55.12	63.43	69.80	73.03	73.81	67.20
	盒+干土质量(g)	46.62	53.53	56.51	58.82	58.03	52.90
	干土质量(g)	34.21	40.51	44.40	46.80	46.22	40.77
	水质量(g)	8.50	9.90	13.29	14.21	15.78	14.30
	含水率(g)	24.8	24.4	29.5	30.3	34.1	35.0
	平均值(%)	24.6		30.1		34.6	

液限w_L(%)	34.5
塑限w_p(%)	21.8
塑性指数I_p	12.7

h-w关系图

课后任务

任务一 什么是黏性土的稠度状态?什么是黏性土的界限含水率?

任务二 什么是液限、塑限、缩限?如何测定土的液限与塑限?

任务三 塑性指数的大小反映了土的什么特征?如何用液性指数划分土的稠度状态?

任务四 某黏性土样天然含水率为32.4%,液限49.5%,塑限27.3%,求此黏性土样的塑性指数、液性指数,并确定该土样的名称及稠度状态。

任务五 完成表1-19液限和塑限联合测定法任务单及液限和塑限计算。

液限和塑限联合测定法任务单   表1-19

实训日期		姓名		成绩	
实训任务	液限和塑限联合测定法(T 0118—2007)				
实训任务书	题目:根据对课题二课后任务六,在完成了现场环刀法检测后,从检测现场取回土样,拟对该土样测定其液限和塑限。 要求:采用液限和塑限联合测定法测定其液限、塑限,并计算其塑性指数				
主要设备					
主要步骤	(每位学生按照实际操作过程进行填写)				

土的液限、塑限试验记录表

工程名称_____ 试验方法_____
路段范围_____ 试 验 者_____
取土深度_____ 校 核 者_____
取样设备_____ 试验日期_____

试 验 项 目		试 验 次 数		
		1	2	3
入土深度 (mm)	h_1	3.80	10.52	20.02
	h_2	3.70	10.77	19.96
	平均值			

含水率 (%)	盒号	1	2	3	4	5	6
	盒质量(g)	107.52	96.15	108.04	105.22	104.74	105.85
	盒+湿土质量(g)	123.52	125.62	132.52	134.83	146.14	149.25
	盒+干土质量(g)	120.63	120.42	126.93	128.14	134.53	137.24
	干土质量(g)						
	水质量(g)						
	含水率(g)						
	平均值(%)						

液限 w_L(%)	
塑限 w_P(%)	
塑性指数 I_P	

h-w关系图

课题四　土的压实性

 任务引入

为什么在施工过程中要对土进行压实？不同的土有哪些压实特性？什么是土的承载能力？如何评定土的承载能力？

 任务分析

公路工程中路基等结构物在施工过程中为了保证填土的密实性，常对填土进行压实，经压实后的土，其强度、稳定性都得到了提高。但土在不同的含水率情况下，其压实性有较大的差异，在施工前必须找出填土的最佳含水率。测定土的最佳含水率的方法是标准击实试验。

相关知识

1. 在动荷载作用下的压实性

1）土的压实性

在工程建设中，经常遇到填土或软弱地基，为了改善这些土的工程性质，常采用压实（或夯实）的方法使土变得密实，称为土的压实性。使土变密实的方法是指采用人工或机械对土施以夯压能量（如夯、碾、振动等），使土在短时间内颗粒重新排列变密，获得最佳结构以改善和提高土的力学性能。

填土与天然土层即原状土不同，填土经过挖掘、搬运之后，其原状结构已被破坏，含水率也发生了变化，堆填时必然在土团之间留下许多大空隙，因此，未经压实的填土强度低，压缩性大而且不均匀，遇水也易发生塌陷、崩解等现象。为使其满足工程要求，必须按一定标准压实，特别是像路堤这样的土工构筑物，在车辆的频繁运行和反复动荷载作用下，可能出现不均匀或过大的沉陷或塌落，甚至发生失衡滑动，从而恶化运营条件以及增加维修工作量。所以，路堤填土必须具有足够的密实度，才能确保行车平顺和安全。

2）压实特性

（1）黏性的压实特性

图 1-6 是根据黏性土的击实数据绘出的击实曲线。由图可知，随着含水率的增加，土的干密度也逐渐增大，表明压实效果逐步提高；当含水率达到某一定值时，土的干密度达到最大值（峰值）；随着含水率的继续增加，干密度则减小，即压密效果下降。这说明土的压实效果随着含水率变化而变化，只有在最佳含水率时，土才能被压实至最大干密度。因此，在施工过程中测定土的最大干密度和最佳含水率对于指导施工至关重要。

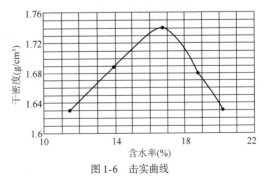

图 1-6　击实曲线

同一种土的塑限与土的最佳含水率有一定的内在联系,根据实践经验可知,黏性土的最佳含水率 w_{op} 与土的塑限之间的关系是:$w_{op} = w_p + 2$。土中所含黏土矿物越多、颗粒越细时,最佳含水率越大。另外,最佳含水率还与击实功的大小有关。除了含水率、击实功对土的压实效果有影响外,土粒级配对压密效果也有显著影响,均匀颗粒的土不易被压密,因此在工程建设中,要选择符合级配要求的土作为路堤填料。

(2)无黏性土的压实特性

无黏性土颗粒较粗,颗粒之间没有或只有很小的黏聚力,不具有可塑性,多成单粒结构,压缩性小,透水性高,抗剪强度较大,且含水率的变化对它的性质影响不显著。

工程实践证明,对于无黏性土的压实,应该有一定静荷载与动荷载联合作用,才能达到较好的压实度。

3)土的最大干密度试验

(1)细粒土

细粒土用标准击实试验测定土的最大干密度。标准击实试验是研究土的压实性能的室内基本试验方法(见 T 0131—2019),是通过击实仪进行模拟施工现场压实条件的试验操作。

击实是指对土瞬时重复施加一定的机械功使土体变密的过程。

(2)粗粒土、巨粒土

粗粒土、巨粒土用表面振动压实仪法和震动台法测定土的最大干密度。

2. 土基的承载能力

路基(土基)作为公路路面结构的基础,其抵抗荷载变形能力的大小,主要取决于路基顶面在一定应力条件下的抵抗变形的能力。目前在工程中主要用加州承载比来反映土基的承载能力。

加州承载比是早年由美国加利福尼亚州公路局提出的一种评定土基及路面材料承载能力的主要指标,简称 CBR。所谓 CBR 值是指试件贯入量达到规定值时的单位压力与标准碎石压入相同贯入量时标准荷载强度的比值,以百分表示。标准碎石的强度是用高质量碎石材料由试验求得,其与贯入量之间的关系如表 1-20 所示。

不同贯入量时的标准荷载强度与标准荷载　　　　表 1-20

贯入量(mm)	标准荷载强度(kPa)	标准荷载(kN)	贯入量(mm)	标准荷载强度(kPa)	标准荷载(kN)
2.5	7000	13.7	10.0	16200	31.8
5.0	10500	20.3	12.5	18300	36.0
7.5	13400	26.3			

我国现行标准《公路工程质量检验评定标准》(第一册　土建工程)(JTG F80/1—2017)规定,路基填方材料的最小强度(CBR)应符合表 1-21 的要求。

路基填方材料最小强度和最大粒径　　　　表 1-21

项目分类		填料最小强度(CBR)(%)		填料最大粒径(cm)
	(路面底面以下深度)	高速公路及一级公路	二级及二级以下公路	
路堤	上路床(0~30cm)	8.0	6.0	10
	下路床(30~80cm)	5.0	4.0	10
	上路堤(80~150cm)	4.0	3.0	15
	下路堤(>150cm)	3.0	2.0	15

任务实施(技能操作)

【一】 标准击实试验(T 0131—2019)

1. 目的和适用范围

本试验适用于细粒土。分轻型击实和重型击实。应根据工程需要和试样最大粒径按表 1-22 选用击实试验方法,当粒径大于 40mm 的颗粒含量大于 5% 且不大于 30% 时,应对试验结果进行校正。当粒径大于 40mm 的颗粒含量大于 30% 时应按本规程 T 0133—2019 进行。

2. 仪器设备

(1)标准击实仪(电动击实仪如图 1-7 所示,手动击实仪如图 1-8 所示)。轻重型试验方法和设备的主要参数见表 1-22。

图 1-7 电动击实仪

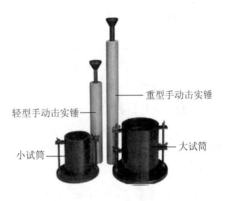

图 1-8 手动击仪

击实试验方法种类　　　　　　　表 1-22

试验方法	类别	锤底直径(cm)	锤质量(kg)	落高(cm)	试筒尺寸		试样尺寸		层数	每层击数	击实功(kg/m³)	最大粒径(mm)
					内径(cm)	高(cm)	高度(cm)	体积(cm³)				
轻型	Ⅰ-1	5	2.5	30	10	12.7	12.7	997	3	27	598.2	20
	Ⅰ-2	5	2.5	30	15.2	17	12	2177	3	59	598.2	40
重型	Ⅱ-1	5	4.5	45	10	12.7	12.7	997	5	27	2687.0	20
	Ⅱ-2	5	4.5	45	15.2	17	12	2177	3	98	2677.2	40

(2)烘箱及干燥器。
(3)电子天平。称量 2000g,感量 0.01g;称量 10kg,感量 1g。
(4)圆孔筛。孔径 40mm、20mm、5mm 各 1 个。
(5)拌和工具。400mm×600mm、深 70mm 的金属盘,土铲。
(6)其他。喷水设备、碾土器、盛土盘、量筒、推土器、铝盒、修土刀、平直尺等。

3. 试样准备

(1)本试验可分别采用不同的方法准备试样。各方法可按表 1-23 准备试样。

试 样 用 量　　　　　　　　　表1-23

使用方法	类别	试筒内径(cm)	最大料径(mm)	试样用量(kg)
干土法	b	10	20	至少5个试样,每个3
		15.2	40	至少5个试样,每个6
湿土法	c	10	20	至少5个试样,每个3
		15.2	40	至少5个试样,每个6

(2)干土法。过40mm筛后按四分法至少准备5个试样,分别加入不同水分(按1%~3%含水率递增),拌匀后闷料一夜备用。

(3)湿土法。对于高含水率土,可省略过筛步骤,用手捡除大于40mm石子即可。保持天然含水率的第一个土样,可立即做击实试验。其余几个土样,将土分成小土块,分别风干,使含水率按2%~4%递减。

4.试验步骤

(1)根据工程要求,按表1-22规定选择轻型或重型试验方法。

(2)称取试筒质量,精确至1g。将试筒放在坚硬的地面上,在筒壁上抹一薄层凡士林,并在筒底(小试筒)或垫块(大试筒)上放置蜡纸或塑料薄膜,取制备好的土样分3~5次倒入筒内。小筒按三层法时,每次约800~900g(其量应使击实后的试样等于或略高于筒高的1/3);按五层法时,每次需400~500g(其量应使击实后的土样等于或略高于筒高1/5)。对于大试筒,先将垫块放入筒内底板上,按三层法时,每层需试样1700g左右,整平表面,并稍加压紧。然后按规定的击数进行第一层土的击实,击实时击锤应自由垂直落下,锤迹必须均匀分布于土样面,第一层击实完后,将试样表面"拉毛",然后装入套筒,重复上述方法进行其余各土层的击实。小试筒击实后,试样不应高出筒顶面5mm;大试筒击实后,试样不应高出筒顶面6mm。

(3)用修土刀沿套筒内壁削刮,使试样与套筒脱离后,扭动并取下套筒,齐筒顶细心削平试样,拆除底板,擦净筒外壁,称量(准确至1g)。

(4)用推土器推出筒内试样,从试样中心处取样测其含水率,计算至0.1%。测定含水率用试样数量按表1-24规定取样(取代表性试样)。两个试样含水率的精度应符合表1-9的规定。

测定含水率用试样数量　　　　　　　表1-24

最大粒径(mm)	试样质量(g)	个数
<5	15~20	2
约5	约50	1
约20	约250	1
约40	约500	1

(5)按上述方法进行其他含水率试样的击实试验。

5.结果整理与试验记录

1)结果整理

(1)按公式(1-25)计算击实后的干密度:

$$\rho_d = \frac{\rho}{1+0.01w} \tag{1-25}$$

式中:ρ_d——干密度(g/cm^3);

ρ——天然密度(g/cm^3);

w——含水率(%)。

(2)以干密度为纵坐标,含水率为横坐标,绘制干密度与含水率的关系曲线(图1-6),曲线上峰值点的纵、横坐标分别为最大干密度和最佳含水率。如果曲线不能明显绘出峰值点,应进行补点或重做试验。

(3)精度与允许差。最大干密度精确至$0.01g/cm^3$,最佳含水率精确到0.1%。

2)试验记录

土的击实试验记录如表1-25所示。

土的标准击实试验记录表 表1-25

工程名称_____ 试验方法_____
路段范围_____ 试 验 者_____
试样来源_____ 校 核 者_____
试验规程_____ 试验日期_____

	取土地点及深度:		筒号		落距		
	土样制备及说明:		筒容积		每层击数		
	设备编号:		击锤质量		大于2mm颗粒含量		
	试筒编号	1	2	3	4	5	
密度	试验用水量(mL)						
	筒+土质量(g)						
	筒质量(g)						
	湿土质量(g)						
	湿密度(g/cm^3)						
	干密度(g/cm^3)						
含水率	盒号						
	盒+湿土质量(g)						
	盒+干土质量(g)						
	盒质量(g)						
	水质量(g)						
	干土质量(g)						
	含水率(%)						
	平均含水率(%)						击实曲线图
结论	最佳含水率= ;最大干密度=						

【二】 承载比(CBR)试验(T 0134—2019)(选做)

1.目的和适用范围

(1)本试验方法适用于在规定的试筒内制件后,对各种土进行承载比试验。

(2)试样的最大粒径宜控制在20mm以内,最大不得超过40mm且粒径在20~40mm的颗粒含量不超过5%。

2.仪器设备

(1)圆孔筛:孔径40mm、20mm及5mm筛各1个。

(2)试筒(图1-9):内径152mm、高170mm的金属圆筒;套环,高50mm;筒内垫块,直径151mm、高50mm;夯击底板,同击实仪。也可用(T 0131—2007)击实试验中的大击实筒。

(3)夯锤和导管:夯锤的底面直径50mm,总质量4.5kg。夯锤在导管内的总行程为450mm,夯锤的形式和尺寸与重型击实试验法所用的相同。

(4)贯入杆:端面直径50mm、长约100mm的金属柱。

(5)路面材料强度仪或其他载荷装置:能量不小于50kN,能调节贯入速度至每分钟贯入1mm,可采用测力计式,如图1-10所示。

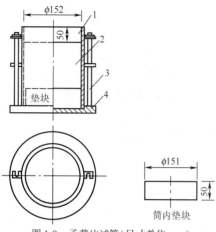

图1-9 承载比试筒(尺寸单位:mm)
1-套环;2-试筒;3-拉杆;4-夯击底板

(6)百分表:3个。

(7)试件顶面上的多孔板(测试件吸水时的膨胀量),如图1-11所示。

图1-10 路面材料强度仪

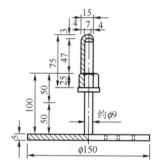

图1-11 带调节杆的多孔板(尺寸单位:mm)

(8)多孔底板(试件放上后浸泡水中)。

(9)测膨胀量时支承百分表的架子:如图1-12所示,或采用压力传感器测试。

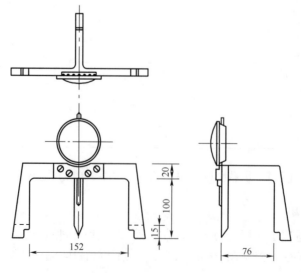

图1-12 膨胀量测定装置(尺寸单位:mm)

(10)荷载板:直径150mm,中心孔眼直径52mm,每块质量1.25kg,共4块,并沿直径为两个半圆块。如图1-13所示。

(11)水槽:浸泡试件用,槽内水面应高出试件顶面25mm。

(12)天平。称量2000g,感量0.01g;称量50kg,感量5g。

(13)其他:拌和盘、直尺、滤纸、脱模器等与击实试验相同。

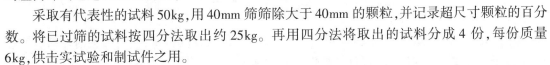

图1-13 荷载板(尺寸单位:mm)

3.试样

将具有代表性的风干试料(必要时可在50℃烘箱内烘干),用木碾捣碎,但应尽量注意不使土或粒料的单个颗粒破碎。土团均应捣碎到通过5mm的筛孔。

采取有代表性的试料50kg,用40mm筛筛除大于40mm的颗粒,并记录超尺寸颗粒的百分数。将已过筛的试料按四分法取出约25kg。再用四分法将取出的试料分成4份,每份质量6kg,供击实试验和制试件之用。

在预定做击实试验的前一天,取有代表性的试料测定其风干含水率。测定含水率试样数量参照表1-21。

4.试验步骤

(1)称试筒本身质量(m_1),将试筒固定在底板上,将垫块放入筒内,并在垫块上放一张滤纸,安上套环。

(2)将试料按表Ⅰ-22中Ⅱ-2规定的层数和每层击数进行击实,求试料的最大干密度和最佳含水率。

(3)将其余3份试料,按最佳含水率制备3个试件。将一份试料平铺于金属盘内,按计算得的该份试料应加的水量[按公式(1-26)计算]均匀地喷洒在试料上。

$$m_w = \frac{m_i}{1+0.01w_i} \times 0.01(w-w_i) \qquad (1-26)$$

式中:m_w——所需的加水量(g);

m_i——含水率w_i时土样的质量(g);

w_i——土样原有含水率(%);

w——要求达到的含水率(%)。

用小铲将试料充分拌和至均匀状态,然后装入密闭容器或塑料口袋内浸润备用。

浸润时间:重黏土不得少于24h,轻黏土可缩短到12h,砂土可缩短到1h,天然河砂可缩短到2h左右。

制每个试件时,都要取样测定试料的含水率。

注:需要时,可制备三种干密度试件。如每种干密度试件制3个,则共制9个试件。每层击数分别为30次、50次和98次,使试件的干密度从低于95%到等于100%的最大干密度。这样,9个试件共需试料约55kg。

(4)将试筒放在坚硬的地面上,取备好的试样分3次倒入筒内,每层需试样1700g左右(其量应使击实后的试样高出1/3筒高1~2mm)。整平表面,并稍加压紧,然后按规定的击数进行第一层试样的击实,击实锤应自由垂直落下,锤迹必须均匀分布于试样面上。第一层击实完后,将试样层面"拉毛",然后再装入套筒,重复上述方法进行其余每层试样的击实。大试筒击实后,试样不宜高出试筒顶高10mm。

(5)卸下套环,用直刮刀沿试筒顶修平击实的试件,表面不平整处用细料修补。取出垫块,称试筒和试件的质量(m_2)。

(6)泡水测膨胀量。步骤如下：

①在试件制成后,取下试件顶面的破残滤纸,放一张好滤纸,并在其上安装附有调节杆的多孔板,在多孔板上加4块荷载板。

②将试筒与多孔板一起放入槽内(先不放水),并用拉杆将模具拉紧,安装百分表,并读取初读数。

③向水槽内放水,使水自由进到试件的顶部和底部。在泡水期间,槽内水面应保持在试件顶面以上大约25mm。通常试件要泡水4昼夜。

④泡水终了时,读取试件上百分表的终读数,并用公式(1-27)计算膨胀量。

$$膨胀量 = \frac{泡水后试水后试件高度变化}{原试件高(120mm)} \times 100 \qquad (1-27)$$

⑤从水槽中取出试件,倒出试件顶面的水,静置15min,让其排水,然后卸去附加荷载和多孔板、底板和滤纸,并称量 m_3,以计算试件的湿度和密度的变化。

(7)贯入试验。

①将泡水试验终了的试件放到路面材料强度试验仪的升降台上,调整偏球座,对准、整平并使贯入杆与试件顶面全部接触,在贯入杆周围放置4块荷载板。

②先在贯入杆上施加45N荷载,然后将测力和测变形的百分表指针均调整至零点。

③加荷使贯入杆以1~1.25mm/min的速度压入试件,同时测记三个百分表的读数。记录测力计内百分表某些整读数(如20、40、60)时的贯入量,并注意使贯入量为 250×10^{-2}mm 时,能有5个以上的读数。因此,测力计内的第一个读数应是贯入量 30×10^{-2}mm 左右。

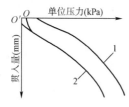

图1-14 单位压力与贯入量的关系曲线图

5. 结果整理

(1)以单位压力(p)为横坐标,贯入量(l)为纵坐标,绘制 p-l 关系曲线,如图1-14所示。图上曲线1是合适的。曲线2开始是凹曲线,需要进行修正。修正时在变曲率点引一切线,与坐标交于 O' 点,O' 点即为修正后的原点。

(2)一般采用贯入量为2.5mm时的单位压力与标准压力之比作为材料的承载比(CBR),按公式(1-28)计算。

$$CBR = \frac{p}{7000} \times 100 \qquad (1-28)$$

式中:CBR——承载比(%),计算至0.1;

p——单位压力(kPa)。

同时按公式(1-29)计算贯入量为5mm时的承载比。

$$CBR = \frac{p}{10500} \times 100 \qquad (1-29)$$

取两者中大值作为该材料的承载比(CBR)。

(3)试件的湿密度用公式(1-30)计算:

$$\rho = \frac{m_2 - m_1}{2177} \qquad (1-30)$$

式中:ρ——试件的湿密度计算至0.01(g/cm³);

m_2——试筒和试件的合计质量(g);

m_1——试筒的质量(g);

2177——试筒的容积(cm³)。

(4)试件的干密度按公式(1-25)计算。

(5)泡水后试件的吸水量按公式(1-31)计算:

$$w_a = m_3 - m_2 \tag{1-31}$$

式中:w_a——泡水后试件的吸水量(g);

m_3——泡水后试筒和试件的合计质量(g);

m_2——试筒和试件的合计质量(g)。

6. 精密度和允许差

如根据3个平行试验结果计算得的承载比变异系数 C_V 大于12%,则去掉一个偏离大的值,取其余两个结果的平均值。如 C_V 小于12%。

CBR值(%)与膨胀量(%)取小数点后一位。

7. 试验记录

本试验记录表格式如表1-26和表1-27所示。

膨胀量试验记录　　　　　　　　表1-26

土样编号_____　　　试验规程_____
最大干密度_____　　试验者_____
最佳含水率_____　　校核者_____
每层击数_____　　　试验日期_____

	试验次数	1	2	3
膨胀量	筒号			
	泡水前试件(原试件)高度(mm)			
	泡水后试件高度(mm)			
	膨胀量(%)			
	膨胀量平均值(%)			
密度	筒质量 m_1(g)			
	筒+试件质量 m_2(g)			
	筒体积(cm³)			
	湿密度 ρ(g/cm³)			
	含水率 w(%)			
	干密度 ρ_d(g/cm³)			
	干密度平均值 ρ_d(g/cm³)			
吸水率	泡水后筒+试件合计质量 m_3(g)			
	吸水量 w_a(g)			
	吸水量平均值(g)			

贯 入 试 验 记 录

表1-27

试验次数	测力计百分表读数 R(0.01mm)	对应的单位压力 p(kPa)	变形百分表读数(0.01mm)			贯入量 L（mm）	CBR(%)	
			左表	右表	平均值		$L=2.5$mm	$L=5.0$mm
1								
2								
3								

备注：单位压力与贯入量的关系曲线另附

结论

技能训练(试验实例)

试验实例见表1-28。

标准击实试验实训任务单及试验结果评定

表1-28

实训日期		姓名		成绩	
实训任务	标准击实试验(T 0131—2019)				
实训任务书	题目：现某施工单位委托试验室对其所送的细粒土进行击实试验，以确定该土样的最大干密度及最佳含水率。 要求：对该种材料按标准法进行击实试验，以确定其最大干密度与最佳含水率				

36

续上表

主要设备	
主要步骤	（每位学生按照实际操作过程进行填写）

土的标准击实试验记录表

工程名称　××二级公路　　　　　　　试验方法　T 0131—2019
路段范围　K1+000~K5+000　　　　　　试　验　者　××
试样来源　委托　　　　　　　　　　　校　核　者　××
试验规程　JTG 3430—2020　　　　　　试验日期　××

取土地点及深度:K1+850		筒号	2	落距		45cm
土样制备及说明:干土法(不重复使用)		筒容积	997cm³	每层击数		27
设备编号:HS-021		击锤质量	4.5kg	大于5mm颗粒含量		—

	试筒编号	1		2		3	4	5	
干密度	试验用水量(mL)	300		360		420	480	540	
	筒+土质量(g)	3865		3964		4074	4040	4003	
	筒质量(g)	2050		2050		2050	2050	2050	
	湿土质量(g)	1815		1914		2024	1990	1953	
	湿密度(g/cm³)	1.82		1.92		2.03	2.00	1.96	
	干密度(g/cm³)	1.63		1.69		1.74	1.68	1.63	
含水率	盒号	20	13	12	11	14	15	16	21	22	17
	盒+湿土质量(g)	82.33	74.52	76.82	84.51	82.61	95.71	87.44	92.62	91.34	98.41
	盒+干土质量(g)	75.23	68.22	69.02	75.51	72.61	83.91	76.34	80.52	78.14	83.91
	盒质量(g)	12.83	13.62	12.52	11.21	13.11	12.91	17.14	16.22	12.44	12.51
	水质量(g)	7.10	6.30	7.80	9.00	10.00	11.80	11.10	12.10	13.20	14.50
	干土质量(g)	62.40	54.60	56.50	64.30	59.50	71.00	59.20	64.30	65.70	71.40
	含水率(%)	11.4	11.5	13.8	14.0	16.8	16.6	18.8	18.8	20.1	20.3
	平均含水率(%)	11.4		13.9		16.7		18.8		20.2	
结论	此土样的最佳含水率=16.7%； 最大干密度=1.74g/cm³									

课后任务

任务一 简述在施工过程中为何要对填土进行压实。

任务二 黏性土在压实过程中,含水率与干密度有何关系?

任务三 在土的标准击实试验中,重型击实与轻型击实有何区别?

任务四 某湿土样300g,已知其含水率为20%,现需制备成含水率为26%的土样,需加多少水?

任务五 完成表1-29中的实训任务单与试验结果评定。

标准击实试验实训任务单及试验结果评定 表1-29

实训日期		姓名		成绩	
实训任务	标准击实试验(T 0131—2019)				
实训任务书	题目:在完成了课题二课后任务六的现场环刀法检测后,从检测现场取回土样,拟对该土样测定其最大干密度与最佳含水率。 要求:对该种材料按标准法进行击实试验,以确定其最大干密度与最佳含水率				
主要设备					
主要步骤	(每位学生按照实际操作过程进行填写)				

土的标准击实试验记录表

工程名称_____　　　　试验方法_____
路段范围_____　　　　试　验　者_____
试样来源_____　　　　校　核　者_____
试验规程_____　　　　试验日期_____

	取土地点及深度:K1+850		筒号	2	落距		45cm
	土样制备及说明:干土法(不重复使用)		筒容积	997cm³	每层击数		27
	试筒编号	1	2	3	4	5	
干密度	筒+土质量(g)	2908	2982	3131	3207	3191	
	筒质量(g)	1103	1103	1103	1103	1103	
	湿土质量(g)	1805	1879	2028	2104	2088	
	湿密度(g/cm³)						
	干密度(g/cm³)						
含水率	盒号	1	2	3	4	5	6	7	8	9	10
	盒+湿土质量(g)	33.45	33.27	35.60	35.44	32.88	33.13	34.20	34.09	36.96	38.31
	盒+干土质量(g)	32.45	32.26	34.16	34.02	31.40	31.64	32.36	32.15	24.28	35.36
	盒质量(g)	20.00	20.00	20.00	20.00	20.00	20.00	20.00	20.00	20.00	20.00
	水质量(g)										
	干土质量(g)										
	含水率(%)										
	平均含水率(%)										

续上表

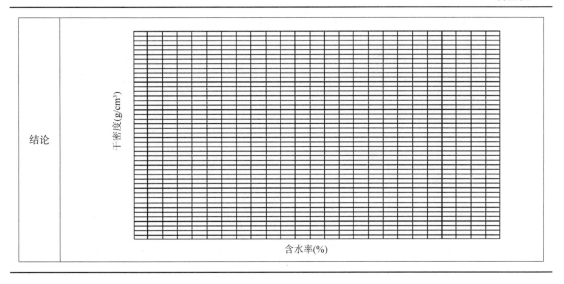

| 结论 | |

课题五　土的工程分类及野外鉴别

  任务引入

地球表面的土多种多样，如何对土进行工程分类？分类依据是什么？对于不同的土，在公路工程中如何按其特点进行分类？对分类后的土如何进行定名和表示？

任务分析

自然界中土的种类繁多、工程性质各异，土的分类就是依据它们的工程性质和力学性能将土划分为一定类别。在进行土的分类时，应根据土的特点进行分类，并用一定的名称与符号加以表示。同时在野外勘察或施工中应具有一定的知识，以便对土进行简单的鉴别。

相关知识

自然界中土的种类繁多并且工程性质各异，土的成分、结构和性质不尽相同，同时其工程性质也千差万别。为了能大致判断土的基本性质、合理选择研究内容及方法，有必要对土进行科学分类。对土进行分类就是利用它们的工程性质或力学性质将土划分为一定类别。对土而言，在不同的行业其分类方法也不同，以下是公路工程对土的分类方法。

1. 分类依据和分类方法

1）分类依据

(1) 土颗粒组成特征。以土的级配指标不均匀系数和曲率系数表示。

(2) 土的塑性指标。液限、塑限和塑性指数。

(3) 土中有机质存在情况。

2)分类方法

对土样应在试验室进行分类试验,用土的颗粒大小分析试验,以便确定各粒组的含量;用液限和塑限测定仪测定土的液限、塑限,并计算出塑性指数,最后进行土的分类,命名。土的分类,应根据土类、土组和土名的次序区分,首先按其相应的粒级含量超过50%来划分土类。对于混合土类,其中粒组含量小于5%为不含,5%~15%为微含,15%~20%为含量界限。对于细粒土类,按液限划分为高、低两级。为便于查找,对定出的土名给以明确的学名和代号。

3)土类名称表示方式

土的分类见表1-30。

土 的 分 类 符 号　　　　　　　　　表1-30

土　类	巨粒土	粗粒土	细粒土	特殊土
成分代号	漂石　B 块石　Ba 卵石　Cb 小块石　Cba	砾石　G 角砾　Ga 砂　　S	粉土　M 黏土　C 细粒土(C和M合称)F (混合)土(粗、细粒土合称)S1 有机质土 O	黄土　Y 红黏土　R 盐渍土　St 膨胀土　E
级配或特性		级配良好　W 级配不良　P	高液限　H 低液限　L	

(1)土类名称可用一个基本代号表示。

(2)当由两个基本代号构成时,第一个代号表示土的主成分,第二个代号表示土的液限或级配。例如:

　　SP　　级配不良砂　　　　　　　　　　　CH　　高液限黏土

(3)当由三个基本代号构成时,第一个代号表示土的主成分,第二个代号表示液限的高低(或级配的好坏),第三个代号表示土中所含次要成分。例如:

　　MHG　　含砾高液限粉土　　　　　　　　CLM　　粉质低液限黏土

2.公路系统的土质分类

《公路土工试验规程》(JTG 3430—2020)根据上述原则,提出了工程土质分类的总体系,一般土可分为巨粒土、粗粒土和细粒土,对于特殊成因和年代的土类应结合其成因与年代特性定名,如图1-15所示。

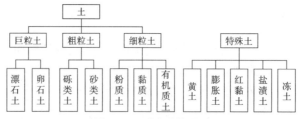

图1-15　土分类总体系图

1)巨粒土的分类及定名

试样中巨粒组质量多于总质量50%的土称为巨粒土,分类体系见图1-16。

(1)巨粒组质量多于总质量75%的土称为漂(卵)石,按下述规定定名:漂石粒组质量多于总质量50%的土称为漂石,记为B;漂石粒组质量少于或等于总质量50%的土称为卵石,记为Cb。

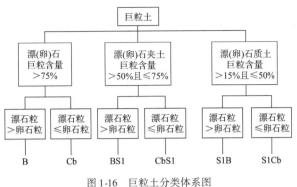

图 1-16 巨粒土分类体系图

注:1. 巨粒土分类体系中的漂石换成块石,B 换成 Ba,即构成相应的块石分类体系。

2. 巨粒土分类体系中的卵石换成小块石,Cb 换成 CBa,即构成相应的小块石分类体系。

(2)巨粒组质量为总质量 50%～75% 的土称为漂(卵)石夹土,按下述规定定名:漂石颗粒质量多于总质量 50% 的土称为漂石夹土,记为 BSl;漂石粒组质量小于或等于总质量 50% 的土称为卵石夹土,记为 CbSl。

(3)巨粒组质量为总质量 15%～50% 的土称为漂(卵)石质土。按下述规定定名:漂石粒组多于卵石粒组的土称为漂石质土,记为 SlB;漂石粒组小于或等于卵石粒组的土称为卵石土,记为 SlCb。

(4)巨粒组质量小于或等于总质量 15% 的土,可扣除巨粒,按粗粒土或细粒土的相应规定分类定名。

2)粗粒土分类

试样中粗粒组质量多于总质量 50% 的土称粗粒土。

(1)粗粒土中砾粒组质量多于 50% 的土称为砾类土,砾类土应根据其中细粒含量和类别以及粗砾组的级配进行分类,分类体系见图 1-17。

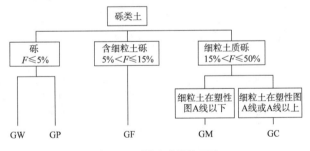

图 1-17 砾类土分类体系图

注:砾类土分类体系中的砾石换成角砾,G 换成 Ga,即构成相应的角砾土分类体系。

①砾类土中细粒组质量小于总质量 5% 的土称为砾,按下列级配指标定名:

a. 当 $C_u \geq 5$,$C_c = 1 \sim 3$ 时,称为级配良好砾,记为 GW;

b. 不同时满足条件 a 时称为级配不良砾,记为 GP。

②砾类土中细粒组质量为总质量 5%～15% 的土称为含细土砾,记为 GF。

③砾类土中细粒组质量大于总质量 15%,并小于或等于总质量 50% 时,称为含粉土质砾(GM)或含黏土质砾(GC),其规定定名见"工程土按塑性图"分类。

砾类土分类体系中的砾石换成角砾,换成 Ga,即构成相应的角砾土分类体系。

(2)粗粒土中砾粒组质量小于或等于总质量50%的土称为砂类土,砂类土应根据其中的细粒含量和类别以及细粒组的级配进行分类,分类体系见图1-18。

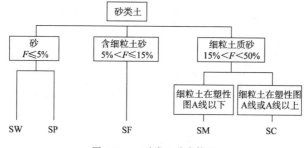

图1-18　砂类土分类体图

注:需要时,砂可进一步细分为粗砂、中砂、细砂。粗砂为粒径大于0.5mm的颗粒大于总质量的50%的砂;中砂为粒径大于0.25mm的颗粒多于总质量的50%的砂;细砂为粒径大于0.075mm的颗粒大于总质量的75%的砂。

根据粒径分组由大到小,以首先符合者命名。

①砂类土中细粒组质量少于总质量5%的土称砂,按下列级配指标定名:

a. 当 $C_u \geqslant 5$, $C_c = 1 \sim 3$ 时,称为级配良好砂,记为SW;

b. 不同时满足a条件时,称为级配不良砂,记为SP。

②砂类土中细粒组质量为总质量5%～15%的土称为含细粒土砂,记为SF。

③砂类土中细粒组质量大于15%并小于或等于总质量的50%时,称为粉土质砂(SM)或黏土质砂(SC)。

3)细粒土分类

试样中细粒组质量大于总质量50%的土称为细粒土,分类体系见图1-19。

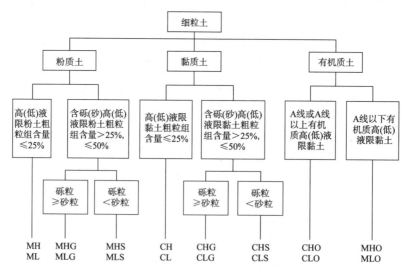

图1-19　细粒土的分类体系图

细粒土应按下列规定划分为:

(1)细粒土中粗粒组质量小于或等于总质量25%的土称为粉质土或黏质土。

(2)细粒土中粗粒组质量为总质量25%～50%(含50%)的土称为含粗粒的粉质土或含

粗粒的黏质土。

(3)试样中有机质含量大于或等于总质量的5%,且少于总质量的10%的土称为有机质土。试样中有机质含量大于或等于总质量10%的土称为有机土。

3. 工程土按塑性图分类

塑性图是在颗粒级配和塑性的基础上,以塑性指数I_p值为纵坐标,以液限w_L(%)值为横坐标的直角坐标图。在图1-20中,用几条直线将直角坐标系分割成若干区域,不同区域代表着不同性质的土类。以A线的方程$I_p = 0.73 \times (w_L - 20)$,将直角坐标图分为C(黏土)区和M(粉土)区。再以B线方程:$w_L = 50\%$,将坐标图按液限高低分割成两个区域,即由左到右分为:L(低液限)区和H(高液限)区。又在L(低液限)区,以$I_p = 4$或$I_p = 7$的水平线作为C(黏性土)和M(粉性土)的分界线。在$I_p = 4$和$I_p = 7$并在A线之上的部分为粉性土到黏性土的过渡区。土样具体命名根据其所在土层的相邻土层类别考虑细分。

塑性图的功能在于能较快地和有效地在图上定出土类的性质及土名,即根据实测的I_p值及w_L值在图上找出相对应的坐标点就可得到其稠度特征及土类名称。

(1)砾类土中细粒组质量大于总质量15%,并小于或等于总质量50%时,按细粒土在塑性图中的位置定名。

①当细粒土位于塑性图A线以下时,称为粉土质砾,记为GM。

②当细粒土位于塑性图A线以上时,称为黏土质砾,记为GC。

(2)砂类土中细粒组质量大于15%并小于或等于总质量的50%时,按细粒土在塑性图中的位置定名。

①当细粒土位于塑性图A线以下时,称粉质土砂,记为SM。

②当细粒土位于塑性图A线以上时,称黏质土砂,记为SC。

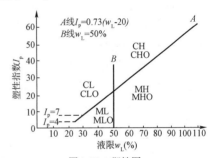

图1-20 塑性图

(3)细粒土应按塑性图分类。本"分类"的塑性图(图1-20)采用下列液限分区:

低液限$w_L < 50\%$;高液限$w_L \geq 50\%$。细粒土应按其在塑性图1-20中的位置确定土名称:

①当细粒土位于塑性图A线以上时,按下列规定定名:

a. 在B线以右,称为高液限黏土,记为CH;

b. 在B线以左,$I_p = 7$线以上,称为低液限黏土,记为CL。

②当细粒土位于A线以下时,按下列规定定名:

a. 在B线以右,称为高液限粉土,记为MH;

b. 在B线以左,$I_p = 4$线以下,称为低液限粉土,记为ML。

③分类遇搭界情况时,应从工程安全角度考虑,按下列规定定名:

a. 土中粗、细粒组质量相同时,定名细粒土;

b. 土正好位于塑性图A线上,定名黏土;

c. 土正好位于塑性图B线上,当其在A线以上时,定名为高液限黏土;当其在A线以下时,定名为高液限粉土。

④含粗粒的细粒土应先按本规程有关规定确定细粒土部分的名称,再按以下规定最终

定名：

a. 当粗粒组中砾粒占优势时，称含砾细粒土，应在细粒土代号后缀以代号 G；

b. 当粗粒组中砂粒占优势时，称含砂细粒土，应在细粒土代号后缀以代号 S。

⑤土中有机质包括未完全分解的动植物残骸和完全分解的无定性物质。后者多呈黑色、青黑色或暗色，有臭味，有弹性和海绵感，借目测、手摸及嗅感辨别。

当不能判别时，可采用下列方法：将试验在 105～110℃ 的烘箱中烘烤，若烘烤 24h 后试样的液限小于烘干前的 3/4，该试验为有机质土。

有机质土应根据图 1-20 按下列规定定名。

a. 位于塑性图 A 线以上：

在 B 线以右，称为有机质高液限黏土，记为 CHO。

在 B 线以左，I_p =7 线以上，称为有机质低液限黏土，记为 CLO。

b. 位于塑性图 A 线以下：

在 B 线以右，称为有机质高液限粉土，记为 MHO。

在 B 线以左，I_p =4 线以下，称为有机质低液限粉土，记为 MLO。

【例 1-1】 根据表 1-4 的土的颗粒分析试验结果与表 1-18 土的液塑限试验结果，对该土样进行定名。

【要求】 求出土的名称，至少有三个符号组成。

【解】

(1) 颗粒分析试验中得知，>60mm（巨粒组）颗粒含量为 0，>0.075mm（粗粒组）颗粒含量为 91%，<0.075mm（细粒组）含量为 9%，因此该土样为粗粒土。

(2) 在粗粒组中，>2mm（砾粒）颗粒含量为 57%，同时 <0.075mm（细粒组）含量为 9%，因此该土样为含细粒土砾，记为 GF。

(3) 根据颗粒分析得出该土不均匀系数 C_u 为 92，曲率系数 C_c 为 9.78，判定该土为不良级配土，记为 P。

(4) 该土的液限为 34.5%，塑限为 21.8%，塑限指数 I_p 为 12.7，但该土细粒组含量小于 15%，因此不对细粒土部分按"塑性图"进行定名。

(5) 综述以上资料最终将该土定名为微含细粒土的不良级配砾，记为 GPF。

 课后任务

任务一 土的分类依据是什么？如何进行分类？

任务二 写出下列土类符号的名称：SW、CH、CLG。

任务三 根据本模块课题一的技能训练确定该土样的名称。

任务四 简述应如何划分细粒土土类。

单元二　岩石与集料

1. 岩石的分类。
2. 岩石的技术性质。
3. 细集料的物理性质。
4. 细集料的级配与粗度。
5. 粗集料的物理性质。
6. 粗集料的力学性质。

1. 岩石饱水抗压强度的测定,试验结果的计算与结果分析。
2. 岩石密度的测定,试验结果的计算与结果分析。
3. 细集料的表观密度、堆积密度的测定,试验结果的计算与结果分析。
4. 细集料含泥量及砂当量的测定,试验结果的计算与结果分析。
5. 细集料筛分试验,试验结果的计算与结果分析。
6. 粗集料的密度测定,试验结果的计算与结果分析。
7. 粗集料针、片状颗粒含量的测定,试验结果的计算与结果分析。
8. 粗集料压碎值试验,试验结果的计算与结果分析。
9. 粗集料与集料混合料的筛分试验,试验结果的计算与结果分析。
10. 粗集料的磨耗试验,试验结果的计算与结果分析。

通常将石料和集料统称为砂石材料。在混合料中起到骨架和填充作用的粒料,称为集料,集料包括碎石、砾石、机制砂、石屑、砂等。

集料可分为细集料与粗集料两种。

在沥青混合料中,细集料是指粒径小于 2.36mm 的天然砂、人工砂及石屑;在水泥混凝土中,细集料是指粒径小于 4.75mm 的天然砂、人工砂。

在沥青混合料中,粗集料是指粒径大于 2.36mm 的碎石、破碎砾石、筛选砾石和矿渣等;在水泥混凝土中,粗集料是指粒径大于 4.75mm 的碎石、砾石和破碎砾石。

课题一 岩 石

任务引入

常见的岩石有哪些？哪些岩石能用在道路桥梁工程中？如何测定岩石的物理性质与力学性质？

任务分析

岩石是组成地壳的基本物质，是由造岩石矿物在地质作用下按一定的规律聚集而成的自然体。在建筑工程中，所使用的石料通常由天然岩石经机械加工制成的，或者由直接开采得到的具有一定形状和尺寸的石料制品。相同矿物组成的岩石，密度越高，孔隙率越低，其强度越高，而高强度的混合料需强度高的石料来配制。岩石的密度及抗压强度的测定也是此课题的中心任务。

相关知识

1. 岩石的分类

岩石的性能除决定于所含矿物成分外，还取决于成岩条件。按岩石的形成条件可将岩石分为岩浆岩、沉积岩、变质岩三大类。

（1）岩浆岩类。如花岗岩、正长岩、辉长岩、辉绿岩、闪长岩、橄榄岩、玄武岩、安山岩、流纹岩等。其密度大，抗压强度高，吸水性小，抗冻性好。

（2）沉积岩类。石灰岩、页岩、砂岩、砾岩、石膏等。沉积岩与岩浆岩相比，其密度小，孔隙率和吸水率大，强度低，耐久性略差。

（3）变质岩类。大理石、石英岩、片麻岩、石英片麻岩等。

2. 岩石的技术性质

岩石的技术性质，主要有物理性质、力学性质和化学性质三个方面，这里仅介绍前两类。

1）物理性质

岩石的物理性质包括物理常数（如颗粒密度、毛体积密度和孔隙率等）、吸水性（如吸水率、饱水率）和耐久性（抗冻性、坚固性等）。

（1）物理常数

岩石的物理常数是岩石矿物组成结构状态的反映，它与岩石的技术性质有着密切的关系。岩石的内部组成结构主要是矿物实体和孔隙（包括与外界连通的开口孔隙和不与外界连通的闭口孔隙）所组成，如图2-1所示。各部分质量与体积的关系如图2-2所示。

岩石的物理常数（如颗粒密度、毛体积密度和孔隙率），不仅反映岩石的内部结构状态，而且能间接反映岩石的力学性质（例如相同矿物组成的岩石，孔隙率越低，其强度越高）通常采用物理常数来表征它。

①密度。在规定条件（105℃±5℃下烘干至恒重，冷却至室温20℃±2℃）下，烘干岩石矿质单位体积（不包括开口与闭口孔隙）的质量。

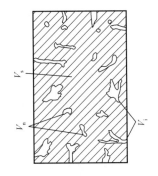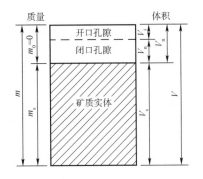

图 2-1 石料组成结构外观示意图　　图 2-2 石料结构的质量与体积关系示意图

②毛体积密度。在规定条件下,烘干岩石(包括孔隙在内)的单位体积固体材料的质量。

③孔隙率。岩石孔隙体积占岩石总体积(包括孔隙体积在内)的百分率。

(2) 吸水性

岩石的吸水性是岩石在规定条件下吸水的能力。水对岩石作用的大小,主要取决岩石矿物性质及其组成结构状态(即孔隙分布情况和孔隙率大小)。为此,我国现行《公路工程岩石试验规程》(JTG E41—2005)规定,采用吸水率和饱水率两项指标来表征岩石的吸水性。

①吸水率。指在室内常温(20℃±2℃)和大气压条件下,岩石试件最大的吸水质量与烘干石料试件质量之比,以百分率表示。

②饱水率。指在强制条件(煮沸法或真空法饱和试件)下,岩石试样最大的吸水质量与烘干岩石试件质量之比,以百分率表示。

(3) 耐久性

岩石的耐久性是指岩石抵抗大气自然因素作用的性能。用抗冻性与坚固性指标来表征。

抗冻性是指岩石在饱水状态下,抵抗反复冻结和融化的性能。通常以石料在饱水状态下,能经受冻融循环的次数(质量损失不超过2%,抗压强度降低不超过25%)来表示。根据冻融循环次数,可将岩石的抗冻性标号分为5、10、15、20、25、50、100、200(在温度下降至 -15℃冻结4h后,放入20℃±5℃水中融解4h为冻融循环一次)。如无条件进行冻融试验,也可采用坚固性简易快速测定法,这种方法通过饱和硫酸钠溶液进行多次浸泡与烘干循环后来测定。

判断岩石抗冻性能好坏有两个指标:

①质量损失。要求冻融后石料的质量损失不大于2%。

②冻融后强度变化。一般要求抗压强度降低不大于25%。

2) 力学性质

公路与桥梁工程结构物中用岩石,应具备一定力学性质,它包括:抗压强度、抗拉强度、抗剪强度、抗弯强度与磨耗性能。

(1) 岩石的抗压强度

我国现行《公路工程岩石试验规程》(JTG E41—2005)中,采用单轴加荷的方法对规则形状的岩石试样进行抗压强度试验。建筑地基的岩石试验,采用圆柱体为标准试件,直径为50mm±2mm、高径比为2∶1。路面工程用的岩石试件尺寸为边长50mm±2mm的正立方体或直径与高均为50mm±2mm的圆柱体。桥梁工程用的岩石试件为边长70mm±2mm的正立方体。按标准方法对试件进行饱水处理后加荷,直至破坏,岩石的抗压强度按式(2-1)计算。

$$R = \frac{P}{A} \tag{2-1}$$

式中:R——岩石的抗压强度(MPa);
　　P——试验时岩石试件破坏时的极限荷载(N);
　　A——岩石试件的受力截面面积(mm^2)。

石料的抗压强度是石料力学性质中最重要的一项指标,它是划分石料等级的主要依据。石料抗压强度值,取决于石料的组成结构(如矿物组成、岩石的结构和构造、裂隙的分布等),同时也取决于试验的条件(如试件尺寸和形状、加载速度、试验状态等)。

(2)磨耗性能

岩石的磨耗率性能是指其抵抗撞击、摩擦的联合作用的能力。岩石的磨耗率可采用洛杉矶磨耗率试验或狄法尔磨耗试验进行测定。

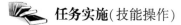**任务实施**(技能操作)

【一】 岩石的密度试验(T 0203—2005)

1. 目的和适用范围

岩石的密度(颗粒密度)是选择建筑材料、研究岩石风化、评价地基基础工程岩体稳定性及确定围岩压力等必需的计算指标。

本法用洁净水做试液时适用于不含水溶性矿物成分的岩石的密度测定,对含水溶性矿物成分的岩石应使用中性液体如煤油做试液。

2. 仪器设备

(1)密度瓶:短颈量瓶,容积100mL。

(2)天平:感量0.001g。

(3)轧石机、球磨机、瓷研钵、玛瑙研钵、磁铁块和孔径为0.315mm(0.3mm)的筛子。

(4)砂浴、恒温水槽(灵敏度±1℃)及真空抽气设备。

(5)烘箱:能使温度控制在105～110℃。

(6)干燥器:内装氯化钙或硅胶等干燥剂。

(7)锥形玻璃漏斗和瓷皿、滴管、中骨匙和温度计等。

3. 试样制备

取代表性岩石试样在小型轧石机上切碎(或手工用钢锤捣碎),再置于球磨机中进一步磨碎,然后用研钵研细,使之全部粉碎成能通过0.315mm筛孔的岩粉。

4. 试验步骤

(1)将制备好的岩粉放在瓷皿中,置于温度为105～110℃的烘箱中烘至恒量,烘干时间一般为6～12h,然后再置于干燥器中冷却至室温(20℃±2℃)备用。

(2)用四分法取两份岩粉,每份试样从中称取15g(m_1),精确至0.001g(本试验称量精度皆同),用漏斗灌入洗净烘干的密度瓶中,并注入试液至瓶的一半处,摇动密度瓶使岩粉分散。

(3)当使用洁净水作试液时,可采用沸煮法或真空抽气法排除气体。当使用煤油作试液时,应采用真空抽气法排除气体。采用沸煮法排除气体时,沸煮时间自悬液沸腾时算起不得少于1h;采用真空抽气法排除气体时,真空压力表读数宜为100kPa,抽气时间维持1～2h,直至无气泡逸出为止。

(4)将经过排除气体的密度瓶取出擦干,冷却至室温,再向密度瓶中注入排除气体且同温条件的试液,使接近满瓶,然后置于恒温水槽(20℃±2℃)内。待密度瓶内温度稳定,上部悬液澄清后,塞好瓶塞,使多余试液溢出。从恒温水槽内取出密度瓶,擦干瓶外水分,立即称其质量(m_3)。

(5)倾出悬液,洗净密度瓶,注入经排除气体并与试验同温度的试液至密度瓶,再置于恒温水槽内。待瓶内试液的温度稳定后,塞好瓶塞,将逸出瓶外试液擦干,立即称其质量(m_2)。

5.结果整理

(1)按公式(2-2)计算岩石密度(精确至$0.01\mathrm{g/cm^3}$)。

$$\rho_t = \frac{m_1}{m_1 + m_2 - m_3} \times \rho_{wt} \tag{2-2}$$

式中:ρ_t——岩石的密度($\mathrm{g/cm^3}$);

m_1——岩粉的质量(g);

m_2——密度瓶与试液的合计质量(g);

m_3——密度瓶、试液与岩粉的总质量(g);

ρ_{wt}——与试验同温度试液的密度($\mathrm{g/cm^3}$),洁净水的密度由《公路工程岩石试验规程》(JTG E41—2005)附录查得,煤油的密度按式(2-3)计算:

$$\rho_{wt} = \frac{m_5 - m_4}{m_6 - m_4} \times \rho_w \tag{2-3}$$

式中:m_4——密度瓶的质量(g);

m_5——瓶与煤油的合计质量(g);

m_6——密度瓶与经排除气体的洁净水的合计质量(g);

ρ_w——经排除气体的洁净水的密度($\mathrm{g/cm^3}$),可由《公路工程岩石试验规程》(JTG E41—2005)附录查得。

(2)以两次试验结果的算术平均值作为测定值,如两次试验结果之差大于$0.02\mathrm{g/cm^3}$时,应重新取样进行试验。

(3)试验记录。岩石密度试验记录表见表2-1。

岩石密度试验记录表　　　　表2-1

工程名称_____　　　试验室温、湿度_____
路段范围_____　　　试　验　者_____
试样来源_____　　　校　核　者_____
评定标准_____　　　试　验　日　期_____
评定标准_____

试样编号	试液温度(℃)	岩粉质量(g)	瓶、试液与岩粉总质量(g)	瓶、试液合计质量(g)	试液的密度($\mathrm{g/cm^3}$)	岩石密度($\mathrm{g/cm^3}$)	
						单值	平均值

【二】 岩石的单轴抗压强度试验（T 0221—2005）

1. 目的和适用范围

单轴抗压强度试验是测定规则形状岩石试件单轴抗压强度的方法，主要用于岩石的强度分级和岩性描述。本方法采用饱和状态下的岩石立方体（或圆柱体）试件的抗压强度来评定岩石强度。

2. 仪器设备

(1) 压力机或万能试验机。压力机实物立体图见图2-3、图2-4。

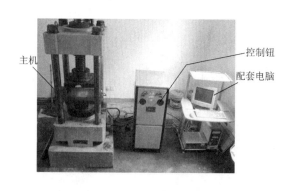

图2-3　300t压力机实物图　　　　　　　图2-4　300t压力机主机部分

(2) 钻石机、切石机、磨石机等岩石试件加工设备。

(3) 烘箱、干燥器、游标卡尺，角尺及水池等。

3. 试件制备

(1) 桥梁工程用的石料试验，采用立方体试件，边长为70mm±2mm。每组试件共6个。

(2) 路面工程用的石料试验，采用圆柱体或立方体试件，其直径或边长和高均为50mm±2mm。每组试件共6个。

(3) 建筑地基的岩石试验，采用圆柱体为标准试件，直径为50mm±2mm、高径比为2∶1。每组试件共6个。

4. 试验步骤

(1) 用游标卡尺量取试件尺寸（精确至0.1mm），对立方体试件，在顶面和底面上各量取边长，以各个面上相互平行的两个边长的算术平均值计算其承压面积；对于圆柱体试件，在顶面和底面分别测量两个相互正交的直径，并经其各自的算术平均值分别计算底面和顶面的面积，取其顶面和底面面积的算术平均值作为计算抗压强度所用的截面积。

(2) 将量好尺寸的试件放入水池中，将水加至高出试件顶面20mm，试件全部被水淹没后，再自由吸水48h。

(3) 取出浸水试件，用湿纱布擦去试件表面水分，将试件置于压力机的承压板中央，对正上、下承压板，不得偏心。

(4) 以0.5~1.0MPa/s的速率进行加荷直至破坏，记录破坏荷载及加载过程中出现的现象。抗压试件试验的最大荷载记录以N为单位，精度1%。

5. 结果计算与整理

(1)岩石抗压强度按式(2-4)计算,精确至 0.1MPa。

$$R = \frac{P}{A} \tag{2-4}$$

式中:R——岩石的抗压强度(MPa);
  P——试验中岩石试件破坏时的极限荷载(N);
  A——岩石试件的受力截面面积(mm^2)。

(2)岩石的软化系数按式(2-5)计算,精确至 0.01。

$$K_P = \frac{R_W}{R_d} \tag{2-5}$$

式中:K_P——软化系数;
  R_W——岩石饱和状态下的单轴抗压强度(MPa);
  R_d——岩石烘干状态下的单轴抗压强度(MPa)。

(3)单轴抗压强度试验结果应同时列出每个试件的试验值及同组岩石单轴抗压强度的平均值。计算精确至 0.1MPa。

(4)软化系数计算值精确至 0.01,3 个试件平行测定;3 个值中最大与最小之差不应超过平均值的 20%,否则,应另取第 4 个试件,并在 4 个试件中取最接近的 3 个值的平均值作为试验结果,同时在报告中将 4 个值全部给出。

6. 试验记录

岩石抗压强度试验记录表如表 2-2 所示。

岩石抗压强度试验记录表 表 2-2

工程名称_____   试验室温、湿度_____
路段范围_____   试　验　者_____
试样来源_____   校　核　者_____
评定标准_____   试　验　日　期_____
试验方法_____

试样编号	试件处理情况	试样尺寸(mm)				试件截面面积 $A(mm^2)$	极限荷载 $P(N)$	抗压强度 $R=P/A$ (MPa)	平均抗压强度 (MPa)	备注
		长	宽	直径	高					
1										
2										
3										
4										
5										
6										

结论:

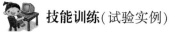 **技能训练**(试验实例)

试验实例见表2-3。

岩石的单轴抗压强度试验实训任务单及试验结果评定　　　　表2-3

实训日期		姓名		成绩	
实训任务	岩石的单轴抗压强度试验(T 0221—2005)				
实训任务书	题目:某高速公路工地需用碎石作为混凝土集料现浇T梁,混凝土强度为C40,要求岩石的饱水抗压强度达到混凝土强度的2倍及2倍以上为合格。此岩石为石灰岩。 要求: (1)测定岩石饱水抗压强度(70mm的立方体试件,一组6个试件)。 (2)评价本岩石是否合格				
主要设备	天平、压力机、浸水池等				
主要步骤	(每位学生按照实际操作过程进行填写)				

石料抗压强度试验记录表

工程名称　　某二级公路　　　　　试验室温、湿度　　20℃、60%
路段范围　　某桥C40T梁　　　　　试验者(试验者姓名)　　××
试样来源　　宝美石场　　　　　　校核者(试验结果校核者姓名)　　××
评定标准　　—　　　　　　　　　试验日期(试验当天的日期)　　××
试验方法　　T 0221—2005　　　　试　验　日　期　　××

试样编号	试件处理情况	试样尺寸(mm)				试件截面面积 $A(mm^2)$	极限荷载 $P(N)$	抗压强度 $R=P/A$ (MPa)	平均抗压强度(MPa)	备注
		长	宽	直径	高					
1	平整	70	70	—	—	4900	633800	129.3		
2	平整	70	70	—	—	4900	640000	130.6		
3	平整	70	70	—	—	4900	538700	109.9	115.7	
4	平整	70	70	—	—	4900	568900	116.1		
5	平整	70	70	—	—	4900	523400	106.8		
6	平整	70	70	—	—	4900	498500	101.7		

结论:此岩石强度>80MPa,可用于本工程的T梁中

课后任务

任务一 岩石的物理性质、力学性质有哪些?

任务二 简述岩石饱水抗压强度试验的步骤与试件制备时应注意的事项。

任务三 完成表2-4中的实训任务单与试验结果计算与评定。

岩石饱水抗压强度试验实训任务单及试验结果评定　　　　　　　　　　　　　　　　表2-4

实训日期		姓名		成绩	
实训任务	岩石饱水抗压强度试验					
实训任务书	题目:某高速公路欲修筑公路水泥混凝土路面C20,修筑材料为机制碎石,要求原岩饱水抗压强度不低于混凝土设计等级的3倍。此岩石为石灰岩。 任务要求:测定岩石饱水抗压强度(50mm的圆柱形试件,一组6个试件)。评价本岩石是否符合路用要求				
主要设备					
主要步骤	(每位学员按照施工或委托单位的任务要求填写)				

石料抗压强度试验记录表

工程名称　<u>某二级路</u>　　　　　　试验室温、湿度　<u>20℃、60%</u>

路段范围　<u>K08~K20</u>　　　　　　试　验　者　<u>　　　　　</u>

试样来源　<u>宝美石场</u>　　　　　　校　核　者　<u>　　　　　</u>

评定标准　<u>　—　</u>　　　　　　　试　验　日　期　<u>　　　　　</u>

试验方法　<u>T 0221—2005</u>

试样编号	试件处理情况	试样尺寸(mm)				试件截面面积 $A(\text{mm}^2)$	极限荷载 $P(\text{N})$	抗压强度 $R = P/A$ (MPa)	平均抗压强度 (MPa)	备注
		长	宽	直径	高					
1	平整	—	—	50	50		251300			
2	平整	—	—	50	50		237400			
3	平整	—	—	50	50		241400			
4	平整	—	—	50	50		261300			
5	平整	—	—	50	50		172100			
6	平整	—	—	50	50		170200			

结论:

课题二 细 集 料

任务引入

我们常见的细集料有哪几种?它们的物理性质有哪些?如何测定?细集料中大小颗粒搭配情况用哪些指标表示?如何测定?

任务分析

细集料包括砂和人工砂。砂按来源分为两类。一类为天然砂,它是岩石在自然条件下风化形成。因产源不同可分为河砂、山砂、海砂。河砂颗粒表面圆滑,比较洁净,质地较好,产源广;山砂颗粒表面粗糙有棱角,含泥量和含有机质多;海砂虽然具有河砂的特点,但因为采自海中,所以常有贝壳碎片和盐分等有害杂质。一般工程上多使用河砂。在缺乏河砂地区,可采用山砂或海砂,但在使用时必须按规定作技术检验。另一类为人工砂,它是将岩石轧碎而成的颗粒,表面多棱角,较洁净,因为是由人工轧制而成,所以造价较高。

细集料在建筑工程混合料中起到填充的作用,是缺一不可的材料。用作道路与桥梁工程的细集料应具备一定的技术性质,因此,细集料的物理性质、颗粒级配与粗度及测定是本课题的中心任务。

相关知识

1. 细集料的物理性质

集料的内部结构主要是由矿质实体、闭口孔隙(不与外界相通的)、开口孔隙(与外界相通的)和空隙(颗粒之间的)四部分组成,如图 2-5 所示。细集料在公路工程中的主要物理性质有:表观密度、堆积密度、紧装密度、空隙率、含水率、细集料中有害杂质含量等。

1) 表观密度

表观密度是指单位体积(含材料矿质实体体积及闭口孔隙体积)物质颗粒的干质量。由图 2-5 可知:

$$\rho_a = \frac{m}{V_s + V_c}$$

式中:ρ_a——细集料的表观密度(g/cm^3);
V_s——细集料实体体积(cm^3);
V_c——细集料闭口孔隙体积(cm^3);
m——干燥细集料的质量(g)。

细集料的表观密度的大小,主要取决于细集料的种类和风化程度。风化严重的细集料表观密度小、强度低、稳定性差,所以表观密度是衡量细集料品质的主要技术指标之一。细集料的表观密度应大于 $2500kg/m^3$。

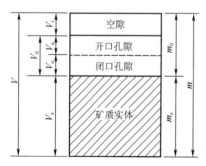
图 2-5 集料体积与质量关系图

2)堆积密度和紧装密度

堆积密度是指单位体积(含材料矿质实体体积及其闭口孔隙体积、开口孔隙体积及颗粒间空隙体积)物质颗粒的质量。有干堆积密度及湿堆积密度之分。由图2-5可知:

$$\rho = \frac{m}{V} \qquad (2-6)$$

式中:ρ——细集料的堆积密度(g/cm^3);

m——细集料的质量(g);

V——细集料的堆积体积(cm^3)。

细集料的堆积密度一般为1350~1650kg/m^3。堆积密度大小与细集料颗粒组成及含水率有关。

紧装密度与堆积密度是同一类物理概念,只是试验方法不同。细集料的紧装密度一般为1600~1700kg/m^3。

3)空隙率

空隙率是指集料颗粒之间的空隙体积占集料总体积的百分率。

细集料的空隙率与其级配和颗粒形状有关。细集料的空隙率一般在35%~45%之间,特细细集料可达50%左右。

细集料的空隙率按式(2-7)计算。

$$n = \left(1 - \frac{\rho}{\rho_a}\right) \times 100 \qquad (2-7)$$

式中:n——细集料的空隙率(%);

ρ——细集料的堆积密度或紧装密度(g/cm^3);

ρ_a——细集料的表观密度(g/cm^3)。

4)含水率

含水率是指细集料中所含水的质量占干细集料质量的百分率。

施工现场上自然堆放的细集料,其含水率是经常变化的,当细集料的含水率变化时,其体积与质量也随之变化。细集料从干到湿有四种含水状态(图2-6)。

(1)完全干燥状态(烘干状态)。它在105℃±5℃温度下烘干,如图2-6a)所示。

(2)气干状态(风干状态)。在自然条件下使它吸收一些水分,尔后又在空气中任其风干一些时间,此时外面一层已经干燥,而内部还是湿的,如图2-6b)所示。

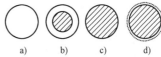

图2-6 细集料不同含水率的状态

(3)饱和面干状态(表干状态)。细集料的内部吸水饱和,而表面仍是干燥的,如图2-6c)所示。

(4)湿润状态(潮湿状态)。细集料内部吸水饱和后,表面附有吸水状态,如图2-6d)所示。

由于细集料的含水率大小对细集料的外观体积影响较大,因此,在施工现场按体积计算细集料的用量时,是以饱和面干时的体积为标准。因此,在计算细集料的用量时,应了解细集料的含水率。细集料的含水率测定方法有烘干法、碳化钙气压法和酒精燃烧法,其中以烘干法为准。

5) 有害杂质的含量

细集料中常含有的有害杂质,主要有泥土和泥块、云母、轻物质、硫酸盐和硫化物以及有机质等。

(1) 含泥量和泥块含量

含泥量是指细集料中粒径小于 0.075mm 的尘屑、淤泥和黏土的含量。泥块含量是指原粒径大于 1.18mm,经水浸洗、手捏后小于 0.6mm 的颗粒含量。

这些颗粒在集料表面形成包裹层,妨碍集料与水泥的黏附,或者以松散的颗粒存在,增加集料的表面积,增大需水量,特别是黏土颗粒,体积不稳定,干燥时收缩,潮湿时膨胀,对混凝土有很大的破坏作用,影响混凝土的强度和耐久性。

(2) 云母含量

某些细集料中含有云母,云母呈薄片状,表面光滑且极易沿节理裂开,因此,它与水泥的黏附性较差。

2. 细集料的颗粒级配与粗度

1) 细集料的颗粒级配

细集料的颗粒级配是指细集料中大小颗粒的相互搭配情况,如图 2-7 所示。图 2-7a) 所示为采用相同粒径的细集料,其空隙最大;图 2-7b) 所示为采用两种不同粒径的细集料相互搭配,中粒径填充大粒径空隙,其细集料的空隙减小;图 2-7c) 所示为采用两种以上粒径的细集料相互搭配,小粒径填充中粒径空隙,中粒径填充大粒径空隙,细集料的空隙就会更小。如果细集料的大小颗粒搭配得恰当,就会使细集料的空隙不断被填充,空隙率达到最小,可得到密实的混凝土骨架,同时节省水泥浆。

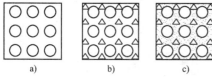

图 2-7 细集料颗粒级配示意图
a) 单粒径砂;b) 两种粒径砂;c) 多种粒径砂

细集料的颗粒级配可通过细集料的筛分试验确定。筛分试验是将预先通过 9.50mm 筛的干细集料,称取 500g 置于一套标准筛上,分别求出试样存留在各筛上的质量,然后按下述方法计算其级配有关参数,即分计筛余百分率(a_i)、累计筛余百分率(A_i)和通过百分率(P_i)。

(1) 分计筛余百分率。各号筛上的筛余量除以试样总量的百分率,按公式(2-8)计算。

$$a_i = \frac{m_i}{m} \times 100 \tag{2-8}$$

式中:a_i——某号筛的分计筛余百分率(%);

m_i——存留在某号筛上的质量(g);

m——试样的总质量(g)。

(2) 累计筛余百分率:该号筛上分计筛余百分率与大于该号筛的各号筛上的分计筛余百分率总和,按公式(2-9)计算:

$$A_i = a_1 + a_2 + \cdots + a_n \tag{2-9}$$

式中:A_i——累计筛余百分率(%);

a_1、a_2、$\cdots$、a_n——各筛分计筛余百分率(%)。

(3) 通过百分率。通过某筛的质量占试样总质量的百分率,即 100 与累计筛余百分率之差,按公式(2-10)计算:

$$P_i = 100 - A_i \tag{2-10}$$

式中:P_i——通过百分率(%);

A_i——累计筛余百分率(%)。

分计筛余百分率、累计筛余百分率及通过百分率三者的关系列于表2-5。

分计筛余、累计筛余、通过量三者关系　　　　　　表2-5

筛孔尺寸(mm)	分计筛余(%)	累计筛余(%)	通过量(%)
4.75	a_1	$A_1 = a_1$	$P_1 = 100 - A_1$
2.36	a_2	$A_2 = a_1 + a_2$	$P_2 = 100 - A_2$
1.18	a_3	$A_3 = a_1 + a_2 + a_3$	$P_3 = 100 - A_3$
0.6	a_4	$A_4 = a_1 + a_2 + a_3 + a_4$	$P_4 = 100 - A_4$
0.3	a_5	$A_5 = a_1 + a_2 + a_3 + a_4 + a_5$	$P_5 = 100 - A_5$
0.15	a_6	$A_6 = a_1 + a_2 + a_3 + a_4 + a_5 + a_6$	$P_6 = 100 - A_6$

用累计筛余百分率绘制级配曲线表示细集料的颗粒级配情况。

2)粗度

粗度是指不同粒径的砂搭配后总体的粗细程度,它是评价砂粗细程度的一种指标,通常用细度模数指标来表示。

根据累计筛余百分率计算细度模数。细集料的细度模数按式(2-11)计算:

$$M_x = \frac{(A_{0.15} + A_{0.3} + A_{0.6} + A_{1.18} + A_{2.36}) - 5A_{4.75}}{100 - A_{4.75}} \qquad (2\text{-}11)$$

式中: M_x——细度模数;

$A_{0.15}$、$A_{0.3}$、…、$A_{4.75}$——分别为0.15mm、0.3mm、…、4.75mm各筛的累计筛余百分率(%)。

根据现行规程《公路桥涵施工技术规范》(JTG/T F50—2011)的规定,砂按其细度模数分为三大类,见表2-6。

砂 的 分 类　　　　　　表2-6

砂组	粗砂	中砂	细砂
细度模数 M_x	3.7~3.1	3.0~2.3	2.2~1.6

细度模数越大,表示砂越粗。细度模数虽能表示细集料的粗细程度,但不能完全反映出细集料的颗粒级配情况,因为相同细度模数的细集料可有不同的颗粒级配。因此,要全面表征细集料的颗粒性质,必须同时使用细度模数和级配两个指标。

任务实施(技能操作)

【一】 细集料表观密度试验(容量瓶法)(T 0328—2005)

1.试验目的

用容量瓶法测定细集料(天然砂、石屑、机制砂)在23℃时对水的表观相对密度和表观密度。本方法适用于含有少量大于2.36mm部分的细集料。

2.仪器设备

(1)天平:称量1kg,感量不大于1g。

(2)容量瓶:500mL。

01-细集料的表观密度试验

(3)烘箱:能使温度控制在105℃±5℃。

(4)烧杯:500mL。

(5)其他:干燥器、浅盘、铝制料勺、温度计等。

3.试验准备

将缩分至650g左右的试样在温度为105℃±5℃的烘箱中烘干至恒重,并在干燥器内冷却至室温,分成两份备用。

4.试验步骤

(1)称取烘干的试样约300g(m_0),装入盛有半瓶洁净水的容量瓶中。

(2)摇转容量瓶,使试样在已保温至23℃±1.7℃的水中充分搅动以排除气泡,塞紧瓶塞,在恒温条件下静置24h左右,然后用滴管添水,使水面与瓶颈刻度线平齐,再塞紧瓶塞,擦干瓶外水分,称其总质量(m_2)。

(3)倒出瓶中的水和试样,将瓶的内外表面洗净,再向瓶内注入同样温度的洁净水(温差不超过1℃)至瓶颈刻度线,塞紧瓶塞,擦干瓶外水分,称其总质量(m_1)。

注:在砂的表观密度试验过程中应测量并控制水的温度,试验期间的温差不得超过1℃。

5.结果计算与评定

(1)细集料的表观相对密度按式(2-12)计算至小数点后3位。

$$\gamma_a = \frac{m_0}{m_0 + m_1 - m_2} \tag{2-12}$$

式中:γ_a——细集料的表观相对密度,无量纲;

m_0——试样的烘干质量(g);

m_1——水及容量瓶总质量(g);

m_2——试样、水及容量瓶总质量(g)。

(2)表观密度ρ_a按式(2-13)计算,准确至小数点后3位。

$$\rho_a = \gamma_a \times \rho_T \text{ 或 } \rho_a = (\gamma_a - \alpha_T) \times \rho_w \tag{2-13}$$

式中:ρ_a——细集料的表观密度(g/cm³);

ρ_w——水在4℃时的密度(g/cm³);

α_T——试验时水温对水密度影响的修正系数,按表2-7取用;

ρ_T——试验温度T时水的密度(g/cm³),按表2-7取用。

不同水温时水的温度ρ_T及水温修正系数α_T 表2-7

水温(℃)	15	16	17	18	19	20
水的密度ρ_T(g/cm³)	0.99913	0.99897	0.99880	0.99862	0.99843	0.99822
水温修正系数α_T	0.002	0.003	0.003	0.004	0.004	0.005
水温(℃)	21	22	23	24	25	
水的密度ρ_T(g/cm³)	0.99802	0.99779	0.99756	0.99733	0.99702	
水温修正系数α_T	0.005	0.006	0.006	0.007	0.007	

(3)以两次平行试验结果的算术平均值作为测定值,如两次结果之差大于0.01g/cm³时,应重新取样进行试验。

(4)试验结果及记录表(表2-8)。

细集料表观密度试验记录表　　　　　　　　　　表2-8

工程名称_____　　试验室温、湿度_____
路段范围_____　　试　验　者_____
试样来源_____　　校　核　者_____
评定标准_____　　试　验　日　期_____
试验方法_____

试样编号	试验水温度(℃)	砂质量 m_0 (g)	砂+水+瓶质量 m_2 (g)	水+瓶质量 m_1 (g)	表观密度(g/cm³) $m_0/(m_0+m_1-m_2)-\alpha_T$	
					单值	平均值

结论：

【二】 细集料堆积密度及紧装密度试验(T 0331—1994)

1. 试验目的

测定砂自然状态下堆积密度、紧装密度,作为计算空隙率与其他指标的依据。

2. 仪器设备

(1)台称。称量5kg,感量5g。

(2)容量筒。金属制圆形筒,内径108mm,净高109mm,筒壁厚2mm,筒底厚5mm,容积约为1L。

02-细集料的堆积密度及紧装密度试验

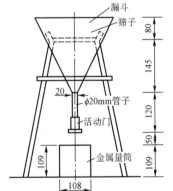

图2-8　标准漏斗(尺寸单位:mm)

(3)标准漏斗(图2-8)。

(4)烘箱。能控温在105℃±5℃。

(5)其他:小勺、直尺、浅盘等。

3. 试验制备

(1)试样准备。用浅盘装来样约5kg,在温度为105℃±5℃的烘箱中烘干至恒量,取出并冷却至室温,分成大致相等的两份备用。

注:试样烘干后如有结块,应在试验前先予捏碎。

(2)容量筒容积的校正方法。以温度为20℃±5℃的洁净水装满容量筒,用玻璃板沿筒口滑移,使其紧贴水面,玻璃板与水面之间不得有空隙。擦干筒外壁水分,然后称量,按式(2-14)计算筒的容积 V:

$$V = m_2' - m_1' \tag{2-14}$$

式中:V——容量筒的容积(mL);
　　m_1'——容量筒和玻璃板总质量(g);
　　m_2'——容量筒、玻璃板和水总质量(g)。

4. 试验步骤

(1)堆积密度。将试样装入漏斗中,打开底部的活动门,将砂流入容量筒中,也可直接用小勺向容量筒中装试样,但漏斗出料口或料勺距容量筒筒口均应为50mm左右,试样装满并超出容量筒筒口后,用直尺将多余的试样沿筒口中心线向两个相反方向刮平,称取质量(m_1)。

(2)紧装密度。取试样1份,分两层装入容量筒。装完一层后,在筒底垫放一根直径为10mm的钢筋,将筒按住,左右交替颠击地面各25下,然后再装入第二层。第二层装满后用同样方法颠实(但筒底所垫钢筋的方向应与第一层放置方向垂直)。两层装完并颠实后,添加试样超出容量筒筒口,然后用直尺将多余的试样沿筒口中心线向两个相反方向刮平,称其质量(m_2)。

5. 计算

(1)堆积密度及紧装密度分别按式(2-15)和式(2-16)计算至小数点后3位。

$$\rho = \frac{m_1 - m_0}{V} \tag{2-15}$$

$$\rho' = \frac{m_2 - m_0}{V} \tag{2-16}$$

式中:ρ——砂的堆积密度(g/cm³);
ρ'——砂的紧装密度(g/cm³);
m_0——容量筒的质量(g);
m_1——容量筒和堆积砂的总质量(g);
m_2——容量筒和紧装砂的总质量(g);
V——容量筒容积(mL)。

(2)砂的空隙率按公式(2-17)计算至0.1%。

$$n = \left(1 - \frac{\rho}{\rho_a}\right) \times 100 \tag{2-17}$$

式中:n——砂的空隙率(%);
ρ——砂的堆积或紧装密度(g/cm³);
ρ_a——砂的表观密度(g/cm³)。

以两次试验结果的算术平均值作为测定值。

6. 试验记录

细集料堆积密度试验记录表见表2-9。

细集料堆积密度试验记录表 表2-9

工程名称_____ 试验室温、湿度_____
路段范围_____ 试　验　者_____
试样来源_____ 校　核　者_____
评定标准_____ 试　验　日　期_____
试验方法_____

试 样 次 数	容器质量 m_1 (g)	(容器+砂)质量 m_2 (g)	容器体积 V (cm³)	松散密度$(m_2-m_1)/V$ (g/cm³)	
				单值	平均值

结论:

【三】 细集料含水率试验(T 0332—2005)

1. 试验目的

测定细集料的含水率。

2. 仪具与材料

(1)烘箱。能控温在105℃±5℃。

(2)天平。称量2kg,感量不大于2g。

(3)容器。浅盘等。

3. 试验步骤

由来样中取各约500 g的代表性试样两份,分别放入已知质量(m_1)的干燥容器中称量,记下每盘试样与容器的总量(m_2),将容器连同试样放入温度为105℃±5℃的烘箱中烘干至恒重,称烘干后的试样与容器的总重(m_3)。

4. 结果计算与试验记录

(1)细集料的含水率按公式(2-18)计算,精确至0.1%。

$$w = \frac{m_2 - m_3}{m_3 - m_1} \times 100 \tag{2-18}$$

式中:w——细集料的含水率(%);

m_1——容器质量(g);

m_2——未烘干的试样与容器总质量(g);

m_3——烘干后的试样与容器总质量(g)。

(2)以两次试验结果的算术平均值为测定值。

(3)试验结果记录见表2-10。

细集料含水率试验记录表　　　　　　表2-10

工程名称_____　　试验室温、湿度_____

路段范围_____　　试　验　者_____

试样来源_____　　校　核　者_____

评定标准_____　　试　验　日　期_____

试验方法_____

试验次数	未烘干的试样与容器总质量 m_2(g)	烘干后的试样与容器总质量 m_3(g)	容器质量 m_1(g)	干试样质量 (g)	试样含水质量 (g)	含水率 (%)	平均含水率 (%)
1							
2							

结论:

【四】 细集料含泥量试验（筛洗法）（T 0333—2000）

1. 目的与适用范围

本方法仅用于测定天然砂中粒径小于0.075mm的尘屑、淤泥和黏土的含量。

本方法不适用于人工砂、石屑等矿粉成分较多的细集料。

2. 仪具与材料

(1) 天平。称量1kg，感量不大于1g。

(2) 烘箱。能控温在105℃±5℃。

(3) 标准筛。孔径0.075mm及1.18mm的筛。

(4) 其他。筒、浅盘等。

3. 试验准备

将来样用四分法缩分至每份约1000g，置于温度为105℃±5℃的烘箱中烘干至恒重，冷却至室温后，称取约400g（m_0）的试样两份备用。

4. 试验步骤

(1) 取烘干的试样一份置于筒中，并注入洁净的水，使水面高出砂面约200mm，充分拌和均匀后，浸泡24h，然后用手在水中淘洗试样，使尘屑、淤泥和黏土与砂粒分离，并使之悬浮水中，缓缓地将浑浊液倒入1.18mm至0.075mm的套筛上，滤去小于0.075mm的颗粒。试验前筛的两面应先用水湿润，在整个试验过程中应注意避免砂粒丢失。

注：不得直接将试样放在0.075mm筛上用水冲洗，或者将试样放在0.075mm筛上后在水中淘洗，以避免误将小于0.075mm的细集料颗粒当作泥冲走。

(2) 再次加水于筒中，重复上述过程，直至筒内砂样洗出的水清澈为止。

(3) 用水冲洗剩留在筛上的细粒，并将0.075mm筛放在水中（使水面略高出筛中砂粒的上表面）来回摇动，以充分洗除小于0.075mm的颗粒；然后将两筛上筛余的颗粒和筒内已经洗净的试样一并装入浅盘，置于温度为105℃±5℃的烘箱中烘干至恒重，冷却至室温，称取试样的质量（m_1）。

5. 计算

砂的含泥量按公式(2-19)计算至0.1%。

$$Q_n = \frac{m_0 - m_1}{m_0} \times 100 \tag{2-19}$$

式中：Q_n——砂的含泥量(%)；

m_0——试验前的烘干试样质量(g)；

m_1——试验后的烘干试样质量(g)。

以两个试样试验结果的算术平均值作为测定值。两次结果的差值超过0.5%时，应重新取样进行试验。

6. 试验结果

试验结果记录见表2-11。

细集料含泥量试验记录表　　　　　　　　表2-11

工程名称＿＿＿＿＿＿　　　　试验室温、湿度＿＿＿＿＿＿
路段范围＿＿＿＿＿＿　　　　试　验　者＿＿＿＿＿＿
试样来源＿＿＿＿＿＿　　　　校　核　者＿＿＿＿＿＿
评定标准＿＿＿＿＿＿　　　　试　验　日　期＿＿＿＿＿＿
试验方法＿＿＿＿＿＿

试 验 次 数	试验前烘干试样质量 $m_0(g)$	试验前烘干试样质量 $m_1(g)$	含泥量 $Q_m=(m_0-m_1)/m_0 \times 100\%$	平均值
1				
2				

结论：

【五】 细集料砂当量试验(T 0334—2005)

1．目的与适用范围

(1)本方法适用于测定天然砂、人工砂、石屑等各种细集料中所含的黏性土或杂质的含量，以评定集料的洁净程度。砂当量用 SE 表示。

(2)本方法适用于公称最大粒径不超过 4.75mm 的集料。

2．仪具

(1)砂当量试验仪见图 2-9。

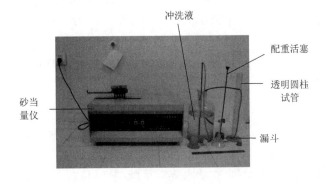

图2-9　砂当量试验仪

(2)透明圆柱形试筒。如图 2-10 所示，透明塑料制，外径 40mm ± 0.5mm，内径 32mm ± 0.25mm，高度 420mm ± 0.25mm。在距试筒底部 100mm、380mm 处刻划刻度线，试筒口配有橡胶瓶口塞。

(3)冲洗管。如图 2-11 所示，由一根弯曲的硬管组成，不锈钢或冷锻钢制，其外径为 6mm ± 0.5mm，内径为 4mm ± 0.2mm。管的上部有一个开关，下部有一个不锈钢两侧带孔尖头。孔径为 1mm ± 0.1mm。

(4)透明玻璃或塑料桶。容积 5L，有一根虹吸管放置桶中，桶底面高出工作台约 1m。

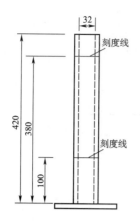

图2-10 透明圆柱试筒(尺寸单位:mm)

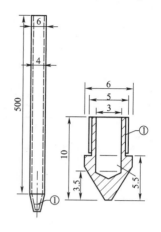

图2-11 冲洗管(尺寸单位:mm)

(5)橡胶管(或塑料管)。长约1.5m,内径约5mm,同冲洗管联在一起吸液用,配有金属夹,以控制冲洗液流量。

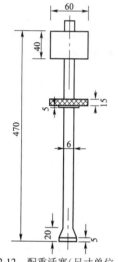

图2-12 配重活塞(尺寸单位:mm)

(6)配重活塞。如图2-12所示,由长440mm±0.25mm的杆、直径25mm±0.1mm的底座(下面平坦、光滑,垂直杆轴)套筒和配重组成。且在活塞上有三个横向螺钉可保持活塞在试筒中间,并使活塞与试筒之间有一条小缝隙。

套筒为黄铜或不锈钢制,厚10mm±0.1mm,大小适合试筒并且引导活塞杆,能标记筒中活塞下沉的位置。套筒上有一个螺钉用以固定活塞杆。配重为1kg±5g。

(7)机械振荡器。可以使试筒产生横向的直线运动振荡,振幅203mm±1.0mm,频率180次/min±2次/min。

(8)天平。称量1kg,感量不大于1g。

(9)烘箱。能使温度控制在105℃±5℃。

(10)秒表。

3.试剂

(1)无水氯化钙($CaCl_2$)。分析纯,含量96%以上,分子量110.99,纯品为无色立方结晶,在水中溶解度大,溶解时放出大量热,它的水溶液呈微酸性,具有一定的腐蚀性。

(2)丙三醇($C_3H_8O_3$)。又称甘油,分析纯,含量98%以上,分子量92.09。

(3)甲醛(HCHO)。分析纯,含量36%以上,分子量30.03。

(4)洁净水或纯净水。

4.试验准备

1)试样制备

(1)将样品通过孔径4.75mm筛,去掉筛上的粗颗粒部分,试样数量不少于1000g。如样品过分干燥,可在筛分之前加少量水分润湿(含水率为3%左右),用包橡胶的小锤打碎土块,然后再过筛,以防止将土块作为粗颗粒筛除。当粗颗粒部分被在筛分时不能分离的杂质裹覆时,应将筛上部分的粗集料进行清洗,并回收其中的细粒放入试样中。

注:在配制稀浆封层及微表处混合料时,4.75mm部分经常是由两种以上的集料混合而成,如由3~5mm和3mm以下石屑混合,或由石屑与天然砂混合组成时,可分别对每种集料按本方法测定其砂当量,然后按组成比例计算合成的砂当量。为减少工作量,通常做法是将样品按配比组成后用4.75mm过筛,测定集料混合料的砂当量,以鉴定材料是否合格。

(2)按T 0332的方法测定试样含水率。试验用的样品,在测定含水率和取样试验期间不要丢失水分。

由于试样是加水湿润过的,对试样含水率应按现行含水率测定方法进行,含水率以两次测定的平均值计,准确至0.1%。经过含水率测定的试样不得用于试验。

(3)称取试样的湿重。

根据测定的含水率按式(2-20)计算相当于120g干燥试样的样品湿重,准确至0.1g。

$$m_1 = \frac{120 \times (100+w)}{100} \tag{2-20}$$

式中:w——集料试样的含水率(%);

m_1——相当于干燥试样120g时的潮湿试样的质量(g)。

2)配制冲洗液

(1)根据需要确定冲洗液的数量,通常一次配制5L,约可进行10次试验。如试验次数较少,可以按比例减少,但不宜少于2L,以减小试验误差。冲洗液的浓度以每升冲洗液中的氯化钙、甘油、甲醛含量分别为2.79g、12.12g、0.34g控制。称取配制5L冲洗液的各种试剂的用量:氯化钙14.0g;甘油60.6g;甲醛1.7g。

(2)称取无水氯化钙14.0放入烧杯中,加洁净水30mL充分溶解,此时溶液温度会升高,待溶液冷却至室温,观察是否有不溶的杂质,若有杂质必须用滤纸将溶液过滤,以除去不溶的杂质。

(3)然后倒入适量洁净水稀释,加入甘油60.6g,用玻璃棒搅拌均匀后再加甲醛1.7g,用玻璃棒搅拌均匀后全部倒入1L量筒中,并用少量洁净水分别对盛过3种试剂的器皿洗涤3次,每次洗涤的水均放入量筒中,最后加入洁净水至1L刻度线。

(4)将配制的1L溶液倒入塑料桶或其他容器中,再加入4L洁净水或纯净水稀释至5L±0.005L。该冲洗液的使用期限不得超过2周,超过2周后必须废弃,其工作温度为22℃±3℃。

注:有条件时,可向专门机构购买高浓度的冲洗液,按照要求稀释后使用。

5.试验步骤

(1)用冲洗管将冲洗液加入试筒,直到最下面的100mm刻度处(约需80mL试验用冲洗液)。

(2)把相当于120g±1g干料重的湿样用漏斗仔细地倒入竖立的试筒中。

(3)用手掌反复敲打试筒下部,以除去气泡,并使试样尽快润湿,然后放置10min。

(4)在试样静止10min±1min后,在试筒上塞上橡胶、堵住试筒,用手将试筒横向水平放置,或将试筒水平固定在振荡机上。

(5)开动机械振荡器,在30s±1s的时间内振荡90次。用手振荡时,仅需手腕振荡,不必晃动手臂,以维持振幅230mm±25mm,振荡时间和次数与机械振荡器同。然后将试筒取下竖直放回试验台上,拧下橡胶塞。

(6)将冲洗液冲洗附在试筒壁上的集料,然后迅速将冲洗管插到试筒底部,不断转动冲洗管,使附着在集料表面的土粒杂质浮游上来。

(7)缓慢匀速向上拔出冲洗管,当冲洗管抽出液面,且保持液面位于380mm刻度线时,切断冲洗管的液流,使液面保持在380mm刻度线处,然后开动秒表在没有扰动的情况下静置

20min±15s。

(8)在静置20min后,用尺量测试筒底部到絮状凝结物上液面的高度(h_1)。

(9)将配重活塞徐徐插入试筒里,直至碰到沉淀物时,立即拧紧套筒上的固定螺钉。将活塞取出,用尺量插入套筒开口中,量取套筒顶面至活塞底面的高度h_2,准确至1mm。同时记录试筒内的温度,准确至1℃。

(10)按上述步骤进行2个试样的平行试验。

注:1. 为了不影响沉淀的过程,试验必须在无振动的水平台上进行。随时检查试验的冲洗管口,防止堵塞。

2. 由于塑料在太阳光容易变成不透明,应尽量避免将塑料试筒等直接暴露在太阳光下。盛试验溶液的塑料桶用毕要清洗干净。

6. 结果计算与试验记录

(1)试样的砂当量值按式(2-21)计算。

$$SE = \frac{h_2}{h_1} \times 100 \tag{2-21}$$

式中:SE——试样的砂当量(%);

h_2——试筒中用活塞测定的集料沉淀物的高度(mm);

h_1——试筒中絮凝物和沉淀物的总高度(mm)。

(2)一种集料应平行测定两次,取两个试样的平均值,并以活塞测得砂当量为准,并以整数表示。

(3)试验记录。细集料砂当量试验记录表见表2-12。

细集料砂当量试验报告 表2-12

工程名称_____ 试验方法_____
路段范围_____ 试 验 者_____
试样来源_____ 校 核 者_____
评定标准_____ 试验日期_____

试验次数	试样含水率 $w(\%)$	试样干质量 $m_1(g)$	试样湿质量 $m_2(g)$	试筒内温度 $T(℃)$	试筒中絮凝物和沉淀物的总高度 $h_1(mm)$	试筒中用活塞测定的沉淀物高度 $h_2(mm)$	砂当量 $SE=(h_2/h_1)\times100$ (%)	砂当量平均值(%)
1								
2								

结论:

【六】 细集料筛分试验(T 0327—2005)

1. 试验目的

测定细集料(天然砂、人工砂、石屑)的颗粒级配及粗细程度。对水泥混凝土用细集料可采用干筛法,如果需要也可采用水洗法筛分;对沥青混合料及基层用细集料必须用水洗法筛分。

注:当细集料中含有粗集料时,可参照此方法用水洗法筛分,但需要特别注意保护标准筛筛面不遭损坏。

2. 仪具与材料

(1)标准筛。

(2)天平。称量1000g,感量不大于0.5g。

(3)摇筛机。

(4)烘箱。能控温105℃±5℃。

(5)其他。浅盘和硬、软毛刷等。

03-细集料的筛分试验

3. 试样制备

根据样品中最大粒径的大小,选用适宜的标准筛,通常为9.5mm筛(水泥混凝土用天然砂)或4.75mm筛(沥青路面及基层用天然砂、石屑、机制砂等)筛除其中的超粒径材料。然后将样品在潮湿状态下充分拌匀,用分料器法或四分法缩分至每份不少于550g的试样两份,在105℃±5℃的烘箱中烘干至恒量,冷却至室温后备用。

注:恒重系指相邻两次称量间隔时间大于3h(通常不少于6h)的情况下,前后两次称量之差小于该项试验所要求的称量精密度,下同。

4. 试验步骤

1)干筛法试验步骤

(1)准确称取烘干试样约500g(m_1),准确至0.5g,置于套筛的最上一只筛,即4.75mm筛上,将套筛装入摇筛机,摇筛约10min,然后取出套筛,再按筛孔大小顺序,从最大的筛号开始,在清洁的浅盘上逐个进行手筛,直到每分钟的筛出量不超过筛上剩余量的0.1%时为止,将筛出通过的颗粒并入下一号筛,和下一号筛中的试样一起过筛,以此顺序进行至各号筛全部筛完为止。

注:1. 试样如为特细砂时,试样质量可减少到100g。

2. 如试样含泥量超过5%,不宜采用干筛法。

3. 无摇筛机时,可直接用手筛。

(2)称量各筛筛余试样的质量,精确至0.5g。所有各筛的分计筛余量和底盘中剩余量的总量与筛分前的试样总量,相差不得超过后者的1%。

2)水洗法试验步骤

(1)准确称取烘干试样约500g(m_1),准确至0.5g。

(2)将试样置一洁净容器中,加入足够数量的洁净水,将集料全部淹没。

(3)用搅棒充分搅动集料,将集料表面洗涤干净,使细粉悬浮在水中,但不得有集料从水中溅出。

(4)用1.18mm筛及0.075mm筛组成套筛。仔细将容器中混有细粉的悬浮液徐徐倒出,经过套筛流入另一容器中,但不得将集料倒出。

注:不可直接倒至0.075mm筛上,以免集料掉出,损坏筛面。

(5)重复(2)~(4)步骤,直至倒出的水洁净且小于0.075mm的颗粒全部倒出。

(6)将容器中的集料倒入搪瓷盘中,用少量水冲洗,使容器上沾附的集料颗粒全部进入搪瓷盘中。将筛子反扣过来,用少量的水将筛上集料冲入搪瓷盘中。操作过程中不得有集料散失。

(7)将搪瓷盘连同集料一起置105℃±5℃烘箱中烘干至恒量,称取干燥集料试样的总质量(m_2),准确至0.1g。m_1与m_2之差即为通过0.075mm部分。

(8)将全部要求筛孔组成套筛(但不需0.075mm筛),将已经洗去小于0.075mm部分的干燥集料置于套筛上(通常为4.75mm筛),将套筛装入摇筛机,摇筛约10min,然后取出套筛,再按筛孔大小顺序,从最大的筛号开始,在清洁的浅盘上逐个进行手筛,直至每分钟的筛出量不超过筛上剩余量的0.1%时为止,将筛出通过的颗粒并入下一号筛,和下一号筛中的试样一起过筛,这样顺序进行,直至各号筛全部筛完为止。

注:如为含有粗集料的集料混合料,套筛筛孔根据需要选择。

(9)称量各筛筛余试样的质量,精确至0.5g。所有各筛的分计筛余量和底盘中剩余量的总质量与筛分前试样总量m_1的差值不得超过后者的1%。

5. 结果计算与试验记录

(1)计算分计筛余百分率。

各号筛的分计筛余百分率按公式(2-8)计算,精确至0.1%。

对沥青路面细集料而言,0.15mm筛下部分即为0.075mm的分计筛余,由测得的m_1与m_2之差即为小于0.075mm的筛底部分。

(2)计算累计筛余百分率。

各号筛的累计筛余百分率按公式(2-9)计算,精确至0.1%。

(3)计算通过百分率。

各号筛的质量通过百分率等于100减去该号筛的累计筛余百分率,准确至0.1%。

(4)根据各筛的累计筛余百分率或通过百分率,绘制级配曲线。

(5)天然砂的细度模数按式(2-22)计算,准确至0.01。

$$M_x = \frac{(A_{0.15} + A_{0.3} + A_{0.6} + A_{1.18} + A_{2.36}) - 5A_{4.75}}{100 - A_{4.75}} \tag{2-22}$$

式中: M_x——细集料的细度模数;

$A_{0.15}$、$A_{0.3}$、…、$A_{4.75}$——分别为0.15mm、0.3mm、…、4.75mm各筛上的累计筛余百分率(%)。

应进行两次平行试验,以试验结果的算术平均值作为测定值。如两次试验所得的细度模数之差大于0.2,应重新进行试验。

(6)试验记录。

砂的筛分试验记录表见表2-13。

砂筛分试验记录表　　　　　　　　　　表2-13

工程名称_____　　　试验方法_____
路段范围_____　　　试　验　者_____
试样来源_____　　　校　核　者_____
评定标准_____　　　试验日期_____

试样总质量(g)	第1组			第2组			平均累计筛余(%)	通过百分率(%)	规定通过百分率范围(%)
筛孔尺寸(mm)	筛上质量m_1(g)	分计筛余(%)	累计筛余(%)	筛上质量m_1(g)	分计筛余(%)	累计筛余(%)			
9.5									
4.75									
2.36									
1.18									
0.6									
0.3									
0.15									
筛底$m_底$									

砂类型	粗	中	细
M_x	3.7~3.1	3.0~2.3	2.2~1.6

$$M_x = \frac{(A_{0.15}+A_{0.3}+A_{0.6}+A_{1.18}+A_{2.36})-5A_{4.75}}{100-A_{4.75}}$$

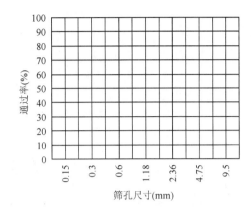

结论：

技能训练（试验实例）

试验实例见表2-14~表2-16。

细集料的密度试验任务单及试验结果评定表　　表2-14

实训日期		姓名		成绩	
实训任务	细集料（砂）的密度试验（T 0328、T 0331—2005）				
实训任务书	题目：某中型桥工地用细集料，要求某试验室对其品质进行技术评定（说明：本细集料为天然河砂）。 要求：测定细集料的表观密度、堆积密度，计算其空隙率				
主要设备					
主要步骤	（每位学生按照实际操作过程进行填写）				

细集料表观密度、堆积密度试验记录表

工程名称　　某二级公路　　　　试验室温、湿度　　20℃、70%

路段范围　　桥梁、涵洞　　　　试　验　者　　_____

试样来源　　××料场　　　　　校　核　者　　_____

评定标准　　—　　　　　　　　试　验　日　期　　_____

试验方法　　T 0328、T 0331—2005

试样编号	试验水温度（℃）	砂质量 m_0 (g)	砂+水+瓶质量 m_2 (g)	水+瓶质量 m_1 (g)	表观密度 $m_0/(m_0+m_1-m_2)-\alpha_T$ (g/cm³)	
					单值	平均值
1	18	300	873.4	687.4	2.672	2.672
2	18	300	872.1	686.1	2.672	

续上表

试样次数	容器质量 m_1 (g)	容器+砂质量 m_2 (g)	容器体积 V (cm³)	松散密度 $(m_2-m_1)/V$ (g/cm³)	
				单值	平均值
1	455	1960	1000	1.505	1.510
2	455	1970	1000	1.515	

结论:此砂表观密度为 2.627g/cm³;堆积密度为 1.510g/cm³; $n=\left(1-\dfrac{\rho}{\rho_a}\right)\times 100=42.5\%$

砂当量试验任务单及试验结果评定表 表2-15

实训日期		姓名		成绩	
实训任务	砂当量试验(T 0332、T 0334—2005)				
实训任务书	题目:某中型桥工地用细集料,要求某试验室对其品质进行技术评定(说明:本细集料为天然河砂)。 要求:测定细集料的含水率(烘干法)、砂当量,并对其洁净程度进行评定(标准要求砂当量应不小于60%)				
主要设备					
主要步骤	(每位学生按照实际操作过程进行填写)				

砂的含水率试验、砂当量试验记录表

工程名称 _____　　　　试验室温、湿度 __20℃、70%__
路段范围 _____　　　　试　验　者 _____
试样来源 __××料场__　　　　　　　校　核　者 _____
评定标准 __—__　　　　　　　　　　试　验　日　期 _____
试验方法 __T 0332、T 0334—2005__

试验次数	未烘干的试样与容器总质量 m_2 (g)	烘干后的试样与容器总质量 m_3 (g)	容器质量 m_1 (g)	干试样质量 (g)	试样含水质量 (g)	含水率 (%)	平均含水率 (%)
1	628.9	613.5	126.5	487.0	15.4	3.2	3.1
2	627.4	612.7	124.8	487.9	14.7	3.0	

结论:该砂的含水率为3.1%

序号	试样含水率 w (%)	试样干质量 m_1 (g)	试样湿质量 m_2 (g)	试筒内温度 T (℃)	试筒中絮凝物和沉淀物的总高度 h_1 (mm)	试筒中用活塞测定的沉淀物高度 h_2 (mm)	砂当量 $SE=(h_2/h_1)\times 100$ (%)
1	3.1	120.0	123.7	18.4	140	91	65
2	3.1	120.0	123.7	18.4	139	92	66

结论:合格,可使用于沥青路面

细集料级配参数测定任务单及试验结果评定表

表 2-16

实训日期		姓名		成绩	
实训任务	细集料的筛分试验（T 0327—2005）				
实训任务书	题目：某中型桥工地用细集料，要求某试验室对其品质进行技术评定（说明：本细集料为天然河砂）。 要求：测定细集料的级配参数，并根据细度模数对其进行分类				
主要设备					
主要步骤	（每位学生按照实际操作过程进行填写）				

混凝土细集料（砂）筛分试验记录表

工程名称_____ 试验室温、湿度 25℃、70%_____

路段范围_____ 试　验　者_____

试样来源　××料场_____ 校　核　者_____

评定标准　　　—　　　　　　　　　　试　验　日　期_____

试验方法　T 0327—2005

试样总质量(g)	第1组 500.0			第2组 500.0			平均累计筛余(%)	通过百分率(%)	规定通过百分率范围(%)
筛孔尺寸(mm)	筛上质量 m_1(g)	分计筛余(%)	累计筛余(%)	筛上质量 m_1(g)	分计筛余(%)	累计筛余(%)			
9.5	0.0	0.0	0.0	0.0	0.0	0.0	0.0	100.0	—
4.75	10.5	2.1	2.1	13.5	2.7	2.7	2.4	97.6	90~100
2.36	60.5	12.1	14.2	65.5	13.1	15.8	15.0	85.0	75~100
1.18	84.0	16.8	31.0	79.5	15.9	31.7	31.4	68.6	50~90
0.6	112.5	22.5	53.3	105.5	21.1	52.8	53.0	47.0	30~59
0.3	121.0	24.2	77.7	121.5	24.3	77.1	77.4	22.6	8~30
0.15	103.5	20.7	98.4	103.0	20.6	97.6	98.0	2.0	0~10
筛底 $m_底$	5.0	—	—	10.0	—	—	—	—	—

砂类型	粗	中	细
M_x	3.7~3.1	3.0~2.3	2.2~1.6

$$M_x = \frac{(A_{0.15} + A_{0.3} + A_{0.6} + A_{1.18} + A_{2.36}) - 5A_{4.75}}{100 - A_{4.75}}$$

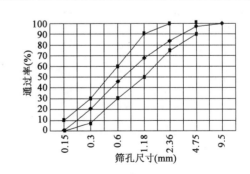

结论：$M_x = 2.69$，此砂为中砂。级配符合要求

课后任务

任务一 简述细集料表观密度、堆积密度测定的步骤及试验有哪些规定?

任务二 砂当量试验的注意事项有哪些?

任务三 每位学员根据工程需要,对细集料的品质进行检测,并完成检测任务报告单与试验结果评定表(细集料的密度检测、含水率检测、砂当量检测、细集料级配参数检测等)。

任务四 完成表2-17细集料级配参数测定任务单及试验结果评定表。

细集料级配参数测定任务单及试验结果评定表　　　　表2-17

实训日期		姓名		成绩	
实训任务	细集料的筛分试验(T 0327—2005)				
实训任务书	(每位学员按照施工或委托单位的任务要求填写)				
主要设备					
主要步骤	(每位学员按照实际操作过程与试验结果进行填写)				

混凝土细集料(砂)筛分试验记录表

工程名称　_____　　试验室温、湿度_____
路段范围　_____　　试　验　者_____
试样来源　××料场　　　　　　校　核　者_____
评定标准　　—　　　　　　　　试　验　日　期_____
试验方法　T 0327—2005

试样总质量(g)	第1组			第2组			平均		规定通过百分率范围(%)
筛孔尺寸(mm)	筛上质量 m_1(g)	分计筛余(%)	累计筛余(%)	筛上质量 m_1(g)	分计筛余(%)	累计筛余(%)	累计筛余(%)	通过百分率(%)	
9.5	0.0			0.0					
4.75	2.5			4.0					
2.36	24.0			26.0					
1.18	49.5			50.5					
0.6	100.0			101.5					
0.3	131.5			130.0					
0.15	164.5			166.5					
筛底 $m_底$	26.0			19.0					

续上表

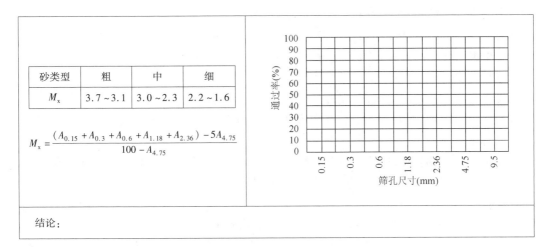

砂类型	粗	中	细
M_x	3.7~3.1	3.0~2.3	2.2~1.6

$$M_x = \frac{(A_{0.15} + A_{0.3} + A_{0.6} + A_{1.18} + A_{2.36}) - 5A_{4.75}}{100 - A_{4.75}}$$

结论：

课题三　粗　集　料

任务引入

常见的碎石、砾石在道路、桥梁工程中有何用？它们的物理、力学性质有哪些？如何测定这些性质？

任务分析

粗集料包括人工轧制的碎石、天然风化而成的砾石和再生粗集料(利用旧结构混凝土经机械破碎筛分制得的粗集料)。在道路、桥梁工程中，粗集料主要是水泥混凝土和沥青混合料中的骨架材料。因此，粗集料的品质好坏相当重要。如粗集料的密度大、强度也大，针状、片状颗粒含量少，级配优良，那么其品质就好。而粗集料品质好坏主要由其物理性质与力学性质决定。

相关知识

1. 粗集料的物理性质

1) 密度

粗集料的密度，由于材料状态及测定条件的不同，便衍生出如下的几种密度：

(1) 毛体积密度：单位体积(含材料的实体矿物成分及闭口孔隙、开口孔隙等颗粒表面轮廓线所包围的毛体积)物质颗粒的干质量。

(2) 毛体积相对密度：毛体积密度与同温度水的密度之比值。

(3) 表观密度：单位体积(含材料矿质实体体积及闭口孔隙体积)物质颗粒的干质量。

73

(4)表观相对密度:表观密度与同温度水的密度之比值。

(5)表干密度:单位体积(含材料矿质实体体积及其闭口孔隙、开口孔隙等颗粒表面轮廓线所包围的全部毛体积)物质颗粒的饱和面干质量。

(6)表干相对密度:表干密度与同温度水的密度之比值。

测量粗集料密度的方法有网篮法、容量瓶法。

2)堆积密度

粗集料的松方密度包括堆积状态、振实状态、捣实状态下的松方密度。

(1)堆积密度:单位体积(含材料矿质实体体积及闭口、开口孔隙体积及颗粒间空隙体积)物质颗粒的质量。

(2)振实密度、捣实密度:指在规定条件(两者试验条件不同)下,粗集料以紧密装填状态装入容器中,包括空隙、孔隙在内的单位体积的质量。

3)空隙率

空隙率是指集料颗粒之间的空隙体积占集料总体积的百分率。

粗集料的空隙率与其级配和颗粒形状有关。粗集料的空隙率一般在35%~45%之间。粗集料的空隙率按式(2-23)计算:

$$n = \left(1 - \frac{\rho}{\rho_a}\right) \times 100 \tag{2-23}$$

式中:n——粗集料的空隙率(%);

ρ——粗集料的堆积密度或紧装密度(g/cm^3);

ρ_a——粗集料的表观密度(g/cm^3)。

4)含水率

含水率指粗集料中所含水分的质量占干燥质量的百分率。

在水泥混凝土配合比设计时,试验室配合比是以干燥材料为基准的,而实际施工现场堆放的材料都有一定含水率,且经常变化,因此应用时测定其含水率,其测定方法有烘干法和酒精燃烧法,以烘干法为准。

5)级配

粗集料中各组成颗粒的分级和搭配称为级配(图2-13)。各种不同粒径的集料,按照一定的比例搭配起来,以达到较高的密实度和较大摩擦力,粗集料的级配分为:

(1)连续级配。采用标准套筛对某一混合料进行筛析试验,所得级配曲线平顺圆滑,具有连续性。这种由大到小,逐级粒级均占有一定比例的级配为连续级配。

(2)间断级配。在矿质混合料中剔除其一个分级或几个分级而形成一种不连续级配称为间断级配。

一个良好的级配,要求空隙率小、总表面积也不大。前者的目的使集料本身最为紧密;后者的目的是使水泥用量最为节约。

6)含泥量

粗集料的含泥量指卵石、碎石中粒径小于0.075mm的颗粒含量。

粗集料的含泥量试验方法同细集料,只在取样数量上有所区别,即将来样用四分法缩分至表2-18所规定的量(注意防止细粉丢失并防止所含黏土块被压碎),置于温度为105℃±5℃的烘箱内烘干至恒重,冷却至室温后分成两份备用。

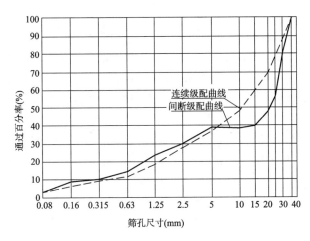

图 2-13　连续级配和间断级配曲线

含泥量试验所需要的试样最小质量　　　　表 2-18

公称最大粒径(mm)	4.75	9.5	16	19	26.5	31.5	37.5	63	75
每一份试样的最小质量(kg)	1.5	2	2	6	6	10	10	20	20

7)针、片状颗粒含量

针、片状颗粒是指粗集料中细长的针状颗粒与扁平的片状颗粒。当颗粒形状的诸方向中的最小厚度(或直径)与最大长度(或宽度)的尺寸之比小于规定比例时,属于针、片状颗粒。

针、片状颗粒的存在会增加粗集料的空隙率,降低密实性,影响新拌混凝土的工作性,降低硬化后的水泥混凝土强度和耐久性,同时针、片状颗粒的存在会影响沥青路面的质量。因此,在粗集料中应限制其含量。其测定方法有:

(1)规准仪法:适用于测定水泥混凝土用的 4.75mm 以上的粗集料的针、片状颗粒含量。

(2)游标卡尺法:适用于测定粗集料的针、片状颗粒含量。

8)坚固性

坚固性是指在气候、环境变化或其他物理因素作用下,粗集料抵抗碎裂的能力。其测定方法为硫酸钠溶液法。

2.粗集料的力学性质

粗集料力学性质主要是压碎值和磨耗值;其次是新近发展起来的抗滑表层用集料的三项试验,即磨光值、道瑞磨耗值和冲击值。

1)压碎值

粗集料压碎值是指粗集料在连续增加的荷载下,抵抗压碎的能力。它作为相对衡量石料强度的一个指标,用以评价水泥混凝土、路面基层、底基层及沥青面层的粗集料品质。

2)磨耗值(洛杉矶法)

磨耗值是指按规定方法测得的石料抵抗摩擦、撞击的性能。其测定方法有洛杉矶法(又称搁板式)和狄法尔法(又称双筒式)两种方法。

石料的磨耗性是石料力学性质的另一个重要指标,也是评定石料等级的依据之一。我国现行试验规程规定,石料磨耗试验以洛杉矶式(搁板式)磨耗试验法为标准方法,只有在不具备该磨耗试验条件时,方允许采用狄法尔法(双筒式)磨耗试验法代替。

一般磨耗损失小的集料,集料坚硬、耐磨、耐久性好。

3）磨光值

现代高速交通的行车条件对路面的抗滑性提出更高的要求，在车辆轮胎作用下，不仅要求具有高的抗磨耗性，而且要求具有高的抗磨光性。集料的抗磨光性，采用石料磨光值。

集料的磨光值是关系一种集料能否用于沥青路面抗滑磨耗层的重要决定性指标，集料磨光值越高，表示抗滑性越好。因此，抗滑面层应选用磨光值高的集料，如玄武岩石、安山岩、砂岩、花岗岩等。

磨光值是指按规定的试验方法测得的石料抵抗轮胎磨光作用的能力。集料磨光值越高，表示抗滑性越好。因此，抗滑面层应选用磨光值高的集料，如玄武岩石、安山岩、砂岩、花岗岩等。

不同道路等级对抗滑表层集料的磨光值、道瑞磨耗值和冲击值的技术要求按现行交通行业标准《公路沥青路面施工技术规范》（JTG F40—2004）。

4）道瑞磨耗值

道瑞磨耗值适用于评定公路路面表层所用粗集料抵抗车轮撞击及磨耗的能力。粗集料的道瑞磨耗值越小，表示其耐磨性越好。

5）冲击值

冲击值反映岩石多次连续重复冲击荷载作用的能力。集料的冲击值越小，表示其抗冲击荷载的能力越强。

任务实施（技能操作）

【一】 粗集料密度及吸水率试验试验（网篮法）（T 0304—2005）

1. 试验目的

本方法适用于测定各种粗集料的表观相对密度、表干相对密度、毛体积相对密度、表观密度、表干密度、毛体积密度，以及粗集料的吸水率。

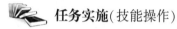
04-粗集料密度及吸水率试验

2. 仪器设备

（1）天平或浸水天平。可悬挂吊篮测定集料的水中质量，称量应满足试样数量称量要求，感量不大于最大称量的 0.05%。

（2）吊篮。耐锈蚀材料制成，直径和高度为 150mm 左右，四周及底部用 1~2mm 的筛网编制或具有密集的孔眼。

（3）溢流水槽。在称量水中质量时能保持水面高度一定。

（4）烘箱。能控温在 105℃ ±5℃。

（5）毛巾。纯棉制，洁净，也可用纯棉的汗衫布代替。

（6）温度计。

（7）标准筛。

（8）盛水容器（如搪瓷盘）。

（9）其他。刷子等。

3. 试样制备

（1）将试样用标准筛过筛除去其中的细集料，对较粗的粗集料可用 4.75mm 筛过筛，对 2.36~4.75mm 集料，或者混在 4.75mm 以下石屑中的粗集料，则用 2.36mm 标准筛过筛，用四分法或分料器法缩分至要求的质量，分两份备用。对沥青路面用粗集料，应对不同规格的集料分别测定，不得混杂，所取的每一份集料试样应基本上保持原有的级配。在测定 2.36~

4.75mm 的粗集料时,试验过程中应特别小心,不得丢失集料。

(2)经缩分后供测定密度的粗集料质量应符合表 2-19 的规定。

测定密度所需要的试样最小质量　　　　表 2-19

公称最大粒径(mm)	4.75	9.5	16	19	26.5	31.5	37.5	63	75
每一份试样的最小质量(kg)	0.8	1	1	1	1.5	1.5	2	3	3

(3)将每一份集料试样浸泡在水中,并适当搅动,仔细洗去附在集料表面的尘土和石粉,经多次漂洗干净至水完全清澈为止。清洗过程中不得散失集料颗粒。

4. 试验步骤

(1)取试样一份装入干净的搪瓷盘中,注入洁净的水,水面至少应高出试样 20mm,轻轻搅动石料,使附着在石料上的气泡完全逸出。在室温下保持浸水 24h。

(2)将吊篮挂在天平的吊钩上,浸入溢流水槽中,向溢流水槽中注水,水面高度至水槽的溢流孔,将天平调零。吊篮的筛网应保证集料不会通过筛孔流失,对 2.36 ~ 4.75mm 粗集料应更换小孔筛网,或在网篮中加放入一个浅盘。

(3)调节水温在 15 ~ 25℃ 范围内。将试样移入吊篮中。溢流水槽中的水面高度由水槽的溢流孔控制,维持不变。称取集料的水中质量(m_w)。

(4)提起吊篮,稍稍滴水后,较粗的粗集料可以直接倒在拧干的湿毛巾上。将较细的粗集料(2.36 ~ 4.75mm)连同浅盘一起取出,稍稍倾斜搪瓷盘,仔细倒出余水,将粗集料倒在拧干的湿毛巾上,用毛巾吸走从集料中漏出的自由水。此步骤需特别注意不得有颗粒散失,或有小颗粒附在吊篮上。再用拧干的湿毛巾轻轻擦干集料颗粒的表面水,至表面看不到发亮的水迹,即为饱和面干状态。当粗集料尺寸较大时,宜逐颗擦干。注意对较粗的粗集料,拧湿毛巾时不要太用劲,防止拧得太干,对较细的含水较多的粗集料,毛巾可拧得稍干些。擦颗粒的表面水时,既要将表面水擦掉,又千万不能将颗粒内部的水吸出。整个过程中不得有集料丢失,且已擦干的集料不得继续在空气中放置,以防止集料干燥。

注:对 2.36 ~ 4.75mm 集料,用毛巾擦拭时容易沾附细颗粒集料从而造成集料损失,此时宜改用洁净的纯棉汗衫布擦拭至表干状态。

(5)立即在保持表干状态下,称取集料的表干质量(m_f)。

(6)将集料置于浅盘中,放入 105℃ ± 5℃ 的烘箱中烘干至恒量。取出浅盘,放在带盖的容器中冷却至室温,称取集料的烘干质量(m_a)。

注:恒重指相邻两次称量间隔时间大于 3h 的情况下,其前后两次称量之差小于该项试验所要求的精密度,即 0.1%。一般在烘箱中烘烤的时间不得少于 4 ~ 6h。

(7)对同一规格的集料应平行试验两次,取平均值作为试验结果。

5. 结果计算与试验记录

(1)粗集料的表观相对密度 γ_a、表干相对密度 γ_s、毛体积相对密度 γ_b 按式(2-24)、式(2-25)及式(2-26)计算,准确至小数点后 3 位:

$$\gamma_a = \frac{m_a}{m_a - m_w} \tag{2-24}$$

$$\gamma_s = \frac{m_f}{m_f - m_w} \tag{2-25}$$

$$\gamma_b = \frac{m_a}{m_f - m_w} \tag{2-26}$$

式中：γ_a——集料的表观相对密度，无量纲；

γ_s——集料的表干相对密度，无量纲；

γ_b——集料的毛体积相对密度，无量纲；

m_a——集料的烘干质量(g)；

m_f——集料的表干质量(g)；

m_w——集料的水中质量(g)。

(2)粗集料的表观密度ρ_a、表干密度ρ_s、毛体积密度ρ_b按式(2-27)、式(2-28)及式(2-29)计算，准确至小数点后3位。不同水温条件下测量的粗集料表观密度需进行水温修正，不同试验温度下水的密度ρ_T及水的温度修正系数α_T按表2-7选用。

$$\rho_a = \gamma_a \rho_T \text{ 或 } \rho_a = (\gamma_a - \alpha_T) \times \rho_w \tag{2-27}$$

$$\rho_s = \gamma_s \rho_T \text{ 或 } \rho_s = (\gamma_s - \alpha_T) \times \rho_w \tag{2-28}$$

$$\rho_b = \gamma_b \rho_T \text{ 或 } \rho_b = (\gamma_b - \alpha_T) \times \rho_w \tag{2-29}$$

式中：ρ_a——粗集料的表观密度(g/cm^3)；

ρ_s——粗集料的表干密度(g/cm^3)；

ρ_b——粗集料的毛体积密度(g/cm^3)；

ρ_T——试验温度T时水的密度，(g/cm^3)，按表2-7取用；

α_T——试验温度T时的水温修正系数，按表2-7取用；

ρ_w——水在4℃时的密度($1.000g/cm^3$)。

(3)精度或允许差。

重复试验的精密度，对表观相对密度、表干相对密度、毛体积相对密度，两次结果相差不得超过0.02。

(4)试验记录。

粗集料的毛体积密度试验记录表见表2-20。

粗集料的毛体积密度试验记录表   表2-20

工程名称_____   试验方法_____

路段范围_____   试 验 者_____

试样类别_____   校 核 者_____

评定标准_____   试验日期_____

序号	试件水中质量(g)	试件表干质量(g)	试样烘干质量(g)	试验温度(℃)	修正系数 α_T	表观密度(g/cm^3)		表干密度(g/cm^3)		毛体积密度(g/cm^3)	
						单值	平均值	单值	平均值	单值	平均值
1											
2											

结论：

【二】 水泥混凝土用粗集料针片状颗粒含量试验(规准仪法)(T 0311—2005)

1.目的和适用范围

(1)本方法适用于测定水泥混凝土使用的4.75mm以上的粗集料的针状及片状颗粒含

量,以百分率计。

(2)本方法测定的针片状颗粒,是指使用专用规准仪测定的粗集料颗粒的最小厚度(或直径)方向与最大长度(或宽度)方向的尺寸之比小于一定比例的颗粒。

(3)本方法测定的粗集料中针片状颗粒的含量,可用于评价集料的形状及其在工程中的适用性。

2.仪器设备

(1)水泥混凝土集料针状规准仪和片状规准仪(图 2-14 和图 2-15),尺寸要求见表 2-21。

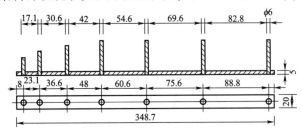

图 2-14 针状规准仪(尺寸单位:mm)

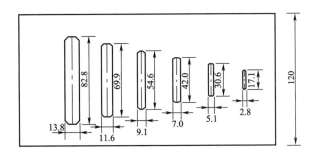

图 2-15 片状规准仪(尺寸单位:mm)

水泥混凝土集料针片状颗粒试验的粒级划分及其相应的规准仪孔宽或间距　　表 2-21

粒级(方孔筛)(mm)	4.75~9.5	9.5~16	16~19	19~26.5	26.5~31.5	31.5~37.5
针状规准仪上相对应的立柱之间的间距宽(mm)	17.1	30.6	42.0	54.6	69.6	82.8
片状规准仪上相对应孔宽(mm)	2.8	5.1	7.0	9.1	11.6	13.8

(2)天平或台秤:感量不大于称量值的 0.1%。

(3)标准筛:孔径分别为 4.75mm、9.5mm、16.0mm、19.0mm、26.5mm、31.5mm 及 37.5mm,试验时根据需要选用。

3.试验准备

将来样在室内风干至表面干燥,并用四分法或分料器法缩分至满足表 2-22 规定的质量,称量(m_0),然后筛分成表 2-22 所规定的粒级备用。

针片状颗粒试验所需试样的最小质量　　表 2-22

公称最大粒径(mm)	9.5	16	19	26.5	31.5	37.5	37.5	37.5
试样最小质量(kg)	0.3	1	2	3	5	10	10	10

4.试验步骤

(1)目测挑出接近立方体形状的规则颗粒,将目测有可能属于针片状颗粒的集料按表 2-21 所规定的粒级用规准仪逐粒对试样进行针状颗粒鉴定,挑出颗粒长度大于针状规准仪上相应间距而不能通过者,为针状颗粒。

(2)将通过针状规准仪上相应间距的非针状颗粒逐粒对试样进行片状颗粒鉴定,挑出厚度小于片状规准仪上相应孔宽而不能通过者,为片状颗粒。

(3)称量由各粒级挑出的针状颗粒和片状颗粒的质量,其总质量为 m_1。

5.结果计算与试验记录

(1)碎石或砾石针片状颗粒含量按式(2-30)计算,精确至 0.1%。

$$Q_e = \frac{m_1}{m_0} \times 100 \tag{2-30}$$

式中:Q_e——试样的针片状颗粒的含量(%);

m_1——试样中所含针状颗粒与片状颗粒的总质量(g);

m_0——试样总质量(g)。

(2)试验记录。

试验结果及记录表见表 2-23。

针片状颗粒含量试验记录表 表 2-23

工程名称_____　　　试验方法_____
路段范围_____　　　试 验 者_____
试样来源_____　　　校 核 者_____
评定标准_____　　　试验日期_____

试验次数	试样质量(g)	针片状颗粒质量(g)	针片状颗粒(%)	
			单值	平均值

结论:

【三】 粗集料针片状颗粒含量试验(游标卡尺法)(T 0312—2005)

1.目的和适用范围

(1)本方法适用于测定粗集料的针状及片状颗粒含量,以百分率计。

(2)本方法测定的针片状颗粒,是指用游标卡尺测定的粗集料颗粒的最大长度(或宽度)方向与最小厚度(或直径)方向的尺寸比大于 3 倍的颗粒。有特殊要求采用其他比例时,应在试验报告中注明。

(3)本方法测定的粗集料中针片状颗粒的含量,可用于评价集料的形状和抗压碎能力,以评定石料生产厂的生产水平及该材料在工程中的适用性。

2.仪器设备

(1)标准筛。方孔筛 4.75mm。

(2)游标卡尺。精密度为 0.1mm。

(3)天平。感量不大于 1g。

3. 试验步骤

(1)现行集料随机取样的方法,采集集料试样。

(2)按分料器法或四分法选取 1kg 左右的试样。对每一种规格的粗集料,应按照不同的公称粒径,分别取样检验。

(3)用 4.75mm 标准筛将试样过筛,取筛上部分供试验用,称取试样的总质量 m_0,准确至 1g,试样数量不少于 800g,并不少于 100 颗。

(4)将试样平摊于桌面上,首先用目测挑出接近立方体的符合要求的颗粒,剩下可能属于针状(细长)和片状(扁平)的颗粒。

(5)按图 2-16 所示的方法将欲测量的颗粒放在桌面上成一稳定的状态,图中颗粒平面方向的最大长度为 L,侧面厚度的最大尺寸为 t,颗粒最大宽度为 $w(t<w<L)$,用卡尺逐颗测量石料的 L 及 t,将 $L/t \geq 3$ 的颗粒(即最大长度方向与最大厚度方向的尺寸之比大于 3 的颗粒)分别挑出作为针片状颗粒。称取针片状颗粒的质量 m_1,准确至 1g。

注:稳定状态是指平放的状态,不是直立状态,侧面厚度的最大尺寸 t 为图中状态的颗粒顶部至平台的厚度,是在最薄的一个面上测量的,但并非颗粒中最薄部位的厚度。

4. 结果计算与试验记录

(1)按公式(2-31)计算针片状颗粒含量。

$$Q_e = \frac{m_1}{m_0} \times 100 \qquad (2-31)$$

式中:Q_e——针片状颗粒含量(%);

m_0——试验用的集料总质量(g);

m_1——针片状颗粒的质量(g)。

图 2-16 针片状颗粒稳定状态

(2)精度要求。试验要平行测定两次,计算两次结果的平均值。如两次结果的差小于平均值的 20%,取平均值为试验值;如大于或等于 20%,应追加测定一次,取三次结果的平均值为测定值。

(3)试验记录表见表 2-23。

【四】 粗集料压碎值试验(T 0316—2005)

1. 目的和适用范围

集料压碎值用于衡量石料在逐渐增加的荷载下抵抗压碎的能力,是衡量石料力学性质的指标,以评定其在工程中的适用性。

05-粗集料的压碎值试验

2. 仪器设备

(1)石料压碎值试验仪。由内径 150mm、两端开口的钢制圆形试筒、压柱和底板组成,其实物图、形状和尺寸见图 2-17、图 2-18 和表 2-24。试筒内壁、压柱的底面及底板的上表面等与石料接触的表面都应进行热处理,使表面硬化,达到维氏硬度 65°并保持光滑状态。

图 2-17 压碎指标值测定仪

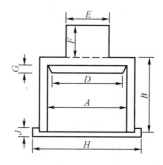

图 2-18 压碎指标值测定仪示意图(尺寸单位:mm)

试筒、压柱和底板尺寸 表 2-24

部 位	符 号	名 称	尺 寸(mm)
试筒	A	内径	150 ± 0.3
	B	高度	125 ~ 128
	C	壁厚	≥12
压柱	D	压头直径	149 ± 0.2
	E	压杆直径	100 ~ 149
	F	压柱总长	100 ~ 110
	G	压头厚度	≥25
底板	H	直径	200 ~ 220
	I	厚度(中间部分)	6.4 ± 0.2
	J	边缘厚度	10 ± 0.2

(2)金属棒。直径 10mm,长 450 ~ 600mm,一端加工成半球形。

(3)天平。称量 2 ~ 3kg,感量不大于 1g。

(4)标准筛。筛孔尺寸 13.2mm、9.5mm、2.36mm 方孔筛各一个。

(5)压力机。500kN,应能在 10min 内达到 400kN。

(6)金属筒。圆柱形,内径 112.0mm,高 179.4mm,容积 1767cm^3。

3. 试验准备(图 2-19)

(1)采用风干石料用 9.5mm 和 13.2mm 标准筛过筛,取 13.2 ~ 9.5mm 的试样 3 组各 3000g,供试验用。如过于潮湿需加热烘干时,烘箱温度不应超过 100℃,烘干时间不超过 4h。试验前,石料应冷却至室温。

(2)每次试验的石料数量应满足按下述方法夯击后石料在试筒内的深度为 100mm。

在金属筒中确定石料数量的方法如下:

将试样分 3 次(每次数量大体相同)均匀装入试模中,每次均将试样表面整平,用金属棒的半球面端从石料表面上均匀捣实 25 次。最后用金属棒作为直刮刀将表面刮平。称取量筒中试样质量(m_0)。以相同质量的试样进行压碎值的平行试验。

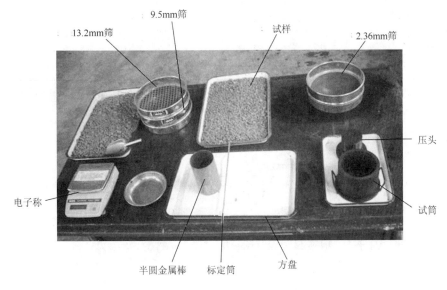

图 2-19　压碎值仪试验桌摆设图

4. 试验步骤

（1）将试筒安放在底板上。

（2）将要求质量的试样分3次（每次数量大体相同）均匀装入试模中，每次均将试样表面整平，并用金属棒的半球面端从石料表面上均匀捣实25次，最后用金属棒作为直刮刀将表面仔细整平。

（3）将装有试样的试模放到压力机上，同时加压头放入试筒内石料面上，注意使压柱摆平，勿楔挤试模侧壁。

（4）开动压力机，均匀地施加荷载，在10min左右的时间达到总荷载400kN，稳压5s，然后卸荷。

（5）将试模从压力机上取下，取出试样。

（6）用2.36mm标准筛筛分经压碎的全部试样，可分几次筛分，均需筛到在1min内无明显的筛出物为止。

（7）称取通过2.36mm筛孔的全部细料质量（m_1），准确至1g。

5. 结果整理与试验记录

（1）石料压碎值按公式（2-32）计算，准确至0.1%。

$$Q'_a = \frac{m_1}{m_0} \times 100 \tag{2-32}$$

式中：Q'_a——石料压碎值（%）；

　　　m_0——试验前试样质量（g）；

　　　m_1——试验后通过2.36mm筛孔的细料质量（g）。

（2）以3次试样平行试验结果的算术平均值作为压碎值的测定值。

（3）试验记录。

粗集料的压碎值试验记录表见表2-25。

粗集料压碎值试验记录表　　　　　　表2-25

工程名称_____　　　试验方法_____
路段范围_____　　　试　验　者_____
试样来源_____　　　校　核　者_____
评定标准_____　　　试验日期_____

试 验 次 数	试样质量 m_0（g）	压碎后过2.36mm筛的试样质量 m_1（g）	压碎值(%)	
			单值	平均值

结论：

【五】 粗集料磨耗试验（洛杉矶法）（T 0317—2005）

1.目的与适用范围

（1）测定标准条件下粗集料抵抗摩擦、撞击的能力，以磨耗损失(%)表示。

（2）本方法适用于各种等级规格集料的磨耗试验。

06-粗集料的磨耗率试验

2.仪具与材料

（1）洛杉矶磨耗试验机。圆筒内径710mm±5mm，两端封闭，投料口的钢盖通过紧固螺栓和橡胶垫与钢筒紧闭密封钢筒的回转率为30~33r/min。

（2）钢球。直径约46.8mm，质量为390~445g，大小稍有不同，以便按要求组合成符合要求的总质量。

（3）台秤。感量5g。

（4）标准筛。符合要求的标准筛系列，以及筛孔为1.7mm的方孔筛一个。

（5）烘箱。能使温度控制在105℃±5℃范围。

（6）容器。搪瓷盘等。

3.试验步骤

（1）将不同规格的集料用水冲洗干净，置烘箱中烘干至恒重。

（2）对所使用的集料，根据实际情况按表2-26选择最接近的粒级类别，确定相应的试验条件，按规定的粒级组成备料、筛分。其中，水泥混凝土用集料宜采用A级粒度；沥青路面及各种基层、底基层的粗集料，表中的16mm筛孔也可用13.2mm筛孔代替。对非规格材料，应根据材料的实际粒度，从表2-26中选择最接近的粒级类别及试验条件。

粗集料洛杉矶试验条件　　　　　　表2-26

粒度类别	粒级组成（mm）	试样质量（g）	试样总质量（g）	钢球数量（个）	钢球总质量（g）	转动次数（转）	适用的粗集料	
							规格	公称粒径（mm）
A	26.5~37.5 19.0~26.5 16.0~19.0 9.5~16.0	1250±25 1250±25 1250±10 1250±10	5000±10	12	5000±25	500		

续上表

粒度类别	粒级组成（mm）	试样质量（g）	试样总质量（g）	钢球数量（个）	钢球总质量（g）	转动次数（转）	适用的粗集料 规格	适用的粗集料 公称粒径（mm）
B	19.0~26.5 16.0~19.0	1250±10 1250±10	5000±10	11	4850±25	500	S6 S7 S8	15~30 10~30 10~25
C	9.5~16.0 4.75~9.5	1250±10 1250±10	5000±10	8	3330±20	500	S9 S10 S11 S12	10~20 10~15 5~15 5~10
D	2.36~4.75	5000±10	5000±10	6	2500±15	500	S13 S14	3~10 3~5
E	63~75 53~63 37.5~53	2500±50 2500±50 5000±50	10000±100	12	5000±25	1000	S1 S2	40~75 40~60
F	37.5~53 26.5~37.5	5000±50 5000±25	10000±75	12	5000±25	1000	S3 S4	30~60 25~50
G	26.5~37.5 19~26.5	5000±25 5000±25	10000±50	12	5000±25	1000	S5	20~40

注:1.表中16mm也可用13.2代替。
 2.A级适用于未筛碎石混合料及水泥混凝土用集料。
 3.C级中S12可全部采用4.75~9.5mm颗粒5000g；S9及S10可全部采用9.5~16mm颗粒5000g。
 4.E级中S2中缺63~75mm颗粒,可用53~63mm颗粒代替。

(3)分级称量(准确至5g),称取总质量(m_1),装入磨耗机圆筒中。

(4)选择钢球,使钢球的数量及总质量符合表2-26中规定。将钢球加入钢筒中,盖好筒盖,紧固密封。

(5)将计数器调整到零位,设定要求的回转次数,对水泥混凝土集料,回转次数为500转,对沥青混合料集料,回转次数应符合表2-26的要求。开支磨耗机,以30~33r/min转速转动至要求的回转次数为止。

(6)取出钢球,将经过磨耗后的试样从投料口倒入接受容器(搪瓷盘)中。

(7)将试样用1.7mm的方孔筛过筛,筛去试样中被撞击磨碎的细屑。

(8)用水冲干净留在筛上的碎石,置105℃±5℃烘箱中烘干至恒重(通常不少于4h),准确称量(m_2)。

4.计算

(1)按式(2-33)计算粗集料洛杉矶磨耗损失,精确至0.1%。

$$Q = \frac{m_1 - m_2}{m_1} \times 100 \tag{2-33}$$

式中:Q——洛杉矶磨耗损失(%);
　　m_1——装入圆筒中试样质量(g);
　　m_2——试验后在1.7mm筛上洗净烘干的试样质量(g)。

(2)粗集料的磨耗损失取两次平等试验结果的算术平均值为测定值,两次试验的差值应不大于2%,否则须重做试验。

(3)试验记录。

粗集料的磨耗损失试验记录表(表2-27)。

粗集料的磨耗损失试验记录表 表2-27

工程名称_____　　　试验方法_____
路段范围_____　　　试　验　者_____
试样类别_____　　　校　核　者_____
评定标准_____　　　试验日期_____

试 验 次 数	试样质量 m_1 (g)	磨耗后大于1.7mm 筛烘干的试样质量 m_2(g)	磨耗损失(%)	
			单值	平均值

结论：

【六】 粗集料及集料混合料的筛分试验(T 0302—2005)

1.目的与适用范围

(1)测定粗集料(碎石、砾石、矿渣等)的颗粒组成。对水泥混凝土用集料采用干筛分法筛分,对沥青混合料及基层用粗集料必须采用水洗法试验。

07-粗集料的筛分试验(干筛法)　　08-粗集料的筛分试验(水洗法)

(2)本方法也适用于同时含有粗集料、细集料、矿粉的集料混合料筛分试验,如未筛碎石、级配碎石、天然砂砾、级配砂砾、无机结合料稳定基层材料、沥青拌和楼的冷料混合料热料仓材料、沥青混合料经溶剂抽提后的矿料等。

2.仪具与材料

(1)试验筛。根据需要选用规定的标准筛。

(2)摇筛机。

(3)天平或台秤。感量不大于试样质量的0.1%。

(4)其他。盘子、铲子、毛刷等。

3.试验准备

按规定将来料用分料器或四分法缩分至表2-28要求的试样所需量,风干后备用,根据需要可按要求的集料最大粒径的筛孔尺寸过筛,除去超粒径部分颗粒后,再进行筛分。

筛分用的试样质量 表2-28

公称最大粒径(mm)	75	63	37.5	31.5	26.5	19	16	9.5	4.75
试样质量不小于(kg)	10	8	5	4	2.5	2	1	1	0.5

4.水泥混凝土用粗集料干筛法试验步骤

(1)取试样一份置105℃±5℃烘箱中烘干至恒重,称取干燥集料试样的总质量(m_0),准确至0.1%。

(2)用搪瓷盘作筛分容器,按筛孔大小排列顺序逐个将集料过筛。人工筛分时,需使集料在筛面上同时有水平方向及上下方向的不停顿的运动,使小于筛孔的集料通过筛孔,直至1min内通过筛孔的质量小于筛上残余量的0.1%为止;当采用摇筛机筛分时,应在摇筛机筛分后再逐个由人工补筛。将筛出通过的颗粒并入下一号筛,和下一号筛中的试样一起过筛,顺序进行,直至各号筛全部筛完为止。应确认1min内通过筛孔的质量确实小于筛上残余量的0.1%。

注:由于0.075mm筛干筛几乎不能把沾在粗集料表面的小于0.075mm部分的石粉筛出,而且对水泥混凝土用粗集料而言,0.075mm通过率的意义不大,所以也可以不筛,且把通过0.15mm筛的筛下部分全部作为0.075mm的分计筛余,将粗集料的0.075mm通过率假设为0。

(3)如果某个筛上的集料过多,影响筛分作业时,可以分两次筛分。当筛余颗粒的粒径大于19mm时,筛分过程中允许用手指轻轻拨动颗粒,但不得逐颗塞过筛孔。

(4)称取每个筛上的筛余量,准确至总质量的0.1%。各筛分计筛余量及筛底存量的总和与筛分前试样的干燥总质量 m_0 相比,相差不得超过 m_0 的0.5%。

5.沥青混合料及基层用粗集料水洗试验步骤

(1)取一份试样,将试样置105℃±5℃烘箱中烘干至恒重,称取干燥集料试样的总质量(m_3),准确至0.1%。

注:恒重系指相信两次称量间隔时间大于3h(通常不少于6h)的情况下,前后两次称量之差不小于该项试验所要求的称量精密度。下同。

(2)将试样置一洁净容器中,加入足够数量的洁净水,将集料全部淹没,但不得使用任何洗涤剂、分散剂或表面活性剂。

(3)用搅棒充分搅动集料,使集料表面洗涤干净,使细粉悬浮在水中,但不得破碎集料或有集料从水中溅出。

(4)根据集料径大小选择组成一组套筛,其底部为0.075mm标准筛,上部为2.36mm或4.75mm筛。仔细将容器中混有细粉的悬浮液倒出,经过套筛流入另一容器中,尽量不将粗集料倒出,以免损坏标准筛筛面。

注:无需将容器中的全部集料都倒出悬浮液。且不可直接倒到0.075mm筛上,以免集料掉出损坏筛面。

(5)重复(2)~(4)步骤,直至倒出的水洁净为止,必要时可采用水流缓慢冲洗。

(6)将套筛每个筛子上的集料及容器中的集料全部回收在一个搪瓷盘中,容器上不得有沾附的集料颗粒。

注:沾在0.075mm筛面上的细粉很难回收扣入搪瓷盘中,此时需将筛子倒扣在搪瓷盘上用少量的水并辅以毛刷将细粉刷落入搪瓷盘中,并注意不要散失。

(7)在确保细粉不散失的前提下,小心泌去搪瓷盘中的积水,将搪瓷盘连同集料一起置105℃±5℃烘箱中烘干至恒重,称取干燥集料试样的总质量(m_4),准确至0.1%。以 m_3 与 m_4 之差作为0.075mm的筛下部分。

(8)将回收的干燥集料按干筛方法筛分出0.075mm筛以上各筛的筛余量,此时0.075mm筛下部分应为0,如果尚能筛出,则应将其并入水洗得到0.075mm的筛下部分,且表示水洗不干净。

6.计算

1)干筛法筛分结果的计算

(1)计算各筛分计筛余量及筛底存量的总和与筛分前试样的干燥总质量 m_0 之差,作为筛分时的损耗按式(2-34)计算,并计算损耗率,若损耗率大于 0.3%,应重新进行试验。

$$m_5 = m_0 - (\sum m_i + m_底) \tag{2-34}$$

式中:m_5——由于筛分造成的损耗(g);
　　　m_0——用于干筛的干燥集料总质量(g);
　　　m_i——各号筛上的分计筛余(g);
　　　i——依次为 0.075mm、0.15mm…至集料最大料径的排序;
　　　$m_底$——筛底(0.075mm 以下部分)集料总质量(g)。

(2)干筛分计筛余百分率。

干筛后各号筛上的分计筛余百分率按式(2-35)计算,精确至 0.1%。

$$p_i' = \frac{m_i}{m_0 - m_5} \times 100 \tag{2-35}$$

式中:p_i'——各号筛上的分计筛余百分率(%);
　　　m_5——由于筛分造成的损耗(g);
　　　m_0——用于干筛的干燥集料总质量(g);
　　　m_i——各号筛上的分计筛余(g);
　　　i——依次为 0.075mm、0.15mm…至集料最大料径的排序。

(3)干筛累计筛余百分率。

各号筛的累计筛余百分率为该号筛以上各号筛的分计筛余百分率之和,精确至 0.1%。

(4)干筛各号筛的质量百分率。

各号筛的质量通过百分率 p_i 等于 100 减去该号筛累计筛余百分率,精确至 0.1%。

(5)由筛底存量除以扣除损耗后的干燥集料总质量计算 0.075mm 筛的通过率。

(6)试验结果以两次试验的平均值表示,精确至 0.1%。当两次试验结果 $p_{0.075}$ 的差值超过 1% 时,试验应重新进行。

(7)试验记录。

粗集料干筛法筛分试验记录表见表 2-29。

粗集料干筛法筛分记录表　　　　　　　　　　　　　　　　表 2-29

工程名称_____　　　试验方法_____
路段范围_____　　　试　验　者_____
试样类别_____　　　校　核　者_____
评定标准_____　　　试验日期_____

干燥试样总质量 m_0(g)	第 1 组				第 2 组				平均值
筛孔尺寸(mm)	筛上质量 m_1(g)	分计筛余(%)	累计筛余(%)	通过百分率(%)	筛上质量 m_1(g)	分计筛余(%)	累计筛余(%)	通过百分率(%)	通过百分率(%)
19									
16									
13.2									
9.5									
4.75									
2.36									

续上表

干燥试样总质量 m_0(g)	第1组				第2组				平均值
筛孔尺寸(mm)	筛上质量 m_1(g)	分计筛余(%)	累计筛余(%)	通过百分率(%)	筛上质量 m_1(g)	分计筛余(%)	累计筛余(%)	通过百分率(%)	通过百分率(%)
1.18									
0.6									
0.3									
0.15									
0.075									
筛底 $m_底$									
筛分后总量 $\sum m_i$(g)									
损耗 m_5(g)									
损耗率(%)									

2）水筛法筛分结果的计算

（1）按式（2-36）、式（2-37）计算粗集料中 0.075mm 筛下部分质量 $m_{0.075}$ 和含量 $p_{0.075}$，精确至 0.1%。当两次试验结果 $p_{0.075}$ 的差值超过 1% 时，试验应重新进行。

$$m_{0.075} = m_3 - m_4 \tag{2-36}$$

$$p_{0.075} = \frac{m_{0.075}}{m_3} = \frac{m_3 - m_4}{m_3} \times 100 \tag{2-37}$$

式中：$p_{0.075}$——粗集料中小于 0.075mm 的含量（通过率）(%)；

$m_{0.075}$——粗集料中水洗得到的小于 0.075mm 部分的质量(g)；

m_3——用于水洗的干燥粗集料总质量(g)；

m_4——水洗后的干燥粗集料总质量(g)。

（2）计算各筛分计筛余量及筛底存量的总和与筛分前试样的干燥总质量 m_4 之差，作为筛分时的损耗按式（2-38）计算，并计算损耗率，若损耗率大于 0.3%，应重新进行试验。

$$m_5 = m_3 - (\sum m_i + m_{0.075}) \tag{2-38}$$

式中：m_5——由于筛分造成的损耗(g)；

m_3——用于水筛筛分的干燥集料总质量(g)；

m_i——各号筛上的分计筛余(%)；

i——依次为 0.075mm、0.15mm…至集料最大料径的排序；

$m_{0.075}$——水洗后得到的 0.075mm 以下部分质量(g)，即 $m_3 - m_4$。

（3）计算其他各筛的分计筛余百分率、累计筛余百分率、质量通过百分率，计算方法与干筛法相同。当干筛时筛分有损耗时，应按1)方法，从总质量中扣除损耗部分，将计算结果分别记入表2-30。

（4）试验结果以两次试验的平均值表示。

（5）试验记录。

粗集料水筛法筛分试验记录表,见表2-30。

粗集料水筛法筛分试验记录 表2-30

工程名称_____　　　　　试验方法_____
路段范围_____　　　　　试　验　者_____
试样类别_____　　　　　校　核　者_____
评定标准_____　　　　　试验日期_____

		第1组			第2组				
干燥试样总质量 $m_3(g)$								平均值	
水洗后筛上总质量 $m_4(g)$									
水洗后0.075mm筛下质量 $m_{0.075}(g)$									
0.075mm通过率 $p_{0.075}(\%)$									
筛孔尺寸(mm)		筛上质量 $m_1(g)$	分计筛余(%)	累计筛余(%)	筛上质量 $m_1(g)$	分计筛余(%)	累计筛余(%)	累计筛余(%)	通过百分率(%)
水洗后干筛法筛分	19								
	16								
	13.2								
	9.5								
	4.75								
	2.36								
	1.18								
	0.6								
	0.3								
	0.15								
	0.075								
	筛底 $m_底$ [注]								
	干筛后总质量 $\sum m_i(g)$								
损耗 $m_5(g)$									
损耗率(%)									
扣除损耗后总质量(g)									

注:如筛底 $m_底$ 的值不是0,应将其并入 $m_{0.075}$ 中重新计算 $p_{0.075}$。

(6)对用于沥青混合料、基层材料配合比设计用的集料,宜绘制集料筛分曲线,其横坐标为筛孔尺寸的0.45次方(表2-31),纵坐标为普通坐标,如图2-20所示。

级配曲线的横坐标（按 $x = d_i^{0.45}$ 计算） 表2-31

筛孔 d_i(mm)	0.075	0.15	0.3	0.6	1.18	2.36	4.75
横坐标 x	0.312	0.426	0.582	0.795	1.077	1.472	2.016
筛孔 d_i(mm)	9.5	13.2	16	19	26.5	31.5	37.5
横坐标 x	2.745	3.193	3.482	3.762	4.370	4.723	5.109

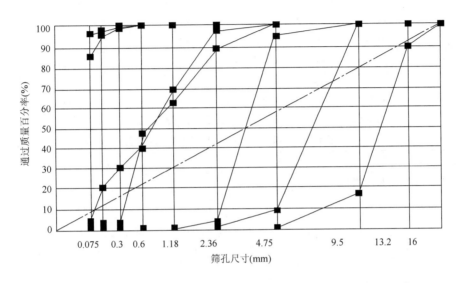

图2-20　集料筛分曲线与矿料级配设计曲线图

（7）同一种集料至少取两个试样平行试验两次，取平均值作为每号筛上筛余量的试验结果，报告集料级配组成通过百分率及级配曲线。

 技能训练（试验实例）

试验实例见表2-32～表2-34。

粗集料毛体积密度试验任务单及试验结果评定表　　表2-32

实训日期		姓名		成绩	
实训任务	粗集料毛体积密度试验（见 T 0304—2005）				
实训任务书	题目：某中型桥工地用粗集料，要求某试验室对其品质进行技术评定（说明：本粗集料为碎石）。 要求：测定粗集料的毛体积密度				
主要设备					
主要步骤	（每位学生按照实际操作过程进行填写）				

粗集料的毛体积密度试验记录表

工程名称　　中型桥　　　　　　　　　　　试验方法　　T 0304—2005　　
路段范围　　　　　　　　　　　　　　　　试 验 者　　　　　　　　　　
试样类别　　最大公称粒径19mm　　　　　　校 核 者　　　　　　　　　　
评定标准　　　　　—　　　　　　　　　　试验日期　　　　　　　　　　

序号	试件水中质量（g）	试件表干质量（g）	试样烘干质量（g）	试验温度（℃）	修正系数 a_T	表观密度（g/cm³）		表干密度（g/cm³）		毛体积密度（g/cm³）	
						单值	平均值	单值	平均值	单值	平均值
1	787.2	1228.9	1209.2	18	0.004	2.861	2.857	2.778	2.774	2.734	2.730
2	777.3	1215.2	1195.8			2.853		2.771		2.727	

结论：测得本粗集料的表观密度为2.857g/cm³，表观密度为2.774g/cm³，毛体积密度为2.730g/cm³

粗集料压碎值试验任务单及试验结果评定表

表2-33

实训日期		姓名		成绩	
实训任务	粗集料压碎值试验（T 0316—2005）				
实训任务书	题目：某中型桥工地用粗集料，要求某试验室对其品质进行技术评定（说明：本粗集料为石灰岩轧制的碎石，最大粒径为19mm，颗粒级配符合要求）。 要求：测定此碎石的压碎值，并评定此碎石的压碎值是否符合要求				
主要设备					
主要步骤	（每位学生按照实际操作过程进行填写）				

粗集料的压碎值试验记录表

工程名称　　中型桥　　　　　　　　　　　试验方法　　T 0316—2005　　
路段范围　　　　　　　　　　　　　　　　试 验 者　　　　　　　　　　
试样类别　　最大公称粒径19mm　　　　　　校 核 者　　　　　　　　　　
评定标准　　JTG F40—2004　　　　　　　　试验日期　　　　　　　　　　

试 验 次 数	试样质量 m_0（g）	压碎后过2.36mm筛的试样质量 m_1（g）	压碎值（%）	
			单值	平均值
1	2810	2357	16.1	15.5
2	2810	2398	14.7	
3	2810	2368	15.7	

结论：此试样压碎值符合设计要求

粗集料筛分试验任务单及试验结果评定表　　　　　　　　　　　　　表 2-34

实训日期		姓名		成绩	
实训任务	粗集料筛分试验（见 T 0302—2005）				
实训任务书	题目：某中型桥工地用粗集料，要求某试验室对其品质进行技术评定（说明：本粗集料为石灰岩轧制的碎石，最大粒径为 19mm，压碎值符合要求）。 要求：测定此粗集料的级配参数				
主要设备					
主要步骤	（每位学生按照实际操作过程进行填写）				

粗集料筛分试验记录表（干筛法）

工程名称　　中型桥　　　　　　　　　试验方法　　T 0302—2005

路段范围　　　　　　　　　　　　　　试 验 者　　　　　　　

试样类别　　最大公称粒径 19mm　　　　校 核 者　　　　　　　

评定标准　　　　—　　　　　　　　　试验日期　　　　　　　

干燥试样 总质量 m_0(g)	第 1 组				第 2 组				平均值
	3000				3000				
筛孔尺寸 （mm）	筛上质量 m_1(g)	分计筛余 （%）	累计筛余 （%）	通过百分率 （%）	筛上质量 m_1(g)	分计筛余 （%）	累计筛余 （%）	通过 百分率 （%）	通过 百分率 （%）
19	0	0	0	100	0	0	0	100	100
16	696.3	23.2	23.2	76.8	699.4	23.3	23.3	76.7	76.7
13.2	431.9	14.4	37.6	62.4	434.6	14.5	37.8	62.2	62.3
9.5	801.0	26.7	64.4	35.6	802.3	26.8	64.6	35.4	35.5
4.75	989.8	33.0	97.4	2.6	985.3	32.9	97.4	2.6	2.6
2.36	70.1	2.3	99.7	0.3	68.5	2.3	99.7	0.3	0.3
1.18	8.2	0.3	100.0	0.0	7.9	0.3	100.0	0.0	0.0
0.6	0.5	0.0	100.0	0.0	0.2	0.0	100.0	0.0	0.0
0.3	0.0	0.0	100.0	0.0	0.0	0.0	100.0	0.0	0.0
0.15	0.0	0.0	100.0	0.0	0.0	0.0	100.0	0.0	0.0
0.075	0.0	0.0	100.0	0.0	0.0	0.0	100.0	0.0	0.0
筛底 $m_底$	0.0	0.0	100.0		0.0	0.0	100.0		
筛分后 总质量 $\sum m_i$(g)	2997.8	100.0			2998.2	100.0			
损耗 m_5(g)	2.2				1.8				
损耗率（%）	0.07				0.06				

课后任务

任务一　粗集料的物理性质有哪些？
任务二　写出粗集料压碎值试样总质量的标定步骤。
任务三　完成表 2-35 的任务单填写与试验结果计算。

粗集料筛分试验任务单及试验结果计算表　　　　　　　　表 2-35

实训日期		姓名		成绩	
实训任务	粗集料筛分试验（见 T 0302—2005）					
实训任务书	（每位学员按照施工或委托单位的任务要求填写）				
主要设备					
主要步骤	（每位学生按照实际操作过程进行填写）				

粗集料筛分试验记录表（水筛法）

工程名称_____　　　　试验方法_____
路段范围_____　　　　试　验　者_____
试样类别_____　　　　校　核　者_____
评定标准_____　　　　试验日期_____

干燥试样总质量 m_3(g)	第1组			第2组				
干燥试样总质量 m_3(g)	3000			3000			平均值		
水洗后筛上总质量 m_4(g)	2879			2868					
水洗后0.075mm筛下质量 $m_{0.075}$(g)	121			132					
0.075mm通过率 $p_{0.075}$(%)	4.0			4.4			4.2		
筛孔尺寸(mm)	筛上质量 m_1(g)	分计筛余(%)	累计筛余(%)	筛上质量 m_1(g)	分计筛余(%)	累计筛余(%)	累计筛余(%)	通过百分率(%)
19	5.0			0.0				
16	696.3			680.3				
13.2	882.3			839.2				
9.5	713.2			778.5				
4.75	343.4			348.7				
2.36	70.1			68.3				
1.18	87.5			79.1				
0.6	67.8			59.3				
0.3	4.6			4.3				
0.15	5.6			3.8				

（最左列："水洗后干筛法筛分"）

续上表

筛孔尺寸(mm)		筛上质量 m_1(g)	分计筛余(%)	累计筛余(%)	筛上质量 m_1(g)	分计筛余(%)	累计筛余(%)	累计筛余(%)	通过百分率(%)
水洗后干筛法筛分	0.075	2.3			4.0				
	筛底 $m_底$ 质量	0.0			0.0				
	干筛后总质量 $\sum m_i$(g)								
损耗 m_5(g)									
损耗率(%)									
扣除损耗后总质量(g)									

课题四　矿质混合料的配合比设计

任务引入

在水泥混凝土或沥青混合料中,如何把两种或两种以上的集料合理混合,以达理想级配的要求?

任务分析

在水泥混凝土或沥青混合料中,所用集料颗粒的粒径尺寸范围较大,而天然或人工轧制的一种集料往往只有几种粒径尺寸的颗粒组成,难以满足工程对某一混合料的目标设计级配范围的要求,因此需要将两种或两种以上的集料配合使用,构成所谓的矿质混合料,简称矿料。矿质混合料组成设计的目的就是根据目标级配范围要求,确定各种集料在矿质混合料中的合理比例。

相关知识

矿质混合料的组成设计(以沥青混合料为例)

矿质混合料组成设计的目的,是选配一个具有足够密实度并且有较高内摩阻力的矿质混合料。天然或人工轧制集料的级配一般很难完全符合某一合适级配范围的要求,因此,必须采用几种集料按照一定比例进行搭配,这就需要对矿质混合料进行配合比组成设计,即确定矿质混合料各集料的比例。

矿质混合料组成设计的方法很多,常用的设计方法是矩形图解法(修正平衡面积法)。

1. 设计条件

(1)混合各集料的筛析结果(筛分试验测定,计算级配参数);

(2)确定矿质混合料的级配范围(规范查得或理论计算)。

2. 矩形图解法的设计步骤

1)绘制级配曲线图

(1)计算推荐级配范围通过率的中值,作为设计依据。

(2)根据级配范围中值,确定相应的横坐标的位置。先绘制一矩形图框,长宽适宜即可,连接对角线 OO'(图 2-21)作为要求级配的中值。纵坐标按算术坐标,标出通过百分率(0~100%)。根据合成级配中值要求的各筛孔通过百分率,从纵坐标引平行线与对角线相交,再从交点作垂线与横坐标相交,其交点即对应的各筛孔尺寸的位置。

(3)在坐标图上绘制各种集料的级配曲线(图 2-21)。

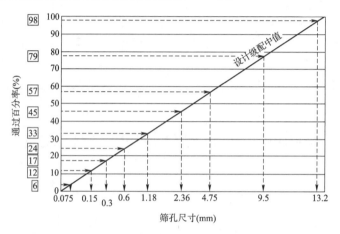

图 2-21 图解法用级配曲线坐标图

2)确定各种集料的用量比例

从级配曲线图(图 2-22)上最粗集料开始,依次分析两种相邻集料的级配曲线,直至最细集料。两相邻集料的级配曲线可能出现的情况有图 2-22 所示的三种情况:

(1)两相邻级配曲线重叠。如集料 A 级配曲线下部与集料 B 级配曲线上部粒径重叠,这说明集料 A 与集料 B 的颗粒有相同部分,这种情况,为了计算集料 A 的用量比例,可重叠区内作一条使 $a = a'$ 的垂线 AA',再通过垂线 AA' 与对角线 OO' 的交点 M 作一水平线交纵坐标于 P 点,OP 即为集料 A 的用量比例。

(2)两相邻级配曲线相接。如集料 B 的级配曲线末端与集料 C 的级配曲线首端正好在一垂直线上,这说明集料 B 与集料 C 的颗粒相连续。这种情况,为了计算集料 B 的用量比例,可将集料 B 级配曲线的末端与集料 C 级配曲线的首端相连,即为垂线 BB',再通过垂线 BB' 与对角线 OO' 的交点 N 作一水平线交纵坐标于 Q 点,PQ 即为集料 B 的用量比例。

(3)两相邻级配曲线相离。如集料 C 级配曲线的末端与集料 D 级配曲线的首端相隔一段距离,这说明集料 C 与集料 B 的颗粒级配相间断。这种情况,为好计算集料 C 用量比例,可在分离区内作一条垂线 CC' 平分相离的距离(即 $b = b'$),再通过垂线 CC' 与对交线 OO' 的交点 R 作一水平线交纵坐标于 S 点,QS 即为集料 C 的用量比例。

剩余部分 ST 即为集料 D 的用量比例。

3)校核

按图解所得各种集料的用量比例计算校核合成级配是否符合要求,如不能符合级配范围要求,应调整各集料的比例或增加集料品种,直至符合要求为止。

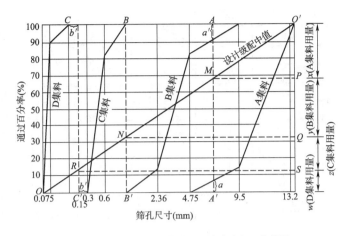

图 2-22 组成集料级配曲线和要求合成级配曲线图

 任务实施(技能操作)

【**例 2-1**】 现有碎石、石屑、砂和矿粉四种集料,筛析试验结果列于表 2-36。

组成集料筛析结果　　　　　　　　　　　　　　　　表 2-36

材料名称	筛孔尺寸(mm)									
	16	13.2	9.5	4.75	2.36	1.18	0.6	0.3	0.15	0.075
	通过百分率(%)									
碎石	100.0	93.0	17.0	0.0	—	—	—	—	—	—
石屑	100.0	100.0	100.0	84.0	14.0	8.0	4.0	0.0	—	—
砂	100.0	100.0	100.0	100.0	92.0	82.0	42.0	21.0	11.0	4.0
矿粉	100.0	100.0	100.0	100.0	100.0	100.0	100.0	100.0	96.0	87.0

【**要求**】 将上述四种集料组配成符合表 2-37 沥青混合料级配要求。

规范要求的混合料级配　　　　　　　　　　　　　表 2-37

混合料类型和级配		筛孔尺寸(mm)									
		16	13.2	9.5	4.75	2.36	1.18	0.6	0.3	0.15	0.075
		通过率(%)									
细粒式沥青混凝土	级配范围	100	95~100	70~88	48~68	36~53	24~41	18~30	12~22	8~16	4~8
	级配中值	100.0	97.5	79.0	58.0	44.5	32.5	24.0	17.0	12.0	6.0

【**解**】 采用图解法进行矿料配合比设计

(1)绘制级配曲线图,如图 2-23 所示,在纵坐标上按算术坐标绘出通过百分率。

(2)对角线 OO',在纵坐标上标出各筛孔的要求通过百分率,作水平线与对角线 OO' 相交,再从各交点作垂线交于横坐标上,确定各筛孔在横坐标上的位置。

(3)将碎石、石屑、砂和矿粉的级配曲线与计算结果绘在图 2-23 上。

(4)在碎石和石屑级配曲线相重叠部分作垂线 AA'(即使得 $a=a'$),自 AA' 与对角线 OO' 的交点 M 引一水平线交纵坐标于 P 点。OP 的长度 $X=31\%$ 即为碎石的用量比例。

同理,求出石屑的用量比例 $Y=30\%$,砂的用量 $Z=31\%$,剩余部分 D 的用量 $W=8\%$,即为矿粉的用量比例。

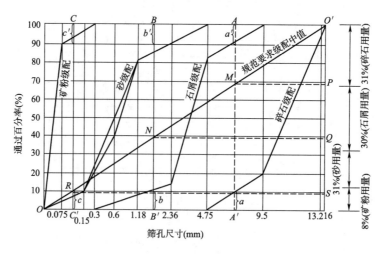

图 2-23 级配曲线图

(5)按图解所得各集料的用量比例进行校核,如表 2-38 所示。

矿质混合料配合组成计算和校核表　　　　表 2-38

材料组成		筛孔尺寸(方孔筛)(mm)								
		16	13.2	9.5	4.75	2.36	1.18	0.6	0.3	0.15	0.075
		通过百分率(%)								
原材料级配	碎石 100%	100.0	93.0	17.0	0.0	—	—	—	—	—	—
	石屑 100%	100.0	100.0	100.0	84.0	14.0	8.0	4.0	0.0	—	—
	砂 100%	100.0	100.0	100.0	100.0	92.0	82.0	42.0	21.0	11.0	4.0
	矿粉 100%	100.0	100.0	100.0	100.0	100.0	100.0	100.0	100.0	96.0	87.0
各种矿质材料在混合料中的级配	碎石 31% (31%)	31.0 (31.0)	28.8 (28.8)	5.3 (5.3)	0.0 (0.0)						
	石屑 30% (26%)	30.0 (26.0)	30.0 (26.0)	30.0 (26.0)	25.2 (21.8)	4.2 (3.6)	1.4 (2.1)	1.2 (1.1)	0.0 (0.0)		
	砂 31% (37%)	31.0 (37.0)	31.0 (37.0)	31.0 (37.0)	31.0 (37.0)	28.5 (34.0)	25.4 (30.3)	13.0 (15.5)	6.5 (7.8)	3.4 (4.1)	1.2 (1.5)
	矿粉 8% (6%)	8.0 (6.0)	8.0 (6.0)	8.0 (6.0)	8.0 (6.0)	8.0 (6.0)	8.0 (6.0)	8.0 (6.0)	8.0 (6.0)	9.7 (5.8)	8.9 (5.2)
合成级配		100.0 (100)	97.8 (97.8)	74.3 (74.3)	64.2 (64.8)	40.7 (43.6)	35.8 (38.4)	22.2 (2.6)	14.5 (13.8)	11.3 (9.9)	8.2 (6.7)
级配范围		100	95~100	70~88	48~68	36~53	24~41	18~30	12~22	8~16	4~8
级配中值		100.0	97.5	79.0	58.0	44.5	32.5	24.0	17.0	12.0	6.0

注:表中括号内数据为调整后的配合比。

按计算得到的各集料比例进行验算,如得到的合成级配在规定的级配范围内,则说明各集料的比例满足要求。若不在级配范围内,则集料比例应进行调整,直至满足级配要求为止。如多次调整仍不能满足级配要求,可掺加单粒级的集料对原有集料粒径进行调整或调换其他集料。

从表 2-38 可以看出,按碎石:石屑:砂:矿粉 = 31%:30%:31%:8% 计算结果,合成级配

中 $p_{0.075}=8.2\%$，超出了规范级配要求(4%~8%)，为此，必须进行调整。

（6）调整。因为通过 0.075mm 的颗粒太多，而 0.075mm 的颗粒主要分布于矿粉中，故应减少矿粉，增加砂的用量。经调试，采用碎石：石屑：砂：矿粉 =31%：26%：37%：6% 的比例时，合成级配曲线正好在规范要求级配范围的中值附近（见表 2-38 中括号内的数值）。因此，本例题配合比设计结果为碎石用量 $X=31\%$，石屑的用量 $Y=26\%$，砂的用量 $Z=37\%$，矿粉的用量 $W=6\%$。

课后任务

任务一　简述图解法矿料混合料的配合比设计步骤？

任务二　现有碎石、现有碎石、砂和矿粉三种集料，筛析试验结果列于表 2-39。

组成集料筛析结果　　　　　　　　　　表 2-39

材料名称	筛孔尺寸(mm)								
	16	13.2	9.5	4.75	2.36	1.18	0.6	0.3	0.15
	通过百分率(%)								0.075
碎石	100.0	95.3	63.1	27.9	8.0	2.2	1.0	0.0	0.0	
砂	100.0	100.0	100.0	100.0	100.0	89.7	60.4	35.2	9.8	
矿粉	100.0	100.0	100.0	100.0	100.0	100.0	100.0	100.0	97.3	

要求将上述三种集料组配成符合细粒式 AC-13 沥青混合料级配要求的矿质混合料，用图解法确定各种集料的用量比例。

单元三　无机胶凝材料

1. 石灰的主要技术性质和技术标准。
2. 硅酸盐水泥的主要技术性质与技术标准。
3. 粉煤灰的主要技术性质与技术标准。

1. 石灰的有效 CaO + MgO 的测定。
2. 硅酸盐水泥的细度测定、凝结时间测定、体积安定性测定。
3. 硅酸盐水泥的胶砂强度测定。
4. 硅酸盐水泥的标准稠度用水量测定。
5. 各试验结果的计算与分析。

胶凝材料是指利用自身的物理或化学变化,把其他散粒材料胶结起来,并能形成一定强度的整体结构材料,这种材料称为胶凝材料。

胶凝材料按化学成分可分为无机胶凝材料与有机胶凝材料两大类。

无机胶凝材料根据硬化条件分为:气硬性胶凝材料与水硬性胶凝材料。

有机胶凝材料在单元六中讲述。

课题一　石　　灰

 任务引入

我们常见的石灰主要有什么用途?什么样的石灰可用在道路工程中呢?石灰性能的好坏能否用指标评价?

任务分析

石灰是一种气硬性胶凝材料,是由石灰石煅烧而成,其主要成分是 CaO 和 MgO。石灰性能的好坏与石灰煅烧情况有关。如果煅烧质量好,生成的石灰性能较好;否则,性能较差。石灰黏结能力的大小主要取决于石灰中的活性氧化钙与活性氧化镁的含量,如果含量高,黏结能力强,石灰的品质越好,等级越高。石灰中的活性 CaO + MgO 的含量测定也是此课题的中心任务。

相关知识

1. 生石灰的生产

将生产石灰的原料(主要为石灰石、白云石等)经高温煅烧(温度高于900℃以上)放出二氧化碳气体(CO_2)得到的白色或灰白色块状材料称为生石灰。其化学反应式为:

$$CaCO_3 \xrightarrow{>900℃} CaO + CO_2 \uparrow$$

优良的生石灰是块状的,色质洁白或略带灰色,色泽均匀,质量轻,质地松软。其密度为 $0.80 \sim 1.00 g/cm^3$。

生石灰在生产过程中,由于煅烧温度不当,易出现"过火"或"欠火"石灰。

(1)"过火"石灰。主要由于煅烧温度过高、煅烧时间过长和生石灰原料块状过小引起的。过火石灰,色泽呈暗灰黑色,表面一般会出现裂缝或玻璃质体,消化与硬化速度慢,且硬化时体积膨胀,易引起结构物的变形或裂缝,对结构物造成极大的危害。过火石灰只是消化速度慢,不影响石灰的黏结质量。在工程中使用中,为了保证工程质量,常将块状生石灰磨细为磨细生石灰粉;或对块状生石灰进行消解"熟化"。

(2)"欠火"石灰。主要由于煅烧温度低、煅烧时间短或石灰原料块状过大引起的。"欠火"石灰色泽不均匀且呈青灰色,密度大(通常块体内部存在未烧透的石灰石等),有效成分($CaO + MgO$)含量低,黏结性差。

2. 石灰的分类

1)石灰俗称白灰,根据物理状态及化学成分不同分

(1)生石灰(主要成分为CaO)按加工方法不同分为块状生石灰(它是由原材料煅烧而成的产品)和生石灰粉(它是由块状生石灰磨细而成的产品)。

(2)熟石灰[主要成分为$Ca(OH)_2$]按物理状态不同分为消石灰粉(它是由块状生石灰用适量的水消化而得来的粉末)和石灰浆(它是由块状生石灰加入多量的水消化而成的可塑状浆体,为石灰膏;加水更多的为石灰乳)。

2)按氧化镁含量的不同分为

(1)钙质石灰。生石灰中氧化镁含量不大于5%的石灰为钙质生石灰(熟石灰中氧化镁含量不大于4%的为钙质熟石灰)。

(2)镁质石灰。生石灰中氧化镁含量大于5%的石灰为镁质生石灰(熟石灰中氧化镁含量大于4%的为镁质熟石灰)。

3. 石灰的消解和硬化

1)石灰的消解

原状生石灰为块状的,在使用时必须加水使其消解为粉末状的"消石灰",这一过程称为石灰的"消解",也称为石灰的"熟化"。因而,消石灰也称为熟石灰。其化学反应式为

$$CaO + H_2O \longrightarrow Ca(OH)_2 + 64.9 J/mol \uparrow$$

从这一反应式可以看出,生石灰的消化作用是一个放热反应过程(应注意安全操作),理论加水量为石灰质量的32%,实加水量需达70%以上才能保证消化质量。如加水过慢或水量不够,已消解的石灰颗粒包围在未消解颗粒周围,使内部石灰不易消解,这种现象称为"过烧"现象;相反,如加水过快,则发热量少,水温过低,增加了未消化颗粒,这种现象为"过冷"现象。

生石灰在消解时,为了保证消化质量,加水量多少、加水快慢必须符合石灰品质的要求。石灰在消解后,为了消除过火石灰的危害,可在消解后"陈伏"两周左右的时间方可使用。石灰在"陈伏"期间,石灰浆表面应与空气隔绝(一般情况下用水),以防止石灰炭化,影响使用质量。

2)石灰的硬化

石灰的硬化过程包括碳化作用与结晶作用两部分。这是一个物理化学反应过程。

(1)石灰浆的碳化作用(化学反应过程)

石灰浆的碳化作用主要发生在与空气接触的表面,主要是石灰浆中$Ca(OH)_2$与空气中的CO_2发生反应,生成碳酸钙晶体并析出水分,随着反应的发生,表面形成一层坚硬的$CaCO_3$外壳,CO_2不易进入内部,内部水分也不易蒸发,石灰的硬化随时间增长逐渐减慢。其化学反应式如下:

$$Ca(OH)_2 + CO_2 \longrightarrow CaCO_3 + H_2O$$

(2)石灰浆的结晶作用(物理反应过程)

石灰浆在干燥过程中水分逐渐蒸发或被周围砌体吸收,$Ca(OH)_2$从饱和溶液中结晶出来,石灰颗粒相互靠拢黏紧,强度也随之增加。

炭化作用是从外部开始的,结晶作用是从内部开始的,这两种反应在石灰硬化过程中同时进行,并随时间的增长而逐渐减慢。

4. 石灰的技术性质与技术标准

在道路与桥梁的应用中,石灰主要用于石灰稳定基层与底基层,石灰粉煤灰稳定基层与底基层,石灰水泥稳定基层与底基层,石灰砂浆与石灰水泥砂浆等。

1)技术性质

(1)石灰中活性氧化钙与氧化镁($CaO + MgO$)含量

活性氧化钙和氧化镁含量是指石灰中活性氧化钙和氧化镁的质量占石灰试样总质量的百分率。它是石灰中产生黏结能力的主要来源,也是评价石灰质量的主要技术指标。石灰中活性氧化钙与氧化镁含量越多,石灰的活性越高,黏结性越好,质量也越好。

活性氧化钙与氧化镁的测定方法是:现行标准《公路工程无机结合料稳定材料试验规程》(JTG E51—2009)规定的有效氧化钙含量测定(T 08011—1994)、氧化镁含量测定(T 08012—1994)、有效氧化钙和氧化镁合量的简易测定方法(T 08013—1994)。

(2)石灰未消解残渣含量

石灰中的未消解残渣含量是指石灰在标准消解条件下,存留在5mm圆孔筛上的残渣质量占石灰试样总质量的百分率。这些残渣是过火石灰或欠火石灰颗粒,它的含量越多石灰的品质越差,必须加以限制。

未消解残渣含量的测定方法:按现行标准《公路工程无机结合料稳定材料试验规程》(JTG E51—2009)(T 0815—2009)方法测定:取代表性石灰试样(M)为1000g,倒入预装有2500mL(20℃±5℃)清水的标准产浆桶内的筛筒中,盖上盖子,静置消化20min,用圆木棒连续搅动2min,继续静置消化40min,再搅动2min。提取筛筒,用清水冲洗筒内的残渣,至水流不混浊(冲洗用的清水仍倒入筒内,水总体积控制在3000mL)。将残渣移入搪瓷盘或蒸发皿中在105℃烘箱中烘干至恒重,冷却至室温后用2.36mm方孔筛筛分,称量筛余物质量M_1,按式(3-1)计算未消化残渣含量(R),用百分数表示。

$$X = \frac{M_1}{M} \times 100 \tag{3-1}$$

式中:X——未消化残渣含量(%);

M_1——未消化残渣质量(g);

M——试样的总质量(g)。

(3)消石灰中的游离水含量

消石灰中的游离水含量是指化学结合水以外的含水率。游离水含量是由于石灰在消解过程中加水量难以控制,使消石灰粉中含有少量的游离水,影响石灰的使用品质,应加以限制。

测定方法:按现行标准《公路工程无机结合料稳定材料试验规程》(JTG E51—2009)(T 0815—2009)方法测定:称铝盒质量 M_1 取代表性消石灰试样约100g,放入干燥的铝盒内,称量铝盒加试样质量 M_2 将烘箱调至105℃。待烘箱达到设定温度后将试样放入烘箱中烘干至恒重,冷却至室温后称重为 M_3,并精确至0.01g。按公式(3-2)计算消石灰中的游离含水率(w),用百分数表示。

$$w = \frac{M_2 - M_3}{M_3 - M_1} \times 100 \tag{3-2}$$

式中:w——消石灰中游离含水率(%);

M_1——铝盒质量(g);

M_2——铝盒加试样质量(g);

M_3——铝盒加烘至恒重的试样质量(g)。

本试验应进行两次平行测定,取其算术平均值作为测定值,计算结果保留两位小数。当测定含水率不大于7%,允许误差不大于0.5%;含水率大于7%,不大于40%,允许误差不大于1%;含水率大于40%,允许误差不大于2%。

(4)石灰的细度

石灰的细度是指消石灰粉或磨细生石灰粉颗粒的粗细程度。消石灰粉消解的是否完全及生石灰的磨细程度对石灰的黏结力影响较大。因此石灰的细度必须符合规范要求。

测定方法:按现行标准《公路工程无机结合料稳定材料试验规程》(JTG E51—2009)(T 0814—2009)方法测定:取300g生石灰粉或消石灰粉试样,在105℃烘箱烘干备用。称取试样50g,记录为 M,倒入0.6mm和0.15mm的方孔套筛内筛分,筛分时一只手握住试验筛,并用手轻轻敲打,在有规律的间隔中,水平旋转试验筛,并在固定的基座上轻敲试验筛,用羊毛刷轻轻地从筛上面刷,直至2min内通过量小于0.1g时为止。分别称量筛余物为 M_1、M_2。用式(3-3)、式(3-4)计算筛余百分率。

$$X_1 = \frac{M_1}{M} \times 100 \tag{3-3}$$

$$X_2 = \frac{M_1 + M_2}{m} \times 100 \tag{3-4}$$

式中:X_1——0.6mm方孔筛筛余百分率(%);

X_2——0.6mm、0.15mm方孔筛,两筛上的总筛余百分率(%);

M_1——0.6mm方孔筛筛余物质量(g);

M_2——0.15mm方孔筛筛余质量(g);

m——试样的总质量(g)。

本试验应进行三次平行测定,取其算术平均值作为测定值,计算结果保留两位小数。三次试验重复性误差不得大于5%,否则另取试样重新试验。

2)技术标准

在公路工程中,石灰技术指标应符合我国行业推荐性标准《公路路面基层施工技术细则》(JTG F20—2015)的规定,如表3-1所示。

石灰的技术指标与技术等级　　　　表3-1

项目		类别										
		钙质生石灰			镁质生石灰			钙质消石灰			镁质消石灰		
		等级											
		Ⅰ	Ⅱ	Ⅲ	Ⅰ	Ⅱ	Ⅲ	Ⅰ	Ⅱ	Ⅲ	Ⅰ	Ⅱ	Ⅲ
活性CaO+MgO含量不小于(%)		85	80	70	80	75	65	65	60	55	60	55	50
未消化残渣含量(5mm圆孔筛)不大于(%)		7	11	17	10	14	20						
含水率不大于(%)								4	4	4	4	4	4
细度	0.6mm方孔筛的筛余量不大于(%)							0	1	1	0	1	1
	0.15mm方孔筛的筛余量不大于(%)							13	20	—	13	20	—
钙镁石灰的分类界限,氧化镁含量(%)		≤5			≥5			≤4			≥4		

5.石灰的应用与存放

1)石灰的应用

(1)石灰砂浆。因为石灰是气硬性胶凝材料,因而石灰砂浆主要用于地面以上部分的砌筑工程,并可用于抹面等装饰工程。

(2)加固软土地基。在软土地基中打入石灰桩,主要是将生石灰块置于桩孔中形成桩体,成为生石灰桩,它的主要作用是挤密,并利用生石灰与周围土体固化作用,使桩体硬化,进而提高软土地基的强度。

(3)用于道路工程的基层与底基层。石灰和黏土按一定比例拌和制成石灰土,与粉煤灰、土按比例配合形成二灰土,与砂石、矿渣按比例配合制成三合土。

2)石灰的存放

(1)生石灰存放时间不能太长。一般情况下,块状石灰应密封储存在干燥仓库内,采取严格的防水措施。

(2)磨细生石灰粉应储存于干燥仓库中,并采取严格的防水措施。

(3)如果生石灰存放时间过长,应将其消解成石灰浆,并使其表面与空气隔绝,以防炭化。

(4)石灰在运输与应用时应注意不要与皮肤接触,避免引起皮肤炎。

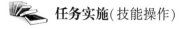**任务实施**(技能操作)

【一】 有效氧化钙的测定(T 08011—1994)

1.目的和适用范围

本方法适用于测定各种石灰的有效氧化钙含量。

2.仪器设备

(1)筛子。0.15mm,1个。

(2)烘箱。50~250℃,1台。

(3)干燥器。φ25cm,1个。

(4)称量瓶。φ30mm×50mm,10个。

(5)瓷研钵。φ12~13cm,1个。

(6)分析天平。量程不小于50g,感量0.0001g,1台。

(7)电子天平。量程不小于500g,感量0.01g,1台。

(8)电炉。1500W,1个。

(9)石棉网。20cm×20cm,1块。

(10)玻璃珠。φ3mm,一袋(0.25kg)。

(11)具塞三角瓶。250mL,20个。

(12)漏斗。短颈,3个。

(13)塑料洗瓶。1个。

(14)塑料桶。20L,1个。

(15)下口蒸馏水瓶。5000mL,1个。

(16)三角瓶。300mL,10个。

(17)容量瓶。250mL、1000mL,各1个。

(18)量筒。200mL、100mL、50mL、5mL,各1个。

(19)试剂瓶。250mL、1000mL,各5个。

(20)塑料试剂瓶。1L,1个。

(21)烧杯。50mL,5个;250mL(或300mL),10个。

(22)棕色广口瓶。60mL,4个;250mL,5个。

(23)滴瓶。60mL,3个。

(24)酸式滴定管。50mL,2支。

(25)滴定台及滴定管夹。各一套。

(26)大肚移液管。25mL、50mL,各1支。

(27)表面皿。7cm,10块。

(28)玻璃棒。8mm×250mm及4mm×180mm各10支。

(29)试剂勺。5个。

(30)吸水管。8mm×150mm,5支。

(31)洗耳球。大、小各1个。

3.试剂

(1)蔗糖(分析纯)。

(2)酚指示剂。称取0.5g酚酞溶于50mL95%乙醇中。

(3)0.1%甲基橙水溶液。称取0.05g甲基橙溶于50mL蒸馏水(40~50℃)中。

(4)盐酸标准溶液(相当于0.5mol/L)。将42mL浓盐酸(相对密度1.19)稀释至1L,按下述方法标定其当量浓度后备用。

称取约0.800~1.000g(准确0.0001g)已在180℃烘干2h的碳酸钠(优级纯)记录质量为m,置于250mL三角瓶中,加100mL水使其完全溶解;然后加入2~3滴0.1%甲基橙指示剂,记录滴定管中待标准盐酸标准溶液的体积V_1,用待标定的盐酸标准溶液滴定,至碳酸钠溶液由黄色变为橙红色;将溶液加热至微沸,并保持微沸3min,然后放在冷水中冷却至室温,如此时橙红色变为黄色,则再用盐酸标准溶液滴定,至溶液出现稳定橙红色时为止,记录滴定管中盐酸标准溶液的体积 V_2。V_1、V_2 差值即为盐酸标准溶液的消耗量 V。

盐酸标准溶液的摩尔浓度按式(3-5)计算:

$$M = \frac{m}{V \times 0.053} \tag{3-5}$$

式中:M——盐酸标准溶液的摩尔浓度(mol/L);
　　　m——称取碳酸钠的质量(g);
　　　V——滴定时消耗盐酸标准溶液的体积(mL);
 0.053——与 1.00mL 盐酸标准溶液相当的以克表示的无水碳酸钠的质量。

4. 准备试样

(1)生石灰试样。将生石灰样品打碎,使颗粒不大于 1.18mm。拌和均匀后用四分法缩减至 200g 左右,放入瓷研钵中研细。再经四分法缩减几次至剩下 20g 左右。研磨所得石灰样品,通过 0.15mm(方孔筛)的筛。从此细样中均匀挑取 10 余克,置于称量瓶中在 105℃烘干 1h,储于干燥器中,供试验用。

(2)消石灰试样。将消石灰样品用四分法缩减至 10 余克左右。如有大颗粒存在,须在瓷研钵中磨细至无不均匀颗粒存在为止。置于称量瓶中在 105℃烘干 1h,储于干燥器中,供试验用。

5. 试验步骤

(1)用减量法称取石灰试样约 0.5g(准确至 0.0001g),记录为 m_1,放入干燥的 250mL 具塞三角瓶中,取 5g 蔗糖覆盖在试样表面,投入干玻璃珠 15 粒,迅速加入新煮沸并已冷却的蒸馏水 50mL,立即加塞振荡 15min(如有试样结块或粘于瓶壁现象,则应重新取样)。

(2)打开瓶塞,用水冲洗瓶塞及瓶壁,加入 2~3 滴酚酞指示剂,记录滴定管中标准盐酸的体积 V_3,用已标定的约 0.5mol/L 盐酸标准溶液滴定(滴定速度以每秒 2~3 滴为宜),至溶液的粉红色显著消失并在 30s 内不再复现即为终点。记录滴定管中标准盐酸的体积 V_4,V_3、V_4 差值即为盐酸标准溶液的消耗量 V_5。

6. 结果计算与试验记录

(1)有效氧化钙的百分含量(X)按式(3-6)计算。

$$X = \frac{V_5 \times M \times 0.028}{m_1} \times 100 \tag{3-6}$$

式中:X——有效氧化钙的含量(%);
　　　V_5——滴定时消耗盐酸标准溶液的体积(mL);
 0.028——氧化钙毫克当量;
　　　m_1——试样质量(g);
　　　M——盐酸标准溶液摩尔浓度(mol/L)。

(2)精密度或允许误差。

对同一石灰样品至少应做两个试样和进行两次测定,并取两次结果的平均值代表最终结果。石灰中氧化钙和有效氧化钙含量在 30% 以下的允许重复性误差为 0.4,30%~50% 的为 0.5,大于 50% 的为 0.6。

（3）试验记录。

石灰有效氧化钙含量测定试验记录表如表3-2所示。

石灰有效氧化钙含量测定试验记录表　　　　　　　　　表3-2

工程名称_____	试验方法_____
路段范围_____	试 验 者_____
试样来源_____	校 核 者_____
评定标准_____	试验日期_____

盐酸标准溶液的摩尔浓度测定记录					
碳酸钠质量（g）	滴定管中盐酸的量(mL)		盐酸标准溶液消耗量 V(mL)	摩尔浓度 M(mol/L)	平均摩尔浓度 M（mol/L）
	V_1	V_2			

石灰有效氧化钙测定记录					
试样编号	石灰质量（g）	滴定管中盐酸量(mL)		盐酸标准溶液消耗量 V_5(mL)	有效氧化钙含量(%)
		V_3	V_4		单值　平均值

结论：

【二】 有效氧化钙和氧化镁合量的简易测定方法（T 08013—1994）

09-石灰有效 CaO + MgO 含量测定

1.适用范围

本试验方法适用于氧化镁含量在5%以下的低镁石灰（钙质石灰）。

2.仪器设备

（1）方孔筛。0.15mm，1个。

（2）烘箱。50~250℃，1台。

（3）干燥器。ϕ25cm，1个。

（4）称量瓶。ϕ30mm×50mm，10个。

（5）瓷研钵。ϕ12~13cm，1个。

（6）分析天平。量程不小于50g，感量0.0001g，1台。

（7）电子天平。量程不小于500g，感量0.01g，1台。

（8）电炉。1500W，1个。

（9）石棉网。20cm×20cm，1块。

（10）玻璃珠。ϕ3mm，一袋（0.25kg）。

（11）具塞三角瓶。250mL，20个。

（12）漏斗。短颈，3个。

（13）塑料洗瓶。1个。

（14）塑料桶。20L，1个。

（15）下口蒸馏水瓶。5000mL，1个。

(16)三角瓶。300mL,10个。

(17)容量瓶。250mL、1000mL,各1个。

(18)量筒。200mL、100mL、50mL、5mL,各1个。

(19)试剂瓶。250mL、1000mL,各5个。

(20)塑料试剂瓶。1L,1个。

(21)烧杯。50mL,5个;250mL(或300mL),10个。

(22)棕色广口瓶。60mL,4个;250mL,5个。

(23)滴瓶。60mL,3个。

(24)酸式滴定管。50mL,2支。

(25)滴定台及滴定管夹。各一套。

(26)大肚移液管。25mL、50mL,各1支。

(27)表面皿。7cm,10块。

(28)玻璃棒。8mm×250mm及4mm×180mm各10支。

(29)试剂勺。5个。

(30)吸水管。8mm×150mm,5支。

(31)洗耳球。大、小各1个。

3. 试剂

(1)0.1%甲基橙指示剂。称取0.05g甲基橙溶于50mL蒸馏水(40~50℃)中。

(2)1mol/L盐酸标准液。取83mL(相对密度1.19)浓盐酸以蒸馏水稀释至1000mL,按下述方法标定其当量浓度后备用。

称取已在180℃烘干2h的碳酸钠约1.500~2.000g(准确0.0001g),记录质量为m_0,置于250mL三角瓶中,加100mL水使其完全溶解;然后加入2~3滴0.1%甲基橙指示剂,记录滴定管中待标准盐酸标准溶液的体积V_1,用待标定的盐酸标准溶液滴定,至碳酸钠溶液由黄色变为橙红色;将溶液加热至微沸,并保持微沸3min,然后放在冷水中冷却至室温,如此时橙红色变为黄色,则再用盐酸标准溶液滴定,至溶液出现稳定橙红色时为止,记录滴定管中盐酸标准溶液的体积V_2。V_1、V_2差值即为盐酸标准溶液的消耗量V。

盐酸标准溶液的当量浓度按式(3-7)计算:

$$N = \frac{m_0}{V \times 0.053} \qquad (3-7)$$

式中:N——盐酸标准溶液摩尔浓度(mol/L);

m_0——称取碳酸钠的质量(g);

V——滴定时消耗盐酸标准溶液的体积(mL)。

(3)1%酚酞指示剂。称取0.5g酚酞溶于50mL 95%乙醇中。

(4)试样准备。

试样准备同《公路工程无机结合料稳定材料试验规程》(JTG E51—2009)中的T 08011—1994。

(5)试验步骤。

①迅速称取石灰试样0.8~1.0g(准确至0.0001g)放入300mL三角瓶中,记录质量为m。加入150mL新煮沸并已冷却的蒸馏水和10颗玻璃珠。瓶口上插一短颈漏斗,使用带电阻的电炉加热5min(调到最高挡),但勿使沸腾,迅速冷却。

②向三角瓶中滴入酚酞指示剂 2 滴,记录滴定管中标准盐酸的体积 V_3,在不断摇动下以盐酸标准液滴定,控制速度为每秒 2~3 滴,至粉红色完全消失,稍停,又出现红色,继续滴入盐酸,如此重复几次,直至 5min 内不出现红色为止,记录滴定管中标准盐酸的体积 V_4,V_3、V_4 差值即为盐酸标准溶液的消耗量 V_5。如滴定过程持续半小时以上,则结果只能作参考。

(6)结果计算与试验记录。

①有效(CaO + MgO)的合量按式(3-8)计算。

$$X = \frac{V_5 \times N \times 0.028}{m} \times 100 \qquad (3-8)$$

式中:X——有效氧化钙和氧化镁含量(%);

V_5——滴定时消耗盐酸标准溶液的体积(mL);

N——盐酸标准液的摩尔浓度(mol/L);

m——样品质量(g);

0.028——氧化钙的毫克当量。因氧化镁含量甚少,并且两者之毫克当量相差不大,故有效(CaO + MgO)的毫克当量都以 CaO 的毫克当量计算。

②精密度或允许误差。

对同一石灰样品至少应做两个试样和进行两次测定,并取两次测定结果的平均值代表最终结果。

③试验记录。

石灰有效氧化钙和氧化镁的合量测定试验记录表见表3-3。

石灰有效氧化钙和氧化镁的合量试验记录表　　　　　　表3-3

工程名称_____　　　　试验方法_____
路段范围_____　　　　试　验　者_____
试样来源_____　　　　校　核　者_____
评定标准_____　　　　试验日期_____

盐酸标准溶液的摩尔浓度测定记录

碳酸钠质量 (g)	滴定管中盐酸的量(mL)		盐酸标准溶液消耗量 V(mL)	摩尔浓度 N(mol/L)	平均摩尔浓度 $\overline{N}$ (mol/L)
	V_1	V_2			

石灰有效氧化钙、氧化镁合量测定记录

试样编号	石灰质量 (g)	滴定管中盐酸量(mL)		盐酸标准溶液消耗量 V_5(mL)	有效氧化钙、氧化镁合量(%)	
		V_3	V_4		单值	平均值
结论:						

 技能训练(试验报告实例)

石灰有效氧化钙和氧化镁合量测定试验报告单,见表3-4。

石灰有效氧化钙和氧化镁合量测定试验报告单与试验结果计算表　　表 3-4

实训日期		姓名		成绩	
实训任务	钙质消石灰的有效 CaO + MgO 的合量测定(T 08013—1994)				
实训任务书	题目:某二级公路工地用钙质消石灰粉作为石灰稳定土的结合料。要求消石灰粉为合格以上等级。试对此消石灰粉进行等级判定。 资料:此消石灰粉中含水率为 2%;0.6mm 方孔筛的筛余量为 0.53%;0.15mm 方孔筛的筛余量为 10.23%。 要求:对此消石灰进行有效 CaO + MgO 的合量测试,并根据测试结果和原有的资料对此石灰进行等级判定				
主要设备					
主要步骤	(每位学生按照实际操作过程进行填写)				

钙质消石灰的有效 CaO + MgO 的合量测定记录表

工程名称　　某二级公路　　　　　　　试验方法　　T 08013—1994
路段范围　　K2 + 500 ~ K4 + 100　　　试　验　者　　　　　　
试样来源　　某工地取样消石灰　　　　　校　核　者　　　　　　
评定标准　　JTG F20—2015　　　　　　试验日期　　　　　　　

盐酸标准溶液的摩尔浓度测定记录

碳酸钠质量 (g)	滴定管中盐酸的量(mL)		盐酸标准溶液 消耗量 V(mL)	摩尔浓度 N (mol/L)	平均摩尔浓度 $\overline{N}$ (mol/L)
	V_1	V_2			
1.9582	0.0	37.7	37.7	0.980	0.975
1.9800	0.0	38.5	38.5	0.970	

石灰有效氧化钙、氧化镁合量测定记录

试样编号	石灰质量 (g)	滴定管中盐酸量(mL)		盐酸标准溶液 消耗量 V_5(mL)	有效氧化钙、氧化镁合量(%)	
		V_3	V_4		单值	平均值
01	0.8900	0.0	21.5	21.5	65.9	66.6
02	0.9000	21.8	43.8	22.0	66.7	

结论:根据标准《公路路面基础施工技术细则》(JTG F20—2015)中的石灰等级评定标准,此钙质消石灰粉的等级为 Ⅰ 级,可以用在本工地的石灰稳定土中

课后任务

任务一　什么叫胶凝材料?工程中常用石灰与水泥在使用条件上有什么不同?
任务二　消石灰有哪些主要技术性质与技术标准?
任务三　生石灰为什么要进行消解并"陈伏"两星期以上才能使用?
任务四　试找出表 3-5 中的错误并完善(精度位数不足的补0)。

石灰有效氧化钙含量测定记录表　　　　　　　　　　表 3-5

工程名称_____	试验方法　T 08011
路段范围_____	试　验　者_____
试样来源_____	校　核　者_____
评定标准_____	试验日期_____

盐酸标准溶液的摩尔浓度测定记录

碳酸钠质量 (g)	滴定管中盐酸的量(mL)		盐酸标准溶液消耗量 V(mL)	摩尔浓度 M(mol/L)	平均摩尔浓度 $\overline{M}$ (mol/L)
	V_1	V_2			
0.082	0	31			
1.000	0	31.8			

石灰有效氧化钙测定记录

试样编号	石灰质量 (g)	滴定管中盐酸量(mL)		盐酸标准溶液消耗量 V_5(mL)	有效氧化钙含量(%)	
		V_3	V_4		单　值	平均值
02	0.5	0.0	20.3			
03	0.48	20	42			
结论：						

课题二　水　　泥

任务引入

公路工程中水泥和石灰在使用性能上有什么区别呢？我们常见的水泥混凝土路面，它要求水泥应具有哪些性能，什么样的水泥为合格品，什么样的水泥为不合格品呢？应用什么技术指标对水泥性能好坏进行评定？

任务分析

水泥是一种水硬性胶凝材料。硅酸盐水泥的性能好坏可以通过检测技术性质对应的各项技术指标(细度、标准稠度用水量、凝结时间、体积安定性、强度)来判定。其判定标准应执行《通用硅酸盐水泥》(GB 175—2007)。

相关知识

在道路与桥梁工程中通常应用的水泥有：硅酸盐水泥、普通硅酸盐水泥(简称普通水泥)、矿渣硅酸盐水泥(简称矿渣水泥)、火山灰质硅酸盐水泥(简称火山灰水泥)、粉煤灰硅酸盐水泥(简称粉煤灰水泥)和复合硅酸盐水泥等六种。近年来，由于道路路面工程对水泥的特殊要求，又生产了道路水泥。本课题重点讲述通用硅酸盐水泥。

1. 通用硅酸盐水泥概述

1)定义

由主要含 CaO、SiO_2、Al_2O_3、Fe_2O_3 为原料,按以适当比例磨成细粉烧至部分熔融,得以硅酸钙为主要成分的水硬性胶凝物质(其中,硅酸钙矿物含不小于66%,氧化钙和氧化硅质量比不小于2.0)的硅酸盐水泥熟料和适量石膏及规定的混合材料制成的水硬性胶凝材料,称为通用硅酸盐水泥。

2)分类

通用水泥按混合材料的品种和掺量分为硅酸盐水泥、普通硅酸盐水泥、矿渣硅酸盐水泥、火山灰质硅酸盐水泥、粉煤灰硅酸盐水泥和复合硅酸盐水泥。

(1)硅酸盐水泥(代号P·Ⅰ或P·Ⅱ)

硅酸盐水泥分为两种类型:不掺加混合材料的称为Ⅰ型硅酸盐水泥(代号P·Ⅰ);在硅酸盐水泥粉磨时掺加不超过水泥质量5%石灰石或粒化高炉矿渣混合材料的称Ⅱ型硅酸盐水泥(代号P·Ⅱ)。

(2)普通硅酸盐水泥(代号P·O)

凡由硅酸盐水泥熟料、加入大于5%且不超过20%混合材料、适量石膏磨细制成的水硬性胶凝材料,称为普通硅酸盐水泥。活性混合材料掺量大于5%且不超过20%,其中允许用不超过水泥质量8%且符合《通用硅酸盐水泥》(GB 175—2007)标准5.2.4条的非活性材料或不超过水泥质量5%且符合《通用硅酸盐水泥》(GB 175—2007)标准5.2.5条的窑灰代替。

(3)矿渣硅酸盐水泥(代号P·S·A或P·S·B)

凡由硅酸盐水泥熟料、适量的石膏,并掺入大于20%且不超过70%粒化高炉矿渣磨细制成的水硬性胶凝材料称为矿渣硅酸盐水泥。水泥中粒化高炉矿渣的掺加量按占水泥质量百分比计。其中掺量大于20%且不超过50%的粒化高炉矿渣的矿渣硅酸盐水泥为代号为P·S·A型,掺入大于50%且不超过70%粒化高炉矿渣的矿渣硅酸盐水泥为代号为P·S·B型。

(4)火山灰硅酸盐水泥(代号P·P)

凡由硅酸盐水泥熟料、火山灰质混合材料和适量石膏磨细制成的水硬性胶凝材料称为火山灰硅酸盐水泥。水泥中火山灰质混合材料掺加量按占水泥质量百分比计,掺入量大于20%且不超过40%。

(5)粉煤灰硅酸盐水泥(代号P·F)

凡由硅酸盐水泥熟料、粉煤灰和适量石膏磨细制成的水硬性胶凝材料称为粉煤灰硅酸盐水泥。此类水泥中粉煤灰的掺量按占水泥质量百分比计,掺入量大于20%且不超过40%。

(6)复合硅酸盐水泥(代号P·C)

凡由硅酸盐水泥熟料、两种或两种以上规定的混合材料和适量石膏磨细制成的水硬性胶凝材料称为复合硅酸盐水泥(简称复合水泥)。水泥中混合材料总掺量按占水泥质量百分比计,掺入量大于20%且不超过50%。

注:在生产水泥时,为了改善水泥的性能、调节水泥的强度等级、节约能量、降低成本,掺入适量的矿质材料,称为水泥混合材料。按其在水泥中的作用可分为活性混合材料和非活性混合材料(填充性)两类。

活性混合材料是一种矿物材料,它磨细成粉并与石膏拌和均匀,加水后能生成具有胶凝性的水化物,并能在水中硬化,这种材料称为活性材料。如:粒化高炉矿渣、火山灰、粉煤灰等。

非活性混合材料也是一种矿物材料(其作为填充材料掺入水泥熟料中),磨细后与水泥成分不起化学反应或化学作用很小,它仅能调节(降低)水泥的强度等级、节约水泥熟料的作用。这种混合材料称非活性混合性材料。如石英砂、石灰石、黏土活性低于标准要求的粒化高炉矿渣、火山灰、粉煤灰等。

我国常用的几种硅酸盐水泥代号与执行标准见表3-6,几种硅酸盐水泥的特性及适用范围见表3-7。

我国常用的几种通用硅酸盐水泥代号与执行标准 表3-6

水泥名称	代号	混合料掺量(%)					执行标准
		矿渣	火山灰	粉煤灰	石灰石	窑灰	
硅酸盐水泥	P·Ⅰ	0	—		0	—	GB 175—2007
	P·Ⅱ	<5	—		<5	—	
普通硅酸盐水泥	P·O	>5 且 ≤20 活性混合材料,其中允许用符合标准要求的≤8 非活性材料或≤5 的窑灰代替					
矿渣硅酸盐水泥	P·S·A	>20 且 ≤50					GB 175—2007
	P·S·B	>50 且 ≤70					
粉煤灰硅酸盐水泥	P·F	—		>20 且 ≤40	—		
火山灰硅酸盐水泥	P·P		>20 且 ≤40				
复合硅酸盐水泥	P·C	>20 且 ≤50					GB 175—2007

我国常用硅酸盐水泥特性及适用范围 表3-7

项目	硅酸盐水泥	普通水泥	矿渣水泥	火山灰水泥	粉煤灰水泥
特性	1. 早期强度高; 2. 水化热大; 3. 耐冻性好; 4. 耐蚀性较差; 5. 泌水性较小	1. 早期强度较高; 2. 水化热大; 3. 耐冻性好; 4. 耐蚀性较差; 5. 泌水性较小	1. 早期强度低后期强度高; 2. 水化热较小; 3. 耐热性好; 4. 耐蚀性较好; 5. 抗冻性差和干缩性较大	1. 抗渗性好; 2. 耐热性好; 3. 其他性能与矿渣水泥相同	1. 干缩性较小,抗裂性较好; 2. 抗硫酸盐能力好; 3. 抗碳化能力差; 4. 其他同矿渣水泥
适用条件	1. 一般地上工程,无腐蚀、无压力水作用的工程; 2. 要求早期强度较高和低温施工无蒸汽养护的工程; 3. 有冻性要求的工程		1. 地上、地下与水中工程; 2. 有硫酸盐侵蚀的工程; 3. 大体积混凝土工程; 4. 有耐热性要求的工程; 5. 有蒸汽养护的工程	除不适用于有耐热性要求的工程外,其他与矿渣水泥相同	同火山灰水泥
不适用条件	1. 大体积混凝土工程; 2. 有腐蚀作用和压力水作用的工程		1. 要求早期强度高的工程; 2. 有耐冻性要求的工程	1. 与矿渣水泥相同; 2. 干热地区和耐磨性要求的较高工程	1. 与矿渣水泥各项要求相同; 2. 有抗碳化要求的工程

3）硅酸盐水泥的生产工艺

水泥的生产过程一般分为三大步（称为两磨一烧）：生料的制备（按比例混合磨细）→煅烧（1450℃）→熟料（加入适量的石膏，粉磨）→硅酸盐水泥。

硅酸盐水泥熟料具有急凝的特点，在水泥熟料粉磨时加入适量的石膏其作用是为了调节硅酸盐水泥的凝结速度。如掺加石膏量过少，水泥出现急凝现象；如掺加量过多，过量的石膏在水泥硬化后还有多余的石膏与固态的水化铝酸钙反应生成水化硫铝酸钙，体积膨胀1.5倍，引起水泥石的开裂。造成水泥的体积不安定性。一般要求石膏掺量为水泥熟料质量的2.4%左右。

4）硅酸盐水泥熟料的主要矿物成分及各成分的性质

（1）硅酸三钙（$3CaO \cdot SiO_2$，简式 C_3S）。它是硅酸盐水泥中最主要的矿物组分，其含量通常在50%左右。硅酸三钙水化速度较快，水化热高，早期强度高，28d的强度达到一年强度的70%~80%。硅酸三钙给予水泥早期强度。硅酸三钙含量高的水泥一般为早强水泥。它适用于具有早强度要求或提高工期的工程中使用。

（2）硅酸二钙（$2CaO \cdot SiO_2$，简式 C_2S）。它也是硅酸盐水泥中的主要矿物组分，其含量约为10%~40%。硅酸二钙水化速度较慢，水化热低，其早期强度低而后期强度高。硅酸二钙含量高的水泥一般为低热水泥。它适用于大坝工程或具有抗冻、抗渗性能要求的工程使用。

（3）铝酸三钙（$3CaO \cdot Al_2O_3$，简式 C_3A）。它是四种组分中水化速度最快，水化热最高的组分。它对水泥早期强度起一定的作用。但其耐化学侵蚀性差，干缩性大，铝酸三钙在硅酸盐水泥熟料中含量通常在15%以下。铝酸三钙是水泥熟料中最早生成的，它可以降低水泥中其他主要成分生成的温度。道路水泥中铝酸三钙的含量不得大于5%。

（4）铁铝酸四钙（$4CaO \cdot Al_2O_3 \cdot Fe_2O_3$，简式 C_4AF）。铁铝酸四钙水化速度较快，水化热较高，但抗压强度较低。它给予水泥抗折强度。其含量通常在5%~15%。道路水泥中铁铝酸四钙的含量不低于16%。

硅酸盐水泥熟料中主要矿物组分的特性归纳如表3-8所示。

硅酸盐水泥熟料中主要矿物成分的特性　　　　　　　　　　表3-8

矿物组成		硅酸三钙（C_3S）	硅酸二钙（C_2S）	铝酸三钙（C_3A）	铁铝酸四钙（C_4AF）
与水反应速度		快	慢	极快	中
水化热		高	低	最高	中
对强度的作用	早期	优	差	中	良
	后期	良	优	中	中
耐化学侵蚀性		中	良	差	优
干缩性		中	小	大	小

2. 通用硅酸盐水泥的凝结与硬化

1）定义

水泥加入适量的水拌均成水泥浆后，经过一定时间的水化作用会逐渐变稠，浆体逐渐失去塑性，但不具有强度的过程，称为水泥的凝结。随着时间的增长，水化作用继续进行，凝结后的水泥块体密度逐渐增大，强度逐渐提高，并形成具有一定强度的整体，这个过程称为水泥硬化。水泥的凝结硬化过程是一个物理化学过程。

2)影响通用硅酸盐水泥的凝结硬化的因素

(1)水泥的矿物成分。水泥中铝酸三钙与硅酸三钙含量越高,水泥的凝结硬化速度越快。硅酸三钙含量高时,早期抗压强度高。铝酸三钙含量高时,对强度影响不大。

(2)温度与湿度:水泥在高温、湿度大的条件下,水泥凝结硬化速度快,相反则凝结硬化速度慢。硅酸盐水泥在 70~80℃ 的湿热条件下,1d 就能达到正常养护条件下 28d 强度的 60% 左右。水泥在干燥的空气中无法水化;在低于 0℃ 的条件下也无法水化。如果工期紧,在冬季,需加外加剂(抗冻剂)或采取其他保温措施。

此外,水泥的细度、加水量的多少、龄期等对水泥的凝结硬化速度均有影响。在水泥中掺加各种外加剂或外掺剂,如促凝剂、缓凝剂、早强剂等也会改变水泥的凝结硬化速度。

3. 硅酸盐水泥的技术性质和技术标准

1)技术性质

按照《通用硅酸盐水泥》(GB 175—2007)规定,通用硅酸盐水泥的技术性质包括下列项目:

(1)化学性质

水泥的化学性质指标主要是控制水泥中的有害化学成分,要求其不超过一定的限量。如超过最大限量,即可对水泥的性能和质量产生有害或潜在的影响。

①氧化镁含量

它存在于水泥熟料中。常在水泥正常凝结硬化后开始水化,水化时体积膨胀,可导致水泥石的变形甚至破坏,是引起水泥产生体积不安定的因素之一。

②三氧化硫含量

这是水泥熟料粉磨时加入石膏得来的,是水泥产生体积不安定的又一因素。

③烧失量

烧失量是指水泥在一定温度条件下反复灼烧至恒重时,损失的质量占试样总重的百分率,也称为质量损失率。它是由于水泥煅烧不佳或受潮而引起的。烧失量越大水泥的品质越差。

④不溶物

水泥中的不溶物是用盐酸溶解滤去不溶残渣,经碳酸钠处理再用盐酸中和,高温灼烧至恒重后称量,灼烧后不溶物质量占试样总质量的百分率。

(2)物理性质

①相对密度

硅酸盐的相对密度与水泥的矿物组成有关。硅酸盐水泥的相对密度一般介于 3.0~3.2 之间。计算混凝土的配合比设计时通常采用 3.1。水泥的相对密度掺入混合料后会降低。

②水泥的细度

水泥的细度是指水泥颗粒的粗细程度。水泥细度越细,水泥与水接触面积越大,水化速度越快,凝结硬化速度越快,早期强度越高。但磨得过细,凝结硬化时用水量越大,硬化后的收缩变形越大,水泥石越易出现裂缝,水泥的品质越差。一般情况下,水泥的强度等级越高细度越细。但不是水泥细度越细,水泥的强度等级越高。

水泥细度的测试方法:

a. 80μm 筛筛析法,见《公路工程水泥及水泥混凝土试验规程》(JTG 3420—2020)中的 T 0502—2005。测定 80μm 方孔筛的筛余百分率。

b.比表面积法(勃氏法)。以每 kg 水泥颗粒的总表面积表示(m^2/kg)。

③标准稠度用水量

水泥的标准稠度用水量是指水泥净浆达到标准稠度时所用水的质量占水泥质量的百分比。《公路工程水泥及水泥混凝土试验规程》(JTG 3420—2020)中的(T 0505—2020)的规定：以标准维卡仪测定,水泥净浆在标准搅拌作用下而形成的标准净浆,制成一定形状的试样,以试杆沉入水泥净浆标准试样中并距底板 6mm ± 1mm 的稠度为"标准稠度",此时的用水量为标准稠度用水量。以水泥质量百分率计。一般情况下,水泥的强度等级越高,水泥颗料越细,水泥标准稠度用水量越大。反之,越小。通常标准稠度用水量为 27% ~ 30%。

水泥标准稠度用水量的测定方法：

a.标准维卡仪法。

b.代用法。

④凝结时间

从水泥加水拌和开始,至水泥浆体的可塑性逐渐失去至完全失去为止的时间为水泥的凝结时间。凝结时间分为初凝时间和终凝时间。从水泥加水开始至水泥浆体开始失去可塑性为此的时间为初凝时间;从水泥加水开始到水泥浆体完全失去可塑性为此的时间为终凝时间。

水泥混凝土的拌和、运输、浇筑、捣实等一系列工序均要在水泥初凝时间内完成,故水泥的初凝时间不能过早。一般要求硅酸盐水泥的初凝时间不得早于 45min;如果水泥的初凝时间不符合要求,此水泥为不合格品。混凝土成型后,为了不拖延工期,要求水泥尽快硬化,产生强度,以利于下一道工序的进行,所以终凝时间不能太长,一般要求硅酸盐水泥的终凝时间不得迟于 390min。如果终凝时间不符合要求的水泥为不合格品。

凝结时间测定:用凝结时间测定仪测定。从水泥加水拌和开始至初凝时间测定针自由沉入水泥净浆中的距底板 4mm ± 1mm 时所需的时间为初凝时间;从水泥加水拌和开始至终凝时间测定针自由沉入水泥净浆中的深度为 0.5mm 时所需的时间为终凝时间。

⑤体积安定性

水泥的体积安定性是指水泥在硬化过程中体积变化的均匀性。水泥浆体在凝结、硬化过程都会产生不同程度的体积变化:比较均匀轻微的体积变化,一般不会影响水泥混凝土结构物的使用质量;如果体积变化不均匀可能引起水泥混凝土结构物的变形,而使结构物产生膨胀或变形过大时结构物出现裂缝,这种现象称为水泥的体积不安定性。

导致水泥体积不安定的原因,主要是由于水泥中含有过量的游离氧化钙、游离氧化镁或水泥熟料粉磨时掺入过量的石膏。体积不安定的水泥为不合格品。

体积安定性的测定方法：

a.雷氏夹法(标准法)。是用标准稠度的水泥净浆按标准方法装满雷氏夹,盖上玻璃板后放在养护箱内养护 24h ± 2h,沸煮 180min ± 5min。测定雷氏夹尖端之间距离增大值,若不超过 5.0mm,则认为水泥的体积安定性合格。否则,为不合格。

b.试饼法(代用法)。是用标准稠度的水泥净浆按标准方法制成试饼,养护及沸煮同雷氏夹法。沸煮后,肉眼观察无裂纹,用直尺检查无弯曲(用不变形的钢尺与试饼底部靠紧,以两者间不透光为无弯曲)的试饼为安定性合格。

⑥强度

强度是确定水泥强度等级的主要指标,是反映水泥胶结能力的主要依据。强度高的水泥,胶结能力大,制成的结构物的承载能力高。

我国标准规定用水泥胶砂强度检验方法：(ISO 法)(T 0506—2005)规定，用水泥胶砂来评定水泥的强度及确定强度等级。该法是用 1:3 的水泥和中国 ISO 标准砂，按规定的水灰比 0.5，在标准搅拌作用下，用标准的制作方法制成标准试件(40mm×40mm×160mm)，在标准养护条件下，达到规定龄期(3d、28d)时，测定其抗折和抗压强度，以 28d 的抗压强度确定水泥的强度等级。其他强度(3d 的抗折、抗压强度，28d 的抗折强度)不低于标准规定。否则，水泥的强度等级不符合要求，水泥为不合格品。

硅酸盐水泥的强度等级有 42.5、42.5R、52.5、52.5R、62.5、62.5R(带 R 的为早强型)共六个强度等级。普通硅酸盐水泥、矿渣硅酸盐水泥、火山灰硅酸盐水泥、粉煤灰硅酸盐水泥、复合硅酸盐水泥强度等级分别有 32.5、32.5R、42.5、42.5R、52.5、52.5R 共六个强度等级。水泥各龄期的强度不得低于表 3-9 中的规定。

水泥各龄期的强度　　　　　　表 3-9

品　　种	强 度 等 级	抗压强度(MPa)		抗折强度(MPa)	
		3d	28d	3d	28d
硅酸盐水泥	42.5	≥17.0	≥42.5	≥3.5	≥6.5
	42.5R	≥22.0		≥4.0	
	52.5	≥23.0	≥52.5	≥4.0	≥7.0
	52.5R	≥27.0		≥5.0	
	62.5	≥28.0	≥62.5	≥5.0	≥8.0
	62.5R	≥32.0		≥5.5	
普通硅酸盐水泥	32.5	≥11.0	≥32.5	≥2.5	≥5.5
	32.5R	≥16.0		≥3.5	
	42.5	≥16.0	≥42.5	≥3.5	≥6.5
	42.5R	≥21.0		≥4.0	
	52.5	≥22.01	≥52.5	≥4.0	≥7.0
	52.5R	≥26.0		≥5.0	
矿渣硅酸盐水泥 火山灰硅酸盐水泥 粉煤灰硅酸盐水泥	32.5	≥10.0	≥32.5	≥2.5	≥5.5
	32.5R	≥15.0		≥3.5	
	42.5	≥15.0	≥42.5	≥3.5	≥6.5
	42.5R	≥19.0		≥4.0	
	52.5	≥21.0	≥52.5	≥4.0	≥7.0
	52.5R	≥23.0		≥4.5	
复合硅酸盐水泥	32.5	≥11.0	≥32.5	≥2.5	≥5.5
	32.5R	≥16.0		≥3.5	
	42.5	≥16.0	≥42.5	≥3.5	≥6.5
	42.5R	≥21.0		≥4.0	
	52.5	≥22.0	≥52.5	≥4.0	≥7.0
	52.5R	≥26.0		≥4.5	

2) 技术标准

硅酸盐水泥、普通硅酸盐水泥的技术标准符合我国现行国家标准《通用硅酸盐水泥》

（GB 175—2007）的有关规定。通用硅酸盐水泥的技术标准见表3-10。

通用硅酸盐水泥的技术标准　　　　表3-10

序号	技术品质		指标	试验方法
1	不溶物	P·Ⅰ型不得超过	0.75%	GB/T 176
		P·Ⅱ型不得超过	1.50%	
2	氧化镁	硅酸盐水泥不得超过	5.0%	GB/T 176
		硅酸盐水泥若经压蒸安定性合格可放宽到	6.0%	
		P·S、P·P、P·C不得超过（水泥中氧化镁的含量大于6%时，需进行水泥压蒸安定性试验并合格）	6.0%	
3	三氧化硫	不得超过	3.5%	
4	烧失量	P·Ⅰ型不得大于	3.0%	
		P·Ⅱ型不得大于	3.5%	
		普通水泥不得大于	5.0%	
5	碱含量	不得超过（或由买卖双方协商确定）	0.6%	
6	细度	硅酸盐水泥比表面积大于	300m²/kg	T 0504—2005
		P·S、P·P、P·C、P·S·F 80μm方孔筛筛余量不得大于10%或45μm方孔筛筛余量不得大于30%		T 0502—2005
7	凝结时间	硅酸盐水泥 初凝时间不和得早于	45min	GB/T 1346—2011
		硅酸盐水泥 终凝时间不得迟于	390min	
		普通水泥 初凝时间不得早于	45min	
		普通水泥 终凝时间不得迟于	600min	
8	安定性	沸煮法合格		
9	强度	各龄期的强度见表3-9		T 0506—2005
10	氯离子	不得大于0.06%		JC/T 420

注：1. 检验结果符合表中不溶物、氧化镁、三氧化硫、烧失量、氯离子、凝结时间、体积安定性、强度各项指标要求的水泥为合格品，检验结果不符合表中不溶物、氧化镁、三氧化硫、烧失量、氯离子、凝结时间、体积安定性、强度各项指标要求中的任一项不符合本标准规定的，均为不合格品。
2. 购买水泥时应注意：经确认水泥各项技术指标及包装质量符合要求时方可出厂（不溶物、三氧化硫、烧失量、氯离子、凝结时间、安定性、强度各项指标均为出厂检验指标）。
3. 水泥包装袋应清楚标明：执行标准、水泥品种、代号、强度等级、生产者名称、生产许可证标志（QS）及编号、出厂编号、包装日期、净含量。包装袋两侧应根据水泥品种采用不同的颜色印刷水泥名称和强度等级，硅酸盐水泥和普通硅酸盐水泥采用红色、矿渣硅酸盐水泥采用绿色、火山灰质硅酸盐水泥、粉煤灰硅酸盐水泥、复合硅酸盐水泥采用黑色或蓝色。
4. 散装发运时应提交与袋装标志相同内容的卡片。
5. 其中物理性质指标是按《公路工程水泥及水泥混凝土试验规程》（JTG E30—2020）中的试验方法检测。

我国标准规定，不合格水泥不能在重要建筑物或承重构件上使用。

4. 其他品种的水泥

1）路面基层稳定用水泥

其是由水泥熟料、混合材料、适量石膏经磨细制成的具有凝结时间长和微膨胀性能的专用于路面基层稳定的水硬性胶凝材料，也可以根据需要掺加适量的掺加剂。其强度等级分为27.5级和32.5级。其型号有RBC27.5和RBC32.5。技术标准与技术要求符合《公路工程路面基层稳定用水泥》(JT/T 994—2015)的规定。

(1)细度

按《水泥细度检验方法》(T 0502—2005)的方法检测,80μm的筛余量不大于10.0%。

(2)凝结时间

按《公路工程水泥及水泥混凝土试验规程》(JTG 3420—2020)的方法检测,初凝时间大于180min,终凝时间宜大于360min,且应小于600min。

(3)安定性

按《公路工程水泥及水泥混凝土试验规程》(JTG 3420—2020)的方法(标准法)检测以及浸水法检测同时合格。

(4)强度

按《水泥胶砂强度检验方法》(T 0506—2005)的方法检测,其强度等级与指标应符合表3-11的规定。

路面基层稳定用水泥各龄期的强度　　　　表3-11

强度等级	抗压强度(MPa)		抗折强度(MPa)	
	7d	28d	7d	28d
27.5	≥13.0	≥27.5	≥2.5	≥5.0
32.5	≥15.0	≥32.5	≥3.0	≥5.5

2)道路硅酸盐水泥

由道路硅酸盐水泥熟料、适量石膏与标准规定的混合材料(0~10%)和磨细制成的水硬性胶凝材料称为道路硅酸盐水泥,简称道路水泥。其代号为P·R,其强度等级分为32.5、42.5、52.5 三级。道路水泥要求有较高的抗折强度。要求水泥熟料中的铁铝酸四钙含量不得低于16%。

道路水泥抗折强度较高、耐磨性好、干缩性小、抗冲击性能好。它适用于道路路面、机场跑道、城市广场等工程。

3)快硬硅酸盐水泥

由硅酸盐水泥熟料和适量石膏磨细制成,以3d抗压强度表示强度等级的水硬性胶凝材料称为快硬硅酸盐水泥,简称快硬水泥,其强度等级分为32.5、37.5、42.55 三级。

快硬硅酸盐水泥硬化速度快,早期强度高。适用于配制早强工程、紧急抢修工程、低温施工工程和高强预应力钢筋混凝土或混凝土预制构件等,不宜用于大体积工程。

4)抗硫酸盐硅酸盐水泥

抗硫酸盐硅酸盐水泥按其抗硫酸盐的性能分为中抗硫酸盐硅酸盐水泥和高抗硫酸盐硅酸盐水泥两类。

中抗硫酸盐硅酸盐水泥是由特定组成的硅酸盐水泥熟料,加入适量的石膏磨细制成的具有抵抗中等浓度硫酸根离子的水硬性胶凝材料,简称中抗硫酸盐水泥,其代号为P·MSR。

高抗硫酸盐硅酸盐水泥是由特定组成的硅酸盐水泥熟料,加入适量的石膏磨细制成的具有抵抗高等浓度硫酸根离子的水硬性胶凝材料,简称高抗硫酸盐水泥,其代号为P·HSR。

抗硫酸盐硅酸盐水泥强度等级分为32.5、42.5 两级,适用于一般受硫酸盐侵蚀的海港、水利、地下、隧道、引水、道路与桥涵基础工程等。

5. 水泥石的腐蚀与防治

1) 水泥石的腐蚀

水泥混凝土结构物在适宜的环境中,水泥石的强度不断增长,但在某些环境(除自然界的风化与机械力的破坏外)中水泥石的强度降低,甚至引起水泥混凝土结构物的破坏,这种现象称为水泥石的腐蚀。常见的水泥石腐蚀类型为:

(1)淡水腐蚀。淡水腐蚀又称为溶析性侵蚀,是指水泥石的水化产物溶于周围淡水中,造成水泥混凝土结构物中孔隙增大、强度降低的现象。它主要是氢氧化钙等成分溶解于水。因而,水泥混凝土结构物在一定浓度的氢氧化钙的溶液中才能稳定存在。

(2)酸类腐蚀。水泥混凝土在酸性水中,水中的酸能与水泥混凝土中氢氧化钙反应,生成钙盐易溶于水或在水泥石的孔隙中结晶,体积膨胀,产生破坏。

(3)盐类腐蚀。海水、沼泽水、工业废水中,常有一些硫酸盐类,它们与水泥石中的氢氧化钙反应生成石膏,体积膨胀,水泥石破坏。

2) 水泥石腐蚀的防治

(1)根据结构物的环境特点,合理选择水泥品种和强度等级。

(2)改善施工工艺,提高水泥结构物的密实度。

(3)增设保护层(如沥青防水层、不透水水泥喷浆层、塑料防水层等)。

6. 水泥的储运

水泥易吸收空气中的水汽起水化作用,降低水泥的使用品质。因而在水泥的应用、运输与存储过程中应特别注意:

(1)防止受潮。

(2)进场的水泥应按不同生产厂、品种、强度等级、批号分别存放,做好标记,严禁混杂。施工中不应将不同的水泥随意换用或混合使用。

(3)水泥存放时间不宜过长,否则会自行水化,降低水泥的强度或结成硬块。一般情况下,水泥从出厂日期算起存放时间不超过三个月。否则应视为过期水泥。过期或受潮水泥,使用前必须经过试验,重新鉴定其强度等级后才能使用。

任务实施(技能操作)

【一】 水泥细度检验方法(80μm 筛筛析法)(T 0502—2005)

1. 目的和适用范围

本方法规定用 80μm 筛检验水泥细度的测试方法。

本方法适用于硅酸盐水泥、普通硅酸盐水泥、矿渣硅酸盐水泥、粉煤灰硅酸盐水泥、火山灰硅酸盐水泥、复合硅酸盐水泥、道路硅酸盐水泥及指定采用本方法的其他品种水泥。

10-水泥的细度(80μm 筛筛析法)试验

2. 仪器设备

1) 试验筛

试验筛。由圆形筛框和筛网组成,分负压筛和水筛两种,其结构尺寸见图3-1和图3-2。负压筛应附有透明筛盖,筛盖与筛上口应有良好的密封性。

筛网应符合《金属丝编织网试验筛》(GB/T 6003.1—1997)的要求。

标准筛应符合《水泥物理检验仪器 标准筛》(JC/T 728—1996)的要求。

2) 负压筛析仪

(1) 负压筛析仪由筛座、负压筛、负压源及收尘器组成,其中筛座由转速为 30r/min±2r/min 的喷气嘴、负压表、控制板、微电机及壳体等部分构成,见图3-3。

(2) 筛析仪负压可调范围为 4000~6000Pa。

(3) 喷气嘴的上口平面与筛网之间距离为 2~8mm(喷气嘴上开口尺寸见图3-4)。

(4) 负压源和收尘器,由功率≥600W 的工业吸尘器和小型旋风收尘筒等组成或用其他具有相当功能的设备。

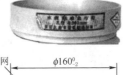
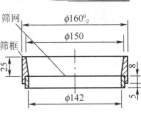

图3-1 负压筛(单位尺寸:mm)

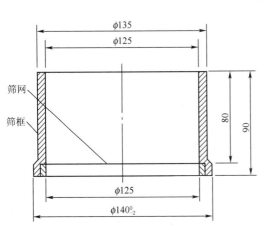

图3-2 水筛(单位尺寸:mm)

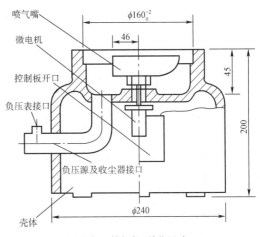

图3-3 负压筛析仪(单位尺寸:mm)

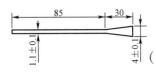

图3-4 喷气嘴上开口
(尺寸单位:mm)

3) 水筛架和喷头

水筛架和喷头的结构尺寸应符合《水泥物理检验仪器 标准筛》(JC/T 728—1996)的规定,但其中水筛架上筛座内径为 140^{0}_{-3} mm。

4) 天平

量程不大于100g,感量不大于0.05g。

3. 样品处理

水泥样品应充分拌匀,通过0.9mm方孔筛,记录筛余物情况,要防止过筛时混进其他水泥。

4. 试验步骤

1) 负压筛析法

(1) 筛析试验前,应把负压筛放在筛座上,盖上筛盖,接通电源,检查控制系统,调节负压至 4000~6000Pa 范围内。

(2) 称取试样25g,置于洁净的负压筛中,放在筛座上,盖上筛盖,开动筛析仪连续筛析2min,在此期间如有试样附着在筛盖上,可轻轻地敲击筛盖使试样落下。筛毕,用天平称量筛

121

余物。

(3)当工作负压小于4000Pa时,应清理吸尘器内水泥,使负压恢复正常。

2)水筛法

(1)筛析试验前,使水中无泥、砂,调整好水压及水筛架的位置,使其能正常运转。喷头底面和筛网之间距离为35～75mm。

(2)称取试样25g,置于洁净的水筛中,立即用淡水冲至大部分细粉通过后,放在水筛架上,用水压为0.05MPa±0.02MPa的喷头连续冲洗3min。筛毕,用少量水把筛余物冲至蒸发皿中,等水泥颗粒全部沉淀后,小心倒出清水,烘干并用天平称量筛余物。

3)试验筛的清洗

试验筛必须保持洁净,筛孔通畅,使用10次后要进行清洗。金属筛框、铜丝网筛洗时应用专门的清洗剂,不可用弱酸浸泡。

5. 试验结果

(1)水泥试样筛余百分率按式(3-9)计算。

$$F = \frac{m_S}{m} \times 100 \tag{3-9}$$

试中:F——水泥试样的筛余百分率(%);

m_S——水泥筛余物的质量(g);

m——水泥试样的质量(g)。

计算结果精确到0.1%。

(2)筛余结果的修正。

为使试验结果可比,应采用试验筛修正系数方法来修正上述计算结果。试验筛修正系数按式(3-10)计算:

$$C = \frac{F_n}{F_t} \tag{3-10}$$

式中:C——试验筛修正系数;

F_n——标准样品的筛余标准值(%);

F_t——标准样品在试验筛上的筛余值(%)。

修正系数计算精确到0.01。

注:修正系数C在0.80～1.20范围内时,试验筛可继续使用,C可作为结果修正系数;当C值超出0.80～1.20范围时,试验筛应予淘汰。

水泥试样筛余百分数结果修正按式(3-11)计算:

$$F_C = C \cdot F \tag{3-11}$$

式中:F_C——水泥试样修正后的筛余百分数(%);

C——试验筛修正系数;

F——水泥试样修正前的筛余百分数(%)。

合格评定时,每个样品应称取两个试样分别筛析,取筛余平均值为筛析结果。若两次筛余结果绝对误差大于0.5%时(筛余值大于5.0%时可放至1.0%),应再做一次试验,取两次相近结果的算术平均值作为最终结果。

(3)负压筛析法与水筛法测定的结果发生争议时,以负压筛析法为准。

6.试验记录

水泥的筛分试验结果记录表见表 3-12。

水泥的筛分试验结果记录表　　　　表 3-12

工程名称_____　　　试验室温、湿度_____
路段范围_____　　　试　验　者_____
试样来源_____　　　校　核　者_____
评定标准_____　　　试　验　日　期_____
试验方法_____

试 样 编 号		001	002
试样质量 $m(g)$			
80μm 筛的筛余量 $m_s(g)$			
筛余百分率 $F(\%)$	单值		
	平均值		
试验筛修正系数			
结论			

【二】 水泥标准稠度用水量、凝结时间、安全性检验方法（T 0505—2020）

11-水泥的标准稠度　　12-水泥的凝结时间　　13-水泥的体积
用水量试验　　　　　　试验　　　　　　　　安定性试验

1.目的和适用范围

本方法规定了水泥标准稠度用水量、凝结时间和体积安定性的测定方法。本方法适用于通用硅酸盐水泥、道路硅酸盐水泥及指定采用本方法的其他品种水泥。

2.仪器设备

（1）水泥净浆搅拌机。符合现行《水泥净浆标准稠度与凝结时间测定仪》（JC/T 727）的要求（图 3-5）。

图 3-5　水泥净浆搅拌机

（2）标准法维卡仪及试模［图 3-6a)、b)］符合现行《水泥净浆标准稠度与凝结时间测定仪》（JC/T 727）的要求。

注：标准稠度测定用试杆［图 3-6d)］有效长度为 50mm±0.2mm 的，由直径为 φ10mm±0.05mm 的圆柱形耐腐蚀金属制成。测定凝结时间时取下试杆，用试针［图 3-6e)、f)］代替试杆。试杆由钢制成，其有效长度初凝针为 50mm±1mm、终凝针为 30mm±1mm、直径为 φ1.13mm±0.05mm 的圆柱体。滑动部分的总质量为 300g±1g。与试杆、试针联结的滑动杆表面应光滑，能靠重力自由下落，不得有紧涩和旷动现象。

盛装水泥净浆的试模应由耐腐蚀的、有足够硬度的金属制成。试模深 40mm±0.02mm、顶内径 φ65mm±0.5mm、底内径 φ75mm±0.5mm 的截顶圆锥体，每只试模应配置一个大于试模、厚度大于或等于2.5mm的平板玻璃底板。

(3) 沸煮箱。有效容积为410mm×240mm×310mm,箅板结构应不影响试验结果,箅板与加热器之间的距离大于50mm。箱的内层由不易锈蚀的金属材料制成,能在30min±5min内将箱内的试验用水由室温升至沸腾并可保持沸腾状态3h以上,整个试验过程中不需补充水量。

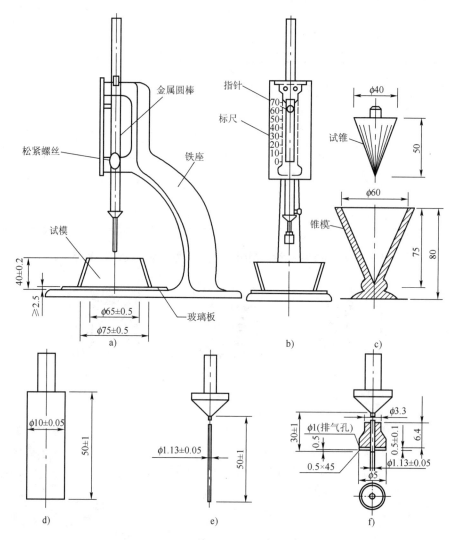

图3-6 测定水泥标准稠度和凝结时间用的维卡仪(尺寸单位:mm)
a) 初凝时间测定用立式试模侧视图;b) 终凝时间测定用反转试模前视图;c) 代用法测定标准稠度用水量的试模与试锥;d) 标准稠度试杆;e) 初凝时间测定针;f) 终凝时间测定针

(4) 雷氏夹膨胀仪(图3-7)。

注:雷氏夹检验:用一根指针的根部先悬挂在一根金属丝或尼龙丝上,另一根指针的根部再挂上质量300g的砝码时,两根指针的针尖距离增加应在17.5mm±2.5mm范围以内,即2X=17.5mm±2.5mm,当去掉砝码后针尖的距离能恢复至挂码前的状态。如不恢复或针尖距离增加不在要求范围内,则雷氏夹不能使用。雷氏夹受力示意图如图3-8所示。

(5) 量水器。分度值为0.1mL,精度为1%。

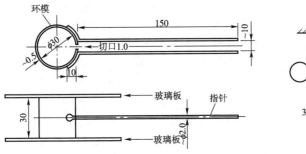

图 3-7 雷氏夹示意图(尺寸单位:mm)

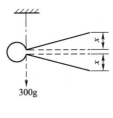

图 3-8 雷氏夹受力示意图

(6)天平。量程 1000g,感量 1g。

(7)湿气养护箱。应能使温度控制在 20℃±1℃,相对湿度大于 90%。

(8)雷氏夹膨胀值测定仪(图 3-9)。标尺最小刻度 0.5mm。

(9)秒表。分度值 1s。

3. 试样及用水

(1)水泥试样应充分拌匀,通过 0.9mm 方孔筛并记录筛余物情况,但要防止过筛时混进其他水泥。

(2)试验用水必须是洁净的淡水,如有争议时可用蒸馏水。

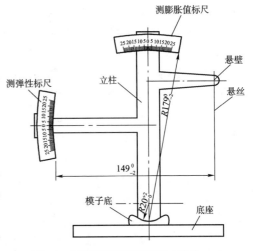

图 3-9 雷氏膨胀值测量仪(尺寸单位:mm)

4. 实验室温度、相对湿度

(1)实验室的温度为 20℃±2℃,相对湿度大于 50%。

(2)水泥试样、拌和水、仪器和用具的温度应与试验室内室温一致。

5. 标准稠度用水量测定(标准法)

1)试验前必须做到

(1)维卡仪的金属棒能够自由滑动,试模与玻璃底板用湿布擦拭(但不允许有明水),将试模放在底板上。

(2)调整至试杆接触玻璃板时指针对准零点。

(3)水泥净浆搅拌机运行正常。

2)水泥净浆拌制

用水泥净浆搅拌机搅拌,搅拌锅和搅拌叶片先用湿布擦过,将拌和水倒入搅拌锅中,然后 5~10s 内小心将称好的 500g 水泥加入水中,防止水和水泥溅出;拌和时,先将锅放在搅拌机的锅座上,升至搅拌位置,启动搅拌机,低速搅拌 120s,停 15s,同时将叶片和锅壁上的水泥浆刮入锅中间,接着高速搅拌 120s 停机。

3)标准稠度用水量测定步骤

(1)拌和结束后,立即取适量拌制好的水泥净浆一次性地装入已置于玻璃板上的试模中,浆体超过试模上端,用宽约25mm的直边刀轻轻拍打超出试模部分的浆体5次,以排除浆体中的孔隙;然后在试模上表面约1/3处,略倾于试模分别向外轻轻锯掉多余浆体,再从试模边沿轻抹顶部一次,使净浆表面光滑。在锯掉多余净浆和抹平的操作过程中,注意不要压实净浆。

(2)抹平后迅速将试模和底板移到维卡仪上,并将其中心定在试杆下,降低试杆直到与水泥净浆表面接触,拧紧螺钉1~2s后,突然放松,使试杆垂直自由地沉入水泥净浆中。在试杆停止沉入或释放试杆30s时记录试杆到底板的距离,升起试杆后,立即擦净。

(3)整个操作应在搅拌后1.5min内完成。以试杆沉入净浆并距底板6mm±1mm的水泥净浆为标准稠度净浆。其拌和水量为该水泥的标准稠度用水量(P),按水泥质量的百分比计,结果精确至1%。

(4)当试杆距离玻璃板小于5mm时,应适当减水,重复水泥浆的拌制和上述过程;若距离大于7mm时,则应适当加水,并重复水泥浆的拌制和上述过程。

标准稠度用水量测定(代用法):

(1)标准稠度用水量的测定可用调整水量法和不变水量法两种方法中的任一种,如发生争议时,以调整水量法为准。采用调整水量法测定标准稠度用水量时,拌和水量应按经验确定加水量;采用不变水量法测定时,拌和水量为142.5mL,水量精确到0.5mL。

(2)试验前须检查项目:仪器金属棒应能自由滑动;试锥降至锥模[图3-6c)]顶位置时,指针应对准标尺零点;搅拌机运转应正常等。

(3)水泥净浆拌制方法与标准法相同。

(4)标准稠度用水量测定。

①拌和结束后,立即将拌好的净浆装入锥模内,用宽约25mm的直边刀轻轻插捣5次,再轻轻振动5次,刮去多余净浆,抹平后迅速放到试锥下面固定位置上。将试锥降至净浆表面处,拧紧螺钉1~2s后,突然放松,让试锥垂直自由沉入净浆中,到试锥停止下沉或释放试锥30s时记录试锥下沉深度。整个操作应在搅拌后1.5min内完成。

②用调整水量法测定时,以试锥下沉深度30mm±1mm时的净浆为标准稠度净浆。其拌和水量为该水泥的标准稠度用水量(P),按水泥质量的百分比计。如下沉深度超出范围,须另称试样,调整水量,重新试验,直至达到30mm±1mm时为止。

③用不变水量法测定时,根据测得的试锥下沉深度$S(mm)$,按式(3-12)(或仪器上对应标尺)计算得到标准稠度用水量$P(\%)$。当试锥下沉深度小于13mm时,应改用调整水量法测定。

$$P = 33.4 - 0.185S \tag{3-12}$$

6.凝结时间测定

(1)测定前准备工作。调整凝结时间测定仪的试针接触玻璃板,使指针对准零点。

(2)试件的制备。以标准稠度用水量测定时调制成标准稠度净浆(记录水泥全部加入水中的时间作为凝结时间的起始时间),一次装入试模,振动数次刮平,立即放入湿气养护箱中。

(3)初凝时间测定。

①由水泥全部加入水中至初凝状态的时间作为初凝时间,用"min"计。

②试件在湿气养护箱中养护至加水30min时进行第一次测定。测定时,从湿气养护箱中取出试模放到试针下,降低试针与水泥净浆表面接触。拧紧螺钉1~2s后,突然放松,使试杆垂直地沉入水泥净浆中。观察试针停止沉入或释放试针30s时指针的读数。

③临近初凝时,每隔5min(或更短时间)测定一次。当试针沉至距底板4mm±1mm时,为水泥达到初凝状态。

④达到初凝时应立即重复测一次,当两次结论相同时才能定为达到初凝状态。

(4)终凝时间测定。

①由水泥全部加入水中至终凝状态的时间为水泥的终凝时间,用"min"计。

②为了准确观察试件沉入的状况,在终凝针上安装了一个环形附件[图3-6e)]。在完成初凝时间测定后,立即将试模连同浆体以平移的方式从玻璃板下翻转180°,直径大端向上、小端向下放在玻璃板上[见图3-6a)、图3-6b)对比],再放入湿气养护箱中继续养护。

③临近终凝时间时每隔15min(或更短时间)测定一次,当试针沉入试件0.5mm时,即环形附件开始不能在试件留下痕迹时,为水泥达到终凝状态。

④达到终凝时应立即重复测一次,当两次结论相同时才能定为达到终凝状态。

(5)测定时应注意,在最初测定的操作时应轻轻扶持金属柱,使其徐徐下降,以防止试针撞弯,但结果以自由下落为准;在整个测试过程中试针沉入的位置至少要距试模内壁10mm。每次测定不能让试针落入原针孔,每次测试完毕须将试针擦净再将试模放回湿气养护箱内,整个测试过程要防止试模振动。

7. 安定性测定

1) 安定性测定(标准法)

(1)测定的准备工作。

每个试样需要两个试件,每个雷氏夹雷配备两个边长或直径约80mm,厚度4~5mm的玻璃板。凡与水泥净浆接触的玻璃板和雷氏夹表面都要稍稍涂上一层油。

(2)雷氏夹试件的制备方法。

将预先准备好的雷氏夹放在已稍擦油的玻璃板上,并立即将已制好的标准稠度净浆一次装满雷氏夹,装浆时一只手轻轻扶持雷氏夹,另一只手用宽约25mm的直边刀在浆体表面轻轻插捣3次,然后抹平,盖上稍涂油的玻璃板,接着立刻将雷氏夹移至湿气养护箱内养护24h±2h。

(3)沸煮与结果判别。

①调整好沸煮箱内的水位,使之在整个沸煮过程中都能没过试件,不需中途添补试验用水,同时保证在30min±5min内升至沸腾。

②脱去玻璃板取下试件,先测量雷氏夹指针尖端间的距离A,精确到0.5mm,接着将试件放入水中箅板上,指针朝上,试件之间互不交叉,然后在30min±5min内加热水至沸腾,并恒沸180min±5min。

③沸煮结束后,即放掉箱中的热水,打开箱盖,待箱体冷却至室温,取出试件测量雷氏夹指针尖端间的距离C,精确至0.5mm。

④当两个试件煮后增加距离($C-A$)的平均值不大于5.0mm时,即认为该水泥安定性合格;当两个试件煮后增加距离($C-A$)的平均值大于5.0mm时,应用同一样品立即重做一次试验。以复核结果为准。

2) 安定性测定(代用法)

(1)测定前的准备工作

每个样品需准备两块约100mm×100mm的玻璃板。凡与水泥净浆接触的玻璃板都要稍稍涂上一层油。

(2)试饼的成型方法

将制好的净浆取出一部分分成两等份,使之呈球形,放在预先准备好的玻璃板上,轻轻振动玻璃板并用湿布擦净的小刀由边缘向中央抹动,做成直径70～80mm、中心厚约10mm、边缘渐薄、表面光滑的试饼,接着将试饼放入湿气养护箱内养护24h±2h。

(3)沸煮与结果判别

①调整好沸煮箱内的水位,使之在整个沸煮过程中都能没过试件,不需中途添加试验用水,同时保证水在30min±5min内升至沸腾。

②脱去玻璃板取下试饼,先检查试饼是否完整(如已开裂、翘曲,要检查原因,确定无外因时,该试饼已属不合格品,不必沸煮),在试饼无缺陷的情况下将试饼放在沸煮箱的水中算板上,然后在30min±5min内加热至水沸腾,并恒沸180min±5min。

③沸煮结束后,即放掉箱中的热水,打开箱盖,待箱体冷却至定温,取出试件进行判别。

④目测试饼未发现裂缝,用钢直尺检查也没有弯曲(使钢直尺和试饼底部紧靠,以两者间不透光为不弯曲)的试饼为安定性合格;反之为不合格。当两个试饼判别结果有矛盾时,该水泥的安定性为不合格。

8.试验结果计算与评定

1)标准稠度用水量计算

标准稠度用水量用公式(3-13)计算。

$$W = \left(\frac{M_W}{M_C}\right) \times 100 \tag{3-13}$$

式中:W——标准稠度用水量(%);

M_W——达到标准稠度时所加水的质量(水的密度1g/cm³)(mL);

M_C——水泥质量(g)。

2)凝结时间的计算

(1)初凝时间的计算

初凝时间等于标准稠度的水泥净浆达到初凝的时间与起始时间的差,用min表示。

(2)终凝时间的计算

终凝时间等于标准稠度的水泥净浆达到终凝的时间与起始时间的差,用min表示。

3)安定性结果评定

$$沸煮后试样的膨胀值 = C - A$$

式中:C——沸煮后雷氏夹指针尖端的距离(mm);

A——养护24h雷氏夹指针尖端的距离(mm)。

平行两次试验,在允许误差范围内时取两次结果算术平均值作为结果。当两个试件煮后增加距离($C-A$)的平均值不大于5.0mm时,即认为该水泥安定性合格;当两个试件煮后增加距离($C-A$)的平均值大于5.0mm时,应用同一样品立即重做一次试验。以复核结果为准。

4)水泥的标准稠度用水量、凝结时间、安定性试验

记录表见表3-13。

水泥的标准稠度用水量、凝结时间、安定性试验记录表　　　　表3-13

工程名称_____　　　　试验室温、湿度_____
路段范围_____　　　　试　验　者_____
试样来源_____　　　　校　核　者_____
评定标准_____　　　　试　验　日　期_____
试验方法_____

项　目		编号	1	2
标准稠度用水量		水泥质量(g)		
		加水量(mL)		
		试杆到底板的距离(mm)		
		标准稠度用水量 $W(\%)$		
凝结时间		水泥浆类型		
		起始时间		
	初凝时间	初凝时间测定针沉至底板 4mm±1mm 的时间		
		初凝时间(min)		
	终凝时间	终凝时间测定针沉入试件 0.5mm 时的时间		
		终凝时间(min)		
安定性		编号	1	2
		水泥浆类型		
		雷氏夹指针尖端的距离 A(mm)		
		沸煮后雷氏夹指针尖端的距离 C(mm)		
	$C-A$(mm)	单值		
		平均值		
结论				

【三】 水泥胶砂强度检验方法(ISO法)(T 0506—2005)

1.目的和适用范围

本方法规定水泥胶砂强度检验基准方法的仪器、材料、胶砂组成、试验条件、操作步骤和结果计算。

本方法适用于硅酸盐水泥、普通硅酸盐水泥、矿渣硅酸盐水泥、粉煤灰硅酸盐水泥、复合硅酸盐水泥、道路硅酸盐水泥以及石灰石硅酸盐水泥的抗折与抗压强度检验。采用其他水泥时必须研究本方法的适用性。

14-水泥胶砂强度(ISO法)试验

图3-10　水泥胶砂搅拌机

2.仪器设备

(1)胶砂搅拌机(图3-10)。

胶砂搅拌机属行星式,其搅拌叶片和搅拌锅作相反方向的转动。叶片和锅由耐磨的金属材料制成,叶片与锅底、锅壁之间的间隙为叶片与锅壁最近的距离。制造质量应符合《行星式水泥胶砂搅拌机》(JC/T 681)的规定。

(2)振实台。

振实台(图3-11)应符合《水泥胶砂试体成型振实台》(JC/T 682)的规定。

将仪器用地脚螺钉固定在基座上,安装后设备成水平状态,仪器底座与基座之间要铺一层砂浆,以确保它们完全接触。

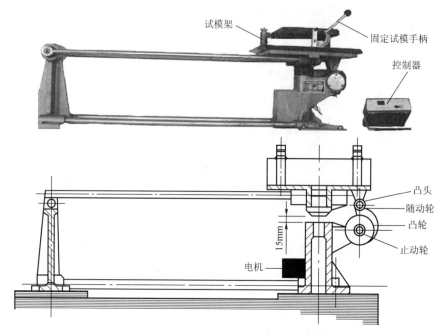

图3-11 水泥胶砂振动台

(3)试模及下料漏斗。

①试模为可装卸的三联模,由隔板、端板、底座等部分组成,制造质量应符合《水泥胶砂试模》(JC/T 726)的规定。可同时成型三条截面为40mm×40mm×160mm的棱柱形试件。

②下料漏斗(图3-12)由漏斗和模套两部分组成。

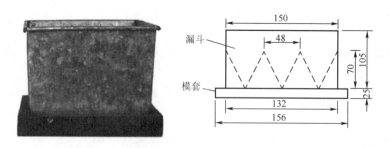

图3-12 下料漏斗(尺寸单位:mm)

(4)抗折试验机和抗折夹具应符合《水泥胶砂电动抗折试验机》(JC/T 724)中的要求,一般采用双杠杆式,也可采用性能符合要求的其他试验机,如图3-13所示。

(5)抗压试验机和抗压夹具。

①抗压试验机的吨位以200~300kN为宜。抗压试验机,在较大的4/5量程范围内使用

时,记录的荷载应有±1.0%的精度,并具有按2400N/s±200N/s速率的加荷能力,应具有一个能指示试件破坏时荷载的指示器。

②当试验机没有球座,或球座已不大灵活或直径大于120mm时,应采用抗压夹具(图3-14),由硬质钢材制成,受压面积为40mm×40mm,并应符合《40mm×40mm水泥抗压夹具》(JC/T 683—1997)的规定。

图3-13 水泥胶砂抗折试验机与抗折夹具与试块　　图3-14 抗压夹具

(6)天平。感量为1g。

3.材料

(1)水泥试样从取样到试验要保持24h以上时,应将其储存在基本装满和气密的容器中,这个容器不能和水泥反应。

(2)ISO标准砂。各国生产的ISO标准砂都可以用来按本方法测定水泥强度。中国ISO标准砂符合ISO 679中5.3.1要求,其质量控制按《水泥胶砂强度检验方法(ISO法)》(GB/T 17671—1999)的11章进行。

(3)试验用水为饮用水。仲裁试验时用蒸馏水。

4.温度与相对湿度

(1)试件成型实验室应保持实验室温度为20℃±2℃(包括强度实验室),相对湿度大于50%。水泥试样、ISO砂、拌和水及试模等的温度应与室温相同。

(2)养护箱或雾室温度20℃±1℃,相对湿度大于90%,养护水的温度20℃±1℃。

(3)试件成型实验室的空气温度和相对湿度在工作期间每天应至少记录一次。养护箱或雾室温度和相对湿度至少每4h记录一次。

5.试件成型

(1)成型前将试模擦净,四周的模板与底座的接触面上应涂黄油,紧密装配,防止漏浆,内壁均匀地刷一薄层机油。

(2)水泥与ISO砂的质量比为1:3,水灰比0.5。

(3)每成型三条试件需称量的材料及用量为:水泥450g±2g;ISO砂1350g±5g;水225mL±1mL。

(4)每锅胶砂用水泥胶砂搅拌机进行搅拌。搅拌前应先检查其工作性能,并使其处于待工作状态,然后将水加入锅中,再加入水泥,把锅放在固定架上并上升至固定位置。然后立即开动机器,低速搅拌30s后,在第二个30s开始的同时均匀将砂子加入。当砂是分级装时,应从最粗粒级开始,依次加入,再高速搅拌30s。停拌90s。在停拌中的第一个15s内用胶皮刮具将叶片和锅壁上的胶砂刮入锅中。在高速下继续搅拌60s。各个阶段时间误差应在

±1s内。

(5)用振实台成型时,将空试模和模套固定在振实台上,用适当的勺子直接从搅拌锅中将胶砂分为两层装入试模。装第一层时,每个槽里约放300g砂浆,用大播料器垂直架在模套顶部,沿每个模槽来加一次将料层播平,接着振实60次。再装入第二层胶砂,用小播料器播平,再振实60次。移走模套,从振实台上取下试模,并用刮尺以90°的角度架在试模顶的一端,沿试模长度方向以横向锯割动作慢慢向另一端移动,一次将超出试模的胶砂刮去。并用同一直尺在近乎水平的情况下将试件表面抹平。

(6)在试模上作标记或加纸条标明试件的编号和试件相对于振实台的位置。两个龄期以上的试件,编号时应将同一试模中的三条试件分在两个以上的龄期内。

(7)试验前或更换水泥品种时,须将搅拌锅、叶片和下料漏斗等抹擦干净。

6. 养护

(1)编号后,将试模放入养护箱养护,养护箱内算板必须水平。水平放置时刮平面应朝上。对于24h龄期的,应在破型试验前20min内脱模。对于24h以上龄期的,应在成型后20~24h内脱模。脱模时要非常小心,应防止试件损伤。硬化较慢的水泥允许延期脱模,但须记录脱模时间。

(2)试件脱模后即放入水槽中养护,试件之间间隙和试件上表面的水深不得小于5mm。每个养护池中只能养护同类水泥试件,并应随时加水,保持恒定水位,不允许养护期间全部换水。

(3)除24h龄期或延迟48h脱模的试件外,任何到龄期的试件应在试验(破型)前15min从水中取出。抹去试件表面沉淀物,并用湿布覆盖。

7. 强度试验

(1)各龄期(试件龄期从水泥加水搅拌开始算起)的试件应在下列时间内进行强度试验:

龄期	试验时间
24h	24h±15min
48h	48h±30min
72h	72h±45min
7d	7d±2h
28d	28d±8h

(2)抗折强度试验

①以中心加荷法测定抗折强度。

②采用杠杆式抗折试验机试验时,试件放入前,应使杠杆成水平状态,将试件成型侧面朝上放入抗折试验机内。试件放入后调整夹具,使杠杆在试件折断时尽可能地接近水平位置。

③抗折试验加荷速度为50N/s±10N/s,直于折断,并保持两个半截棱柱试件处于潮湿状态直至抗压试验。

④抗折强度按公式(3-14)计算。

$$R_f = \frac{1.5F_f L}{b^3} \tag{3-14}$$

式中:R_f——抗折强度(MPa);

F_f——破坏荷载(N);

L——支撑圆柱中心距(mm);

b——试件断面下方形的边长(40mm)。

抗折强度计算值精确到 0.1MPa。

⑤抗折强度结果取三个试件平均值,精确至 0.1MPa。当三个强度值中有超过平均值 ±10% 的,应剔除后再平均,以平均值作为抗折强度试验结果。当三个强度值中有两个超过平均值 ±10%,试验要重做。

(3)抗压强度试验

①抗折试验后的断块应立即进行抗压试验。抗压试验须用抗压夹具进行,试件受压面为试件成型时的两个侧面,面积为 40mm×40mm。试验前应清除试件受压面与加压板间的砂粒或杂物。试件的底面靠紧夹具定位销,断块试件应对准抗压夹具中心,并使夹具对准压力机压板中心,半截棱柱中心与压力板中心差应在 ±0.5mm 内,棱柱体露在压板外的部分约为 10mm。

②压力机加荷速度应控制在 2400N/s ± 200N/s 速率范围内,在接近破坏时更应严格掌握。

③抗压强度按公式(3-15)计算。

$$R_c = \frac{F_c}{A} \tag{3-15}$$

式中:R_c——抗压强度(MPa);

F_c——破坏荷载(N);

A——受压面积($40mm \times 40mm = 1600mm^2$)。

抗压强度计算值精确到 0.1MPa。

④抗压强度结果为一组 6 个断块试件抗压强度的算术平均值,精确至 0.1MPa。如果 6 个强度值中有一个值超过平均值 ±10% 的,应剔除后取剩下 5 个值的算术平均值作为最后结果。如果 5 个值中再有超过平均值 ±10% 的,则此组试件无效。

水泥胶砂强度试验记录表见表 3-14。

水泥胶砂强度试验记录表　　表 3-14

工程名称_____　　试验室温、湿度_____

路段范围_____　　试　验　者_____

试样来源_____　　校　核　者_____

评定标准_____　　试　验　日　期_____

试验方法_____

试件龄期 $t(d)$	试件编号	抗折强度						抗压强度			
		破坏荷载 $F_f(N)$	支点间距 $L(mm)$	试件尺寸(mm)		抗折强度 R_f(MPa)		破坏荷载 $F_c(N)$	受压面积 $A(mm^2)$	抗压强度 R_c(MPa)	
				宽度 b	高度 h	单值	平均值			单值	平均值
3	1										
	2										
	3										

续上表

试件龄期 t(d)	试件编号	抗折强度						抗压强度			
		破坏荷载 F_f(N)	支点间距 L(mm)	试件尺寸(mm)		抗折强度 R_f(MPa)		破坏荷载 F_c(N)	受压面积 A(mm²)	抗压强度 R_c(MPa)	
				宽度 b	高度 h	单值	平均值			单值	平均值
28	1										
	2										
	3										
结论											

 技能训练(试验报告实例)

试验报告实例，见表3-15、表3-16。

根据以下材料对水泥进行综合分析。

【题目】 某试验室，对刚出厂的42.5号普通硅酸盐水泥来样进行技术性质检验。

【资料】

（1）水泥的细度80μm筛的筛余的筛余百分率为10.7%；

（2）标准稠度用水量为28.6%；初凝时间为175min；终凝时间为286min；$C-A$ 为4.0mm；

（3）水泥的胶砂强度检测结果：3d龄期的抗折强度3.3MPa，抗压强度为17.6MPa；28d龄期的抗折强度为6.6MPa，抗压强度为42.5MPa。

【要求】 根据以上技术性质指标的测定结果，评价此水泥是否合格。并判定水泥的适用性。

【分析】 根据标准《通用硅酸盐水泥》（GB 175—2007）的规定，普通硅酸盐水泥的技术标准要求：

（1）细度：80μm筛的筛余的筛余百分率不大于10%。

（2）凝结时间：初凝时间不得早于45min；终凝时间不得迟于600min。

（3）安定性：$C-A$ 不得大于5.0mm。

（4）强度：42.5号普通硅酸盐水泥3d龄期的抗折强度不低于3.5MPa，抗压强度不低于16.0MPa；28d龄期的抗折强度不低于6.5MPa，抗压强度不低于42.5MPa。

水泥标准稠度用水量、凝结时间、安全性检验任务单与检测结果评定表　　表3-15

实训日期		姓名		成绩	
实训任务	水泥标准稠度用水量、凝结时间、安定性检测（T 0505—2020）				
实训任务书	题目：某试验室，对刚出厂的42.5号普通硅酸盐水泥来样进行技术性质检验。 资料：此水泥试样为随机抽取的袋装水泥，并且已过0.9mm的方孔筛，放在干燥器内，以备试验用。 要求：对此水泥试样用标准法测定水泥的标准稠度用水量、凝结时间、体积安定性。并根据技术性质检测结果，评价此水泥是否合格				
主要设备					
主要步骤	（每位学生按照实际操作过程进行填写）				

续上表

水泥的标准稠度用水量、凝结时间、安定性试验记录表

工程名称　　　—　　　　　　　　　　试验室温、湿度　　20℃、70%　　
路段范围　　　—　　　　　　　　　　试　验　者　　　　　　　　　
试样来源　　出厂样　　　　　　　　　校　核　者　　　　　　　　　
评定标准　　GB 175—2007　　　　　　试 验 日 期　　　　　　　　　
试验方法　　T 0505—2020　　

项　目		试验次数	1	2
标准稠度用水量		水泥质量(g)	500.0	500.0
		加水量(mL)	143.0	143.0
		试杆到底板的距离(mm)	6.4	5.8
		标准稠度用水量 $W(\%)$	28.6	28.6
凝结时间		水泥浆类型	标准稠度的水泥净浆	
		起始时间	8点24分	
	初凝时间	初凝时间测定针沉至底板4mm±1mm的时间	11点15分	
		初凝时间(min)	175	
	终凝时间	终凝时间测定针沉入试件0.5mm时的时间	13点10分	
		终凝时间(min)	286	
安定性		试样编号	1	2
		水泥浆类型	标准稠度的水泥净浆	
		雷氏夹指针尖端的距离 A(mm)	25.0	25.5
		沸煮后雷氏夹指针尖端的距离 C(mm)	28.5	30.0
	$C-A$(mm)	单值	3.5	4.5
		平均值	4.0	
结论		根据标准《通用硅酸盐水泥》(GB 175—2007)的规定:此水泥的初凝时间、终凝时间、安定性均符合标准要求,此水泥以此两项技术指标评定为合格品		

水泥胶砂强度试验任务单与试验结果评价表

表3-16

实训日期		姓名		成绩	
实训任务	水泥胶砂强度试验(T 0506—2005)				
实训任务书	题目:某试验室,对刚出厂的42.5号普通硅酸盐水泥来样进行技术性质检验。 资料:此水泥试样为随机抽取的袋装水泥,并且已过0.9mm的方孔筛,放在干燥器内,以备试验用。 要求:对此水泥进行强度等级测定,并根据测定的胶砂强度结果,评价此水泥是否合格				
主要设备					
主要步骤	(每位学生按照实际操作过程进行填写)				

135

续上表

水泥胶砂强度试验记录表

工程名称　　—　　　　　　　　试验室温、湿度　20℃、70%
路段范围　　—　　　　　　　　试　验　者　　　　　　　
试样来源　　出厂样　　　　　　校　核　者　　　　　　　
评定标准　GB 175—1999　　　　试　验　日　期　　　　　　
试验方法　T 0506—2005

试件龄期 t(d)	试件编号	抗折强度						抗压强度			
		破坏荷载 F_f(N)	支点间距 L(mm)	试件尺寸(mm)		抗折强度 R_f(MPa)		破坏荷载 F_c(N)	受压面积 A(mm^2)	抗压强度 R_c(MPa)	
				宽度	高度	单值	平均值			单值	平均值
3	1		100	40	40	3.2	3.3	28100	1600	17.6	17.6
								29300		18.3	
	2					2.3		27600		17.3	
								27000		16.8	
	3					3.4		28000		17.5	
								28500		17.8	
28	1		100	40	40	6.7	6.6	68400	1600	42.8	42.5
								69000		43.1	
	2					6.6		68300		42.7	
								68200		42.6	
	3					6.4		67800		42.3	
								66300		41.4	

结论：根据标准《通用硅酸盐水泥》(GB 175—2007)的规定：此水泥胶砂强度3d龄期的抗折强度低于标准要求，但符合32.5号的水泥等级要求，此水泥实际强度等级为32.5号。以此项技术指标评定为不合格品。

(5)检测结果为初凝时间、终凝时间、安定性、3d龄期的抗压强度、28d龄期的抗折强度、抗压强度符合标准要求，细度不符合标准要求判定水泥为不合格品，3d龄期的抗折强度低于42.5号普通硅酸盐水泥标准要求，水泥为不合格品。而3d龄期的抗折强度符合32.5号普通硅酸盐水泥标准要求，可按实际的普通硅酸盐32.5号的使用，但不能用在重要建筑物或承重构件上。

课后任务

任务一　什么是水泥的标准稠度用水量？测定标准稠用水量有什么意义？

任务二　水泥的强度等级是怎样得出的？

任务三　某工地新购买刚出厂的普通水泥，强度等级为32.5号，用于桥墩工程。工地试验室对此水泥进行性能检验，结果如下：

(1)细度：负压筛析80μm筛的筛余量为10.5%。

(2)凝结时间：初凝时间为180min，终凝时间为420min。

(3)强度：3d的抗折强度不低于3.8MPa，抗压强度不低于17.0MPa；28d的抗折强度不低于5.5MPa,抗压强度不低于32.5MPa。

(4)安定性:雷氏夹测定 $C-A$ 为3.5mm。

试判断此水泥是否合格,能否用在此工程上。

任务四　找出表3-17中的错误并改正。

水泥的标准稠度用水量、凝结时间、安定性试验记录表　　表3-17

工程名称	—	试验室温、湿度	20℃、70%
路段范围	—	试　验　者	
试样来源	出厂试样	校　核　者	
评定标准	GB 175—2007	试　验　日　期	
试验方法	T 0505—2020		

项目		试验次数	1	2
标准稠度用水量		水泥质量(g)	500.0	500.0
		加水量(mL)	143.0	143.0
		试杆到底板的距离(mm)	7.4	5.8
		标准稠度用水量 $W(\%)$	28.6	28.6
凝结时间	初凝时间	水泥浆类型	水泥浆	
		起始时间	8点24分	
		初凝时间测定针沉至底板 $4mm\pm1mm$ 的时间	11点15分	
		初凝时间(min)	2h51min	
	终凝时间	终凝时间测定针沉入试件0.5mm时的时间	13点10分	
		终凝时间(min)	4h46min	
安定性		试样编号	1	2
		水泥浆类型	水泥浆	
		雷氏夹指针尖端的距离 $A(mm)$	25.2	25.5
		沸煮后雷氏夹指针尖端的距离 $C(mm)$	28.5	30.8
	$C-A(mm)$	单值	3.3	5.3
		平均值	4.3	
结论	根据标准《通用硅酸盐水泥》(GB 175—2007)的规定:此水泥的初凝时间、终凝时间、安定性均符合标准要求,此水泥以此两项技术指标评定为合格品			

课题三　粉　煤　灰

任务引入

粉煤灰使用性能上与水泥、石灰有什么区别呢?它应具备哪些性能才能在公路上使用呢?

任务分析

粉煤灰是一种工业废料,它有较小的黏结性,但与水泥颗粒相比粒度更细,它不能单独作为胶凝材料使用,只能与水泥混合或与石灰混合使用。单独填筑路堤时,其技术性能与黏性土的性能类似。

相关知识

1.粉煤灰的来源与成分

1)定义

粉煤灰是电厂煤粉炉烟道气体中收集的粉末称为粉煤灰。它是发电厂的工业废料。火力发电厂为了提高煤的燃烧程度,一般将块状煤磨细成煤粉,在温度为1100~1400℃的炉内燃烧,从烟道内用机械装置或静电聚灰装置收集起来的一种非常细小的轻质粉末状灰尘为粉煤灰。

粉煤灰颗粒是实心或空心的球状颗粒,粒径大小在0.01~0.25mm之间变化,小于0.075mm的颗粒含量可在60%~98%之间变化。比表面积一般在0.2~0.35m^2/kg之间。

2)粉煤灰成分

粉煤灰的主要化学成分是活性二氧化硅和三氧化二铝。其次有氧化钙、氧化镁、氧化硫、三氧化二铁及未燃尽的残渣。不同来源的煤和不同燃烧条件下产生的粉煤灰,其化学成分差别很大。

粉煤灰是一种火山灰质材料,是一种硅质或硅铝质材料。因其内含有少量的氧化钙,它本身很少或几乎没有黏结性。细分散状态的粉煤灰与石灰或水泥拌和后,常温下经氧化钙或氢氧化钙的激活,活性二氧化硅和三氧化二铝形成水化硅酸钙和水化铝酸钙,使其具有一定的黏结性。因而活性二氧化硅和三氧化二铝的含量是评定粉煤灰使用质量的重要指标,通常要求其含量不低于70%。

粉煤灰有湿排法与干排法两种。干排法排出的粉煤灰常露天堆放,为防止干灰在空气中飞扬,往往向干灰堆洒水。由于其内含有一定的氧化钙,含水堆放的粉煤灰可能产生黏结性并结成块体,使用前应将其粉碎过筛。

3)分类

按煤种类与氧化物含量分:

(1)F类粉煤灰——由无烟煤或烟煤煅烧收集的粉煤灰。

(2)C类粉煤灰——由褐煤或次烟煤煅烧收集的粉煤灰,其氧化钙含量一般大于10%。

2.粉煤灰的主要技术指标与技术标准

1)粉煤灰的主要技术指标

(1)粉煤灰的细度

粉煤灰颗粒的粗细程度,称为粉煤灰的细度。粉煤灰的细度直接影响粉煤灰的水化生成物的数量,进而影响混合料的强度。粉煤灰的细度越细,粉煤灰的活性越强。因而细度是粉煤灰分级的指标。细度是以0.045mm方孔筛的筛余百分率表示。

筛析方法同水泥细度试验。不同点:粉煤灰试样10g(精确到0.01g)。筛析时间为3min,负压大于4000~6000Pa。结果计算精确至0.1%。

(2) 粉煤灰的烧失量

粉煤灰的烧失量是指粉煤灰在高温灼烧下损失的质量占试样总质量的百分率。烧失量越大,表示活性二氧化硅与三氧化二铝的成分越少,粉煤灰的品质越差。因此应加以限制。我国《水泥化学分析方法》(GB/T 176—2008)规定的测定方法如下:

①先称取空瓷坩埚的质量 m_0,然后称取粉煤灰试样约1g(m_1),精确至0.0001g,然后将粉煤灰置于已灼烧恒量的瓷坩埚内,将盖斜置于坩埚上。

②将瓷坩埚放在马弗炉内,然后从低温开始逐渐升高温度,在800~950℃下灼烧15~20min。

③将瓷坩埚取出置于干燥器中冷却至室温,称量。反复灼烧,直至恒量(见恒重说明)(m_2)。

恒重说明:经第一次灼烧、冷却、称量后,通过连续对每次15min的灼烧,然后用冷却、称量的方法来检查恒定质量,当连续两次称量之差小于0.0005g时,即达到恒重。

(3) 粉煤灰的需水量比

粉煤灰的需水量比是指在相同流动度下,粉煤灰的需水量与硅酸盐水泥的需水量之比值。需水量比小的粉煤灰掺入水泥混凝土中,可增加其流动性,改善工作性,提高强度。因此,需水量比必须加以限制。

(4) 粉煤灰中有害杂质含量

粉煤灰中的有害杂质主要是指三氧化硫含量。粉煤灰中的三氧化硫,在水泥混凝土或稳定土中后期生成有害的钙矾石,导致结构物变形或出现裂缝。因此,对其含量必须加以限制。粉煤灰中三氧化硫含量是先测定硫酸盐含量,后折算成三氧化硫含量。

(5) 氧化物含量($SiO_2 + Al_2O_3 + Fe_2O_3$)

粉煤灰的氧化物是决定粉煤灰活性的主要成分,因而氧化物的含量对混合料的强度有明显的影响。一般规定粉煤灰中的氧化物含量应大于70%。

2) 粉煤灰的技术标准

拌制混凝土和砂浆用粉煤灰分为三个等级:Ⅰ级、Ⅱ级、Ⅲ级。

(1) 我国现行国标《粉煤灰混凝土应用技术规范》(GB/T 50146—2014)规定,用于拌制混凝土作为掺合料的粉煤灰应符合表3-18中技术要求

拌制混凝土和砂浆用粉煤灰技术要求　　　表3-18

项 目		技 术 要 求		
		Ⅰ级	Ⅱ级	Ⅲ级
细度(45μm方孔筛筛余),不大于(%)	F/C类粉煤灰	12.0	25.0	45.0
需水量比,不大于(%)	F/C类粉煤灰	95	105	115
烧失量,不大于(%)	F/C类粉煤灰	5.0	8.0	15.0
含水率,不大于(%)	F/C类粉煤灰	1.0		
三氧化硫,不大于(%)	F/C类粉煤灰	3.0		
游离氧化钙,不大于(%)	F/C类粉煤灰	1.0/4.0		
安定性:雷氏夹沸煮后增加距离,不大于(mm)	C类粉煤灰	5.0		

(2)水泥活性混合材料用粉煤灰应符合表3-19中技术要求。

水泥活性混合材料用粉煤灰技术要求 表3-19

项 目		技 术 要 求
烧失量,不大于(%)	F/C类粉煤灰	8.0
含水率,不大于(%)	F/C类粉煤灰	1.0
三氧化二硫,不大于(%)	F/C类粉煤灰	3.5
游离氧化钙,不大于(%)	F类粉煤灰	1.0
	C类粉煤灰	4.0
安定性:雷氏夹沸煮后增加距离,不大于(mm)	C类粉煤灰	5.0
氧化物含量,不小于(%)	F/C类粉煤灰	70.0

(3)用于公路路面基层二灰稳定土的粉煤灰主要技术要求。

按《公路路面基层施工技术细则》(JTG/T F20—2015)规定,其技术要求如下:

①粉煤灰中 SiO_2、Al_2O_3、Fe_2O_3 总含量大于70%;

②烧失量不大于20%;

③比表面积宜大于 $0.25m^2/kg$(0.3mm筛孔通过率不小于90%,0.075mm筛孔通过率不小于70%);

④湿粉煤灰的含水率不大于35.0%。

3. 粉煤灰的应用

(1)粉煤灰可作为路堤填料使用。用于高速公路、一级公路路堤的粉煤灰应符合《公路粉煤灰路堤设计与施工技术规范》(JTJ 016—1993)的规定。

①烧失量宜小于12%。

②粉煤灰的粒径应在0.001～2mm之间,为便于压实,小于0.074mm的颗粒含量宜大于45%。

③应作室内试验测定粉煤灰的工程特性。室内试验方法应按《公路土工试验规程》(JTG E40—2007)执行。试验项目一般有:含水率、相对密度、密度、液限、颗粒分析、化学分析、轻(重)型击实试验等。

(2)在硅酸盐水泥中掺入一定量的粉煤灰而形成粉煤灰水泥。此种水泥具有低热性。

(3)粉煤灰与石灰按一定剂量掺入土中形成二灰土。粉煤灰可降低无机结合料的温缩裂缝。

课后任务

任务一 什么叫粉煤灰?它有哪些主要成分?按煤的种类,粉煤灰分为几类?

任务二 粉煤灰有哪些主要技术性质?

任务三 拌制水泥混凝土与砂浆的粉煤灰一般分为几个等级?

单元四　水泥混凝土与砂浆

 知识点

1. 水泥混凝土的概念及优、缺点。
2. 水泥混凝土各组成材料的作用及技术要求。
3. 新拌混凝土拌和物的工作性的含义、工程意义及工作性的影响因素。
4. 普通混凝土强度等级及提高混凝土强度的措施。
5. 普通混凝土耐久性的含义。
6. 普通混凝土的配合比设计。
7. 砂浆的技术性质与技术标准。

 技能点

1. 新拌水泥混凝土工作性、表观密度、泌水性的测定。
2. 水泥混凝土强度等级的测定。
3. 水泥混凝土试件的抗弯拉强度测定。
4. 水泥砂浆的强度等级测定。
5. 各试验结果的计算与结果分析。

课题一　水泥混凝土概述

 任务引入

我们在公路或房屋建筑上经常见到水泥混凝土,它是由哪些成分组成,各成分有什么作用呢?它的性能与什么材料相似呢?有什么优缺点?

任务分析

水泥混凝土是由水泥、细集料、粗集料与水,必要时加入适量的外加剂或混合材料,按一定比例配合,均匀搅拌、铺筑、振捣,在一定的养护条件下,经一定时间硬化而形成的一种人造复合石料。它的基本组成材料为水泥、细集料(砂)、粗集料(碎石或卵石)、水。其中,粗集料起骨架作用,细集料填充粗集料之间的空隙,水泥起黏结作用,水使混合料具有流动性,并与水泥、砂一起填充粗集料之间的空隙。水泥混凝土的组成材料的品质决定水泥混凝土的品质。因而,混凝土各组成材料应符合一定的技术标准。

相关知识

水泥混凝土是道路与桥梁工程的主要复合材料。它的组成材料的质量优劣对混凝土的质量起决定性作用。

1. 水泥混凝土的分类

1)按强度划分

(1)低强混凝土:强度等级低于 C30 的混凝土。

(2)中强混凝土:强度等级在 C30~C60 之间的混凝土。

(3)高强混凝土:强度等级不低于 C60 的混凝土。

2)按表观密度分

(1)普通混凝土:指干表观密度为 2000~2800kg/m³ 的混凝土。此种水泥混凝土是道路路面与桥梁结构中最常用的混凝土。

(2)轻混凝土:指干表观密度不高于 1900kg/m³ 混凝土。此种水泥混凝土常用于现代大跨度钢筋混凝土桥梁。

(3)重混凝土:指干表观密度高于 2800kg/m³ 混凝土。此种水泥混凝土常用于为屏蔽各种辐射线作用而采用各种高密度集料配制的高密度混凝土。

3)按拌和物的流动性分

(1)干硬性混凝土:拌和物的坍落度小于 10mm 且须用维勃稠度(s)表示其稠度的混凝土。

(2)塑性混凝土:拌和物的坍落度 10~90mm 的混凝土。

(3)流动性混凝土:拌和物的坍落度 100~150mm 的混凝土。

(4)大流动性混凝土:拌和物的坍落度不低于 160mm 的混凝土。

4)按使用特性命名的混凝土

(1)加气混凝土。

(2)喷射混凝土。

(3)钢纤维混凝土。

(4)绿化混凝土等。

2. 水泥混凝土的优缺点

1)优点

(1)较高的抗压强度;

(2)较好的耐久性;

(3)可以根据建筑物的需要浇筑成所需要的形状;

(4)原材料便于就地取材。

2)缺点

(1)与抗压强度相比,水泥混凝土抗拉强度低,受拉时变形能力小;

(2)容易受温度与湿度变化而变形,甚至开裂;

(3)自重大,施工困难等。

3. 水泥混凝土中各组成材料的作用

(1)水泥。在水泥混凝土中主要起黏结作用,并与水一起填充细集料之间的空隙。

(2)粗集料。在水泥混凝土承担骨架,起骨架作用。

(3)细集料。在水泥混凝土中填充粗集料之间的空隙,起填充作用。

(4)水。使新拌混凝土混合料具有流动性,使水泥水化,并与水泥一起填充细集料之间的空隙,与水泥细集料一起填充粗集料之间的空隙。

(5)外加剂。根据外加剂的类型不同,所起作用各不相同。

4.水泥混凝土中各组成材料的要求

1)水泥

为了保证水泥混凝土的施工质量与降低工程造价,水泥品种与强度等级选用,应根据工程特点、施工条件和工程所处环境等因素决定。

(1)水泥品种的选择

五种常用水泥品种选择可参照表4-1。

五种常用水泥的选用   表4-1

工程特点与环境条件		水泥品种				
		硅酸盐水泥（P）	普通水泥（P·O）	矿渣水泥（P·S）	火山灰水泥（P·P）	粉煤灰水泥（P·F）
工程特点	厚大体积混凝土	不得选用	可以使用	优先选用	优先选用	优先选用
	快硬混凝土	优先选用	可以使用	不得选用	不得选用	不得选用
	高强混凝土	优先选用	可以使用	可以使用	可以使用	可以使用
	有抗渗要求的混凝土	优先选用	优先选用	不得选用	优先选用	优先选用
	耐磨混凝土(水泥的强度等级不小于32.5)	优先选用	优先选用	可以使用	不得选用	不得选用
环境条件	在普通气候环境中	可以使用	优先选用	可以使用	可以使用	可以使用
	在干燥环境中	可以使用	可以使用	可以使用	不得选用	不得选用
	在高寒环境中或永远处于水中的混凝土	可以使用	可以使用	优先选用	可以使用	可以使用
	寒冷地区的露天混凝土,寒冷地区处于水位升降范围内的混凝土(水泥的强度等级不小于32.5)	优先选用	优先选用	可以使用	不得选用	不得选用
	严寒地区处于水位升降范围内的混凝土(水泥的强度等级不小于32.5)	优先选用	优先选用	不得选用	不得选用	不得选用

《公路水泥混凝土路面施工技术细则》(JTG/T F30—2014)规定:极重、特重、重交通荷载等级公路公路面层水泥混凝土应采用旋窑生产的道路硅酸盐水泥、硅酸盐水泥、普通硅酸盐水泥,中、轻交通荷载等级公路面层水泥混凝土可采用矿渣硅酸盐水泥。高温施工宜采用普通型水泥,低温期施工宜采用早强型水泥。

(2)水泥强度等级的选择

水泥强度等级的选择,应与要求配制的混凝土强度等级相适应。根据经验,普通混凝土强度等级与水泥强度等级之间大致有1.0~1.5倍的匹配。

2)细集料

混凝土中用细集料应采用级配良好、质地坚硬、颗粒洁净的天然砂,也可用机制砂。砂按技术要求分为Ⅰ类、Ⅱ类、Ⅲ类。Ⅰ类砂宜用于强度等级不小于C60的混凝土;Ⅱ类砂宜用于强度等级C30~C60及有抗冻、抗渗或其他要求的混凝土;Ⅲ类砂宜用于强度等级小于C30的混凝土和建筑砂浆。

配制混凝土用细集料,有以下技术要求:

(1)砂的级配与细度模数

混凝土用砂应具有高的密度与小的比表面积。比表面积是单位质量砂的总表面积(单位 m^2/kg)。砂的级配应符合砂的标准级配区表 4-2 或图 4-1 的要求。

水泥混凝土用天然砂、机制砂的标准级配区　　　表 4-2

级配区别	各方孔筛对应的累计筛余百分率(%)						
	9.5mm	4.75mm	2.36mm	1.18mm	0.6mm	0.3mm	0.15mm
Ⅰ	0	10~0	35~5	65~35	85~71	95~80	100~90(97~85)
Ⅱ	0	10~0	25~0	50~10	70~41	92~70	100~90(94~80)
Ⅲ	0	10~0	15~0	25~0	40~16	85~55	100~90(94~75)

注:1. 砂的实际颗粒级配与表中所列数字相比,除 4.75mm 和 0.6mm 筛外,其他孔径的可略有超出,但超出总量应小于 5%。

2. Ⅰ区的人工砂中 0.15mm 筛孔的累计筛余量可放宽到 100%~85%,Ⅱ区的人工砂中 0.15mm 筛孔的累计筛余量可放宽到 100%~80%,Ⅲ区的人工砂中 0.15mm 筛孔的累计筛余量可放宽到 100%~75%。

3. 机制砂级配的级配要求除 0.15mm 外其他均相同,0.15mm 所在列括号内数字为机制砂的累计筛余百分率。

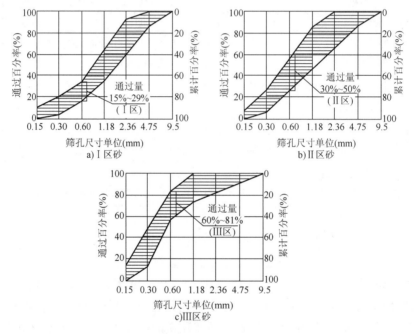

图 4-1 水泥混凝土用天然砂级配范围曲线

Ⅰ区的砂为粗砂,比表面积较小,适用于单位水泥用量较少的混凝土。用此区的砂新拌制混凝土混合料工作性差,容易出现离析现象,一般选用较大砂率。Ⅱ区的砂为中砂,适用于普通水泥混凝土。Ⅲ区的砂的细砂,比表面积较大,单位水泥用量较多,适用于单位水泥用量较多的混凝土。用此区的砂拌制的混凝土硬化过程中容易出现裂缝,养护较困难,因而用此区的砂一般选用较小砂率。

(2)混凝土用砂的品质要求

混凝土用砂的技术要求包括:砂的坚固性、砂中的有害杂质含量、空隙率、表观密度、堆积密度等。混凝土用天然砂的品质要求应符合表 4-3、表 4-4 的要求。

细集料的技术指标　　　　　　　　　　　　　　　　　表4-3

来自《公路桥涵施工技术规范》(JTG/T 3650—2020)

项　目			技　术　要　求		
			Ⅰ类	Ⅱ类	Ⅲ类
坚固性		硫酸钠溶液试验　砂的质量损失(%)	≤8.0	≤8.0	≤10.0
		机制砂单级最大压碎值(%)	≤20	≤25	≤30
有害物质含量		云母(按质量计)(%)	≤1.0	≤2.0	≤2.0
		轻物质(按质量计)(%)	≤1.0	≤1.0	≤1.0
		有机物(比色法)	合格	合格	合格
		氯化物(以氯离子质量计)(%)	≤0.01	≤0.02	≤0.06
		硫化物及硫酸盐(按SO_3质量计)(%)	≤0.5	≤0.5	≤0.5
天然砂		含泥量(按质量计)(%)	≤1.0	≤3.0	≤5.0
		泥块含量(按质量计)(%)	≤0	≤1.0	≤2.0
机制砂	MB值≤1.4或快速法试验合格	MB值	≤0.5	≤1.0	≤1.4或合格
		石粉含量(按质量计)(%)	≤10.0	≤10.0	≤10.0
		泥块含量(按质量计)(%)	0	≤1.0	≤2.0
	MB值>1.4或快速法试验不合格	石粉含量(按质量计)(%)	≤1.0	≤3.0	≤5.0
		泥块含量(按质量计)(%)	0	≤1.0	≤2.0
表观密度(kg/m^3)			≥2500		
松散堆积密度(kg/m^3)			≥1400		
空隙率(%)			≤44.0		

天然砂的质量标准　　　　　　　　　　　　　　　　　表4-4

来自《公路水泥混凝土路面施工技术细则》(JTG/T F30—2014)

项　目		技　术　要　求		
		Ⅰ类	Ⅱ类	Ⅲ类
坚固性(按质量损失计)(%)	≤	6.0	8.0	10.0
含泥量(按质量计)(%)	≤	1.0	2.0	3.0
泥块含量(按质量计)(%)	≤	0	0.5	1.0
云母(按质量计)(%)	≤	1.0	1.0	2.0
轻物质(按质量计)(%)	≤	1.0	1.0	1.0
有机物(比色法)		合格	合格	合格
硫化物及硫酸盐(按SO_3质量计)(%)	≤	0.5	0.5	0.5
氯化物(以氯离子质量计)(%)	≤	0.02	0.03	0.06
吸水率(%)	≤	2.0		
表观密度(kg/m^3)	≥	2500.0		
松散堆积密度(kg/m^3)	≥	1400.0		
空隙率(%)	≤	45.0		
碱活性反应		不得有碱活性反应或疑似碱活性反应		

(3)砂的含水率

砂的含水状态对砂的体积影响很大,当砂在表面干燥而颗粒内部的空隙含水饱和时,称为饱和面干状态,此时的含水率为饱和面干含水率。

3)粗集料

水泥混凝土用粗集料主要是碎石与卵石。其外观要求表面清洁,粗糙,无尖锐角。

质量损失试验是用硫酸钠溶液法,经5次循环后的质量损失。

水泥混凝土用粗集料的技术要求有以下几个方面:

(1)强度

岩石的强度是指岩石在饱水状态下极限的抗压强度,其要求见表4-5、表4-6。

粗集料的技术指标　　　　　　　　　表4-5

来自《公路桥涵施工技术规范》(JTG/T 3650—2020)

项 目		技术要求		
		Ⅰ类	Ⅱ类	Ⅲ类
碎石压碎值(%)		≤10	≤20	≤30
卵石压碎值(%)		≤12	≤14	≤16
坚固性(硫酸钠溶液法5次循环后质量损失)(%)		≤5	≤8	≤12
吸水率(%)		≤1.0	≤2.0	≤2.0
针片状颗粒含量(质量计)(%)		≤5	≤10	≤15
泥块含量(按质量计)(%)		0	≤0.2	≤0.5
含泥量(按质量计)(%)		≤0.5	≤1.0	≤1.5
有害物质含量	有机物含量(比色法)	合格	合格	合格
	硫化物及硫酸盐(按SO_3质量计)(%)	≤0.5	≤1.0	≤1.0
岩石抗压强度(水饱和状态)(MPa)		火成岩≥80,变质岩≥30,水成岩≥30		
表观密度(kg/m³)		≥2600		
连续级配松散堆积空隙率(%)		≤43	≤45	≤47
碱集料反应		经碱集料反应试验后,试件无裂缝、酥裂、胶体外溢等现象,在规定龄期的膨胀率应小于0.10%		

碎石、破碎卵石和卵石质量标准　　　　　　　　　表4-6

来自《公路水泥混凝土路面施工技术细则》(JTG/T F30—2014)

项次	项 目		技术要求		
			Ⅰ类	Ⅱ类	Ⅲ类
1	质量损失(%)	≤	5.0	8.0	12.0
2	碎石压碎值(%)	≤	18.0	25.0	30.0
3	卵石压碎值(%)	≤	21.0	23.0	26.0
4	针片状颗粒含量(质量计)(%)	≤	8.0	15.0	20.0
5	含泥量(质量计)(%)	≤	0.5	1.0	2.0
6	泥块含量(质量计)(%)	≤	0.2	0.5	0.7
7	吸水率(按质量计)(%)	≤	1.0	2.0	3.0
8	硫化物及硫酸盐(按SO_3质量计)(%)	≤	0.5	1.0	1.0
9	洛杉矶磨耗损失(%)	≤	28.0	32.0	35.0

续上表

项次	项 目	技术要求		
		Ⅰ类	Ⅱ类	Ⅲ类
10	有机质(比色法)	合格	合格	合格
11	岩石抗压强度(MPa)	岩浆岩≥100、变质岩≥80、沉积岩≥60		
12	表观密度(kg/m³) ≥	2500		
13	松散堆积密度(kg/m³) ≥	1350		
14	空隙率(%) ≤	47		
15	磨光值(%) ≥	35.0		
16	碱活性反应	不得有碱活性反应或疑似碱活性反应		

(2)坚固性与压碎值

岩石的坚固性与压碎值应符合三类等级的要求(表4-5、表4-6)。

(3)物理指标

粗集料的表观密度、松散堆积密度、空隙率的要求,见表4-5、表4-6。

(4)最大粒径与针、片状颗粒

粗集料中公称粒级的上限称为该粒级的最大粒径。粗集料的最大粒径增大,总表面积减少,单位用水量相应的减少,节约水泥。因而,在相同用水量和水灰比的条件下,增大最大粒径,可使混凝土拌和物的流动性增大。通常,在结构断面允许的条件下,尽量增大最大粒径达到节约水泥的目的。《公路桥涵施工技术规范》(JTG/T 3650—2020)规定,粗集料最大粒径不得大于结构物最小尺寸1/4和钢筋最小净距的3/4;在两层或多层密布钢筋结构中,不得超过钢筋最小净距的1/2,同时最大粒径不得超过75.0mm。混凝土实心板粗集料的最大粒径不宜超过板厚的1/3且不得超过37.5mm。泵送混凝土粗集料最大粒径除上述规定外,对于碎石不宜超过输送管径的1/3,对于卵石不宜超过输送管径的1/2.5。《混凝土质量控制标准》(GB 50164—2011)规定,粗集料最大粒径不得大于构件截面尺寸1/4和钢筋最小净距的3/4。混凝土实心板的集料最大粒径不宜超过板厚的1/3,且不得大于40mm。

粗集料的外形应接近立方体,表面应有一定量的粗糙度。一般情况下,粗集料中卵石含量不大于粗集料总量的50%,否则影响混凝土的强度。

针、片状颗粒不仅易折断,也会增大集料的空隙率,对混凝土拌和物的工作性也有影响。

(5)有害物质含量

碎、卵石中含泥量、针片状颗粒、有机物、硫化物及硫酸盐含量统称为有害杂质含量(表4-5、表4-6)。

Ⅰ类石料适用于强度等级大于C60的混凝土。Ⅱ类石料适用于强度等级C30～C60及抗冻、抗渗或其他要求的混凝土。Ⅲ类石料适用于强度等级小于C30的混凝土。

(6)颗粒级配

水泥混凝土用粗集料应具有良好的级配。良好级配的粗集料不仅能保证混凝土的密实性,也可节约水泥。

粗集料的颗粒级配分为连续级配和间断级配。用连续级配粗集料拌制的水泥混凝土混合料不易产生离析现象,硬化后的混凝土较为密实。但单位水泥用量较相同强度的间断级配粗集料拌制的水泥混凝土多;间断级配配制的水泥混凝土空隙率低,可制成密实高强的混凝土,且水泥用量少,但混凝土拌和物易出现离析现象,施工时需采用强力振捣。通常,在施工中采用人为间断级配配制成连续级配的粗集料。

粗集料的级配范围应符合表 4-7 的要求。

碎石、卵石的颗粒级配   表 4-7

公称粒径 (mm)		各方孔筛对应的累计筛余百分率(%)									
		2.36	4.75	9.50	16.0	19.0	26.5	31.5	37.5	53.0	63.0	75.0	90
连续级配	5~16	95~100	85~100	30~60	0~10	0							
	5~20	95~100	90~100	40~80	—	0~10	0						
	5~25	95~100	90~100	—	30~70	—	0~5	0					
	5~31.5	95~100	90~100	70~90	—	15~45	—	0~5	0				
	5~40	—	95~100	70~90	—	30~65	—	—	0~5	0			
单粒级	5~10	95~100	85~100	0~15	0								
	10~16		95~100	80~100	0~15								
	10~20		95~100	85~100		0~15	0						
	16~25			95~100	55~70	25~40	0~10						
	16~31.5		95~100		85~100			0~10	0				
	20~40			95~100		80~100			0~10	0			
	40~80					95~100			70~100		30~60	0~10	0

4)水

凡符合国家标准的生活用水或洁净的天然河水均可拌制或养护水泥混凝土。工业废水、污水、沼泽水、pH 值小于 4 的酸性水及硫酸盐含量超过 1% 的水都不能使用。

5)外加剂

(1)定义

在混凝土拌制过程中以不大于水泥质量 5% 的控制量加入(特殊情况除外),用以改善混凝土某些性能的材料,称为混凝土外加剂。

(2)混凝土外加剂的分类

混凝土外加剂按其主要功能分为六类:

①改善新拌混凝土流动性的外加剂。主要包括各种减水剂、引气剂、灌浆剂、泵送剂等。
②调节混凝土凝结时间和硬化性能的外加剂。主要包括缓凝剂、促凝剂、早强剂等。
③调节混凝土含气量的外加剂。主要包括引气剂、加气剂、发泡剂等。
④增强混凝土物理力学性能的外加剂。主要包括引气剂、防水剂、防冻剂、灌浆剂、膨胀剂等。
⑤改进混凝土抗侵蚀作用的外加剂。主要包括引气剂、防水剂、阻锈剂、抗渗剂等。
⑥为混凝土提供特殊性能的外加剂。主要包括发泡剂、着色剂、杀菌剂、碱集料反应抑制剂等。

(3)常用的几种外加剂

①减水剂

在混凝土坍落度基本相同条件下,减少混凝土拌和物用水量的外加剂。减水剂又称塑化剂或分散剂。拌和混凝土时加入适量的减水剂,可使水泥颗粒分散均匀,同时将水泥颗粒包裹的水份释放出来,从而能明显减少混凝土用水量。

按其凝结时间可分为普通型、早强型、缓凝型;按其作用又可分为引气型、高效型。

加入减水剂的经济效果:

a. 掺量为胶凝材料用量的 0.6% ~ 1.2% 时,减水率可达 12% ~ 20%。早强,增强作用明显,混凝土 1d、3d 强度可提高 50% ~ 80%,7d 强度提高 40% ~ 60%,28d 强度提高 20% ~ 40%,长期强度仍有所提高。

b. 在相同水胶比情况下,掺加可使混凝土初始坍落度提高 100mm 以上,流动性大大增加,且具有再塑性。

使用方法:

使用时可根据具体情况选用以下掺加方法,不论选用何种方法,均要求搅拌均匀。

a. 粉剂先与胶凝材料拌和,然后再与集料和水拌和。

b. 粉剂预先溶解成给定浓度的溶液,再与拌和水一起加入。

c. 在搅拌过程中减水剂滞后于搅和水 0.5 ~ 1.0min 加入。

②缓凝剂

缓凝剂延长混凝土凝结硬化时间的外加剂。其作用是便于施工,能使混凝土拌和物的水化速度减慢,延长水化放热过程,有利于大体积混凝土温度控制。缓凝剂会对混凝土 1 ~ 3d 早期强度有所降低,但对后期强度的正常发展并无影响。

③引气剂

引气剂是在搅拌混凝土过程能引入大量均匀分布,稳定而封闭的的微小气泡的外加剂。它是一种表面活性物质,是混凝土常用的外加剂之一,它能使混凝土在搅拌过程中从大气中引入大量均匀封闭的小气泡,使混凝土中含有一定量的空气。好的引气剂能引入混凝土中的气泡达 10 亿个之多,孔径多为 0.05 ~ 0.2mm,一般为不连续的封闭球形,分布均匀,稳定性好,这样能显著提高混凝土的抗冻性、耐久性;同时还能改善混凝土和易性,特别是在人工集料或天然砂颗粒较粗、级配较差以及在贫水泥混凝土中使用效果更好;改善混凝土的泌水和离析;减少混凝土渗透性,提高混凝土抗侵蚀能力。

引气剂的掺量一般在水泥用量的 0.003% ~ 0.02% 的范围内,由于掺量小,因此要称量准确,拌和均匀。

④早强剂

早强剂是能提高混凝土早期强度,对混凝土后期强度无显著影响的外加剂。混凝土中掺入早强剂,缩短凝结时间,提高早期强度,常用于混凝土的快速低温施工,如紧急抢修混凝土工程。但掺入氯盐早强剂,会加速钢筋的锈蚀,因此掺量应加以限制。通常对于配筋混凝土不得超过水泥用量的 1%。无筋混凝土掺量不得超过水泥用量的 3%。氯盐早强剂一般与阻锈剂复合使用。

⑤复合外加剂

复合外加剂是具有两种以上主要功能的外加剂,如缓凝减水剂同时具有缓凝和减水功能,引气减水剂同时具有引气和减水功能。

一个工程使用什么样的外加剂,应根据工程设计和施工技术要求在工程开工之前进行认真优选,并根据原材料进行严格的适应性试验论证确定。

（4）外加剂在商品混凝土中应用的十大注意事项：

①外加剂应严格掌握用量，不得超量；

②掺外加剂应有计量容器，不得失控掺用；

③木钙用作缓凝剂，一般用量不得超过水泥量的0.25%；

④钢筋混凝土结构冬期施工不应采用氯盐型防冻剂；

⑤预拌混凝土采用泵送剂时，应预先做水泥与外加剂相容性试验，不宜采用掺硬石膏、磷石膏配制的水泥；

⑥自行复合配方的外加剂必须事先经过试验，尤其注意胺类防冻液与硝酸钙等的交互作用；

⑦混凝土泵送剂配方应随季调整，采用糖类更要严格控制掺量；

⑧搅拌站操作工应注意随时观察坍落度的变化；

⑨预拌混凝土宜采用保湿养护（水膜养护）；

⑩掺膨胀剂混凝土必须尽早进行湿养护。

课后任务

任务一　什么是水泥混凝土？它有什么优缺点？

任务二　水泥混凝土中各组成材料有哪些作用？

任务三　连续级配与间断级配的粗细集料用于水泥混凝土中各有什么优缺点？一般用什么级配的集料。

课题二　新拌混凝土混合料的工作性

任务引入

要想使新拌混凝土拌和物均匀充满模板空间，它应具备哪些条件？怎样检测其性能呢？

任务分析

新拌混凝土拌和物只有在良好的工作性的情况下，才能均匀密实地填满模板空间，才能确保施工质量。否则，混凝土易形成麻面、分层等质量问题。测定新拌混凝土拌和物的工作性，成为混凝土施工前的必做试验。

相关知识

1. 新拌混凝土混合料的工作性的含义

1）定义

工作性是指新拌水泥混凝土混合料在施工（拌和、运输、浇筑、振捣）过程中，在自重或机械力的作用下，能够均匀密实的填满模板空间，不产生泌水、离析和分层现象的性能。工作性是一项综合指标，它包括流动性、黏聚性、可塑性和保水性四方面的含义。流动性是指新拌混凝土混合料在自重或机械力的作用下，能产生流动，并能均匀的填满模板空间的性能；黏聚性是指混凝土混合料在施工过程中各成分之间有一定的黏聚力,不产生分层和离析现象的性能;可塑性是指混凝土混合料在施工过程中,不在外力作用下产生脆断的性能;保水性是指混凝土混合料在施工过程中,具有一定的保水能力,不产生严重泌水现象的性能。

泌水现象是指水泥混凝土拌和物在静置状态下表面渗出水的现象。离析现象是指混合料在施工过程中,粗集料下沉,水泥浆与细集料上浮,致使粗集料与水泥浆、细集料分离的现象。分层现象是指混合料在施工过程中,粗集料下沉,水泥浆与细集料相对上浮,使混合料在硬化后在断面上表现的分层现象。

2)工程意义

新拌混凝土拌和物具有良好的工作性,可便于运输、利于成型,可确保施工质量。

3)工作性不良造成的后果

新拌混凝土拌和物的工作性差,易使混凝土出现蜂窝、麻面、分层等病害,影响工程质量。

2. 影响混凝土拌和物工作性的因素

1)水泥

水泥品种、细度、矿物成分对工作性均有影响。

(1)水泥品种不同,达到标准稠度的需水量不同,配制成的混凝土混合料的工作性也不相同。通常情况下普通水泥配制的混凝土混合料比矿渣水泥和火山灰水泥的工作性好,矿渣水泥拌和物流动性大,但黏聚性差易泌水;火山灰水泥拌和物流动性差,但黏聚性好。

(2)适当提高水泥的细度可改善混凝土拌和物黏聚性和保水性,减少泌水与离析现象。

2)集料

集料的最大粒径、形状、表面特征、级配等对混凝土拌和物的工作性影响较大。表面圆滑的集料拌和物较表面粗糙的拌和物流动性好,但黏聚性差。

3)集浆比

单位混凝土拌和物中,集料的绝对体积与水泥浆绝对体积的比值。单位体积的混凝土拌和物中,水灰比不变,则水泥浆数量越多,混凝土拌和物的流动性越大。如果水泥浆数量过多,则集料的含量相对减少,达到一定程度时将会出现流浆现象。同时,拌和物的黏聚性与保水性变差,形成的混凝土强度与耐久性也会受到影响。

4)水灰比(W/C)或水胶比(W/B)

混凝土中水的质量与水泥质量的比值称为水灰比;混凝土中水的质量与胶凝材料质量的比值称为水胶比,这里的胶凝材料的指水泥和活性矿物掺合料的总称。水灰(胶)比的大小决定水泥浆的稠度。水灰(胶)比小,则水泥浆稠,流动性差,当水灰(胶)比小于某一极限时,拌和物很难密实地充满模板空间。水灰(胶)比大,则水泥浆稀,流动性大,但拌和物的黏聚性与保水性差,当水灰(胶)比大于某一极限时,拌和物将产生严重的泌水与离析现象。为了保证混凝土的质量,水灰(胶)比不能太大也不能太小。

5)砂率

砂率是指水泥混凝土中砂的质量占砂石总质量的百分率。砂率过大,集料的空隙率与总表面积增大,在水泥浆用量一定的条件下,混凝土拌和物流动性小;砂率过小,则砂浆量不足,不能在粗集料周围形成足够的润滑层而使混凝土拌和物的流动性变小,且宜于泌水与离析。因此,要选择一个最佳的砂率。混凝土拌和物的最佳砂率是指在用水量与水泥用量一定的情况下,能使混凝土拌和物获得最大的流动性,又能保持黏聚性和保水性的良好砂率。

6)外加剂

拌制混凝土时加入少量的外加剂,可在不增加水泥用量的情况下,改善混凝土拌和物的工作性,同时也能保证混凝土的强度和耐久性。

7)温度与搅拌时间

(1)温度升高,坍落度减小,一般情况下温度每升高10℃,坍落度减少数20~40mm。

(2)搅拌时间不足,拌和物的工作性差。一般情况下根据搅拌机的不同,规定最小搅拌时间为1~3min。

3.提高混凝土拌和物工作性的措施

(1)适当调节混凝土的材料组成。

(2)掺加外加剂。减水剂和硫化剂等均能提高混凝土拌和物的工作性,同时也能提高强度及节约水泥用量。

(3)加强振捣,提高振捣的机械性能。

4.混凝土拌和物的工作性选择

1)道路混凝土

《公路水泥混凝土路面施工技术细则》(JTG/T F30—2014)规定,不同施工工艺混凝土拌和物的工作性应符合下列规定:

(1)碎石混凝土滑模摊铺时坍落度宜为10~30mm。卵石混凝土滑模摊铺时坍落度宜为5~20mm,振动黏度系数宜为200~500N·s/m³。

(2)三辊机组摊铺时,拌和物的坍落度宜为20~40mm。

(3)小型机具摊铺时,拌和物的坍落度宜为5~20mm。

(4)拌和楼(机)出口坍落度值,应根据不同工艺摊铺时的坍落度值加上运输过程中坍落度损失值确定。

2)公路桥涵混凝土

根据《公路桥涵施工技术规范》(JTG/T 3650—2020),公路桥涵用混凝土拌和物的工作性选择详见表4-8。

公路桥涵用混凝土拌和物的坍落度参考表　　表4-8

项次	结构种类	坍落度(mm) 振动器振捣
1	小型预制块及便于浇筑振动的结构	0~20
2	桥涵基础、墩台无筋或少筋的结构	10~30
3	普通配筋的钢筋混凝土结构,如钢筋混凝土板、梁、柱等	30~50
4	钢筋较密、断面较小的钢筋混凝土结构(梁、柱、墙等)	50~70
5	因钢筋配置密、断面高而狭小,极不方便浇筑捣实的特殊结构部位	70~90

注:1.本表建议的坍落度未考虑掺用外加剂而产生的作用。
　　2.水下混凝土、泵送混凝土的坍落度不在此列出。
　　3.用人工捣实时,坍落度宜增加20~30mm。
　　4.浇筑较高结构物混凝土时,坍落度应随混凝土浇筑高度上升面分段变动。

5.新拌混凝土拌和物的工作性的指标及测定方法

1)工作性指标

(1)坍落度(图4-2)

锥台形状的水泥混凝土拌和物,在自重作用下的下沉量,即为坍落度值。测定混凝土坍落度的同时可用目测方法评定混凝土拌和物的性质,见表4-9。

(2)测定方法

坍落度试验:适用于粗集料公称最大粒径不大于31.5mm,混凝土拌和物的坍落度值大于10mm的混凝土拌和物的稠度测定。具体测定步骤见本规程T 0522—2005。根据坍落度的大小对混凝土拌和物的稠度进行分级,见表4-10。

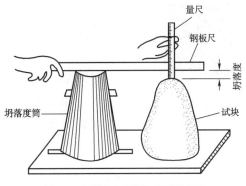

图4-2 混凝土拌和物坍落度示意图

混凝土拌和物其他性质表　　　　表4-9

项目	内容	评定标准
棍度	插捣难易程度	上:容易;中:稍有阻滞;下:很难插捣
含砂情况	抹平情况	多:1~2次抹平,无蜂窝;中:5~6次抹平,无蜂窝;少:不易抹平,有空隙,石子外露
黏聚性	在锥体一侧轻打的情况	良好:渐渐下沉;不好:突然倒塌,石子离析
保水性	水分从拌和物底部析出情况	多;较多;少:少量;无:没有

混凝土拌和物根据坍落度进行稠度分级　　　　表4-10

级别	坍落度(mm)	级别	坍落度(mm)
特干硬	—	低塑	50~90
很干稠	—	塑性	100~150
干稠	10~40	流态	>160

2)维勃稠度

适用于粗集料的最大粒径不大于31.5mm,维勃稠度在5~10s之间的混凝土拌和物的稠度测定。具体测定步骤见本规程T 0523—2005。根据维勃稠度对混凝土拌和物的稠度进行分级,见表4-11。

混凝土拌和物根据维勃稠度进行稠度分级　　　　表4-11

级别	维勃时间(s)	级别	维勃时间(s)
特干硬	≥31	低塑	10~5
很干稠	30~21	塑性	≤4
干稠	20~11	流态	—

任务实施(技能操作)

【一】 水泥混凝土拌和物的拌和与现场取样方法(T 0521—2005)

15-水泥混凝土拌和物的拌和与现场取样方法

1. 目的和适用范围

本方法规定了在常温环境中室内水泥混凝土拌和物的拌和与现场取样方法。

轻质水泥混凝土、防水水泥混凝土、碾压水泥混凝土等其他特种水泥混凝土的拌和与现场取样方法,可以参照本方法进行,但因其特殊性所引起的对试验设备及方法的特殊要求,均应遵照对这些水泥混凝土的有关技术规定进行。

2. 仪器设备

(1)搅拌机。自由式或强制式(图4-3)。

(2)振动台。标准振动台,符合《混凝土试验用振动台》(JG/T 245—2009)的要求。

(3)磅秤。感量满足称量总量1%的磅秤。

(4)天平。感量满足称量总量0.5%的天平。

(5)其他。铁板、铁铲等。

图4-3 水泥混凝土搅拌机

3. 材料

(1)所有材料均应符合有关要求,拌和前材料应放置在温度20℃±5℃的室内。

(2)为防止粗集料的离析,可将集料按不同粒径分开,使用时再按一定比例混合。试样从抽取至试验完毕过程中,不要风吹日晒,必要时应采取保护措施。

4. 拌和步骤

(1)拌和时保持室温20±5℃。

(2)拌和物的总量至少应比所需量高20%以上。拌制混凝土的材料用量应以质量计,称量的精确度:集料为±1%,水、水泥、掺合料和外加剂为±0.5%。

(3)粗集料、细集料均以干燥状态[注]为基准,计算用水量时应扣除粗集料、细集料的含水率。

注:干燥状态是指含水率小于0.5%的细集料和含水率小于0.2%的粗集料。

(4)外加剂的加入。

①外加剂为不溶于水或难溶于水且不含潮解型盐类,应先和一部分水泥拌和,以保证充分分散。

②外加剂为不溶于水或难溶于水但含潮解型盐类,应先和细集料拌和。

③外加剂为水溶性物质或液体,应先和水拌和。

④其他特殊外加剂,应遵守有关规定。

(5)拌制混凝土所用各种用具,如铁板、铁铲、抹刀,应预先用水润湿,使用完后必须清洗干净。

(6)使用搅拌机前,应先用少量砂浆进行涮膛,再刮出涮膛砂浆,以避免正式拌和混凝土时水泥砂浆黏附筒壁的损失。涮膛砂浆的水灰比及砂灰比,应与正式的混凝土配合比相同。

(7)用搅拌机拌和时,拌和量宜为搅拌机公称量 1/4～3/4 之间。

(8)搅拌机搅拌。按规定称好原材料,往搅拌机内顺序加入粗集料、细集料、水泥。开动搅拌机,将材料拌和均匀,在拌和过程中徐徐加水,全部加料时间不宜超过 2min。水全部加入后,继续拌 2min 以上,直至拌匀为止。而后将拌和物倾出在铁板上,再经人工翻拌 1～2min,务必使拌和物均匀一致。

(9)人工拌和。采用人工拌和时,先用湿布将铁板、铁铲润湿,再将称好的砂和水泥在铁板上拌匀,加入粗集料,再混和搅拌均匀。而后将此拌和物堆成长堆,中心扒成长槽,将称好的水倒入约一半,将其与拌和物仔细拌匀,再将材料堆成长堆,扒成长槽,倒入剩余的水,继续进行拌和,来回翻拌至少 10 遍。

(10)从试样制备完毕到开始做各项性能试验不宜超过 5min(不包括成型试件)。

5. 现场取样

(1)新混凝土现场取样:凡由搅拌机、料斗、运输小车以及浇制的构件不采取新拌混凝土代表性样品时,均须从三处以上的不同部位抽取大致相同份量的代表性样品(不要抽取已经离析的混凝土),集中用铁铲翻拌均匀,而后立即进行拌和物的试验。拌和物取样量应多于试验所需数量的 1.5 倍,其体积不小于 20L。

(2)为使取样具有代表性,宜采用多次采样的方法,最后集中用铁铲翻拌均匀。

(3)从第一次取样到最后一次取样不宜超过 15min。取回的混凝土拌和物应经过人工再次翻拌均匀,而后进行试验。

【二】 水泥混凝土拌和物稠度试验方法(坍落度仪法)(T 0522—2005)

1. 目的和适用范围

本方法规定了采用坍落度仪测定水泥混凝土拌和物稠度的方法和步骤。

本方法适用于坍落度大于 10mm,集料公称最大粒径不大于 31.5mm 的水泥混凝土的坍落度测定。

16-水泥混凝土拌和物的和易性

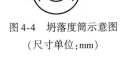

图 4-4 坍落度筒示意图
(尺寸单位:mm)

2. 仪器设备

(1)坍落筒(图 4-4)。符合《水泥混凝土坍落度仪》(JG 3021)中有关技术要求。

(2)捣棒。符合《水泥混凝土坍落度仪》(JG 3021)中有关技术要求,为直径 16mm,长约 600mm 并具有半球形端头的钢质圆棒。

(3)钢尺。2 把,量程不应小于 300mm,分度值不应大于 1mm。

(4)其他。小铲、木尺、小钢尺、镘刀和钢平板等。

155

3.试验步骤

(1)试验前将坍落筒内外洗净,放在经水润湿过的平板上(平板吸水时应垫以塑料布),踏紧踏脚板。

(2)将代表样分三层装入筒内,每层装入高度稍大于筒高的1/3,用捣棒在每一层的横截面上均匀插捣25次。插捣在全部面积上进行,沿螺线由边缘至中心,插捣底层时插至底部,插捣其他两层时,应插透本层并插入下层约20~30mm,插捣须垂直压下(边缘部分除外),不得冲击。在插捣顶层时,装入的混凝土应高出坍落筒筒口,随插捣过程随时添加拌和物。当顶层插捣完毕后,将捣棒用锯和滚的动作,清除掉多余的混凝土,用镘刀抹平筒口,刮净筒底周围的拌和物。而后立即垂直地提起坍落筒,提筒在3~7s内完成,并使混凝土不受横向及扭力作用。从开始装料到提出坍落度筒整个过程应在150s内完成。

(3)将坍落筒放在锥体混凝土试样一旁,筒顶平放木尺,用小钢尺量出木尺底面至试样顶面最高点的垂直距离,即为该混凝土拌和物的坍落度,精确至1mm。

(4)当混凝土试件的一侧发生崩坍或一边剪切破坏,则应重新取样另测。如果第二次仍发生上述情况,则表示该混凝土和易性不好,应记录。

(5)当混凝土拌和物的坍落度大于160mm时,用钢尺测量混凝土扩展后最终的最大直径和最小直径,在这两个直径之差小于50mm的条件下,用其算术平均值作为坍落扩展度值;否则,此次试验无效。

(6)坍落度试验的同时,可用目测方法评定混凝土拌和物的其他性质(见表4-9),并记录。

4.试验结果整理与试验记录

混凝土拌和物坍落度和扩展度值以毫米(mm)为单位,测量精确至1mm,结果修约至5mm。

混凝土拌和物坍落度试验记录表见表4-12。

混凝土拌和物坍落度试验记录表 表4-12

工程名称_____ 搅 拌 方 法_____
路段范围_____ 试验室温度、湿度_____
试样来源_____ 计算者、校核者_____
评定标准_____ 试 验 日 期_____
试验方法_____

试验次数	拌和25L混凝土各材料用量(kg)				坍落度值(mm)		扩展度(mm)		备注
	水泥	水	砂	石子	测定值	修约值	测定值	修约值	目测评定
1									
2									
结论									

5.试验中注意问题

(1)试验所用工具应用水湿润,防止吸收试验所加的水分。

(2)各种材料的称量精度必须符合标准要求,并按试验规程进行拌和。

(3)装坍落度筒顶层混凝土拌和物时,应高出筒口,插捣过程中,如拌和物低于筒口,应随时添料。

(4)提起坍落度筒时,不能横向扭动。整个操作过程必须在规定时间内完成。

(5)测定坍落度的同时应同时目测拌和物的其他性质(表4-10)。

【三】 水泥混凝土拌和物泌水试验(T 0528—2005)

1. 试验目的与适用范围

本方法规定了测定水泥混凝土拌和物泌水性的方法与步骤。

本方法适用于集料公称最大粒径不大于31.5mm的水泥混凝土拌和物泌水的测定。

2. 仪器设备

(1)试样筒:试样筒为刚性金属圆筒,两侧有把手,筒壁坚固不漏水。对于公称最大粒径不大于31.5mm的拌和物采用5L的试样筒,其内径与内高均为186mm±2mm,壁厚为3mm,并配有盖子。对于公称最大粒径大于31.5mm的拌和物采用的试样筒,其内径与内高均应大于集料公称粒径的4倍。

(2)台称:量程为50kg,感量为50g。

(3)量筒:容量为10ml、50ml、100ml的量筒及吸管,量筒分度值均为1ml。

(4)捣棒:符合JG/T 248—2009的规定。

(5)秒表:分度值为1s。

3. 试验步骤

(1)试验中室温应保持在20℃±2℃。

(2)用湿布湿润试样筒内壁后立即称量,记录试样筒质量。再将拌和物试样装入试样筒,混凝土的装料与捣实方法如下:

1)坍落度不大于90mm,用振动台振实。将试样一次装入试样筒内,开启振动台,振动持续到表面出浆为止,且应避免过振;并使混凝土拌和物低于试样筒表面30mm±3mm,并用抹刀抹平,抹平后立即称量并记录试样筒与试样的总质量,开始计时。

2)坍落度大于90mm,用捣棒捣实。混凝土拌和物分两层装入试筒,每层的插捣次数为25次;捣棒由边缘向中心均匀地插捣,插捣底层时捣棒应插到底部,插捣第二层时,捣棒应插透本层至下层的表面;每层捣完后用橡皮锤轻轻敲击容器外壁5~10次,直到拌和物表面捣孔消失、不见大气泡为止;并使混凝土拌和物表面低于试样筒表面30mm±3mm,并用抹刀抹平,抹平后立即称量并记录试样筒与试样的总质量,开始计时。

(3)保持试样筒水平且不振动,试验过程中除了吸水操作外,应始终盖好盖子。

(4)拌和物加水拌和开始计时,从计时开始后的60min内,每10min吸取一次试样表面渗出的水。60min后,每30min吸取一次试样表面渗出水,直到认为不再泌水为止。为便于吸水,每次吸水前2min,将一片35mm厚的垫块垫入筒底一侧使其倾斜;吸水后,恢复水平。吸出的水放入量筒中,记录每次吸水的水量并计算累计吸水总量,精确到1ml。当累计吸水总量用质量表述时,用WW表示。

4. 试验结果与试验记录

(1)泌水量按公式(4-1)计算。

$$B_a = \frac{V}{A} \tag{4-1}$$

式中:B_a——单位面积混凝土拌和物的泌水量(mL/mm^2),精确至$0.01mL/mm^2$。

V——累计吸水量(mL);

A——混凝土拌和物试样外露表面面积(mm^2)。

泌水量应取三个试样测值的平均值。三个测值中最大值或最小值,有一个与中间值之差超过中间值的15%,则以中间值为试验结果。如果最大值和最小值与中间之差均超过中间值的15%,则应重新试验。

(2)泌水率按公式(4-2)计算。

$$B = \frac{W_W}{(W/m)(m_1 - m_0)} \times 100 \tag{4-2}$$

式中:B——泌水率(%),精确至1%;

W_W——泌水总量(g);

m——拌和混凝土时,拌和物总质量(g);

W——拌和混凝土时,拌和物所需总用水量(g);

m_1——泌水前试样筒与试样的总质量(g);

m_0——试样筒质量(g)。

泌水率应取三个试样测值的平均值。三个测值中最大值或最小值,有一个与中间值之差超过中间值的15%,则以中间值为试验结果。如果最大值和最小值与中间之差均超过中间值的15%,则应重新试验。

(3)试验记录。

混凝土拌和物泌水试验记录表见表4-13。

混凝土拌和物泌水试验记录表 表4-13

工程名称_____ 搅 拌 方 法_____

路段范围_____ 试验室温度、湿度_____

试样来源_____ 计算者、校核者_____

评定标准_____ 试 验 日 期_____

试验方法_____

试件编号	泌水量(mL/mm^2)				泌水率 B(%)						
	试样外露表面面积 $A(mm^2)$	累计吸水量 V(mL)	泌水量 B_a		容量筒质量 m_2(g)	容量筒与试样总质量 m_T(g)	试验拌制拌和物总质量 m_T(g)	试验拌制拌和物拌和用水量 W(g)	累计吸水总量 V_W(g)	泌水率	
			单值	平均值						单值	平均值
1											
2											
3											
结论											

5.试验中注意问题

(1)容量筒用湿布擦湿后应立即称重,不要称量干容量筒质量。

(2)做泌水试验前应先测定拌和物的坍落度值,以便确定装料方法。

(3)试验过程中试样筒应水平且不振动,并注意盖好盖子。

【四】 水泥混凝土拌和物维勃稠度试验(T 0523—2005)

1. 目的和适用范围

本方法规定用维勃稠度仪来测定水泥混凝土拌和物稠度的方法和步骤。

本方法适用于集料最大粒径不大于31.5mm、维勃稠度在5~10s之间干稠性水泥混凝土的稠度测定。

2. 仪器设备

(1)维勃稠度仪(图4-5)。符合现行《维勃稠度仪》(JT/T 250)的规定。
(2)振动台:工作频率为50Hz±3Hz,空载振幅为0.5mm±0.1mm,上有固定容器的螺栓。

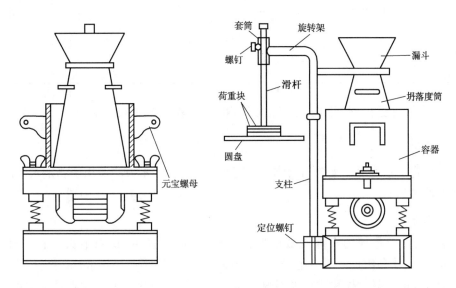

图4-5 维勃稠度仪

(3)捣棒:直径为16mm、长约600mm,并具有半球形端头的铜质圆棒。
(4)秒表:分度值为0.5s。

3. 试验步骤

(1)将容器用螺母固定在振动台上,放入润湿的坍落筒,把漏斗转到坍落筒上口,拧紧螺丝,使漏斗对准坍落筒口上方。

(2)按坍落度试验步骤,分三层经漏斗装入拌和物,用捣棒每层捣25次,捣毕第三层混凝土后,拧紧螺丝,把漏斗转回到原先的位置,并将筒模顶上的混凝土刮平,然后轻轻提起筒模。

(3)拧紧螺丝,使圆盘可定向地向下滑动,仔细转圆盘到混凝土上方,并轻轻与混凝土接触。检查圆盘是否可以顺利滑向容器。

(4)开动振动台并按动秒表,通过透明圆盘观察混凝土的振实情况,当圆盘底面刚被水泥浆布满时,迅即按停秒表和关闭振动台,记下秒表所记时间,精确至1s。

(5)仪器每测试一次后,必须将容器、筒模及透明圆盘洗净擦干,并在滑棒等处涂薄层黄油,以备下次使用。

4.试验结果与试验记录

(1)试验结果:水泥混凝土拌和物的维勃稠度时间用秒(s)表示,以两次试验结果的平均值作为混凝土拌和物的维勃时间,结果精确到1s。

混凝土拌和物的维勃稠度试验记录表见表4-14。

混凝土拌和物维勃稠度试验记录表 表4-14

工程名称_____ 　　　　搅 拌 方 法_____
路段范围_____ 　　　　试验室温度、湿度_____
试样来源_____ 　　　　计算者、校核者_____
评定标准_____ 　　　　试 验 日 期_____
试验方法_____

试验次数	拌和25L混凝土各材料用量(kg)				维勃稠度值(s)
	水泥质量	砂质量	石子质量	用水量	
1					
2					
结论					

【五】 水泥混凝土拌和物体积密度试验方法(T 05—2020)

1.目的和适用范围

本方法规定了水泥混凝土拌和物体积密度的试验方法。本方法适用于测定水泥混凝土拌和物捣实后的体积密度。

2.仪器设备

(1)容量筒。容量筒为金属制成的圆筒,筒外壁应有提手,集料最大公称粒径不大于31.5mm的混凝土拌和物宜采用不小于5L的容量筒,筒壁厚不应小于3mm;集料最大公称粒径大于31.5mm的混凝土拌和物宜采用内径与内高均大于集料最大公称粒径4倍的容量筒。容量筒上沿及内壁应光滑平整,顶面与底面应平行并应与圆柱体的轴垂直。

(2)捣棒。为直径16mm,长约600mm,并具有半球形端头的钢质圆棒。

(3)电子天平。最大量程应为50kg,感量不应大于10g。

(4)振动台。符合《混凝土试验用振动台》(JG/T 245)的规定。

(5)其他。金属直尺、馒刀、玻璃板等。

3.试验步骤

(1)按下列步骤测定容量筒的容积。

①应将干净的容量筒与玻璃板一起称重,精确至10g。

②将容量筒装满水,缓慢将玻璃板从筒口一侧推到另一侧,容量筒内应满水并且不应存在气泡,擦干容量筒外壁,称重。

③两次称重结果之差除以该温度下水的密度应为容量筒容积V;常温下水的密度可取1kg/L。

(2)容量内外壁应擦干净,称出容量筒质量m_1精确至10g。

(3)混凝土拌和物试样按下列要求进行装料,并插捣密实。

①坍落度不大于90mm时,混凝土拌和物宜用振动台振实,振动台振实时,应一次性将混凝土拌和物装填至高出容量筒筒口,装料时可用捣棒稍加插捣,振动过程中试样低于筒口,应随时添加混凝土拌和物,振动直至表面出浆为止。

②坍落度大于90mm时,混凝土拌和物宜用捣棒插捣密实,插捣时,应根据容量筒的大小决定分层与插捣次数。对于5L容量筒,可将混凝土拌和物分两层装入,每层插捣次数为25次。对于大于5L的试样筒,每层混凝土高度不应大于100mm,每层插捣次数按每10000mm^2截面不小于12次计算。各次插捣用捣棒从边缘到中心沿螺旋线均匀插捣。捣棒应垂直压下,不得冲击,插捣底层时应至筒底,插捣第二层时应插透本层至下一层的表面。每一层插捣完毕后用橡皮锤沿容量筒外壁敲击5~10次进行振实,直至混凝土拌和物表面插捣孔消失并不出现气泡为止。

③自密实混凝土应一次性填满,且不应进行振动和捣实。

(4)将筒口多余的混凝土拌和物刮去,表面有凹陷应填平,将容量筒外壁擦净,称出混凝土拌和物试样与容量筒总质量(m_2),精确至10g。

4.试验结果计算与试验记录

(1)按公式(4-3)计算拌和物体积密度ρ_h(精确到10kg/m^3)。

$$\rho_h = \frac{m_2 - m_1}{V} \times 1000 \tag{4-3}$$

式中:ρ_h——拌和物体积密度(kg/m^3);

m_1——试样筒质量(kg);

m_2——捣实或振实后混凝土和试样筒总质量(kg);

V——试样筒容积(L)。

(2)精密度与允许差。以两次试验结果的平均值作为试验结果,计算结果精确至10kg/m^3,试样不得重复使用。

(3)试验记录。

混凝土拌和物的表观密度试验记录表见表4-15。

混凝土拌和物表观密度试验记录表 表4-15

工程名称_____ 搅拌方法_____
路段范围_____ 试验室温度、湿度_____
试样来源_____ 计算者、校核者_____
评定标准_____ 试验日期_____
试验方法_____

试件编号	拌和25L混凝土各材料用量(kg)				体积密度			
	水泥质量	砂重	石子重	用水量	容量筒体积V(L)	容量筒质量m_1(kg)	混凝土和试样筒总质量m_2(kg)	体积密度ρ_h(kg/m^3)
1								
2								
结论								

技能训练(试验报告实例)

实验报告实例见表4-16、表4-17。

水泥混凝土拌和物坍落度试验任务报告单与试验结果计算表

表 4-16

实训日期		姓名		成绩	
实训任务	水泥混凝土拌和物坍落度试验（T 0522—2005）				
实训任务书	题目：东北某地大型钢筋水泥混凝土桥墩，设计强度等级为 C35。混凝土拌和物的坍落度为 55~70mm，桥梁所在地区为寒冷地区，并受冻胀作用影响。试根据下列原始材料完成下列要求。 资料： (1)已知混凝土的设计强度等级为 C35，历史统计资料的强度标准差为 4.0MPa。 (2)材料。 ①水泥：硅酸盐水泥，强度等级为 42.5，密度 $\rho_c = 3.10 \text{g/cm}^3$，实测强度为 49.5MPa。技术性质符合标准要求； ②粗集料：碎石，最大粒径 31.5mm，表观密度 $\rho_g = 2.72 \text{g/cm}^3$，级配与质量符合标准要求； ③细集料：天然河砂，中砂，表观密度 $\rho_s = 2.65 \text{g/cm}^3$，级配与质量符合标准要求； ④水：生活用水。 说明：砂与碎石为干燥的。 配合比： (1)由原始材料计算出的混凝土各材料的用量分别为 1m³ 的混凝土中水泥：水：砂：碎石 = 375kg：195kg：600kg：1218kg。 (2)试根据材料的配合比，搅拌 25L 的混凝土拌和物，试计算各材料的质量分别为：水泥：水：砂：碎石 = 9.375kg：4.875kg：15.000kg：30.450kg。 要求： (1)对新拌混凝土拌和物做坍落度试验。 (2)根据试验结果，对混凝土拌和物的工作性进行评价				
主要设备					
主要步骤	（每位学生按照实际操作过程进行填写）				

混凝土拌和物坍落度试验试验记录表

工程名称　　桥墩　　　　　　　　搅拌方法　　机械搅拌
路段范围　　—　　　　　　　　　试验室温、湿度　　20℃、70%
试样来源　　施工工地　　　　　　试验者、校核者_____
评定标准　　设计要求　　　　　　试验日期_____
试验方法　　T 0522—2005

试验次数	拌和25L混凝土各材料用量(kg)				坍落度(mm)		扩展度(mm)		备注
	水泥	水	砂	石子	测定值	修约值	测定值	修约值	目测评定
1	9.375	4.875	15.000	30.450	48	50	—	—	黏聚性：良好；含砂情况：中；稠度：中；保水性：少
2	9.563	4.972	15.000	30.450	58	60	—	—	
结论	第一次试验坍落度不符合设计要求；第二次进行材料调整，保持砂、碎石质量不变，水灰比不变，增加水泥浆数量2%，坍落度值与目测评定均符合设计要求								

水泥混凝土拌和物体积密度试验任务报告单与试验结果计算表　　　　　表4-17

实训日期		姓名		成绩	
实训任务	水泥混凝土拌和物体积密度试验(T 0525—2020)				
实训任务书	题目:东北某地大型钢筋水泥混凝土桥墩,设计强度等级为C35。混凝土拌和物的坍落度为55～70mm,桥梁所在地区为寒冷地区,并受冻胀作用影响。试根据下列原始材料完成下列要求。 资料: (1)已知混凝土的设计强度等级为C35,历史统计资料的强度标准差为4.0MPa。 (2)材料: ①水泥:硅酸盐水泥,强度等级为42.5,密度 $\rho_c=3.10\text{g/cm}^3$,实测强度为49.5MPa。技术性质符合标准要求; ②粗集料:碎石,最大粒径31.5mm,表观密度 $\rho_g=2.72\text{g/cm}^3$,级配与质量符合标准要求; ③细集料:天然河砂,中砂,表观密度 $\rho_s=2.65\text{g/cm}^3$,级配与质量符合标准要求; ④水:生活用水。 说明:砂与碎石为干燥的。 配合比: (1)由原始材料计算出的混凝土初步配合比为:1m³的混凝土中水泥:水:砂:碎石=375kg:195kg:600kg:1218kg。 (2)按材料的配合比,搅拌25L的混凝土拌和物,做工作性检测,坍落度不符合设计要求,以保持砂、石用量不变,水灰比不变,增加水泥浆2%,测定拌和物的工作性,坍落度符合设计要求。以此计算出25L混凝土拌和物的各材料用量为水泥:水:砂:碎石=9.563kg:4.933kg:15.000kg:30.450kg。 要求: (1)混凝土拌和物的体积密度试验。 (2)根据试验结果,对混凝土拌和物25L的各材料实际用量进行计算,并算出校正系数k				
主要设备					
主要步骤	(每位学生按照实际操作过程进行填写)				

混凝土拌和物体积密度试验记录表

工程名称　　桥墩　　　　　　　　　　搅拌方法　　机械搅拌

路段范围　　　—　　　　　　　　　　试验室温、湿度　　20℃、70%

试样来源　　施工工地　　　　　　　　试验者、校核者　　　　　　

评定标准　　设计要求　　　　　　　　试　验　日　期　　　　　　

试验方法　GB/T 50080—2016

试件编号	拌和25L混凝土各材料用量(kg)				体 积 密 度			
	水泥质量	砂质量	石子质量	用水量	容量筒体积 V (L)	容量筒质量 m_1 (kg)	混凝土和容量筒总质量 m_2 (kg)	体积密度 ρ_h (kg/m³)
1	9.562	15.000	30.450	4.933	5.000	2.550	14.850	2460
2								
结论	1.混凝土拌和物的体积理论密度 $\rho=$ 拌和时各材料质量的和 $\times(1000\div25)=2398(\text{kg/m}^3)$;$\rho_h=2460\text{kg/m}^3$;修正系数 $k=\rho_h/\rho=1.03$。 2.拌和25L混凝土各材料实用质量分别为:水泥质量=9.563×1.03=9.850kg;砂质量=15.000×1.03=15.450kg;石子质量=30.450×1.03=31.364kg;用水量=4.972×1.03=5.121kg							

课后任务

任务一　新拌混凝土拌和物的工作性包括哪几方面的内容？工作性不符合要求造成什么后果？

任务二　混凝土拌和物的测定方法有几种？各适用于什么混凝土拌和物？

任务三　坍落度如果大于设计要求，应如何调整；如果小于设计要求，应如何调整？

任务四　混凝土拌和物的泌水试验应注意哪些问题？泌水率大，说明混凝土拌和物的保水性如何？

课题三　普通水泥混凝土的强度与耐久性

 任务引入

在公路工程中我们常见这样的符号"C30""C20"等，它代表混凝土的强度等级。是由混凝土立方体试块的抗压强度确定的。立方体抗压强度越高，强度等级越高。混凝土强度的影响因素有哪些？如何提高混凝土的强度呢？如何测定混凝土的强度等级？它与立方体抗压强度有什么关系呢？

 **任务分析**

混凝土的"强度等级"是根据"立方体抗压强度标准值"来确定的。立方体抗压强度标准值($f_{cu,k}$)用标准试验方法测定的抗压强度保证率为95%总体分布中的一个值，它是一个统计值。而抗压强度值是一组试验数据，是一个测定值。

相关知识

1. 硬化后的力学性质

硬化后混凝土的力学性质主要包括强度与变形两方面。

1) 强度

强度是混凝土硬化后的主要力学性质，其中最主要的是混凝土的抗压强度和抗折强度。

(1) 抗压强度标准值和强度等级

①立方体抗压强度(f_{cu})。按标准制作方法制成边长150mm的正立方体试件，在标准养护条件下，养护至28d龄期，按标准测定方法测定其抗压强度值，称为混凝土立方体抗压强度，简称立方体抗压强度。按公式(4-4)计算。

$$f_{cu} = \frac{F}{A} \tag{4-4}$$

式中：f_{cu}——混凝土立方体试件的抗压强度(MPa)；

　　　F——破坏荷载(N)；

　　　A——试件的受压面积(mm^2)。

非标准尺寸的试件测得的立方体强度,应乘以试件尺寸的换算系数(表 4-18),折算为标准试件的立方体抗压强度。

试件尺寸的换算系数 表 4-18

试件尺寸(mm)	100×100×100	150×150×150	200×200×200
换算系数	0.95	1.00	1.05

以三个试件为一组,在精度符合要求的条件下,取三个试件强度的算术平均值作为每组试件的强度代表值。

②立方体抗压强度标准值($f_{cu,k}$)按标准的方法制作边长为 150mm 的正立方体试件,在标准养护条件下,养护至 28d 龄期,用标准试验方法测定的抗压强度总体分布中的一个值,强度低于该值的百分率不大于 5%(也即为有 95%的保证率),单位 MPa。

立方体抗压强度中一组三个试件混凝土试件抗压强度的算术平均值。立方体抗压强度标准值是一组多个(不少于 50 个)试件按数理统计的方法确定,具有不低于 95%保证率的立方体抗压强度统计值。

③强度等级。混凝土的"强度等级"是根据"立方体抗压强度标准值"来确定的。强度等级的表示方法:用符号"C"和"立方体抗压强度标准值"两项内容表示。例如:C30 表示混凝土立方体抗压强度标准值 $f_{cu,k}=30MPa$。

我国现行行业标准《公路钢筋混凝土及预应力混凝土桥涵设计规范》(JTG D62—2012)规定,普通混凝土按立方体抗压强度标准值划分强度等级为:C15、C20、C25、C30、C35、C40、C45、C50、C55、C60、C65、C70、C75、C80 等 14 个强度等级,垫层可以用 C10 的混凝土。

④测定方法。具体操作见 T 0553—2005。

(2)抗弯拉强度(f_f)(抗折强度)

道路路面或机场跑道路面用水泥混凝土,以抗弯拉强度(抗折强度)作为主要的强度检验指标,抗压强度为参考指标。

根据我国现行行业标准《公路水泥混凝土路面设计规范》(JTG D40—2011)规定,各交通荷载等级要求的水泥混凝土弯拉强度标准值不得低于表 4-19 的规定。道路用水泥混凝土抗折强度与抗压强度的关系见表 4-20。

道路路面水泥混凝土弯拉强度标准值 表 4-19

交通荷载等级	极重、特重、重	中等	轻
水泥混凝土的弯拉强度标准值(MPa)	5.0	4.5	4.0
钢纤维混凝土的弯拉强度标准值(MPa)	6.0	5.5	5.0

道路用水泥混凝土抗折强度与抗压强度的关系 表 4-20

抗折强度(MPa)	4.0	4.5	5.0	5.5
对应抗压强度(MPa)	25.0	30.0	35.5	40.0

抗弯拉强度的测定方法是用标准方法制成 150mm×150mm×550mm 的棱柱体试件,在标准养护条件(温度 20℃±2℃,相对湿度 95%以上)下,养护至 28d 龄期,按三分点加荷的方法测定其抗弯拉强度值。按公式(4-5)计算。

$$f_f = \frac{FL}{bh^2} \tag{4-5}$$

式中:f_f——抗弯拉强度(MPa);
　　F——试件破坏荷载(N);
　　L——支座间距(mm);
　　b、h——试件的高度与宽度(mm)。

一组试件为三个试块,在精度符合要求的情况下,取三个试件的算术平均值作为测定强度值。

测定方法:见 T 0558—2005。

(3)影响混凝土强度的因素

①各组成材料对混凝土强度的影响。

a.水泥的强度等级和水灰(胶)比:当集料与水灰比不变时,水泥的强度等级越高,混凝土的强度也越高;当集料与水泥的强度等级一定时,水灰比越大,混凝土的强度越低。

b.集料的特性:粗集料的形状与表面特征对强度影响较大。碎石表面粗糙,卵石表面光滑,在水灰比与水泥等级一定的条件下,粗集料使用碎石比卵石形成的混凝土强度高。一般要求卵石用量不大于粗集料总量的50%。

②养护条件对混凝土强度的影响。

a.温度:在硬化期内(28d 龄期),养护温度越高,混凝土的强度越高。

b.湿度:混凝土在硬化过程中,要保证有足够的湿度才能使水泥水化顺利进行,混凝土的强度才能增长,如果湿度不够,水泥水化不能继续进行,这样将影响混凝土的强度。

c.龄期:混凝土的强度随龄期的增长而提高。一般情况下早期强度增长较快,后期较慢。在硬化龄期内,混凝土的抗压强度增长规律用公式(4-6)表达。

$$f_{cn} = f_{ca}(\lg n/\lg a) \tag{4-6}$$

式中:f_{cn}——n 天龄期的混凝土抗压强度推算值(MPa);
　　f_{ca}——a 天龄期的混凝土抗压强度实测值(MPa);
　$\lg n$、$\lg a$——n、a 天的常用对数。

注:n 天一般在硬化期内(28d);a 天一般大于3d。

③施工条件与施工方法。

机械施工比人工施工形成的混凝土强度高。施工过程不规范,如拌和不充分,振捣不密实或振捣时间过长,混凝土的强度均会降低。

④试验条件对混凝土强度的影响。

a.试件的尺寸与形状:尺寸越小的试件,测得的强度越高。要受压面相同,高宽比越大,所得的强度越小。

b.加荷速度:加荷速度越快,所测的强度越大。要求加压速度符合规范规定。

c.试件的表面状态:试件受压面上有污染(如有油脂类润滑剂)时,强度降低;受压板及受压面不平坦,强度降低。

(4)提高混凝土强度的措施

①选用高强水泥或早强水泥;

②采用低水灰比和集浆比;

③适量的掺入减水剂或早强剂;

④采用蒸汽养护或蒸压养护;

⑤采用机械施工方法。

2)变形

混凝土的变形主要有弹性变形、收缩变形、徐变和温度变形等四类。

(1)弹性变形。其是指材料在外力的作用下发生变形,当外力卸除后立即消失的变形。

(2)收缩变形。其是指材料因物理或化学作用所产生的体积缩小的变形。收缩变形使混凝土内部产生内应力,导致路面或桥梁结构发生变形,从而降低强度和刚度;当变形超过一定程度时,也会使混凝土内部产生裂缝。

(3)徐变。混凝土在持续荷载作用下,随时间增加的变形称为徐变。

(4)温度变形。其是指材料在温度升高或温度降低时,体积膨胀或收缩的变形。

2.使用时的耐久性

1)定义

耐久性是指材料抵抗外界因素的破坏作用,经久耐用的性能。混凝土的耐久性包括以下几方面的含义:抗冻性、耐磨性、抗碱-集料反应的特性以及桥梁墩台的抗化学侵蚀性与抗渗性。

(1)抗冻性。混凝土的抗冻性是指混凝土在饱水状态下,能经受多次冻融循环而不破坏的性能。根据《公路工程水泥及水泥混凝土试验规程》(JTG 3420—2020)中的试验方法《水泥混凝土抗冻性试验方法(快冻法)》(T 0565—2005)快速测定水泥混凝土抵抗水和负温共同反复作用的能力。测定出动弹性模量、质量损失率和相对耐久性指数作为评定水泥混凝土耐久性指标。

(2)耐磨性。混凝土的耐磨性是指水泥混凝土路面与桥梁抵抗车辆轮胎磨耗和磨光的性能。它是用规定的磨损方式磨削,以试件磨损面上单位面积的磨损量作为评定水泥混凝土耐磨性的相对指标。具体的试验步骤参看《公路工程水泥及水泥混凝土试验规程》(JTG 3420—2020)中的《水泥混凝土耐磨性试验方法》(T 0567—2005)。

(3)碱-集料反应。水泥混凝土中水泥的碱与某些碱活性集料发生化学反应,可引起混凝土产生膨胀、开裂,甚至破坏,这种化学反应称为碱-集料反应。

碱-集料反应会导致高速公路路面或大型桥梁墩台的开裂和破坏,并且不断发展,很难根治。因此,对混凝土用集料中的活性二氧化硅与活性碳酸盐应加以检验。

2)提高混凝土耐久性的措施

(1)合理选用水泥品种、水灰比和单位水泥用量。最大水灰比与最小水泥用量符合规定。

(2)合理选用材料质量,改善集料级配。增加混凝土的密实度。

(3)掺加减水剂、加气剂,减少用水量。提高混凝土的抗冻性与抗渗性。

(4)使用机械施工,严格控制施工质量。

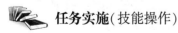 **任务实施**(技能操作)

【一】 水泥混凝土试件制作与硬化水泥混凝土现场取样方法(T 0551—2020)

1.目的和适用范围

本方法规定了在常温环境中室内试验时水泥混凝土试件制作与硬化水泥混凝土现场取样方法。

17-水泥混凝土试件的
制作与养护
（一）试件成型

18-水泥混凝土试件的
制作与养护
（二）试件养护

本方法适用于普通水泥混凝土及喷射水泥混凝土硬化后的现场取样方法，但因其特殊性所引起的对试验设备及方法的特殊要求，均应遵照对这些水泥混凝土试件制作和取样的有关技术规定进行。

2.仪器设备

（1）搅拌机。自由式或强制式。

（2）振动台。标准振动台，应符合《混凝土试验用振动台》（JG/T 245）要求。

（3）压力机或万能试验机。压力机除符合《液压式万能试验机》（GB/T 3159）及《试验机通用技术要求》（GB/T 2611）中的要求外，其测量精度为±1%，试件破坏荷载应大于压力机全量程的20%且小于压力机全量程的80%。同时应具有加荷速度批示装置或加荷速度控制装置。上下压板平整并有足够刚度，可以均匀地连续加荷卸荷，可以保持固定荷载，开机、停机均灵活自如，能够满足试件破型吨位要求。

（4）球座。钢质坚硬，面部平整度要求在100mm距离内高低差值不超过0.05mm，球面及球窝粗糙度 $R_a = 0.32\mu m$，研磨、转动灵活。不应在大球座上作小试件破型，球座最好放置在试件顶面（特别是棱柱试件），并凸面朝上，当试件均匀受力后，一般不宜再敲动球座。

（5）试模。非圆柱试模：应符合现行《混凝土试模》（JG 237）的规定；圆柱试模：直径误差小于$1/200d$，高度误差应小于$1/100h$（d为直径，h为高度），试模的底板平面公差不超过0.02mm，组装试模时，圆筒纵轴与底板应成直角，允许公差为0.5；喷射混凝土试模：尺寸为450mm。

（6）捣棒。符合《混凝土坍落度仪》（JG 248）中有关技术要求，为直径16mm，长约600mm并具有斗球形端头的钢质圆棒。

（7）压板。用于圆柱试件的顶端处理，一般为厚6mm以上的毛玻璃，压板直径应比试模直径大25mm以上。

（8）游标卡尺。

3.试件成型

1）非圆柱体试件成型

（1）水泥混凝土的拌和物参照《水泥混凝土拌和物的拌和与现场取样方法》（T 0521—2005）。成型前试模内壁涂一薄层矿物油。

（2）取拌和物的总量至少应比所需量高20%以上，并取出少量混凝土拌和物代表样，在5min内进行坍落度或维勃试验，认为品质合格后，应在15min内开始制作或作其他试验。

（3）对于坍落度小于25mm时，可采用φ25mm的插入式捣棒成型。将混凝土拌和物一次装入试模，装料时应用抹刀沿各试模壁插捣，并使混凝土拌和物高出试模口；振捣时振捣棒距底板10~20mm，且不要接触底板。振捣棒拔出时要缓慢，拔出后不得留有孔洞。用刮刀刮去多余的混凝土，在临近初凝时，用抹刀抹平。试件抹面与试模边缘高低差不得超过0.5mm。

（4）当坍落度大于25mm且小于90mm时，用标准振动台成型。将试模放在振动台上夹牢，防止试模自由跳动，将拌和物一次装满试模并稍有富余，开动振动台至混凝土表面出现乳状水泥浆时为止，振动过程中随时添加混凝土使试模常满，记录振动时间（约为维勃秒数的2~3倍，一般不超过90s）。振动结束后，用金属直尺沿试模边缘刮去多余混凝土，用镘刀将表面初次抹平，待试件收浆后，再次用镘刀将表面仔细抹平，试件抹面与试模边缘的高低差不得超过0.5mm。

(5)当坍落度大于90mm时,用人工成型。拌和物分厚度大致相等的两层装入试模。捣固时按螺旋方向从边缘到中心均匀地进行。插捣底层混凝土时,捣棒应到达模底;插捣上层时,捣棒应贯穿插上层插入下层20~30mm处。插捣时应用力将捣棒压下,保持捣棒垂直,不得冲击,捣完一层后,用橡皮锤轻轻击打试模外端面10~15下,以填平插捣过程中留下的孔洞。

每层插捣次数100cm^2截面积内不得少于12次。试件抹面与试模边缘高差不得超过0.5mm。

(6)当试件为自密实混凝土时,在新拌混凝土不离析的状态下,将自密实混凝土搅拌均匀后直接倒入试模内,不得使用振动台和插捣的方式成型,但可以采用橡皮锤辅助成型,试样一次填满试模后,可用橡皮锤沿试模中线位置轻轻敲击6次侧面,用抹刀将试件仔细抹平,使表面略低于试模边缘1~2mm。

2)圆柱体试件成型

(1)(2)同非圆柱体试件成型。

(3)坍落度小于25mm时,可采用ϕ25mm的插入式捣棒成型。拌和物分厚度大致相等的两份装入试模,以试模的纵轴为对称轴,呈对称方法填料,插入密度每层以三次插入,振捣棒距底板10~20mm且不要接触底板,插捣上层时,振捣棒插入该层底面以下15mm深,振动直到表面出浆为止,且避免过振,以防止混凝土离析,一般振捣时间为20s。如有棒坑留下,可用橡皮锤击打试模侧面10~15下,振捣棒拔出要缓慢,用刮刀刮去多余的混凝土,在临近初凝时,用抹刀抹平。使表面略低于试模边缘1~2mm。

(4)当坍落度大于25mm且小于90mm时,用标准振动台成型。将试模放在振动台上夹牢,防止试模自由跳动,将拌和物一次装满试模并稍有富余,开动振动台至混凝土表面出现乳状水泥浆时为止,振动过程中随时添加混凝土使试模常满,记录振动时间(约为维勃秒数的2~3倍,一般不超过90s)。振动结束后,用金属直尺沿试模边缘刮去多余混凝土,用镘刀将表面初次抹平,待试件收浆后,再次用镘刀将试件仔细抹平,使表面略低于试模边缘1~2mm。

(5)当坍落度大于90mm时,用人工成型。

对于试件直径ϕ200mm的试模,拌和物分厚度大致相等的三层装入试模。以试模的纵轴为对称轴,呈对称方法填料,每层插捣25下,捣固时按螺旋方向从边缘到中心均匀地进行,插捣底层混凝土时,捣棒应到达模底;插捣上层时,捣棒应贯穿上层插入下层20~30mm处。插捣时应用力将捣棒压下,保持捣棒垂直,不得冲击,捣完一层后,用橡皮锤轻轻击打试模外端面10~15下,用镘刀将试件仔细抹平,使表面略低于试模边缘1mm。

对于试件直径ϕ100mm或ϕ150mm的试模,拌和物分大致相等厚度的二层装入试模。试件直径ϕ100mm每层插捣8下,试件直径ϕ150mm每层插捣15下,捣固时按螺旋方向从边缘到中心均匀地进行,插捣底层混凝土时,捣棒应到达模底;插捣上层时,捣棒应贯穿插上层插入底面以下15mm深,用镘刀将试件仔细抹平,使表面略低于试模边缘1~2mm。

(6)自密型混凝土试件成型与非圆柱体相同。

4.养护

(1)试件成型后,用湿布覆盖表面(或可其他保持湿度方法),在室温20℃±5℃,相对湿度大于50%的环境下,静放一个到两个昼夜,然后拆模并作第一次外观检查、编号,对有缺陷的试件应除去,或加工补平。

(2)将完好试件放入标准养护室进行养护,标准养护室温度20℃±2℃,相对湿度在95%以上,试件宜放在铁架或木架上,间距至少 10~20mm,试件表面应保持一层水膜,并避免用水直接冲淋。当无标准养护室时,将试件放入 20℃±2℃ 的不流动的 Ca(OH)$_2$ 饱和溶液中养护。

(3)标准养护龄期为 28d(以搅拌加水开始),非标准的龄期为 1d、3d、7d、60d、90d、180d。

5. 硬化混凝土现场取样方法

这里不再详细讲述,具体操作方法参考本规程的 T 0551—2020 进行。

【二】 水泥混凝土立方体抗压强度试验方法(T 0553—2005)

1. 目的和适用范围

本方法规定了测定水泥混凝土抗压极限强度的方法和步骤。本方法可用于确定水泥混凝土的强度等级,作为评定水泥混凝土品质的主要指标。

19-硬化后水泥混凝土的力学性质(一)

2. 仪器设备

(1)压力机或万能试验机。应符合《水泥混凝土试件制作》(T 0551—2005)中的规定。

(2)球座。应符合《水泥混凝土试件制作》(T 0551—2005)的规定。

(3)混凝土强度等级大于等于 C60 时,试验机上、下压板之间应各垫一钢垫板,平面尺寸不小于试件的承压面,其厚度至少为 25mm。钢垫板应机械加工,其平面度允许偏差 ±0.04mm;表面硬度大于等于 55HRC;硬化层厚度约 5mm。试件周围应设置防崩裂网罩。

3. 试件制备和养护

(1)试件制备和养护应符合《水泥混凝土试件制作》(T 0551—2005)中相关规定。

(2)混凝土抗压强度试件尺寸符合《水泥混凝土试件制作》(T 0551—2005)中规定,见表 4-21。

(3)集料公称最大粒径符合表 4-21 规定。

水泥混凝土几种常见试件尺寸   表 4-21

试件名称	标准尺寸(mm)	非标准尺寸(mm)
立方体抗压强度试件	150×150×150(31.5)	100×100×100(26.5) 200×200×200(53)
圆柱轴心抗压强度试件	φ150×300(31.5)	φ100×200(26.5) φ200×400(53)
芯样抗压强度试件	φ150×l_m(31.5)	φ100×l_m(26.5)
立方体劈裂抗拉强度试件	150×150×150(31.5)	100×100×100(26.5)
圆柱劈裂抗拉强度试件	φ150×300(31.5)	φ100×200(26.5) φ200×400(53)
芯样劈裂强度试件	φ150×l_m(31.5)	φ100×l_m(26.5)
轴心抗压强度试件	150×150×300(31.5)	200×200×400(53) 100×100×300(26.5)

注:括号中的数字为试件中集料公称最大粒径,单位 mm。标准试件的最短尺寸大于公称最大粒径 4 倍。所有试件承压面的平面度公差不超过 0.0005d(d 为边长)。

(4)混凝土抗压强度试件应同龄期者为一组,每组为3个同条件制作和养护的混凝土试块。

4. 试验步骤

(1)至试验龄期时,自养护室取出试件,应尽快试验,避免其湿度变化。

(2)取出试件,检查其尺寸及形状,相对两面应平行。量出棱边长度,精确至1mm。试件受力截面积按其与压力机上下接触面的平均值计算。在破型前,保持试件原有湿度,在试验时擦干试件。

(3)以成型时侧面为上下受压面,试件中心应与压力机几何对中。

(4)强度等级小于C30的混凝土取0.3~0.5MPa/s的加荷速度;强度等级大于C30小于C60时,则取0.5~0.8MPa/s的加荷速度;强度等级大于C60的混凝土取0.8~1.0MPa/s的加荷速度。当试件接近破坏而开始迅速变形时,应停止调整试验机油门,直至试件破坏,记下破坏极限荷载F。

5. 试验结果计算与试验记录

(1)混凝土立方体试件抗压强度按公式(4-4)计算。

(2)以3个试件测值的算术平均值为测定值,计算精确至0.1MPa。三个测值中的最大值或最小值中如有一个与中间值之差超过中间值的15%,则取中间值为测定值;如最大值和最小值与中间值之差均超过中间值的15%,则该组试验结果无效。

(3)混凝土强度等级小于C60时,非标准试件的抗压强度应乘以尺寸换算系数(表4-22),并应在报告中注明。当混凝土强度等级大于C60时,宜用标准试件,使用非标准试件时,换算系数由试验确定。

立方体抗压强度尺寸换算系数 表4-22

试件尺寸(mm)	尺寸换算系数	试件尺寸(mm)	尺寸换算系数
100×100×100	0.95	200×200×200	1.05

(4)水泥混凝土立方体抗压强度试验记录见表4-23。

水泥混凝土立方体抗压强度试验记录表 表4-23

工程名称_____　　　搅 拌 方 法_____
路段范围_____　　　试验室温度、湿度_____
试样来源_____　　　计算者、校核者_____
评定标准_____　　　试 验 日 期_____
试验方法_____

试件编号	拌制日期	龄期(d)	试件尺寸(mm)	受压面积(mm^2)	试件破坏荷载(N)	抗压强度(MPa)	
						单值	平均值
1							
2							
3							
结论							

6. 试验中应注意的问题

(1)试件从养护地点取出后应尽快进行试验,以免试件内部的湿度发生变化。

(2)试验时以实测试件尺寸计算试件的承压面积,如实测尺寸与公称尺寸之差不大于1mm,可按公称尺寸进行计算。

(3)试验应连续而均匀的加荷,当试件接近破坏而开始迅速变形时,应停止调整试验机油门,直至试件破坏。

(4)非标准试件应进行换算。

【三】 水泥混凝土抗弯拉强度试验方法(T 0558—2005)

1.目的和适用范围

本方法规定了测定水泥混凝土抗弯拉极限强度的方法,以提供设计参数,检查水泥混凝土施工品质和确定抗弯拉弹性模量试验加荷标准。

本方法适用于各类水泥混凝土棱柱体试件。

20-硬化后水泥混凝土的力学性质(二)

2.仪器设备

(1)压力机或万能试验机。应符合《水泥混凝土试件制作》(T 0551—2005)中的规定。

(2)抗弯拉试验装置(即三分点处双点加荷,三点自由支承式混凝土抗弯拉强度与抗弯拉弹性模量试验装置),如图4-6所示。

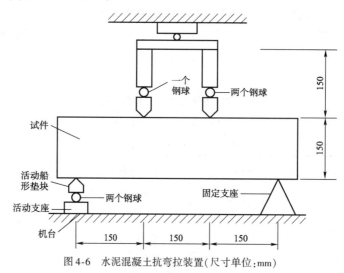

图4-6 水泥混凝土抗弯拉装置(尺寸单位:mm)

3.试件制备和养护

(1)试件尺寸应符合表4-21的规定,形状如图4-7所示,同时在试件长向中部1/3处区段内表面不得有直径超过5mm、深度超过2mm的孔洞。

图4-7 水泥混凝土抗弯拉试块

(2)混凝土抗弯拉强度试件应取同龄期者为一组每组3根同条件制作和养护的试件。

4.试验步骤

(1)试件取出后,用湿毛巾覆盖并及时进行试验,保持试件干湿状态不变。在试件中部量出其宽度和高度,精确至1mm。

(2)调整两个可移动支座,将试件安放在支座上,试件成型时的侧面朝上,几何对中后,务必使支座及承压面与活动船形垫块的接触面平衡、均匀,否则应垫平。

(3)加荷时,应保持均匀、连续。当混凝土的强度等级小于 C30 时,加荷速度为 0.02 ~ 0.05MPa/s;当混凝土的强度等级大于或等于 C30 且小于 C60 时,加荷速度为 0.05 ~ 0.08MPa/s;当混凝土的强度等级大于或等于 C60 时,加荷速度为 0.08 ~ 0.10MPa/s。当试件接近破坏而开始迅速变形时,不得调整试验机油门,直至试件破坏,记下破坏极限荷载 F。

(4)记录下最大荷载和试件下边缘断裂的位置。

5.试验结果计算与试验记录

(1)当断面发生在两上加荷点之间时,抗弯拉强度按公式(4-5)计算。

(2)以3个试件测值的算术平均值为测定值。3个试件中最大值或最小值中如有一个与中间值之差超过中间值的 15%,则把最大值和最小值舍去,以中间值作为试件的抗弯拉强度;如最大值和最小值与中间值之差值均超过中间值 15%,则该组试验结果无效。

3个试件中如有一个断裂面位于加荷点外侧,则混凝土抗弯拉强度按另外两个试件的试验结果计算。如果这两个测值的差值不大于这两个测值中较小值的 15%,则以两个测值的平均值为测试结果,否则结果无效。

如果有两根试件均出现断裂面位于加荷点外侧,则该组结果无效。

注:断面位置在试件断块短边一侧的底面中轴线上量得。

抗弯拉强度计算精确到 0.01MPa。

(3)采用 100mm × 100mm × 400mm 非标准试件时,在三分点加荷的试验方法同前,但所取得的抗弯拉强度值应乘以尺寸换算系数 0.85。当混凝土强度等级大于或等于 C60 时,应采用标准试件。

(4)试验记录。

水泥混凝土抗弯拉压强度试验记录见表 4-24。

水泥混凝土抗弯拉强度试验记录表 表 4-24

工程名称_____   搅 拌 方 法_____
路段范围_____   试验室温度、湿度_____
试样来源_____   计 算 者、校 核 者_____
评定标准_____   试 验 日 期_____
试验方法_____

试件编号	拌制日期	龄期(d)	试件尺寸(mm)	支座间距 L(mm)	试件的宽高 b、h(mm)	试件破坏荷载(N)	抗弯拉强度(MPa) 单值	抗弯拉强度(MPa) 平均值
1								
2								
3								
结论								

6.试验中注意的问题

(1)试件的养护条件应符合要求。

(2)试件的支点位置与加荷位置应准确。

(3)加荷速度应均匀。

(4)操作试验机时应遵守操作规程,安全操作。

技能训练(试验报告实例)

试验报告实例见表 4-25。

水泥混凝土立方体抗压强度试验任务报告单与试验结果计算表　　表 4-25

实训日期		姓名		成绩	
实训任务	水泥混凝土立方体抗压强度试验(T 0553—2005)				
实训任务书	题目:东北某地大型钢筋水泥混凝土桥墩,设计强度等级为 C35。混凝土拌和物的坍落度为 55～70mm,桥梁所在地区为寒冷地区,并受冻胀作用影响,试根据下列原始材料完成下列要求。 资料: (1)已知混凝土的设计强度等级为 C35,历史统计资料的强度标准差为 4.0MPa。 (2)材料: ①水泥:硅酸盐水泥,强度等级为 42.5,密度 $\rho_c = 3.10\text{g/cm}^3$,实测强度为 49.5MPa。技术性质符合标准要求; ②粗集料:碎石,最大粒径 31.5mm,表观密度 $\rho_g = 2.72\text{g/cm}^3$,级配与质量符合标准要求; ③细集料:天然河砂,中砂,表观密度 $\rho_s = 2.65\text{g/cm}^3$,级配与质量符合标准要求; ④水:生活用水。 说明:砂与碎石为干燥的。 配合比: (1)由原始材料计算出的混凝土初步配合比为 1m³ 的混凝土中水泥:水:砂:碎石 = 375kg:195kg:600kg:1218kg。 (2)按材料的配合比,搅拌 25L 的混凝土拌和物,做工作性检测,坍落度不符合设计要求,以保持砂、石用量不变,水灰比不变,增加水泥浆 2%,测定拌和物的工作性,坍落度符合设计要求。以此计算出 25L 混凝土拌和物的各材料用量为水泥:水:砂:碎石 = 9.562kg:4.972kg:15.000kg:30.450kg。做混凝土拌和物的表观密度测试,测定出表观密度值为 2470kg/cm³,而拌和物的理论密度为 2399kg/m³。 (3)由此计算出 25L 混凝土拌和物的各材料用量为水泥:水:砂:碎石 = 9.849kg:5.121kg:15.450kg:31.360kg。 要求: (1)制作混凝土的立方体试块并按规定条件养护。 (2)测定混凝土达到某龄期的立方体抗压强度。 (3)试验结果计算与分析				
主要设备					
主要步骤	(每位学生按照实际操作过程进行填写)				

混凝土立方体抗压强度试验记录表

工程名称　　桥墩　　　　　　　　　搅拌方法　　机械搅拌
路段范围　　　—　　　　　　　　　试验室温、湿度　20℃、50%
试样来源　　施工工地　　　　　　　试验者、校核者＿＿＿＿＿＿
评定标准　　设计要求　　　　　　　试　验　日　期＿＿＿＿＿＿
试验方法　　T 0553—2005

试件编号	拌制日期	龄期 (d)	试件尺寸 (mm)	受压面积 (mm²)	试件破坏荷载 (N)	抗压强度(MPa)	
						单值	平均值
1		28	200	40000	1543800	38.6	
2		28	200	40000	1569200	39.2	38.0
3		28	200	40000	1450000	36.3	
结论	混凝土立方体试件为非标准试件,测定结果应修正为 38.0×1.05 = 39.9(MPa),符合设计强度等级要求						

课后任务

任务一 水泥混凝土有哪些主要技术性质?

任务二 水泥混凝土的强度等级是如何确定的?能否用非标准试件确定混凝土的强度等级。

任务三 每位学员按教学要求,制作与养护混凝土立方体试块一组,弯拉强度试块一组,养护28d后测定其强度,并写出试验报告。

课题四 普通混凝土配合比设计(选学)

任务引入

水泥混凝土的强度主要取决于各组成材料的质量与用量。它们之间的比例关系如何呢?用什么方法计算呢?

任务分析

水泥混凝土中各组成材料之间的数量比例,可以用配合比进行计算,配合比计算的每一步,都是一个完整的设计环节。只有把每一个环节设计好,才能提出一个较为合理的混凝土配合比设计方案。

相关知识

1. 概述

1)定义

混凝土的配合比是指混凝土组成材料水泥、水、细集料、粗集料之间数量比例关系,必要时加入外加剂或外掺剂。正确合理的选择配合比称为配合比设计。计算混凝土的配合比可能有多个,但设计后选取一个最合理的。

2)混凝土配合比表示方法

(1)相对用量表示法。以水泥质量为1,按相对比例的方法表示,并按"胶凝材料:细集料:粗集料;水灰(胶)比"的顺序排列。例如,1:1.85:2.90;$W/C=0.53$。也就是说,这种表示方法,只说明混凝土中各材料之间比例关系,不能判断混凝土中各材料的用量。

(2)单位用量表示法。以每 $1m^3$ 混凝土各材料的用量表示。并按"水泥:水:细集料:粗集料"的顺序排列。例如,350kg:185kg:680kg:1200kg,即 $1m^3$ 混凝土中用水泥 350kg,水 185kg,细集料 680kg,粗集料 1200kg。

3)配合比设计原则

(1)满足混凝土结构设计强度要求;

(2)满足新拌混凝土拌和物施工时的工作性要求;

(3)满足使用时混凝土耐久性要求;

(4)提高经济效益。

4)配合比设计参数

由于水泥混凝土基本组成材料是四个,要想算出各材料的配合比,应先找出它们之间的关系。通常用三个参数表示,即水灰(胶)比、砂率、单位用水量。

水胶比是指混凝土中用水量与胶凝材料(混凝土中水泥与活性矿物掺合料的总称)用量的比值。

胶凝材料用量是指每立方米混凝土中水泥用量和活性矿物掺合料用量之和。

矿物掺合料掺量是指混凝土中掺合料质量占胶凝材料质量的百分比。

外加剂掺量是指外加剂的质量占混凝土中胶凝材料总质量的百分比。

2. 混凝土配合比设计步骤

(1)根据设计强度等级计算初步配合比。此步骤主要根据我国现行配合比设计方法,计算出理论上各组成材料的配合比。

(2)根据初步配合比配制混合料,检验并调整混凝土拌和物的工件性符合设计与施工要求,提出基准配合比。

(3)根据基准配合比,检验试配强度、混凝土拌和物的表观密度、混凝土耐久性检验,确定试验室配合比。

(4)根据工地的原材料中的含水率,换算出施工配合比。

3. 普通混凝土配合比设计(以抗压强度为例)

1)计算初步配合比的计算

(1)根据混凝土的强度等级,确定试配强度($f_{cu,0}$)。

为了使配制的混凝土具有必要的强度保证率($P=95\%$),要求混凝土的配制强度大于其标准值。按公式(4-7)、式(4-8)计算混凝土的配制强度:

$$f_{cu,0} \geq f_{cu,k} + 1.645\sigma \qquad (4-7)$$

$$f_{cu,0} \geq 1.15 f_{cu,k} \qquad (4-8)$$

式中:$f_{cu,0}$——混凝土的配制强度(MPa);

$f_{cu,k}$——混凝土立方体抗压强度标准值(MPa);

1.645——P 为 95% 的强度保证率系数;

σ——施工单位管理水平确定的混凝土强度标准差(MPa)。

公式(4-7)适用于混凝土强度等级小于 C60 的混凝土试配强度的计算,公式(4-8)适用于混凝土强度等级不小于 C60 混凝土试配强度的计算。

混凝土强度标准差,可根据施工单位近 1~3 个月同一品种、同一强度等级混凝土的强度资料,且试件组数不小于 30 组的混凝土强度标准差。当强度等级不大于 C30 时,标准差计算不小于 3.0MPa 时,按计算结果取值,当计算结果小于 3.0MPa 时,应取 3.0MPa 为标准差计算值;当强度等级大于 C30 且小于 C60 时,标准差计算不小于 4.0MPa 时,按计算结果取值,当计算结果小于 4.0MPa 时,应取 4.0MPa 为标准差计算值。如施工单位无历史统计资料时,混凝土强度标准差可按表 4-26 取值。

混凝土强度标准差 σ(MPa) 表 4-26

混凝土强度标准值	≤C20	C22~C45	C50~C55
强度标准差	4.0	5.0	6.0

(2) 计算水胶比(W/B)

根据配制强度和水泥的实际强度计算水灰比。

按强度要求计算水灰比。按公式(4-9)计算。

$$f_{cu,0} = Af_b(B/W - B) \Rightarrow W/B = \frac{\alpha_a f_b}{f_{cu,0} + \alpha_a \alpha_b f_b} \quad (4-9)$$

$$f_b = r_f r_s f_{ce} \quad (4-10)$$

$$f_{ce} = r_c f_{ce,k} \quad (4-11)$$

式中：$f_{cu,0}$——混凝土的试配强度(MPa)；

W/B——计算的水胶比，B/W为水胶比的倒数；

α_a、α_b——与粗集料种类有关的回归系数；粗集料用碎石时$\alpha_a = 0.53$，$\alpha_b = 0.20$；粗集料采用卵石时$\alpha_a = 0.49$，$\alpha_b = 0.13$；

f_b——胶凝材料的实际强度，MPa；在无法取得其的实际强度时，可按公式(4-10)计算；

r_f、r_s——粉煤灰、粒化高炉矿渣影响系数，可按表4-27选用；

f_{ce}——水泥的实际强度(MPa)；在无法取得其的实际强度时，可按公式(4-11)计算。

r_c——水泥强度等级的富余系数，可按表4-28选用；

$f_{ce,k}$——水泥的强度等级(MPa)。

粉煤灰和粒化高炉矿渣的影响系数 表4-27

掺量(%)	粉煤灰影响系数	粒化高炉矿渣影响系数
0	1.00	1.00
10	0.85～0.95	1.00
20	0.75～0.85	0.95～1.00
30	0.65～0.75	0.90～1.00
40	0.55～0.65	0.80～0.90
50	—	0.70～0.85

水泥强度等级富余系数 表4-28

水泥强度等级	32.5	42.5	52.5
富余系数	1.12	1.16	1.10

如根据试配强度计算的水胶比大于表4-29中的最大水胶比时，应按表4-29中规定取值。

混凝土最大水灰比和最小水泥用量 表4-29

最大水胶比	最小胶凝材料用量(kg/m³)		
	素混凝土	钢筋混凝土	预应力混凝土
0.60	250	280	300
0.55	280	300	300
0.50	320		
≤0.45	330		

(3) 计算单位用水量(m_{w0})和单位外加剂用量

①不加外加剂时单位用水量选择：按照集料的品种规格及施工要求的坍落度或维勃稠度选择单位用水量(1m³混凝土的用水量)。一般根据本单位所用材料按经验选用。如无使用

经验时可参考表4-30或表4-31选择单位用水量。

干硬性混凝土的单位用水量（kg/m³） 表4-30

拌和物的稠度		卵石最大公称粒径(mm)			碎石最大公称粒径(mm)		
项目	指标	10.0	20.0	40.0	16.0	20.0	40.0
维勃稠度（s）	16~20	175	160	145	180	170	155
	11~15	180	165	150	185	175	160
	5~10	185	170	155	190	180	165

塑性混凝土的单位用水量（kg/m³） 表4-31

拌和物的稠度		卵石最大公称粒径(mm)				碎石最大公称粒径(mm)			
项目	指标	10.0	20.0	31.5	40.0	16.0	20.0	31.5	40.0
坍落度（mm）	10~30	190	170	160	150	200	185	175	165
	35~50	200	180	170	160	210	195	185	175
	55~70	210	190	180	170	220	205	195	185
	75~90	215	195	185	175	230	215	205	195

注：1. 本表用水量系采用中砂的平均值。采用细砂时，每立方米混凝土用水量可增加5~10kg；采用粗砂时，每立方米混凝土用水量可减少5~10kg。

2. 掺用各种外加剂或掺合料时，用水量应相应调整。

a. 混凝土水胶比在0.40~0.80范围时，可按表4-30或表4-31选取单位用水量。

b. 混凝土水胶比小于0.40时，可通过试验确定。

②掺加外加剂时，流动性或大流动性混凝土单位用水量可按公式(4-12)计算。

$$m_{w0} = m'_{w0}(1 - \beta) \quad (4-12)$$

式中：m'_{w0}——未加外加剂时推定的单位用水量，按表4-31中90mm坍落度的单位用水量为基础，按每增大20mm坍落度相应增加5kg/m³用水量计算，当坍落度增大到180mm以上时，随坍落度相应增加的用水量可减少；

β——外加剂的减水率(%)，应经试验确定。

③每立方米混凝土中外加剂用量(m_{a0})按公式(4-13)计算。

$$m_{a0} = m_{b0}\beta_a \quad (4-13)$$

式中：m_{a0}——计算配合比每立方米混凝土外加剂用量(kg/m³)；

m_{b0}——计算配合比每立方米混凝土胶凝材料用量(kg/m³)，按公式(4-14)计算；

β_a——外加剂掺量(%)，经试验确定。

(4) 计算单位胶凝材料用量(m_{b0})

①每立方米混凝土胶凝材料用量，按公式(4-14)计算。

$$m_{b0} = \frac{m_{w0}}{W/B} \quad (4-14)$$

式中：m_{b0}——计算配合比每立方米混凝土单位胶凝材料用量(kg/m³)；

m_{w0}——计算配合比每立方米混凝土单位用水量(kg/m³)；

W/B——混凝土水灰比。

计算出的每立方米混凝土单位胶凝材料用量，与表4-29中所对应的混凝土类型要求所规定的最小胶凝材料用量进行比较，选用较大值。

②每立方米混凝土矿物掺合料用量(m_{f0})，按公式(4-15)计算。

$$m_{f0} = m_{b0}B_f \tag{4-15}$$

式中：B_f——矿物掺合料掺量(%)，其掺量应根据表4-32或表4-33确定。

钢筋混凝土中矿物掺合料最大掺量　　　　　表4-32

矿物掺合料种类	水 灰 比	最大掺量(%)	
		采用硅酸盐水泥时	采用普通硅酸盐水泥时
粉煤灰	≤0.40	45	35
	>0.40	40	30
粒化高炉矿渣	≤0.40	65	55
	>0.40	55	45
钢渣粉	—	30	20
磷渣粉	—	30	20
硅粉	—	10	10
复合掺合料	≤0.40	65	55
	>0.40	55	45

预应力混凝土中矿物掺合料最大掺量　　　　　表4-33

矿物掺合料种类	水 灰 比	最大掺量(%)	
		采用硅酸盐水泥时	采用普通硅酸盐水泥时
粉煤灰	≤0.40	35	30
	>0.40	25	20
粒化高炉矿渣	≤0.40	55	45
	>0.40	45	35
钢渣粉	—	20	10
磷渣粉	—	20	10
硅粉	—	10	10
复合掺合料	≤0.40	55	45
	>0.40	45	35

注：1. 采用其他通用硅酸盐水泥时，宜将水泥混合料量20%以上的混合料量计入矿物掺合料。
　　2. 复合掺合料各组分的掺量不宜超过单掺时的最大掺量。

③每立方米混凝土的水泥用量(m_{c0})，按公式(4-16)计算。

$$m_{c0} = m_{b0} - m_{f0} \tag{4-16}$$

式中：m_{c0}——计算配合比每立方米混凝土中水泥用量(kg/m³)。

(5)选择砂率(β_s)

砂率可根据施工使用集料的技术指标、混凝土拌和物性能和施工要求，参考历史资料确定。当无历史资料时，混凝土砂率的确定应符合下列规定：

①混凝土拌和物的坍落度小于10mm时，其砂率应经试验确定。

②混凝土拌和物的坍落度为10~60mm时，其砂率根据粗集料品种、最大公称粒径及水胶比选取。

③混凝土拌和物的坍落度大于60mm时，其砂率可经试验确定，也可在表4-34的基础上，按坍落度每增大20mm，砂率增大1%的幅度予以调整。

混凝土的砂率(%)　　　　表4-34

水灰比(W/C)	卵石最大公称粒径(mm)			碎石最大公称粒径(mm)		
	10.0	20.0	40.0	16.0	20.0	40.0
0.40	26~32	25~31	24~30	30~35	29~34	27~32
0.50	30~35	29~34	28~33	33~38	32~37	30~35
0.60	33~38	32~37	31~36	36~41	35~40	33~38
0.70	36~41	35~40	34~39	39~44	38~43	36~41

注:1.表中数值是中砂的选用砂率。对细砂或粗砂,可相应减少或增加砂率。

2.采用人工砂配制混凝土时,应适当增大砂率。

3.只用一个单粒级的粗集料时,砂率应相应的增大。

(6)计算粗、细集料的单位用量(m_{G0}、m_{s0})

在已知砂率的情况下,粗、细集料用量可用质量法或体积法进行计算。

①假定质量法

假定质量法的原理是假设每立方米混凝土的质量(m_{cp})等于每立方米各组成材料质量之和。与砂率公式联立方程组,求得粗、细集料的单位用量。按公式(4-17)计算。

$$\begin{cases} m_{cp} = m_{c0} + m_{f0} + m_{w0} + m_{s0} + m_{G0} \\ \beta_s = \dfrac{m_{s0}}{m_{s0} + m_{G0}} \times 100 \end{cases} \quad (4\text{-}17)$$

式中:m_{cp}——每立方米混凝土拌和物的假定质量(kg/m^3),可取2350~2450kg/m^3;

m_{s0}——计算配合比每立方米混凝土的细集料用量(kg/m^3);

m_{G0}——计算配合比每立方米混凝土的粗集料用量(kg/m^3)。

②绝对体积法

绝对体积法的原理是假设混凝土组成材料各绝对体积的和与加气量之和等于1m^3混凝土的体积。与砂率公式联立方程组,求得粗、细集料用量。按公式(4-18)计算。

$$\begin{cases} \dfrac{m_{c0}}{\rho_c} + \dfrac{m_{f0}}{\rho_f} + \dfrac{m_{w0}}{\rho_w} + \dfrac{m_{s0}}{\rho_s} + \dfrac{m_{G0}}{\rho_G} + 0.01\alpha = 1 \\ \beta_s = \dfrac{m_{s0}}{m_{s0} + m_{G0}} \times 100 \end{cases} \quad (4\text{-}18)$$

式中:ρ_c——水泥密度(kg/m^3),一般采用2900~3100kg/m^3;

ρ_f——矿物掺合料密度(kg/m^3);

ρ_w——水的密度(kg/m^3),一般采用1000kg/m^3;

ρ_s——细集料的表观密度(kg/m^3);

ρ_G——粗集料的表观密度(kg/m^3);

α——混凝土含气量百分数,在不使用引气型外加剂时,一般采用1。

(7)计算配合比

①相对用量表示法。水泥:细集料:粗集料;水灰(胶)比 $= m_{c0}:m_{s0}:m_{G0}$;$\dfrac{W}{B}=1:\dfrac{m_{s0}}{m_{c0}}:\dfrac{m_{G0}}{m_{c0}}:\dfrac{m_{w0}}{m_{b0}},B_f$。

②单位用量表示法。水泥:水:细集料:粗集料 $= m_{c0}:m_{w0}:m_{s0}:m_{G0},B_f$。

2)混凝土拌和物工作性检验,提出基准配合比

(1)材料试配:得出初步配合比后,应进行材料试配。试配应采用工程实际中使用的材

料,配合比设计所采用的细集料含水率应小于0.5%,粗集料含水率应小于0.2%。各材料按初步配合比进行试拌。

(2)搅拌方法和拌和物的数量:混凝土的搅拌方法应尽可能与生产时方法相同。试配时,每盘拌和物的最小拌和量应符合表4-35的规定;并不小于搅拌机公称容量的1/4且不应大于搅拌机公称容量。

混凝土试配用的最小拌和量　　　　表4-35

粗集料最大公称粒径(mm)	拌和物数量(L)
31.5	20
40.0	25

(3)检验混凝土拌和物的工作性(坍落度为例),提出基准配合比。

按计算出的初步配合比进行试配,按标准方法拌和,测定混凝土拌和物的坍落度。在此过程中水灰(胶)比不变。

①如果实测坍落度值大于设计要求值时,组成材料的调整方法如下:

a.保持水灰(胶)比不变,相应的减少胶浆数量(一般情况下,普通混凝土每增加或减少10mm的坍落度,均需增加或减少2%~5%的胶浆数量)。

b.保持砂率不变,增加砂石总重。

c.保持砂石总重不变,增大砂率。

②如果实测的坍落度小于设计要求值时,组成材料的调整方法如下:

保持水灰(胶)比不变,相应的增加胶浆数量。

这样反复试验,直到坍落度符合设计要求为此。综合检验调整混凝土拌和物的其他性能直至符合设计与施工要求为此,计算出 $1m^3$ 混凝土拌和物中实际材料用量,此配合比为混凝土拌和物的基准配合比,即水泥:水:细集料:粗集料 $= m_{ca}:m_{wa}:m_{sa}:m_{Ga}$,$B_f$。

3)检验强度、耐久性,确定试验室配合比

(1)制作试件,检验强度

以试拌配合比中的水灰比为准,制作一组混凝土试块,另外配制两组水灰比比试拌配合比的水胶比增加或减少0.05的试块(其中用水量不变,砂率可增加或减少1%)。制作混凝土强度试块时,混凝土拌和物的性能应符合设计与施工要求。

每一种配合比的混凝土试块至少一组,并标准养护至28d或设计规定龄期时试压。

(2)确定试验室配合比

①按强度检验结果,绘制水胶比与强度关系曲线,从图4-8的曲线中找出与略大于试配强度对应的水胶比。

a.水胶比确定后,在试拌配合比的基础上,用水量(m'_{wb})与外加剂用量应适当调整。

b.胶凝材料用量(m'_{bb})。以用水量(m'_{wb})乘以由图4-8得出的为保证试配强度所对应的水胶比而得出的值。

c.粗、细用量(m'_{Gb}、m'_{sb})。根据用水量与胶凝材料用量进行调整。

②按实测混凝土拌和物表观密度值修正

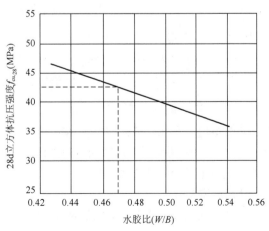

图4-8　混凝土28d抗压强度与水胶比关系曲线

配合比。

a. 混凝土的理论密度 ρ'_h,按公式(4-19)计算。

$$\rho'_h = m'_{bb} + m'_{wb} + m'_{sb} + m'_{Gb} \tag{4-19}$$

b. 计算密度修正系数 k,按公式(4-20)计算。

$$k = \frac{\rho_h}{\rho'_h} \tag{4-20}$$

式中:k——混凝土配合比密度校正系数;

ρ_h——混凝土拌和物的实测表观密度(kg/m^3)。

当混凝土拌和物的表观密度实测值与理论密度之差的绝对值不超过理论密度的2%时,混凝土拌和物的各材料不进行校正;当大于2%时,拌和物各材料用量均应乘以校正系数。

配合比调整后应测定混凝土拌和物的水溶性氯离子含量,试验结果应符合规定要求,并对耐久性有设计要求的混凝土进行相关试验。

③计算试验室配合比。

将混凝土配合比中各材料乘以校正系数,即得出试验室配合比中的各材料实用量,按公式(4-21)计算。

$$\begin{cases} m_{bb} = km'_{bb} \\ m_{wb} = km'_{wb} \\ m_{sb} = km'_{sb} \\ m_{Gb} = km'_{Gb} \end{cases} \tag{4-21}$$

试验配合比为水泥:水:细集料:粗集料 = $m_{cb}:m_{wb}:m_{sb}:m_{Gb}$,$B_f$。

4)换算施工配合比

试验室最后确定的配合比,集料基本上是按干燥的,而施工现场使用的粗细集料中有一定量的水分,为了保证混凝土的品质,应根据现场粗、细集料的含水率进行换算,按公式(4-22)计算。

$$\begin{cases} m_b = m_{bb}(其中 m_{bb} = m_{cb} + m_{fb}) \\ m_s = m_{sb}(1 + a\%) \\ m_G = m_{Gb}(1 + b\%) \\ m_w = m_{wb} - m_{sb} \times a\% - m_{Gb} \times b\% \end{cases} \tag{4-22}$$

式中:$a\%$——细集料中的含水率;

$b\%$——粗集料中的含水率。

施工配合比为水泥:水:细集料:粗集料 = $m_c:m_w:m_s:m_G$,B_f。

4. 混凝土配合比设计实例

【例4-1】 东北某地大型钢筋水泥混凝土桥墩,设计强度等级为C35。混凝土拌和物的坍落度为55~70mm,桥梁所在地区为寒冷地区,并受冻胀作用影响。试根据下列原始材料对此桥墩的配合比进行设计(用绝对体积法)。

【原始资料】

(1)已知混凝土的设计强度等级为C35,历史统计资料的强度标准差为4.0MPa。

(2)材料:

①水泥。硅酸盐水泥,强度等级为42.5,密度$\rho_c = 3.10\text{g/cm}^3$,实测强度为49.5MPa,技术性质符合标准要求。

②粗集料。碎石,最大粒径40.0mm,表观密度$\rho_G = 2.72\text{g/cm}^3$,工地实测含水率为2%,级配与质量符合标准要求。

③细集料。天然河砂,中砂,表观密度$\rho_s = 2.65\text{g/cm}^3$,工地实测含水率为3%,级配与质量符合标准要求。

④水。生活用水。

⑤掺合料。粉煤灰,二级,技术性能符合标准要求,推荐掺合量为$B_f = 20\%$。

⑥外加剂。不加外加剂。

【设计要求】

(1)根据资料计算初步配合比;

(2)试拌后提出试拌配合比;

(3)检验强度后得出试验室配合比;

(4)根据工地实测含水率,计算施工配合比。

【配合比计算】

1)初步配合比计算

(1)确定混凝土的试配强度

$$f_{cu,0} = f_{cu,k} + 1.645\sigma = 35 + 1.645 \times 4.0 = 41.6(\text{MPa})$$

(2)计算水灰比

$$f_b = r_f r_s f_{ce} = 0.85 \times 49.5 = 42.1(\text{MPa})$$

$$\frac{W}{B} = \frac{Af_b}{f_{cu,0} + ABf_b} = \frac{0.53 \times 42.1}{41.6 + 0.53 \times 0.20 \times 42.1} = 0.48$$

(3)确定单位用水量(m_{w0})

由表4-30查出$m_{w0} = 185\text{kg/m}^3$。

(4)计算单位胶凝材料用量(m_{b0}),并校核最小胶凝材料用量

$$m_{b0} = \frac{m_{w0}}{W/B} = \frac{185}{0.48} = 385(\text{kg/m}^3)\text{(符合最小胶凝材料用量要求)}$$

$$m_{f0} = m_{b0}B_f = 385 \times 20\% = 77(\text{kg/m}^3)$$

$$m_{c0} = m_{b0} - m_{f0} = 385 - 77 = 308(\text{kg/m}^3)$$

(5)确定砂率(s_p)

由表4-34查出$s_p = 32\%$

(6)计算砂、石单位用量(m_{s0}, m_{G0})

用假定质量法计算:

$$\begin{cases} m_{b0} + m_{w0} + m_{s0} + m_{G0} = 2450 \\ s_p = \dfrac{m_{s0}}{m_{s0} + m_{G0}} \times 100 \end{cases} \Rightarrow \begin{cases} 385 + 185 + m_{s0} + m_{G0} = 2450 \\ 32 = \dfrac{m_{s0}}{m_{s0} + m_{G0}} \times 100 \end{cases}$$

解方程组得:$m_{s0} = 602 \text{kg/m}^3, m_{G0} = 1278 \text{kg/m}^3$

(7) 初步配合比

①相对用量表示法:

水泥:细集料:粗集料;水灰比 $= m_{c0} : m_{s0} : m_{G0} ; \dfrac{W}{B} = 1 : \dfrac{m_{s0}}{m_{c0}} : \dfrac{m_{G0}}{m_{c0}} ; \dfrac{m_{w0}}{m_{c0}} = 1 : 1.95 : 4.15 : 0.48, 30\%$。

②单位用量表示法:

水泥:水:细集料:粗集料 $= m_{c0} : m_{w0} : m_{s0} : m_{G0} = 308 \text{kg} : 185 \text{kg} : 602 \text{kg} : 1278 \text{kg}, 20\%$。

2) 检测混凝土拌和物的性能并调整,提出基准配合比

(1) 计算试拌材料用量

根据粗集料的最大粒径与实用性要求,拌和物数量要求为 25L。

$$\begin{cases} m'_{b0} = (m_{c0} + m_{f0}) = (308 + 77) \times (25/1000) = 7.7 + 1.925 = 9.625(\text{kg}) \\ m'_{w0} = 185 \times (25/1000) = 4.625(\text{kg}) \\ m'_{s0} = 602 \times (25/1000) = 15.050(\text{kg}) \\ m'_{G0} = 1278 \times (25/1000) = 31.950(\text{kg}) \end{cases}$$

(按计算结果用标准方法拌和混凝土混合料)

(2) 检测混凝土拌和物的性能

混凝土拌和物的坍落度试验,测得坍落度值为 40mm,小于 55~70mm 坍落度设计值,不符合设计要求。因此对混凝土拌和物的材料进行调整,按水灰比不变,增加水泥浆数量2%。拌和后测得拌和物的坍落度值为 60mm,并综合检测混凝土拌和物的其他性能均符合设计与施工要求。调整工作性后 25L 的各材料用量为:

$$\begin{cases} m''_{b0} = 9.625 \times (1 + 2\%) = 9.818(\text{kg}) \\ m''_{w0} = 4.625 \times (1 + 2\%) = 4.718(\text{kg}) \\ m''_{s0} = 15.050 \text{kg} \\ m''_{G0} = 31.950 \text{kg} \end{cases}$$

$\Rightarrow 1\text{m}^3$ 混凝土拌和物 $\begin{cases} m_{ba} = 385 \times (1 + 2\%) = 393(\text{kg}), \text{其中掺合料的} 20\% = 393 \times 20\% = 79(\text{kg}) \\ m_{wa} = 185 \times (1 + 2\%) = 189(\text{kg}) \\ m_{sa} = 602 \text{kg} \\ m_{Ga} = 1278 \text{kg} \end{cases}$

(3) 提出试拌配合比

基准配合比为:$m_{ca} : m_{wa} : m_{sa} : m_{Ga} = 314 \text{kg} : 189 \text{kg} : 602 \text{kg} : 1278 \text{kg}, 20\%$

3) 检验强度,确定试验室配合比

(1) 制作试件,并测定混凝土拌和物的表观密度 ρ_h

分别以水灰比为 $A = 0.53, B = 0.48, C = 0.43$ 拌制三组混凝土拌和物。按标准方法制作

试件,并按标准养护方法养护至28d,测定其立方体抗压强度值。

A组试件的抗压强度为37.0MPa;B组试件的抗压强度为41.5MPa;C组试件的抗压强度为47.0MPa。按试验结果,绘制混凝土28d立方体抗压强度($f_{cu,28}$)与水灰比(W/B)关系图,如图4-8所示。

由图4-8可知,相应混凝土配制强度$f_{cu,0}$ = 41.6MPa略高的强度43.0MPa,对应的水胶比W/B = 0.47。

(2)按强度试验结果修正配合比。由于修正时粗、细集料、用水量与试拌配合比相同。W/B = 0.47 时,胶凝材料用量 = 402kg/m³。

(3)按实测表观密度ρ_h = 2493(kg/m³)修正各材料用量。

$$\rho'_h = 402 + 189 + 602 + 1278 = 2471(kg/m^3)$$

$$\frac{2493 - 2471}{2471} \times 100 = 0.01\% < 2\%$$

混凝土拌和物各材料不再进行修正

经检测混凝土的其他性能指标符合设计与施工要求后进行计算试验室配合比。

(4)试验室配合比

$$m_{fb} = m_{bb}B_f = 80kg/cm^3, m_{cb} = 402 - 80 = 322(kg/cm^3)$$

试验室配合比为:$m_{cb}:m_{wb}:m_{sb}:m_{Gb},B_f = 322kg:189kg:602kg:1278kg,20\%$(掺合量)。

4)换算施工配合比

$$\begin{cases} m_b = m_{bb} = 402kg/m^3, m_c = 322kg/cm^3 \\ m_{s3} = m_{s2}(1 + a\%) = 602 \times (1 + 3\%) = 620(kg/m^3) \\ m_{G3} = m_{C2}(1 + b\%) = 1278 \times (1 + 2\%) = 1304(kg/m^3) \\ m_{w3} = m_{w2} - m_{s2} \times a\% - m_{G2} \times b\% = 189 - 18 - 26 = 145(kg/m^3) \end{cases}$$

施工配合比为:$m_c:m_w:m_s:m_G,B_f = 322kg:145kg:620kg:1304kg,20\%$(掺合量)。

402kg/m³的胶凝材料中水泥用量322kg/m³,粉煤灰用量80kg/m³。

课后任务

任务一 什么叫混凝土的配合比?什么叫混凝土的配合比设计?混凝土配合比设计原则是什么?

任务二 简述普通混凝土配合比设计步骤(以混凝土抗压强度为例)。

任务三 已知某混凝土设计强度等级为C35,受地下水和冰冻作用,内部设计有配筋。要求坍落度为30~50mm。试根据下列原材料对此混凝土对进行初步配合比计算(以抗压强度为设计指标)(用体积法)。

(1)水泥。普通水泥,强度等级42.5级,技术性质符合标准要求。

(2)细集料。天然河砂为中砂,质量符合要求,级配属于Ⅱ区,表观密度为2.68g/cm³,含水率为2%。

(3)粗集料。机制碎石,级配与技术性质符合要求,最大粒径为31.5mm,含水率为3%。

(4)水。生活用水。

(5)掺合料。粉煤灰Ⅲ级,技术性能符合要求。推荐掺合量为10%。

(6)不加任何外加剂。

课题五 砂 浆

 任务引入

工程上常用的砂浆主要是砌筑砖块或石块,外表抹面等使用,它与水泥混凝土有什么区别呢?它的强度等级如何测定呢?

任务分析

砂浆在工程中主要是起黏结与保护作用,砂浆的强度越高,黏结越大。砂浆的强度用强度等级表示,它是由标准养护条件下按标准方法制作的砂浆的立方体试块测得的抗压强度值表示的。它与混凝土的强度等级相同,强度等级数值代表的是一个强度范围。砂浆的质量决定工程的质量。砂浆的技术性质应符合技术标准要求。

相关知识

1. 概念

1)定义

砂浆是由胶凝材料、细集料、掺合料和水按一定比例配制而成的建筑工程材料。在工程中起粘结、装饰和保护的作用。常用的胶凝材料为水泥、石灰等,细集料一般采用天然砂。

2)分类

(1)砂浆在道路与桥梁工程中按用途可分:砌筑砂浆和抹面砂浆。砌筑砂浆一般分为现场配制砂浆和预拌砌筑砂浆,现场配制砂浆又分为水泥砂浆和水泥混合砂浆,预制砌筑砂浆(商品砂浆)它是由专业生产厂生产的湿拌砌筑砂浆和干拌砌筑砂浆。

(2)按黏结材料不同分:水泥砂浆、石灰砂浆和石灰水泥混合砂浆。

2. 砂浆对各组成材料的要求

1)水泥

砌筑砂浆用水泥的强度等级应根据设计要求进行选择。水泥砂浆采用的水泥强度等级应根据砂浆品种进行选择。M15 及以下强度等级的砌筑砂浆宜选用 32.5 级的通用硅酸盐水泥,M15 以上强度等级的砌筑砂浆宜选用 42.5 级的通用硅酸盐水泥。

2)石灰

砌筑砂浆用石灰膏,应符合下列规定:

(1)生石灰熟化成石灰膏时,应用网孔不大于 3mm×3mm 的网过滤,熟化时间不得少于 7d;磨细生石灰粉的熟化时间不得少于 2d。其试配稠度应为 120mm±5mm。

(2)消石灰粉不得直接用于砌筑砂浆中。

3)砂

砌筑砂浆用砂宜选用中砂,其中毛石砌体选用粗砂。且应全部通过 4.75mm 的方孔筛。砂的含泥量不应超过 5%。

4)水

配制砂浆用水与混凝土用水要求一致。

3. 水泥砂浆的主要技术性质

新拌砂浆应有较好的和易性,硬化后应有足够的强度、黏结性与耐久性。

1)砂浆的和易性

砂浆的和易性是指砂浆能够在砌筑面上均匀铺开,并能使砌体之间紧密黏结的性能。砂浆的和易性包括流动性和保水性两方面。

(1)流动性。流动性是指砂浆在自重或外力作用下,易于流动并能均匀地在砌筑面上铺开的性能。砂浆的流动性用稠度仪测定。稠度值越大表示砂浆的流动性越好。

砂浆的流动性大小主要取决于用水量以及胶凝材料的种类和用量,细集料的种类、外形与级配,拌和时间等。砌筑砂浆的施工稠度应按表4-36的规定选用。具体测定方法见《公路工程水泥及水泥混凝土试验规程》(JTG 3420—2020)(以下简称本规程)中的 T 0587—2020。

砌筑砂浆的施工稠度 表4-36

砌体的种类	施工稠度(mm)
烧结普通砖砌体、粉煤灰砖砌体	70~90
混凝土砖砌体、普通混凝土小型空心砌块砌体、灰砂砖砌体	50~70
烧结多孔砖与空心砖砌体、轻集料混凝土小型空心砌块砌体、蒸压加气混凝土砌块砌体	60~80
石砌体	30~50

(2)保水性。保水性是指新拌砂浆在运输和施工过程中保持水分不流失和各组成材料不产生离析的能力。砌筑砂浆的保水率应符合表4-37的规定,具体测定方法见本规程中的 T 0591—2020。

21-砂浆的保水性试验

2)硬化后砂浆的强度

砂浆的抗压强度是确定砂浆强度等级的主要指标。砂浆的抗压强度等级是以边长70.7mm的正立方体试件,在标准养护条件(温度20℃±2℃,相对湿度水泥砂浆为90%以上,水泥混合砂浆为60%~80%)下,养护28d龄期的平均极限抗压强度值来确定的。

砌筑砂浆的保水率 表4-37

砂浆的种类	保水率(%)
水泥砂浆	≥80
水泥混合砂浆	≥84
预制砌筑砂浆	≥88

我国现行标准《砌筑砂浆配合比设计规程》(JGJ 98—2010)规定,水泥砂浆及预制砌筑砂浆的强度等级分为:M30、M25、M20、M15、M10、M7.5、M5;水泥混合砂浆的强度等级分为 M15、M10、M7.5、M5。例如强度等级 M5 的砂浆,M 表示砂浆强度等级,5 表示砂浆强度等级的平均抗压强度值,具体测定方法见本规程中的 T0591—2020。

3)黏结力

砂浆应具有较强的黏结力,才能使砌体牢固地黏结成一个整体。砂浆的黏结力与其强度密切相关,通常砂浆的强度等级越高,砂浆的黏结力越大。

4)耐久性

圬工砂浆经常受环境水的作用,故除强度外,还应考虑其抗渗、抗冻、抗侵蚀等性能。其测定方法见本规程中的 T 0596—2020。提高砂浆耐久性的措施主要是提高其密实度。

4.砌筑砂浆的配合比设计

砂浆的配合比设计主要是根据砂浆的设计等级进行的。设计原理是砂浆的体积等于砂的堆积体积。

1)配合比的设计步骤

(1)计算砂浆的试配强度($f_{m,0}$);

(2)计算每立方米砂浆中的水泥用量(Q_c);

(3)计算每立方米砂浆中石灰膏用量(Q_D);

(4)每立方米砂浆中的砂用量(Q_s);

(5)每立方米砂浆中的水用量(Q_w)。

2)砌筑砂浆的配合比设计

(1)计算砂浆的试配强度,按公式(4-23)计算。

$$f_{m,0} = kf_2 \tag{4-23}$$

式中:f_2——砂浆的强度等级值(MPa),精确至 0.1MPa;

k——系数,按表 4-38 取值。

砂浆的强度标准差 σ 及 k 值　　表 4-38

施工水平	强度等级							k
	M5	M7.5	M10	M15	M20	M25	M30	
	强度标准差 σ(MPa)							
优良	1.00	1.50	2.00	3.00	4.00	5.00	6.00	1.15
一般	1.25	1.88	2.50	3.75	5.00	6.25	7.50	1.20
较差	1.50	2.25	3.00	4.50	6.00	7.50	9.00	1.25

注:砂浆的强度标准差 σ,精确至 0.01MPa;当有统计资料时,标准差按统计资料计算,若无统计资料时,砂浆的强度标准差可按表 4-38 取用。

(2)水泥用量的计算应符合下列规定:

每立方米砂浆中的水泥用量,应按公式(4-24)计算。

$$Q_c = 1000(f_{m,0} - \beta)/(\alpha \cdot f_{ce}) \tag{4-24}$$

式中:Q_c——每立方米砂浆的水泥用量(kg),应精确至 1kg;

α,β——砂浆的特征系数,其中,α 取 3.30,β 取 -15.09;

f_{ce}——水泥的实际强度,应精确至 0.1MPa;无水泥的实际强度时,应按公式(4-25)计算。

$$f_{ce} = \gamma_c \cdot f_{ce,k} \tag{4-25}$$

其中,γ_c 可按实际统计资料取值,如无统计资料时可取 1.0。

(3)石灰膏用量按式(4-26)计算。

$$Q_D = Q_A - Q_C \tag{4-26}$$

式中:Q_A——每立方米砂浆中水泥和石灰膏总量,精确至 1kg,可取 350kg。

(4)每立方米砂浆中的砂用量(kg/m³),应按干燥状态(含水率小于0.5%)的堆积密度值计算。

(5)每立方米砂浆中的水用量,可根据砂浆稠度等要求选用,一般为210～310kg/m³。

注:混合砂浆用水量不包括石灰膏中的水量;当采用细砂或粗砂时,用水量可分别取上限或下限;稠度小于70mm时,用水量可取小于下限;施工现场气候炎热或干燥时,可适量增加用水量。

3)试拌调整与确定砂浆的设计配合比

(1)砌筑砂浆试配时应考虑工程实际要求搅拌应符合下列要求:

①采用机械搅拌。搅拌时间自开始加水算起。

②对水泥砂浆和水泥混合砂浆,搅拌时间不得少于120s,对于预拌砌筑砂浆和掺有粉煤灰、外加剂等材料的砂浆,搅拌时间不得少于180s。

(2)按计算或查表所得配合比试拌时,应按现行行业标准本规程测定砌筑砂浆拌和物的稠度和保水率。当稠度与保水率不能满足要求时,应调整材料用量,直至符合要求为止。计算出基准配合比。

(3)试配时至少采用三个不同的配合比,其中一个基准配合比拌制,另外两个配合比的水泥用量应按试拌配合比分别增加及减少10%。在保证稠度、保水率合格的条件下,可对用水量、石灰膏和粉煤灰等材料用量作相应调整。

(4)砌筑砂浆试配时稠度应满足施工要求,并按现行行业标准本规程分别测定不同配合比砂浆的表观密度,标准试件在标准养护条件下,养护28d测定其抗压强度值,并应选定符合试配强度与和易性要求、水泥用量最低的配合比作为砂浆的试配配合比。

砌筑砂浆的试配配合比应作以下修正:当砂浆拌和物表观密度的实测值与理论值之差的绝对值不超过理论密度的2%时,拌和物的各材料不进行校正,以上计算的试配配合比为砂浆的设计配合比;当大于2%时,应将试配砂浆拌和物各材料用量均乘以校正系数δ[按公式(4-27)计算]后,确定为砂浆的设计配合比。

$$\delta = \frac{\rho_c}{\rho'_t} \tag{4-27}$$

$$\rho_t = Q_c + Q_D + Q_s + Q_w$$

式中:ρ_t——砂浆的理论表观密度,应精确至10kg/m³;

ρ_c——砂浆的实测表观密度,应精确至10kg/m³。

任务实施(技能操作)

【一】 水泥砂浆拌和及稠度试验方法(T 0587—2020)

1.试验目的和适用范围

本方法规定了水泥砂浆拌和及稠度的试验方法。本方法适用于水泥砂浆及指定采用本方法的其他材料,稠度试验适用于稠度小于120mm 的砂浆。

2.仪器设备

(1)砂浆搅拌机:应符合现行《试验用砂浆搅拌机》(JG/T 3033)的规定。

22-砂浆的稠度试验

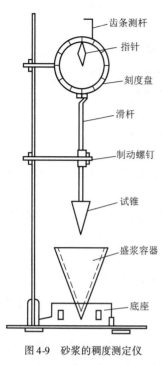

图4-9 砂浆的稠度测定仪

(2)砂浆稠度仪。由试锥、容器和支座三部分组成(图4-9)。试锥由钢材或铜材制成,试锥高度为145mm,锥底直径为75mm,试锥连同滑杆的质量为300g±2g;盛砂浆容器由钢板制成,筒高为180mm,锥底内径为150mm,体积约为1060mL;支座分底座、支架及稠度显示三个部分,由铸铁、钢及其他金属制成。

(3)钢制捣棒。直径10mm、长度350mm,端部半球形。

(4)秒表等。

3.试验准备

(1)试验室室内温度应控制在20℃±5℃,相对湿度不小于50%,砂浆拌和用原材料应放置试验室内至少24h。

(2)砂应过9.5mm的方孔筛,4.75mm筛上分计筛余不超过10%,且砂料应翻拌均匀,水泥及掺和料不允许有结块,使用前应用0.9mm过筛。

(3)砂料应为干燥状态,含水率不超过0.2%。

(4)材料用量以质量计。称量精度:水泥及掺和料、水和外加剂为±0.5%,砂为±1%。

4.砂浆拌和

(1)将砂浆搅拌锅清洗干净,并保持锅内润湿。按照配合比,先拌制不少于30%容量同配比砂浆,使搅拌机内壁挂浆,将剩余料卸出。

(2)将称好的砂料、水、水泥及外掺料等依次倒入机内,立即开动搅拌机,搅拌时间不应少于120s。掺有掺和料和外加剂的砂浆,其搅拌时间不应少于180s。一次拌和量不宜少于搅拌机容量的30%,不宜大于搅拌机容量的70%。

5.试验步骤

(1)应按本方法4制备砂浆。

(2)将圆锥筒和试锥表面用湿布擦干净,并用少量润滑油轻擦滑杆,然后将滑杆上多余的油用吸油纸擦净,使滑杆自由滑动。

(3)将拌好的砂浆一次装入圆锥筒,使砂浆表面低于圆锥筒口约10mm,用捣棒自圆锥筒中心向边缘插捣25次,然后用木锤在圆锥筒周围距离大致相等的四个不同部位轻轻敲击5~6次,使砂浆表面平整,随后将容器置于稠度测量仪的底座上。

(4)调节试锥滑杆的固定螺栓,缓慢向下移动滑杆,当试锥尖端与砂浆表面刚接触时,拧紧固定螺丝,使齿条侧杆下端刚好接触滑杆上端,读出刻度盘上的读数H_0(精确至1mm)。

(5)拧开制动螺丝,同时开始计时,10s立即固定螺丝,将齿条侧杆下端接触滑杆上端,读出刻度盘读数H_2,H_0和H_2的差值,即为砂浆的稠度值,精确至1mm。

(6)圆锥形容器内的砂浆,只允许测定一次稠度,重复测定时,应重新取样测定。

6.试验记录与试验精度要求

(1)建筑砂浆稠度试验记录见表4-39。

建筑砂浆稠度试验记录表　　　　　　　　　　　表 4-39

工程名称＿＿＿＿＿	试　验　条　件＿＿＿＿＿
试样来源＿＿＿＿＿	计算者、校核者＿＿＿＿＿
评定标准＿＿＿＿＿	试　验　日　期＿＿＿＿＿
试验方法＿＿＿＿＿	

试 验 次 数	1m³ 水泥砂浆各材料用量(kg)			砂浆的稠度值(mm)	
	水泥	砂	水	单值	平均值
结论					

(2)精度要求。

①同盘砂浆应取两次试验结果的算术平均值作为测定值,计算精确至 1mm;

②两次试验值之差如大于 10mm 时,则应重新取样测定。

【二】 水泥砂浆立方体抗压强度试验方法(T 0570—2005)

1. 目的与适用范围

本试验规定了测定水泥砂浆抗压极限强度的方法,以确定水泥砂浆的强度等级,作为评定水泥砂浆品质的主要指标。

本试验适用于各类水泥砂浆的 70.7mm×70.7mm×70.7mm 立方体试件。

23-砂浆的立方体抗压强度试验

2. 仪器设备

(1)试模为 70.7mm×70.7mm×70.7mm 带底立方体试模,应符合现行行业标准《混凝土试模》(JG 237—2008)的规定选择,应具有足够的刚度并拆装方便。试模的内表面应机械加工,其不平度应为每 100mm 不超过 0.05mm,组装后各相邻面的不垂直度不应超过 ±0.5°。

(2)捣棒。直径 10mm、长 350mm 的钢棒,端部为半球形。

(3)压力试验机。精度应为 1%,试件破坏荷载应不小于压力机量程的 20%,且不应大于全量程的 80%。

(4)垫板。试验机上、下压板及试件之间可垫以钢垫板,垫板的尺寸应大于试件的承压面,其不平度为每 100mm 不超过 0.02mm。

(5)钢尺。量程为 500mm,分度值 1mm。

3. 试件制备及养护

(1)制作砌筑砂浆试件时,将无底试模放在普通黏土砖上(砖的吸水率不小于 10%,含水率不大于 2%),试模内壁事先涂刷薄层机油或脱模剂。

(2)使用前预先在普通黏土砖上铺上吸水性较好的纸,如湿的新闻纸(或其它未粘过胶凝材料的纸),纸的大小要以能盖过砖的四边为准。砖的使用面要求平整,凡砖四个垂直面粘过水泥或其他胶结材料后,不允许再使用。

(3)向试模内一次注满砂浆,用捣棒均匀由外向里按螺旋方向插捣 25 次,为了防止低稠度砂浆插捣后可能留下孔洞,允许用油灰刀沿模壁插数次,使砂浆高出试模顶面 6~8mm。

(4)当砂浆表面开始出现麻斑状态时(15~30min),将高出部分的砂浆沿试模顶面削去抹平。

(5)试件制作后应在 20℃±5℃温度环境下放置一昼夜(24h±2h),当气温较低时,可适当延长时间,但不应超过两昼夜,然后对试件进行编号并拆模。试件拆模后,应在标准养护条件下继续养至28d,然后进行试压。

(6)标准养护的条件

①水泥混合砂浆:标准养护的条件为温度20℃±2℃,相对湿度60%~80%。

②水泥砂浆和微沫砂浆:标准养护的条件为温度20℃±2℃,相对湿度90%以上。

③养护期间,试件彼此间隔10mm以上。

4.试验步骤

(1)试件从养护地点取出后,应尽快进行试验,以免试件内部的温、湿度发生显著变化。先将试件擦拭干净,测量尺寸,并检查其外观。试件尺寸测量精确至1mm,如果实测尺寸与公称尺寸之差不超过1mm,按公称尺寸进行计算。

(2)将试件安放在试验机的下压板上(或下垫板上),试件的承压面应与成型时的顶面垂直,试件中心应与试验机下压板(或下垫板)中心对准。

开动试验机,当上压板与试件(或下垫板)接近时,调整球座,使接触面均衡受压。承压试验应连续而均匀加荷,加荷速度为0.25~1.5kN/s,砂浆强度不大于2.5MPa时,取下限为宜。当试件接近破坏而开始迅速变形时,停止调整试验机油门,直至试件破坏,记录破坏荷载。

5.试验结果计算与试验记录

(1)立方体抗压强度按公式(4-28)计算。

$$f_{m,cu} = \frac{F_u}{A} \tag{4-28}$$

式中:$f_{m,cu}$——砂浆立方体抗压强度(MPa);

F_u——破坏荷载(N);

A——试件承压面积(mm^2)。

(2)结果处理。

①以三个试件测值的算术平均值作为该组试件的抗压强度,精确至0.1MPa。

②当三个测值的最大值或最小值中有一个与中间值的差值超过中间值的15%时,应取中间值作为测定值。当两个均超出,该组试验结果无效。

(3)建筑砂浆立方体抗压强度试验记录见表4-40。

建筑砂浆立方体抗压强度试验记录表　　　　表4-40

工程名称_____　　　试　验　条　件_____
试样来源_____　　　计算者、校核者_____
评定标准_____　　　试　验　日　期_____
试验方法_____

试件编号	1m³ 水泥砂浆各材料用量(kg)			承压面积 (mm^2)	破坏荷载 (N)	砂浆立方体抗压强度(MPa)	
	水泥	砂	水			单值	平均值
结论							

技能训练(试验报告实例)

试验报告实例见表4-41。

建筑砂浆立方体抗压强度试验任务报告单与试验结果计算表   表4-41

实训日期		姓名		成绩	
实训任务	水泥砂浆立方体抗压强度试验(T 0570—2005)				
实训任务书	题目:其施工工地修筑石砌挡土墙,使用水泥砂浆,砂浆拌和物的施工稠度为30~50mm。试根据下列原始材料完成下列要求。 资料: (1)已知砂浆的设计强度等级M20,历史统计资料的强度标准差为5.0MPa。 (2)材料。 ①水泥:普通硅酸盐水泥,强度等级为32.5,密度 $\rho_c = 3100 kg/m^3$,实测强度为35.5MPa,技术性质符合标准要求。 ②细集料:天然河砂,中砂,表观密度 $\rho_s = 265 kg/m^3$,级配与质量符合标准要求,堆积密度为1630 kg/m^3,含水率视为干燥状态。 ③水:生活用水。 配合比:由原始材料计算出的砂浆各材料的用量分别为:$1m^3$的砂浆中水泥用量为363kg,砂用量为1630kg,水用量为260kg。 要求:测定砂浆的立方体抗压强度,并评价其是否符合强度等级要求				
主要设备					
主要步骤	(每位学生按照实际操作过程进行填写)				

水泥砂浆立方体抗压强度试验记录表

工程名称　某施工工地　　　　　试 验 条 件　22℃、相对湿度91%

试样来源　施工现场　　　　　　计算者、校核者＿＿＿＿＿＿＿＿

评定标准　　　—　　　　　　　试 验 日 期＿＿＿＿＿＿＿＿

试验方法　JGJ/T 70—2009

试件编号	$1m^3$ 水泥砂浆各材料用量(kg)			承压面积 (mm^2)	破坏荷载 (kN)	砂浆立方体抗压强度(MPa)	
	水泥	砂	水			单值	平均值
01					87.4	17.5	
02	363	1630	260	4998	82.5	16.5	22.3
03					70.0	14.0	
结论	此砂浆试样的立方体抗压强度测定值为16.5MPa,符合M15的强度等级要求						

课后任务

任务一　什么叫砂浆?它是如何分类的?

任务二　砂浆的强度等级如何确定的?

任务三　简述水泥砂浆的立方体抗压强度的试验步骤?结果如何计算?

任务四　对比说明水泥胶砂强度试件养护温度、混凝土立方体抗压试件的养护温度、水泥砂浆立方体抗压试件的养护温度有什么异同。

任务五　根据下列资料完成以下任务:

(1)完成砂浆的配合比设计。

(2)根据计算的砂浆配合比,制作砂浆拌和物并测定其稠度值。

(3)制作一组砂浆立方体试件,在标准养护条件下测定其28d龄期的立方体抗压强度。

资料:已知水泥砂浆的强度等级为M15,施工稠度为50~70mm,原材水泥为普通硅酸盐水泥,实测强度值为33.8MPa,技术性能符合要求;砂为中砂,堆积密度为1568kg/m^3,为干砂,技术性能符合要求。水是沿途生活用水。

单元五　无机结合料稳定材料

1. 无机结合料稳定材料的定义、分类及各材料要求。
2. 无机结合料稳定材料各组成材料的技术性质与技术要求。
3. 无机结合料稳定材料的组成设计。

1. 无机结合料稳定材料的击实试验。
2. 无机结合料稳定材料的无侧限抗压强度试验。
3. EDTA 滴定法测定灰剂量。
4. 各试验的试验结果计算与结果分析。

课题一　无机结合料稳定材料概述

　任务引入

高等级公路路面的基层或底基层常采用无机结合料稳定材料。无机结合料稳定材料有什么特性？这类材料的优缺点是什么呢？

　任务分析

无机结合料稳定材料与水泥混凝土（刚性材料）相比力学性质较差，但与土（弹塑料性材料）相比又具有较高的强度，通常称这类材料为半刚性材料。一般用在高等级公路路面的基层或底基层。因而路的质量好坏与稳定材料质量有直接的关系。

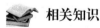　相关知识

1. 无机结合料稳定材料的概念

无机结合料稳定材料是由无机结合料（通常指水泥、石灰、粉煤灰和其他工业废料），通过加水与被稳定材料共同拌和形成的混合材料。

2. 无机结合料稳定材料的分类

无机结合料稳定材料的种类很多，通常按以下三种方法进行分类：

1) 按无机结合料的种类进行分类

按无机结合料的种类不同，可分为石灰稳定材料、水泥稳定材料、综合稳定材料、工业废渣

稳定材料。

(1)石灰稳定材料。以石灰为结合料,通过加水与被稳定材料共同拌和形成的混合料,包括石灰碎石土、石灰土(石灰稳定细粒土)。

(2)水泥稳定材料。以水泥为结合料,通过加水与被稳定材料共同拌和形成的混合料,包括水泥稳定级配碎石、水泥稳定级配砾石、水泥稳定石屑、水泥稳定砂、水泥土(水泥稳定细粒土)。

(3)综合稳定材料。以两种或两种以上材料为结合料,通过加水与被稳定材料共同拌和形成的混合料,包括水泥石灰稳定材料、水泥粉煤灰稳定材料、石灰粉煤灰稳定材料(通常所说的二灰土就是石灰粉煤灰稳定细粒土)。

(4)工业废渣稳定材料。它是以石灰或水泥为结合料,以煤渣、钢渣、矿渣等工业废渣为主要被稳定材料,通过加水拌和形成的混合料。

2)按土的粒径大小和组成进行分类

工程上用于被稳定材料的土分为下列三种:

(1)细粒土。颗粒的最大粒径不大于4.75mm,公称最大粒径不大于2.36mm的土,包括各种黏质土、粉质土、砂和石屑等。

(2)中粒土。颗粒的最大粒径不大于26.5mm,公称最大粒径大于2.36mm且不大于19mm的土或集料。包括砂砾土、碎石土、级配砂砾、级配碎石等。

(3)粗粒土。颗粒的最大粒径不大于53mm,公称最大粒径大于19mm且不大于37.5mm的土或集料。包括砂砾土、碎石土、级配砂砾和级配碎石等。

按土的粒径大小和组成不同,可分为无机结合料稳定土和无机结合料稳定粒料。

(1)无机结合料稳定土。用无机结合料稳定细粒土而得到的混合料,如石灰土、水泥土、石灰粉煤灰土(简称二灰土)等。

(2)无机结合料稳定粒料。用无机结合料稳定中粒土或粗粒土等而得到的混合料。其中,按粒料种类不同可分为:①无机结合料稳定砂砾,用无机结合料稳定中粒土或粗粒土,原材料为天然砂砾或级配砂砾(砂砾中无土)所得到的混合料。常见的有石灰砂砾土、石灰土砂砾、水泥砂砾、石灰粉煤灰砂砾(简称二灰砂砾)与石灰煤渣砂砾等。②无机结合料稳定碎石,用无机结合料稳定中粒土或粗粒土,原材料为天然碎石土或级配碎石(包括未筛分碎石)所得到的混合料。常见的有石灰碎石土、石灰土碎石、水泥碎石、石灰粉煤灰碎石(二灰碎石)与石灰煤渣碎石等。

3)按集料在混合料中的分布状态进行分类

按集料在混合料中的分布状态不同,可分为均匀密实型、悬浮密实型、骨架密实型和骨架空隙型四种结构类型。

(1)均匀密实型。它是指无机结合料稳定细粒土,如石灰土、水泥土、二灰土等。

(2)悬浮密实型。它是指混合料中细料的压实体积大于粗集料形成的空隙体积,即粗集料在压实混合料中处于"悬浮"状态。

(3)骨架密实型。它是指混合料中细料的压实体积"临界"于粗集料形成的空隙体积,即粗集料在压实混合料中处于有一定"骨架作用"的状态。

(4)骨架空隙型。它是指混合料中细料的压实体积小于粗集料形成的空隙体积,压实混合料中形成"骨架"的粗集料之间有一定的空隙。

3.无机结合料稳定材料中各材料的要求

1)水泥

水泥的技术要求应符合《公路工程路面基层稳定用水泥》(JT/T 994—2015)的规定。

(1)细度:细度要求80um的筛余量不大于10.0%。

(2)凝结时间:凝结时间要求初凝时间大于180min,终凝时间宜大于360min且小于600min。

(3)安定性:安定性要求按《水泥标准稠度用水量、凝结时间、安定性检验方法》(GB/T 1346—2011)中的方法(标准法)检测以及浸水法检测同时合格。

(4)强度:强度等级与指标应符合表3-11的规定。

(5)水泥强度等级为32.5级或42.5级,且满足《公路路面基层施工技术细则》(JTG/T F20—2015)要求的普通硅酸盐水泥均可使用。

2)石灰

石灰的技术标准应符合表3-1的要求。高速公路和一级公路用石灰应不低于Ⅱ级的技术要求,二级公路用石灰应不低于Ⅲ级的技术要求,二级以下公路用石灰宜不低于Ⅲ级技术要求。高速公路和一级公路,为了获得很好的稳定效果,宜采用磨细消石灰粉。二级以下公路使用等外石灰时,有效氧化钙含量应在20%以上,且混合料强度应满足要求。

3)粉煤灰等工业废渣

(1)粉煤灰

根据《公路路面基层施工技术细则》(JTG/T F20—2015)规定,其技术要求如下:

①粉煤灰中SiO_2、Al_2O_3、Fe_2O_3总含量大于70%;

②烧失量不大于20%;

③比表面积宜大于$0.25m^2/kg$(0.3mm筛孔通过率不小于90%,0.075mm筛孔通过率不小于70%);

④湿粉煤灰的含水率不大于35.0%。

各等级公路的底基层、二级及二级以下公路的基层使用的粉煤灰,通过率指标不满足要求时,应进行混合料的强度试验,达到《公路路面基层施工技术细则》(JTG/T F20—2015)要求时,方可使用。

(2)高炉矿渣、煤矸石、钢渣、煤渣等其他工业废料

高炉矿渣、煤矸石、钢渣、煤渣等其他工业废料可用于修筑基层或底基层,使用前应崩解稳定,且宜通过不同龄期条件下的强度与模量试验以及温度收缩与干湿收缩试验等评价混合料性能。水泥稳定煤矸石不宜用于高速公路和一级公路。工业废渣作为集料使用时,公称最大粒径应不大于31.5mm,颗粒组成应有一定级配,且不宜含杂质。

4)水

同水泥混凝土用水。

5)粗集料

(1)粗集料的技术要求应符合表5-1的规定。

用作被稳定材料的粗集料宜采用各种硬质岩石或砾石加工而成的碎石,也可采用天然砾石,粗集料应符合表5-1中Ⅰ类规定,并应级配稳定,塑性指数不大于9。用作级配碎石的粗集料应符合表5-1中Ⅱ类规定,并具有一定级配,且不应含有黏土块、有机物等。

粗集料的技术要求 表5-1

指标	层位	高速公路和一级公路				二级及二级以下公路		试验方法
		极重、特重交通		重、中、轻交通				
		Ⅰ	Ⅱ	Ⅰ	Ⅱ	Ⅰ	Ⅱ	
压碎值(%)	基层	≤22	≤22	≤26	≤26	≤35	≤30	T 0316
	底基层	≤30	≤26	≤30	≤26	≤40	≤35	
针片状颗粒含量(%)	基层	≤18	≤18	≤22	≤18	—	≤20	T 0312
	底基层	—	≤20	—	≤20	—	≤20	
0.075mm以下的粉尘含量(%)	基层	≤1.2	≤1.2	≤2	≤2	—	—	T 0310
	底基层	—	—	—	—	—	—	
软石含量(%)	基层	≤3	≤3	≤5	≤5	—	—	T 0320
	底基层	—	—	—	—	—	—	

(2)用作基层与底基层的粗集料规格要求应符合表5-2的规定。

粗集料的规格要求 表5-2

规格名称	工程粒径(mm)	通过下列筛孔(mm)的质量百分率(%)									公称粒径(mm)
		53	37.5	31.5	26.5	19.0	13.2	9.5	4.75	2.36	
G1	20~40	100	90~100	—	—	0~10	0~5	—	—	—	19~37.5
G2	20~30	—	100	90~100	—	0~10	0~5	—	—	—	19~31.5
G3	20~25	—	—	100	90~100	0~10	0~5	—	—	—	19~26.5
G4	15~25	—	—	100	90~100	—	0~10	0~5	—	—	13.2~26.5
G5	15~20	—	—	—	100	90~100	0~10	0~5	—	—	13.2~19
G6	10~30	—	100	90~100	—	—	—	0~10	0~5	—	9.5~31.5
G7	10~25	—	—	100	90~100	—	—	0~10	0~5	—	9.5~26.6
G8	10~20	—	—	—	100	90~100	—	—	0~5	—	9.5~19
G9	10~55	—	—	—	—	100	90~100	0~10	0~5	—	9.5~13.2
G10	5~15	—	—	—	—	100	90~100	40~70	0~10	0~5	4.75~13.2
G11	5~10	—	—	—	—	—	100	90~100	0~10	0~5	4.75~9.5

①高速公路和一级公路极重、特重交通荷载等级基层的4.75mm以上的粗集料应采用单一粒径规格料。

②级配碎石或砾石用作基层时,高速公路和一级公路公称最大粒径应不大于26.5mm,二级及二级以下公路公称最大粒径应不大于31.5mm,用作底基层时,公称最大粒径应不大于37.5mm。

6)细集料

细集料应洁净、干燥、无风化、无杂质,并有适当的颗粒级配。

(1)高速公路和一级公路用细集料技术要求应符合表5-3的规定。

细集料技术要求 表5-3

项目	水泥稳定(水泥石灰综合稳定)	石灰稳定	石灰粉煤灰综合稳定	水泥粉煤灰综合稳定	试验方法
颗粒分析	满足级配要求				T 0302/0303/0327
塑性指数	≤17	15~20	12~20	—	T 0118
有机质含量(%)	<2	≤10	≤10	<2	T 0313/0151
硫酸盐含量(%)	≤0.25	≤0.80	—	≤0.25	T 0341

注:塑性指数应测定0.075mm以下的材料。

(2)细集料的规格要求应符合表5-4的规定。

细集料规格要求 表5-4

规格名称	工程粒径(mm)	通过下列筛孔(mm)的质量百分率(%)							公称粒径(mm)
		9.5	4.75	2.36	1.18	0.6	0.3	0.15	0.075	
XG1	3~5	100	90~100	0~15	0~5	—	—	—	—	2.36~4.75
XG2	0~3	—	100	90~100					0~15	0~2.36
XG3	0~5	100	90~100	—					0~20	0~4.75

(3)对0~3mm和0~5mm的细集料应分别严格控制大于2.36mm和4.75mm的颗粒含量。对于3~5mm的细集料应严格控制小于2.36mm的颗粒含量。

(4)高速公路和一级公路,细集料中小于0.075mm的颗粒含量应不大于15%,二级及二级以下公路,细集料中小于0.075mm的颗粒含量应不大于20%。

4.无机结合料稳定材料的优缺点

1)无机结合料稳定材料的优点

高等级公路路面的基层与底基层常用无机结合料稳定材料。因为它有以下优点:

(1)无机结合料稳定材料具有良好的力学性能,其抗压强度和抗弯拉强度较高,而且强度与模量随龄期不断增长,结构本身自成板块,在外力作用下变形小,因而又称为半刚性材料。

(2)无机结合料稳定材料具有良好的水稳定性与抗冻性。

(3)无机结合料稳定材料便于就地取材,易于实现机械化施工,养护费用低。

(4)无机结合料稳定材料可以充分利用工矿企业废渣,既解决了筑路材料来源困难,又解决了工矿企业废渣的堆放问题,变废为宝。

2)无机结合料稳定材料的缺点

虽然无机结合料稳定材料具有许多优点,但是也存在明显的不足之处,它最大的缺点就是干缩或低温收缩容易产生裂缝,这种裂缝会反射到路面的表面;另外,其耐磨性差,一般不能用于路表面。

 课后任务

任务一 无机结合料稳定材料的定义是什么?

任务二 无机结合料稳定材料有哪几种不同的分类方法?各分为哪几类?

任务三 简述无机结合料稳定材料中各材料有哪些技术要求。

课题二　无机结合料稳定材料的技术性质

任务引入

用作公路路面基层材料的无机结合料稳定材料和水泥混凝土相比有哪些技术性质差异？各技术性质指标是什么？

任务分析

无机结合料稳定材料的技术性质主要是指稳定材料的压实性、力学性质、收缩特性、冲刷特性、抗冻性几个方面。其对应的指标是最大干密度、最佳含水率与无侧限抗压强度。要使稳定材料具有足够的强度，除原材料符合要求外，灰剂量的多少直接影响稳定材料的强度。本课题的重点内容是无机结合料稳定材料击实试验方法（最大干密度与最佳含水率的测定）、无机结合料稳定材料无侧限抗压强度试验方法（7d无侧限抗压强度测定）、水泥或石灰稳定材料中水泥或石灰的灰剂量测定方法[EDTA（乙二胺四乙酸）滴定法]。

相关知识

无机结合料稳定材料的技术性质与技术标准

1）压实性

无机结合料稳定材料的强度、水稳定性、抗冻性及缩裂现象均与密实度有关。一般稳定土材料的密实度越大，稳定材料的强度越高，同时其水稳性和抗冻性也会提高，缩裂现象也会减少，由此可见提高稳定土的密实度非常重要。

现行行业标准《公路工程无机结合料稳定材料试验规程》（JTJ 051—2009）规定，采用重型击实试验（T 0804），也可用振动压实方法（T 0842），确定无机结合料稳定材料的最佳含水率和最大干密度，以规定工地实际压实机械碾压时的合适含水率和应达到的最大干密度。同时，确定制备稳定材料的无侧限抗压强度试验和耐久性试验的试件应该用的含水率和干密度，以及制备承载比试验试件的材料含水率。

根据现行标准《公路路面基层施工技术细则》（JTG/T F20—2015）的规定，无机结合料稳定材料作为路面基层的压实质量要求见表5-5、表5-6。

(1)无机结合料稳定材料的基层压实标准应符合表5-5的规定。

基层材料压实标准（%）　　　　　　　　　　表5-5

公　路　等　级		水泥稳定材料	石灰粉煤灰稳定材料	水泥粉煤灰稳定材料	石灰稳定材料
高速公路和一级公路		≥98	≥98	≥98	—
二级及二级以下公路	稳定中、粗粒材料	≥97	≥97	≥97	≥97
	稳定细粒材料	≥95	≥95	≥95	≥95

(2)无机结合料稳定材料的底基层压实标准应符合表5-6的规定。

底基层材料压实标准(%)　　表 5-6

公 路 等 级		水泥稳定材料	石灰粉煤灰稳定材料	水泥粉煤灰稳定材料	石灰稳定材料
高速公路和一级公路	稳定中、粗粒材料	≥97	≥97	≥97	≥97
	稳定细粒材料	≥95	≥95	≥95	≥95
二级及二级以下公路	稳定中、粗粒材料	≥95	≥95	≥95	≥95
	稳定细粒材料	≥93	≥93	≥93	≥93

2)强度

(1)稳定材料的强度评定

现行行业标准《公路工程路面基层施工技术细则》(JTG/T F20—2015)规定,采用7d龄期无侧限抗压强度作为无机结合料稳定材料施工质量控制的主要指标,同时采用它进行材料组成设计,选定最适宜于无机结合料稳定材料的材料,确定施工中所用的灰剂量的最佳剂量。无机结合料稳定材料7d龄期无侧限抗压强度标准 R_d 值应符合表5-7、表5-8的规定。

水泥稳定类材料、水泥粉煤灰稳定材料7d龄期无侧限抗压强度标准值 R_d (MPa)　　表 5-7

结构层	公 路 等 级	水泥稳定类材料			水泥粉煤灰稳定材料		
		极重、特重交通	重交通	中、轻交通	极重、特重交通	重交通	中、轻交通
基层	高速公路、一级公路	5.0~7.0	4.0~6.0	3.0~5.0	4.0~5.0	3.5~4.5	3.0~4.0
	二级及二级以下公路	4.0~6.0	3.0~5.0	2.0~4.0	3.5~4.5	3.0~4.0	2.5~3.5
底基层	高速公路、一级公路	3.0~5.0	2.5~4.5	2.0~4.0	2.5~3.5	2.0~3.0	1.5~2.5
	二级及二级以下公路	2.5~4.5	2.0~4.0	1.0~3.0	2.0~3.0	1.5~2.5	1.0~2.0

注:1. 公路等级高或交通荷载等级高或结构安全性要求高时,推荐取上限强度代表值。
2. 表5-7、表5-8中的强度标准值是指7d龄期的无侧限抗压强度标准值。

石灰稳定类材料、石灰粉煤灰稳定材料7d龄期无侧限抗压强度标准值 R_d (MPa)　　表 5-8

结构层	公 路 等 级	石灰稳定类材料	石灰粉煤灰稳定材料		
			极重、特重交通	重交通	中、轻交通
基层	高速公路、一级公路	—	≥1.1	≥1.0	≥0.9
	二级及二级以下公路	≥0.8[a]	≥0.9	≥0.8	≥0.7
底基层	高速公路、一级公路	≥0.8	≥0.8	≥0.7	≥0.6
	二级及二级以下公路	0.5~0.7[b]	≥0.7	≥0.6	≥0.5

注:1. 石灰粉煤灰稳定材料强度不满足表5-8的要求时,可外加混合料质量1%~2%的水泥。
2. 石灰土的强度达不到表5-8规定的抗压强度标准时,可添加部分水泥或改用另一种土。塑性指数过小的土,不宜用石灰稳定,改用水泥稳定。
3. 低塑性材料(塑性指数小于7)地区,石灰稳定砾石土和碎石土的7d龄期无侧限抗压强度应大于0.5MPa。
4. 低限值用于塑性指数小于7的黏性土,且低限值宜仅用于二级以下公路;高限值用于塑性指数大于7的黏性土。

(2)无侧限抗压强度试件要求

无机结合料稳定土的无侧限抗压强度试件规定如下:按最佳含水率和工地预期达到的压

实度计算出干密度及材料用量,制备径高比1:1的圆柱试件,根据需要也可成型1:1.5或1:2的圆柱形试件。在规定条件下保湿养生6d,浸水1d,进行无侧限抗压强度试验。做平行试验的试件数量无机结合料稳定细粒土至少应制备6个,中粒土和粗粒土至少应分别制备9个和13个。在整个养生期间试验规程规定温度应保持在20±2℃,相对湿度在95%以上。对养生7d的试件,在养生期间,试件的质量损失应符合下列规定:小试件不超过1g,中试件不超过4g,大试件不超过10g。质量损失超过此规定的试件应作废。

(3)影响稳定材料强度的因素

①混合料各材料的品质

材料的品质直接影响稳定材料的强度。在相同灰剂量下,材料的品质越好,强度越高。

②灰剂量

水泥稳定材料的水泥剂量是水泥质量占全部干燥被稳定材料质量的百分率;石灰稳定材料的石灰剂量是石灰质量占全部干燥被稳定材料质量的百分率;其测定方法见T 0809—2009。灰剂量对稳定材料的强度影响显著,灰剂量较低时,胶凝材料主要起稳定作用,使土的塑性、膨胀性、吸水性降低,具有一定的水稳定性。随着剂量的增加,稳定材料的强度和稳定性均提高,如图5-1所示,但当剂量超过一定范围,过多石灰或水泥在土中以自由灰形式存在,将导致稳定材料的强度反而下降,甚至收缩裂缝更多。因此,无机结合稳定材料中水泥或石灰存在一个最佳剂量,其最佳剂量随稳定材料性质不同而异,同时也与养生龄期有关。

③密实度

稳定材料的强度随密实度的增加而增长。实践证明,稳定材料的密实度越大,强度越高。而密实的稳定材料,其抗冻性、水稳定性也好,缩裂现象也少。

④龄期和养生条件

稳定材料的强度随龄期增长而增强,一般稳定材料初期强度低,前期增长速率较后期为快,并随时间增长趋于稳定。养生条件主要指温度和湿度。养生条件不同,其强度也有差异。当温度高时,物理化学反应、硬化、强度增长快,气温低时强度增长缓慢,在负温度下强度甚至不增长。因此,要求施工期的最低温度应在5℃以上,并在第一次重冰冻(−3～−5℃)到来之前一个月至一个半月完成。

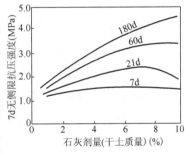

图5-1 石灰土强度与石灰剂量的关系

3.收缩特性

无机结合料稳定材料的收缩主要表现为有干燥收缩和温度收缩两种。干燥收缩是由于混合料中水分逐渐消耗以及蒸发所引起的体积发生收缩现象。温度收缩是由于混合中温度的降低所引起体积收缩现象。这两种现象均会造成无机结合料稳定材料的缩裂现象。

无机结合料稳定材料的干缩试验方法与温缩试验方法参见《公路工程无机结合料稳定材料试验规程》(JTG E51—2009中的T 0854—2009、T 0855—2009)。

4.冲刷特性

沥青路面开裂或水泥混凝土路面接缝的填料丧失,通过面层进入基层的水若不能及时排出,路表水进入基层顶面,遇水后湿软,在车辆荷载的作用下,将细集料冲刷带到路表,造成唧泥和路面面层脱空。基层冲刷破坏的程度与水量和材料中细集料含量有关,水量越大,细集料含量越多,冲刷破坏越严重。试验研究表明,通常混合料的抗压强度越高,其抗冲刷性能越好,因此可以通过适当提高抗压强度的方法来提高无机结合料稳定材料的抗冲刷性能。

无机结合料稳定材料的抗冲刷性能试验方法参见《公路工程无机结合料稳定材料试验规程》(JTG E51—2009)中的 T 0860—2009。

5. 抗冻性

无机结合料稳定材料的抗冻性是指混合料在冻融循环的作用下抵抗强度降低和质量损失的性能。无机结合料稳定材料的抗冻性试验方法参见《公路工程无机结合料稳定材料试验规程》(JTG E51—2009)中的 T 0858—2009。

任务实施(技能操作)

【一】 无机结合料稳定材料的击实试验方法(T 0804—1994)

1. 目的和适用范围

(1)本试验方法适用于在规定的试筒内,对水泥稳定材料(在水泥水化前)、石灰稳定材料及石灰(或水泥)粉煤灰稳定材料进行击实试验,以绘制稳定材料的含水率-干密度关系曲线,从而确定其最佳含水率和最大干密度。

24-无机结合料稳定
材料的压实性(一)
试件准备

25-无机结合料稳定
材料的压实性(二)
试验步骤(甲法)

(2)试验集料的公称最大粒径宜控制在37.5mm(方孔筛)以内。

(3)试验方法类别。本试验方法分三类,各类击实方法的主要参数列于表5-9。

试 验 方 法 类 别　　　　　　　　表5-9

类别	锤的质量 (kg)	锤击面 直径 (cm)	落高 (cm)	试筒尺寸			锤击 层数	每层锤击 次数	平均单位 击实功 (J)	允许最大 公称粒径 (mm)
				内径 (cm)	高 (cm)	容积 (cm^3)				
甲	4.5	5.0	45	10	12.7	997	5	27	2.687	19.0
乙	4.5	5.0	45	15.2	12.0	2177	5	59	2.687	19.0
丙	4.5	5.0	45	15.2	12.0	2177	3	98	2.677	37.5

2. 仪器设备

(1)击实筒。小型,内径100mm、高127mm 的金属圆筒,套环高50mm,底座;中型,内径152mm、高170mm 的金属圆筒,套环高50mm,直径151mm 和高50mm 的筒内垫块,底座。

(2)锤和导管。击锤的底面直径50mm,总质量4.5kg。击锤在导管内的总行程为450mm。

(3)电子天平。量程4000g,感量0.01g。

(4)电子天平。量程15kg,感量0.1g。

(5)方孔筛。孔径53mm、37.5mm、26.5mm、19mm、4.75mm、2.36mm 的筛各1个。

(6)量筒。50mL、100mL 和500mL 的量筒各1个。

(7)直刮刀。长200～250mm、宽约30mm 和厚3mm,一侧开口的直刮刀,用以刮平和修饰粒料大试件的表面。

(8)刮土刀。长150～200mm、宽约20mm 的刮刀,用以刮平和修饰小试件的表面。

（9）工字形刮平尺。30mm×50mm×310mm，刮平上下两面和侧面。

（10）拌和工具。约400mm×600mm×70mm的长方形金属盘，拌和用平头小铲等。

（11）脱模器。

（12）测定含水率用铝盒、烘箱等其他用具。

（13）游标卡尺。

3. 试料准备

（1）将具有代表性的风干试样（必要时，也可以在50℃烘箱内烘干）用木锤或木碾捣碎。土团均应捣碎到能通过4.75mm的筛孔。但应注意不使粒料的单个颗粒破碎或不使其破碎程度超过施工中拌和机械的破碎率。

（2）如试料是细粒土，将已捣碎的具有代表性的土过4.75mm的筛备用（用甲法或乙法做试验）。

（3）如试料中含有粒径大于4.75mm的颗粒，则先将试料过19mm的筛，如存留在筛孔19mm筛上的颗粒含量不超过10%，则过26.5mm筛料留作备用（用甲法或乙法做试验）。

（4）如试料中粒径大于19mm的颗粒含量超过10%，则将试料过37.5mm的筛；如果存留在37.5mm筛上的颗粒质量不超过10%，则过53mm的筛备用（用丙法做试验）。

（5）每次筛分后，均应记录超尺寸颗粒的百分率。

（6）在预定做击实试验的前一天，取有代表性的试料测定其风干含水率。对于细粒土，试样应不少于100g；对于中粒土，试样应不少于1000g；对于粗粒土的各种集料，试样应不少于2000g。

（7）在试验前用游标卡尺准确测量试模的内径、高和垫块的厚度，以计算试筒的容积。

4. 试验步骤

1）准备工作

试验前应将试验所需的各种仪器准备齐全，测量设备应满足精度要求；调试击实仪检查其运转是否正常。

2）甲法

（1）将已筛分的试样用四分法逐次分小，至最后取出10～15kg试料。再用四分法将已取出的试料分成5～6份，每份试料的干质量为2.0kg（对于细粒土）或2.5kg（对于各种中粒土）。

（2）预定5～6个不同含水率，依次相差0.5%～1.5%[①]，且其中至少有两个大于和两个小于最佳含水率。

注：①对于中粒土，在最佳含水率附近取0.5%，其余取1%。对于细粒土，取1%，但对于黏土，特别是重黏土，可能需要取2%。

（3）按预定含水率制备试样。将一份试料平铺于金属盘内，将事先计算得的该份试料中应加的水量均匀地喷洒在试料上，用小铲将试料充分拌和到均匀状态（如为石灰稳定土和水泥、石灰综合稳定土，可将石灰和试料一起拌匀），然后装入密闭容器或塑料口袋内浸润备用。

浸润时间：黏性土12～24h，粉性土6～8h，砂性土、砂砾土、红土砂砾、级配砂砾等可以缩短到4h左右，含土很少的未筛分碎石、砂砾和砂可缩短到2h。浸润时间一般不超过24h。

应加水量可按公式（5-1）计算。

$$m_\mathrm{w} = \left(\frac{m_\mathrm{n}}{1+0.01w_\mathrm{n}} + \frac{m_\mathrm{c}}{1+0.01w_\mathrm{c}}\right) \times 0.01w - \frac{m_\mathrm{n}}{1+0.01w_\mathrm{n}} \times 0.01w_\mathrm{n} - \frac{m_\mathrm{c}}{1+0.01w_\mathrm{c}} \times 0.01w_\mathrm{c}$$

(5-1)

式中：m_w——混合料中应加的水量(g)；

m_n——混合料中素土(或集料)的质量(g)，其原始含水率为w_n，即风干含水率(%)；

m_c——混合料中水泥或石灰的质量(g)，其原始含水率为w_c(%)；

w——要求混合料达到的含水率(%)。

(4)将所需要的稳定剂水泥加到浸润后的试样中，并用小铲、泥刀或其他工具充分拌和到均匀状态。水泥应在土样击实前逐个加入。加有水泥的试样拌和后，应在1h内完成下述击实试验。拌和后超过1h的试样，应予作废(石灰稳定材料和石灰粉煤灰稳定材料除外)。

(5)试筒套环与击实底板应紧密连接。将击实筒放在坚实地面上，取制备好的试样(仍用四分法)400~500g(其量应使击实后的试样等于或略高于筒高的1/5)倒入筒内，整平其表面并稍加压紧，然后按所需击数进行第一层试样的击实，击实时，击锤应自由铅直落下，落高应为45cm，锤迹必须均匀分布于试样面。第一层击实完后，检查该层高度是否合适，以便调整以后几层的试样用量。用刮土刀或改锥将已击实层的表面"拉毛"，然后重复上述做法，进行其余四层试样的击实。最后一层试样击实后，试样超出试筒顶的高度不得大于6mm，超出高度过大的试件应该作废。

(6)用刮土刀沿套环内壁削挖(使试样与套环脱离)后，扭动并取下套环。齐筒顶细心刮平试样，并拆除底板。如试样底面略突出筒外或有孔洞，则应细心刮平或修补。最后用工字形刮平尺齐筒顶和筒底将试样刮平。擦净试筒，称其质量m_1。

(7)用脱模器推出筒内试样。从试样内部从上到下取两个有代表性的样品(可将脱出试件用锤打碎后，用四分法采取)，测定其含水率，计算至0.1%。两个试样的含水率的差值不得大于1%。所取样品的数量见表5-10(如只取一个样品测定含水率，则样品的质量应为表列数值的两倍)。擦净试筒，称其质量m_2。

测稳定材料含水率的样品质量 表5-10

公称最大粒径(mm)	样品质量(g)
2.36	约50
19	约300
37.5	约1000

烘箱的温度应事先调整到110℃左右，以使放入的试样能立即在105~110℃的温度下烘干。

(8)按(3)~(7)的步骤进行其余含水率下稳定材料的击实和测定工作。凡已用过的试样，一律不得重复使用。

3)乙法

在缺乏内径10cm的试筒时，以及在需要与承载比等试验结合起来进行时，采用乙法进行击实试验。本法更适宜于粒径达19mm的集料。

(1)将已过筛的试料用四分法逐次分小，至最后取出约30kg试料。再用四分法将取出的试料分成5~6份，每份试料的干质量约为4.4kg(细粒土)或5.5kg(中粒土)。

(2)以下各步的做法与甲法(2)~(8)相同,但应该先将垫块放入筒内底板上,然后加料并击实。所不同的是,每层需取制备好的试样约900g(对于水泥或石灰稳定细粒土)或1100g(对于稳定中粒土),每层的锤击次数为59次。

4)丙法

(1)将已过筛的试料用四分法逐次分小,至最后取出约33kg试料。再用四分法将取出的试料分成6份(至少要5份),每份重约5.5kg(风干质量)。

(2)预定5~6个不同含水率,依次相差0.5%~1.5%。在估计的最佳含水率左右可只差0.5%~1.0%。

注:对于水泥稳定材料,可在最佳含水率附近取0.5%;对于石灰、二灰稳定材料,根据具体情况在最佳含水率附近取1%。

(3)同甲法(3)。

(4)同甲法(4)。

(5)将试筒、套环与夯击底板紧密地连接在一起,并将垫块放在筒内底板上。击实筒应放在坚实(最好是水泥混凝土)地面上,取制备好的试样1.8kg左右[其量应使击实后的试样略高于(高出1~2mm)筒高的1/3]倒入筒内,整平其表面,并稍加压紧。然后按所需击数进行第一层试样的击实(共击98次)。击实时,击锤应自由铅直落下,落高应为45cm,锤迹必须均匀分布于试样面。第一层击实完后检查该层的高度是否合适,以便调整以后两层的试样用量。用刮土刀或改锥将已击实的表面"拉毛",然后重复上述做法,进行其余两层试样的击实。最后一层试样击实后,试样超出试筒顶的高度不得大于6mm。超出高度过大的试件应该作废。

(6)用刮土刀沿套环内壁削挖(使试样与套环脱离)后,扭动并取下套环。齐筒顶细心刮平试样,并拆除底板,取走垫块。擦净试筒,称其质量 m_1。

(7)用脱模器推出筒内试样。从试样内部从上到下取两个有代表性的样品(可将脱出后的试件用锤打碎后,用四分法采取),测定其含水率,计算至0.1%。两个试样的含水率的差值不得大于1%。所取样品的数量应不少于700g,如只取一个样品测定含水率,则样品的数量应不少于1400g。烘箱的温度应事先调整到110℃左右,以使放入的试样能立即在105~110℃的温度下烘干。擦净试筒,称其质量 m_2。

(8)按本法(3)~(7)进行其余含水率下稳定土的击实和测定。凡已用过的试料,一律不得重复使用。

5.结果计算及试验记录

(1)按公式(5-2)计算每次击实后稳定土的湿密度。

$$\rho_w = \frac{m_1 - m_2}{V} \tag{5-2}$$

式中:ρ_w——稳定土的湿密度(g/cm³);

m_1——试筒与湿试样的合计质量(g);

m_2——试筒的质量(g);

V——试筒的容积(cm³)。

(2)按公式(5-3)计算每次击实后稳定土的干密度。

$$\rho_d = \frac{\rho_w}{1 + 0.01w} \tag{5-3}$$

式中：ρ_d——试样的干密度(g/cm^3)；

w——试样的含水率(%)。

(3)制图。

①以干密度为纵坐标，以含水率为横坐标，在普通直角坐标纸上绘制干密度与含水率的关系曲线。曲线必须为凸形的，如试验点不足以连成完整的凸形曲线，则应该进行补充试验。

②将试验各点采用二次曲线方法拟合曲线，曲线的峰值点对应的干密度与含水率分别为稳定材料的最大干密度和最佳含水率。

(4)超尺寸颗粒的校正。

当试样中大于规定最大粒径的超尺寸颗粒的含量为5%~30%时，按公式(5-4)对试验所得最大干密度和公式(5-5)最佳含水率进行校正(超尺寸颗粒的含量小于5%时，可以不进行校正)。

注：超尺寸颗粒的含量小于5%时，它对最大干密度的影响位于平行试验的误差范围内。

①最大干密度按公式(5-4)校正。

$$\rho'_{dm} = \rho_{dm}(1 - 0.01p) + 0.9 \times 0.01p G'_a \tag{5-4}$$

式中：ρ'_{dm}——校正后的最大干密度(g/cm^3)；

ρ_{dm}——试验所得的最大干密度(g/cm^3)；

p——试样中超尺寸颗粒的百分率(%)；

G'_a——超尺寸颗粒的毛体积相对密度。

计算精确至$0.01 g/cm^3$。

②最佳含水率按公式(5-5)校正。

$$w'_0 = w_0(1 - 0.01p) + 0.01p w_a \tag{5-5}$$

式中：w'_0——校正后的最佳含水率(%)；

w_0——试验所得的最佳含水率(%)；

p——试样中超尺寸颗粒的百分率(%)；

w_a——超尺寸颗粒的吸水量(%)。

(5)精密度允许误差。

①应做两次平行试验，取两次结果的平均值为最大干密度与最佳含水率。两次试验最大干密度重复性误差不应超过$0.05 g/cm^3$(稳定细粒土)和$0.08 g/cm^3$(稳定中粒土和粗粒土)，最佳含水率的差不应超过0.5%(最佳含水率小于10%)和1.0%(最佳含水率大于10%)。超过上述规定值，应重新试验，直至满足精度要求。

②混合料密度计算应保留小数点后3位有效数字，含水率应保留小数点后1位有效数字。

(6)试验记录。

稳定材料击实试验记录表见表5-11。

稳定材料击实试验记录表　　　　　　　　表5-11

工 程 名 称_____　　　结合料含水率(%)_____
试 样 编 号_____　　　试 验 方 法_____
混合料名称_____　　　试 验 者_____
结合料剂量(%)_____　　　校 核 者_____
集料含水率(%)_____　　　试 验 日 期_____

	试 验 序 号	1	2	3	4	5	6
干密度	筒的质量(g)						
	筒+湿试样的质量(g)						
	湿试样质量(g)						
	湿密度(g/cm³)						
	干密度(g/cm³)						
含水率	盒号						
	盒+湿试样的质量(g)						
	盒+干试样的质量(g)						
	盒的质量(g)						
	水的质量(g)						
	干试样的质量(g)						
	含水率(%)						
	平均含水率(%)						

结论：

【二】 水泥或石灰稳定材料中水泥或石灰剂量的测定方法
EDTA滴定法(T 0809—2009)

1. 目的和适用范围

(1)本试验方法适用地在工地快速测定水泥和石灰稳定材料中水泥和石灰的剂量,并可用以检查拌和的均匀性。

(2)本方法适用于在水泥终凝之前的水泥含量测定,现场土样的石灰剂量应中路拌后尽快测定,否则需要用相应龄期的 EDTA 二钠标准溶液消耗量的标准曲线确定。

(3)本方法也可以用来测定水泥和石灰综合稳定材料中结合料的剂量。

2. 仪器设备

(1)滴定管(酸式)50mL,1 支。

(2)滴定台,1 个。

(3)滴定夹管,1 个。

(4)大肚移液管:10mL,10 支。

(5)锥形瓶(即三角瓶):200mL,20 个。

(6)烧杯:2000mL(或 1000mL),1 只;300mL,10 只。

(7)容量瓶:1000mL,1 个。

(8)搪瓷杯:容量大于1200mL,10只。

(9)不锈钢棒(或粗玻璃棒),10根。

(10)量筒:100mL和5mL,各一只;50mL,2只。

(11)棕色广口瓶:60mL,1只(装钙红)。

(12)电子天平:量程不小于1500g,感量0.01g。

(13)秒表,1只。

(14)表面皿:ϕ9cm,10个。

(15)研钵:ϕ12~13cm,1个。

(16)洗耳球(1两或2两),1个。

(17)精密试纸:pH12~pH14。

(18)聚乙烯桶20L,1个(装蒸馏水);10L,2个(装氯化铵及EDTA二钠标准液);5L,1个(装氢氧化钠)。

(19)毛刷、去污粉、吸水管、塑料勺、特种铅笔、厘米纸。

(20)洗瓶(塑料)500mL,1只。

3. 试剂

(1)0.1mol/m³ 乙二胺四乙酸二钠(简称EDTA二钠)标准液;准确称取EDTA二钠(分析纯)37.23g,用40℃~50℃的无二氧化碳蒸馏水溶解,待全部溶解并冷至室温后,定容至1000mL。

(2)10%氯化铵(NH_4Cl)溶液:将500g氯化铵(分析纯或化学纯)放在10L的聚乙烯桶内,加蒸馏水4500mL。充分振荡,使氯化铵完全溶解。也可以分批在1000mL的烧杯内配制,然后倒入塑料桶内摇匀。

(3)1.8%氢氧化钠(内含三乙醇胺)溶液:用100g架盘天平称18g氢氧化钠(NaOH)(分析纯),放入洁净干燥的1000mL烧杯中,加1000mL蒸馏水使其全部溶解,待溶液冷至室温后,加入2mL三乙醇胺(分析纯),搅拌均匀后储于塑料桶中。

(4)钙红指示剂:将0.2g钙试剂羟酸钠(分子式$C_{21}H_{13}O_7N_2SNa$,分子量460.39)与20g预先在105℃烘箱中烘1h的硫酸钾混合。一起放入研钵中,研成极细粉末,储于棕色广口瓶中,以防吸潮。

4. 准备标准曲线

(1)取样:取工地用石灰和土。风干后,用烘干法或酒精法测其含水率(如为水泥可假定其含水率为0%)。

(2)混合料组成的计算公式见式(5-6)~式(5-12)(以石灰或水泥稳定土为例)。

$$干料质量 = \frac{湿料质量}{1+含水率} \tag{5-6}$$

$$干混合料质量 = \frac{300g}{1+最佳含水率} \tag{5-7}$$

$$干土质量 = 干混合料质量/[1+石灰(或水泥)剂量] \tag{5-8}$$

$$干石灰(或水泥)质量 = 干混合料质量 - 干土质量 \tag{5-9}$$

$$湿土质量 = 干土质量 \times (1+土的风干含水率) \tag{5-10}$$

$$湿石灰质量 = 干石灰 \times (1+石灰的风干含水率) \tag{5-11}$$

$$石灰土中应加入的水 = 300g - 湿土质量 - 湿石灰质量 \tag{5-12}$$

(3)准备5种试样,每种2个样品(以水泥稳定材料为例),如为水泥稳定中、粗粒土,每个样品取1000g左右(如为细粒土,则可取300g左右)准备试验,为了减少中、粗粒土的离散,宜按设计级配单份掺配的方式备料。

5种混合料的水泥剂量应为:水泥剂量为0,最佳水泥剂量左右、最佳水泥剂量的±2.0%和±4.0%[①],每种剂量取2个(为湿质量)试样,共10个试样,并分别放在10个大口聚乙烯(如为稳定细粒土,可用搪瓷杯或1000mL具塞三角瓶;如为粗粒土,可用5L的大口聚乙烯桶)桶内。土的含水率应等于工地预期达到的最佳含水率,土中所加的水应与工地所用的水相同。

注:①在此,准备标准曲线的水泥剂量为:0%、2%、4%、6%和8%,如水泥剂量较高或较低,应保证工地实际用水泥或石灰的剂量位于标准曲线所用剂量的中间。

(4)取一个盛有试样的盛样器,在盛样器内加2倍试样质量(湿料质量)体积10%的氯化铵溶液(如湿料质量为300g,则氯化铵溶液为600mL,如湿料质量1000g,则氯化铵溶液2000mL),料为300g的,则搅拌时间为3min(每分钟搅拌110~120次);料为1000g的,则搅拌时间为5min。如用1000mL具塞三角瓶代替搪瓷杯,手握三角瓶(瓶口向上)用力振荡3min(每分钟120次±5次),以代替搅拌棒搅拌,放置沉淀10min(如10min后得到的是混浊悬浮液,则应增加放置沉淀时间,直到出现无明显悬浮颗粒的悬浮液为止,并记录所需的时间,以后所有该种水泥(或石灰)土稳定材料的试验,均应以同一时间为准),然后将上部清液转移到300mL烧杯内,搅匀,加盖表面皿待测。

(5)用移液管吸取上层(液面下1~2cm)悬浮液10.0mL放入200mL的三角瓶内,用量筒量取50mL、1.8%氢氧化钠(内含三乙醇胺)溶液倒入三角瓶中,此时溶液pH值为12.5~13.0(可用pH值为12~14的精密试纸检验),然后加入钙红指示剂(质量约为0.2g),摇匀,溶液呈玫瑰红色。记录滴管中EDTA二钠标准溶液的体积V_1,然后用EDTA二钠标准液滴定,边滴边摇匀,并仔细观察溶液的颜色;在溶液颜色变为紫色时,放慢滴定速度,并摇匀,直至纯蓝色为终点,记录滴定管中EDTA二钠标准溶液的体积V_2(以mL计,读至0.1mL)。计算$V_1 - V_2$,即为EDTA二钠标准溶液的消耗量。

(6)对其他几个搪瓷杯中的试样,用同样的方法进行试验,并记录各自的EDTA二钠标准溶液的消耗量。

(7)以同一水泥或石灰剂量稳定材料消耗EDTA二钠标准溶液毫升数的平均值为纵坐标,以水泥或石灰剂量(%)为横坐标制图。两者的关系应是一根顺滑的曲线,如图5-2所示。如素土、集料、水泥或石灰改变,必须重做标准曲线。

5.试验步骤

(1)选取有代表性的无机结合料稳定材料,对稳定中、粗粒土取试样约3000g,对稳定细粒土取样约1000g。

(2)对水泥或石灰稳定细粒土,称300g放在搪瓷杯中,用搅拌棒将结块搅散,加600mL、10%氯化铵溶液;对水泥或石灰稳定中、粗粒土,可直接称取1000g左右,加2000mL、10%氯化铵溶液,然后如前述步骤那样进行试验。

(3)利用所绘制的标准曲线,根据所消耗的EDTA二纳标准溶液毫升数,确定混合料中的水泥或石灰剂量(图5-2)。

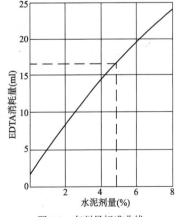

图5-2 灰剂量标准曲线

6. 试验记录

(1) 水泥或石灰剂量试验记录表见表 5-12。

水泥或石灰剂量试验记录表　　　　　　表 5-12

工　程　名　称_____　　　试验方法_____
结构层名称_____　　　试　验　者_____
稳定剂种类_____　　　校　核　者_____
试样编号_____　　　试验日期_____

平行试样	1			2			平均 EDTA 二钠标准溶液消耗量 $V_2 - V_1$ (mL)
剂量	V_1 (mL)	V_2 (mL)	EDTA 二钠标准溶液消耗量 $V_2 - V_1$ (mL)	V_1 (mL)	V_2 (mL)	EDTA 二钠标准溶液消耗量 $V_2 - V_1$ (mL)	

试样编号	V_1 (mL)	V_2 (mL)	DTA 二钠标准溶液消耗量 $V_2 - V_1$ (mL)	平均 EDTA 二钠标准溶液消耗量 $V_2 - V_1$ (mL)	结合料剂量 (%)

结论

(2) 本试验应进行两次平行测定，取其算术平均值，精确至 0.1mL。允许重复性误差不得大于平均值的 5%，否则，重新进行试验。

7.注意事项

(1)每个样品搅拌的时间、速度和方式应力求相同,以增加试验的精度。

(2)做标准曲线时,如工地实际水泥剂量较大,素集料和低剂量水泥试样可以不做,而直接用较高的剂量做试验,但应有两种剂量大于实用剂量,以及两种剂量小于实用剂量。

(3)配制的氯化铵溶液最好当天用完,不要放置过久,以免影响试验的精度。

【三】 无机结合料稳定材料的无侧限抗压强度试验方法(T 0805—1994)

1.目的和使用范围

本试验方法适用于测定无机结合料稳定材料(包括稳定细粒土、中粒土和粗粒土)试件的无侧限抗压强度。本试验方法包括:按照预定干密度用静力压实法制备试件以及用锤击法制备试件。试件的高:直径 = 1:1 的圆柱体。

26-无机结合料稳定材料的无侧限抗压强度

2.仪器设备

(1)方孔筛。孔径 53mm、37.5mm、26.5mm、19mm、4.75mm、2.36mm 的筛各 1 个;圆孔筛:孔径 40mm、25mm(或 20mm)及 5mm 的筛各 1 个。

(2)试模。适用于下列不同土的试模尺寸为:

细粒土(最大粒径不超过 10mm):试模的直径×高 = 50mm×50mm;

中粒土(最大直径不超过 25mm):试模的直径×高 = 100mm×100mm;

粗粒土(最大直径不超过 40mm):试模的直径×高 = 150mm×150mm。

(3)电动脱模器。

(4)反力框架。规格为 400kN 以上。

(5)液压千斤顶(200~500kN)。

(6)标准养护室。标准养护室的温度 20℃±2℃,相对湿度 95% 以上。

(7)压力机或万能试验机[也可用路面材料强度试验仪(图 5-3)。或测力计]。压力机应符合现行《试验机通用技术要求》(GB/T 2611—1992)的要求,其测量精度为 ±1%,同时应具有加载速率指标装置或加载速率控制装置。上下压板平整并具有足够的刚度,可以均匀地连续卸载,可以保持固定荷载。开机、停机灵活自如,能够满足试验吨位要求,且压力机加载速率可有效的控制在 1mm/min。

(8)电子天平。量程 15kg,感量 0.1g;量程 4kg,感量 0.01g。

(9)量筒、拌和工具、漏斗、大小铝盒、烘箱、机油等。

3.试验准备

(1)将具有代表性的风干试料(必要时,也可以在 50℃烘箱内烘干),用木棰和木碾捣碎,但应避免破碎粒料的原粒径。按照公称最大粒径的大一级筛。

(2)在预定做试验的前一天,取有代表性的试料测定其风干含水率。对于细粒土,试样质量应不少于 100g;对于中粒土,试样质量应不少于 1000g;对于粗粒土,试样质量应不少于 2000g。

图 5-3 灰土无侧限抗压强度测试仪

211

(3)按照《公路工程无机结合料稳定材料试验规程》(JTG E51—1994)中 T 0804—1994 确定无机结合料稳定材料的最佳含水率和最大干密度。

(4)根据击实结果,称取一定质量的风干土,其质量随试件大小而变,对于小试件,1个试件约需干土 180~120g;对于中试件,1个试件约需干土 1700~1900g;对于大试件,1个试件约需干土 5700~6000g。

对于细粒土,一次可称取 6 个试件的土;对于中粒土,一次宜称取 1 个试件的土;对于粗粒土,一次只称取 1 个试件的土。

(5)将准备好的试料分别装入塑料袋中备用。

4. 制试件

(1)对于同一无机结合料剂量的混合料,需要制取相同状态的试件的数量(即平行试验的数量)与土类及操作的仔细程度有关。对于无机结合料稳定细粒土,至少应该制 6 个试件;对于无机结合料稳定中粒土和细粒土,至少分别应该制 9 个和 13 个试件。

(2)根据击实试验结果和无机结合料的配合比按公式(5-13)计算每份料的加水量、无机结合料的质量。

(3)将称好的土放在长方盘(约 400mm×600mm×70mm)内,向土中加水拌料、闷料。石灰稳定材料、石灰粉煤灰综合稳定材料,水泥粉煤灰综合稳定材料,可将石灰或粉煤灰和土一起拌和,将土和水拌和均匀后放在密闭容器或塑料袋内浸润备用。

对于细粒土(特别是黏性土)使其含水率较最佳含水率小 3%,对于中粒土和粗粒土可按最佳含水率加水①,对于水泥稳定土,加水量比最佳含水率小 1%~2%。

注:①应加的水量可按下式计算。

$$m_w = \left(\frac{m_n}{1+0.01w_n} + \frac{m_c}{1+0.01w_c}\right) \times 0.01w - \frac{m_n}{1+0.01w_n} \times 0.01w_n - \frac{m_c}{1+0.01w_c} \times 0.01w_c \quad (5\text{-}13)$$

式中:m_w——混合料中应加的水量(g);

m_n——混合料中素土(或集料)的质量(g);其含水率为 w_n(风干含水率)(%);

m_c——混合料中水泥或石灰的质量(g);其原始含水率为 w_c(%)(水泥的 w_c 通常很小,也可以忽略不计);

w——要求达到的混合料的含水率(%)。

浸润时间:黏性土 12~24h,粉性土 6~8h,砂性土、砂砾土、红土砂砾、级配砂砾等可以缩短到 4h 左右;含土很少的未筛分碎石、砂砾及砂可以缩短到 2h。浸润时间一般不超过 24h。

(4)在浸润过的试料中,加入预定数量的水泥或石灰并拌和均匀。在拌和过程中,应将预留的水(对于细粒土为 3%,对于水泥稳定类为 1%~2%)加入土中,使混合料的含水率达到最佳含水率。拌和均匀的加有水泥的混合料应在 1h 内按下述方法制成试件,超过 1h 的混合料应该作废。其他结合料稳定土,混合料虽不受此限,但也应尽快制成试件。

5. 按预定的干密度制件

(1)用反力框架和液压千斤顶、或采用压力试验机制件。制备一个预定干密度的试件,需要的稳定土混合料质量随试模的尺寸而变。单个试件的标准质量按公式(5-14)计算,每个试件的各材料用量计算用公式(5-15)~公式(5-19)计算。

单个试件的标准质量:

$$m_0 = \rho_{\text{dmax}} V(1 + w_{\text{opt}}) \times \gamma \quad (5\text{-}14)$$

考虑到试件成型过程中的质量损失,实际操作过程中每个试件的质量可增加0~2%,即：

$$m'_0 = m_0 \times (1 + \delta) \tag{5-15}$$

每个试件的干混合料(包括干土与无机结合料)总质量：

$$m_1 = \frac{m'_0}{1 + w_{opt}} \tag{5-16}$$

每个试件的干土质量：

$$m_3 = \frac{m_1}{1 + \alpha} \tag{5-17}$$

每个试件的水泥或石灰质量：

$$m_2 = m_3 - m_1 \tag{5-18}$$

每个试件中的加水量：

$$m_w = (m_2 + m_3) \times w_{opt} \tag{5-19}$$

上述各式中：m_1——混合料的干质量(g)；
　　　　　　V——试件的体积(cm^3)；
　　　　　　w_{opt}——混合料的最佳含水率(%)；
　　　　　　ρ_{dmax}——混合料的最大干密度(g/cm^3)；
　　　　　　δ——计算混合料质量的冗余量(%)；
　　　　　　α——混合料的灰剂量(%)。

(2)将试模的下压柱放入试模的下部,但外露2cm左右。将称量的规定数量m_1(g)的稳定土混合料分2~3次灌入试模中(利用漏斗),每次灌入后用夯棒轻轻均匀插实。如制的是50mm×50mm的小试件,则可以将混合料一次倒入试模中,然后将上压柱放入试模内,应使其也外露2cm左右(即上下压柱露出试模外的部分应该相等)。

(3)将整个试模(连同上下压柱)放到反力框架内的千斤顶上(千斤顶下应放一扁球座),以1mm/min的加载速度加压,直到上下压柱都压入试模为止,维持压力2min。

(4)解除压力后,取下试模,并放到脱模器上将试件顶出。用水泥稳定有黏结性的材料(如黏质土)时,制件后应立即脱模；用水泥稳定无黏结性细粒土时,最好过2~4h再脱模；对于中、粗粒土的无机结合料稳定材料,也最好过2~6h再脱模。

(5)在脱模器上取试件时,应用双手抱住试件侧面的中下部,然后沿水平方向轻轻旋转,待感觉到试件移动后,再将试件轻轻捧起,放置到试验台上。切勿直接将试件捧起。

(6)称取试件质量m_2,小试件准确到0.01g；中试件准确到0.01g；大试件准确到0.1g。然后用游标卡尺量试件的高度h,准确到0.1mm。检查试件的高度与质量,不满足成型标准的试件为废件。

(7)成型试件要求。
①质量损失：小试件应不超过标准质量5g,中试件应不超过25g,大试件应不超过50g；
②高度误差范围：小试件应为-0.1~0.1cm,中试件应为-0.1~0.15cm,大试件应为-0.1~0.2cm。

6. 养生

(1)试件从试模内脱出并称量后,中试件和大试件应立即放入塑料袋,并将袋内空气排除干净,扎紧袋口,将包好的试件移放到养生室。

(2)标准养生的温度为 20±2℃,相对湿度 95% 以上。试件放在铁架上或木架上,间隔至少 10~20mm,试件表面应保持一层水膜,并避免用水直接冲淋。

(3)无侧限抗压强度标准养生龄期为 7d,在养生最后一天,将试件取出,观察试件的边角有无磨损和缺块,并量高称质量。然后将试件浸泡在 20±2℃水中,水的深度应使水面在试件顶上约 2.5cm。浸泡水中之前,应再次称试件的质量 m_3。在养生期间,试件质量的损失应该符合下列规定:小试件不超过 1g;中试件不超过 4g;大试件不超过 10g。质量损失超过此规定的试件应该作废。

7. 试验步骤

(1)根据试验材料的类型和一般工程经验,选择合适量程的测力计和压力机。试件破坏荷载应大于测力量程的 20% 且小于测力量程的 80%。球形支座和上下顶板涂上机油,使球形支座能够灵活转动。

(2)将已浸水一昼夜的试件从水中取出,用软的旧布吸去试件表面的可见自由水,并称试件的质量 m_4。

(3)用游标卡尺量试件的高度 h_1,准确到 0.1mm。

(4)将试件放到路面材料强度试验仪的升降台上(台上先放一扁球座),进行抗压试验。试验过程中,应使试件的形变等速增加,并保持速率约为 1mm/min。记录试件破坏时的最大压力 P。

(5)从试件内部取有代表性的样品(经过打破)测定其含水率 w。

8. 结果计算与试验记录

(1)试件的无侧限抗压强度 R_c 用公式(5-20)计算。

$$R_c = \frac{P}{A} \tag{5-20}$$

式中:R_c——试件的无侧限抗压强度(MPa);

P——试件破坏时的最大压力(N);

A——试件的截面面积(mm^2),$A = \frac{\pi D^2}{4}$,D 为试件的直径(mm)。

(2)精密度或允许误差。

①同一组试件试验中,采用 3 倍均方差方法剔除异常值,小试件允许有 1 个异常值,中试件允许 1~2 个异常值,大试件允许 2~3 个异常值。异常值超过上述规定的试验重做。

②同一组试验的变异系数 C_v(%)应符合下列规定,方为有效:小试件不大于 6%;中试件不大于 10%;大试件不大于 15%。如不能保证试验结果的变异系数小于规定值,则应按允许误差 10% 和 90% 概率重新计算所需的试件数量,增加试件数量并另做新试验。新试验结果与老试验结果一并重新进行统计评定,直到变异系数满足上述规定。

③抗压强度计算结果保留 1 位小数。

(3)试验记录。

灰土无侧限抗压强度试验记录表见表5-13。

灰土无侧限抗压强度试验记录表　　　　表5-13

工　程　名　称_____　　　试件尺寸(mm)_____
路　段　范　围_____　　　养生龄期(d)_____
混合料名称_____　　　加载速度(mm/min)_____
灰　剂　量(%)_____　　　试验者_____
最大干密度(g/cm^3)_____　　　校核者_____
试件压实度(%)_____　　　试验日期_____

试件制备方法						
制件日期						
试验日期						
试件编号						
养生前试件质量(m_2)(g)						
浸水前试件质量(m_3)(g)						
浸水后试件质量(m_4)(g)						
养生期间的质量损失①(m_2-m_3)(g)						
吸水量(m_4-m_3)(g)						
养生前试件的高度(h)(cm)						
浸水后试件的高度(h)(cm)						
试验的最大压力(P)(N)						
无测限抗压强度(R_c)(MPa)	单值					
	平均值					
变异系数(%)		代表值②(MPa)				
结论						

注:①是指水分损失。如养生后试件掉粒或掉块,不作为水分损失。
　　②保证率为95%的无侧限抗压强度计算值$R_d^0 = \bar{R} \cdot (1 - Z_a C_V)$。

技能训练(试验报告实例)

试验报告实例见表5-14。

无机结合料稳定材料无侧限抗压强度试验任务单与检测结果评定表　　　　表5-14

实训日期		姓名		成绩	
实训任务	无机结合料稳定材料无侧限抗压强度试验(T 0805—1994)				
实训任务书	题目:某地高速公路路面的底基层设计为石灰稳定土,石灰剂量为8%。底基层厚度为20cm,要求7d无侧限抗压强度不低于0.8MPa;试对此石灰稳定土进行7d无侧限抗压强度检测。(此石灰稳定土的最大干密度为$1.84g/cm^3$,最佳含水率为16.8%;保证率按95%计算) 施工要求:采用厂拌法拌和;分一层铺筑;压实度控制为不低于95%。 原材料: (1)石灰:磨细钙质消石灰粉,活性CaO + MgO含量为65%,其他技术指标均符合现行有关规范要求; (2)土:该路所用土质$I_P = 14$,为中塑限黏土,其他技术指标均符合现行规范要求				

续上表

主要设备	
主要步骤	（每位学生按照实际操作过程进行填写）

灰土无侧限抗压强度试验记录表

工程名称 __某高速公路__   试件尺寸(mm) __50×50__

路段范围 __—__   养生龄期(d) __7__

混合料名称 __石灰稳定土__   加载速度(mm/min) __1__

石灰剂量(%) __8__   试 验 者 _____

最大干密度(g/cm^3) __1.84__   校 核 者 _____

试件压实度(%) __95__   试验日期 _____

试件制备方法		静 压 法					
制件日期		2018 年 4 月 13 日					
试件编号		1	2	3	4	5	6
养生前试件质量(m_2)(g)		199	199	200	200	199	200
浸水前试件质量(m_3)(g)		198.2	198.1	199.3	199.4	198.2	199.1
浸水后试件质量(m_4)(g)		207.2	206.9	208.0	207.9	207.3	207.9
养生期间的质量损失(m_2-m_3)(g)		0.8	0.9	0.7	0.6	0.8	0.9
吸水量(m_4-m_3)(g)		9.0	8.8	8.7	8.5	9.1	8.8
养生前试件的高度(h)(cm)		49.8	49.9	50.2	50.3	50.0	50.1
浸水后试件的高度(h)(cm)		50.7	50.9	51.0	51.3	50.9	51.3
试验的最大压力(P)(N)		1729	1759	1870	1800	1770	1860
无测限抗压强度(R_c)(MPa)	单值	0.9	0.9	0.9	0.9	0.9	1.0
	平均值	0.9					
变异系数(%)	5.0	代表值(MPa)		0.8			
结论		此石灰剂量符合设计要求					

课后任务

任务一 灰剂量测定有哪些注意事项？如果土质或石灰、水泥的种类或性能发生变化，标准曲线是否可以继续使用？

任务二 如果一个二灰土的小试件，要求压实度为95%，最大干密度度为$1.83g/cm^3$，最佳含水率为15.0%，材料比例为10∶20∶70，试根据下列材料计算一个试件应加各种材料的质量为多少？

(1)石灰：消石灰粉，含水率为2%，技术性质符合要求；

(2)粉煤灰：二级，含水率为1%，技术性质符合要求；

(3)土：低塑限黏土，风干含水率为3%，技术性质符合要求。

任务三　分析土的标准击实试验与灰土的标准击实试验的异同点。

任务四　每位学员对水泥稳定级配碎石进行技术性能测定(主要是最大干密度与最佳含水率、灰剂量、无侧限抗压强度测定三个试验项目)，并填写实训任务单与作业表。(要求自己设计任务单与作业表)

课题三　无机结合料稳定材料的组成设计(选学)

任务引入

无机结合料稳定材料的品质好坏与使用原材料的性能、用料多少有直接关系，它们之的比例关系如何呢？用什么方法计算呢？

任务分析

无机结合料稳定材料组成设计步骤包括原材料检验、混合料的目标配合比设计、混合料的生产配合比设计和施工参数的确定四个部分。

相关知识

1.无机结合料稳定材料组成设计步骤

无机结合料稳定材料组成设计也称为混合料设计，它是路面设计和施工质量管理的重要组成部分。混合料的组成设计应根据公路等级、交通荷载等级、结构形式、材料类型等因素确定材料技术要求，并按设计要求，选择技术经济合理的混合料类型与配合比。

无机结合料稳定材料组成设计步骤包括原材料检验、混合料的目标配合比设计、混合料的生产配合比设计和施工参数的确定四个部分。无机结合料稳定材料组成设计流程见图5-4(这里重点介绍目标配合比设计)。

1)原材料检验

原材料检验包括结合料、被稳定材料及其相关材料试验。所检测的指标均应满足相关设计或技术文件要求。

2)混合料的目标配合比设计

根据当地材料的特点，通过原材料性能检测与评定，选择适合的结合料类型，确定混合料配合比设计的技术标准。

(1)选择级配范围，确定目标级配曲线。

根据设计要求合理选择被稳定材料的级配(以水泥稳定材料为例)。

①采用水泥稳定时，被稳定材料的液限应不大于40%，塑性指数不大于17。如果大于17时，宜采用石灰稳定或水泥和石灰综合稳定。采用水泥稳定材料时，如果被稳定材料中含有一定量的碎石或砾石，且小于0.6mm的颗粒含量在30%以下时，塑性指数可大于17，且土的不均匀系数应大于5.0，其级配可采用表5-15中推荐级配范围，并符合下列规定：用于高速公路和一级公路的底基层时，被稳定材料的公称最大粒径不大于31.5mm，级配符合C-A-1或C-A-2的规定，被稳定材料不宜含有黏性土或粉性土；用于二级公路的基层时，级配符合C-A-1的

规定,被稳定材料不宜含有黏性土或粉性土;用于二级以下公路的基层时,级配符合 C-A-3 的规定,被稳定材料的公称最大粒径应不大于 37.5mm;用于二级及二级以下公路的底基层时,级配符合 C-A-4 的规定,被稳定材料的公称最大粒径应不大于 37.5mm。

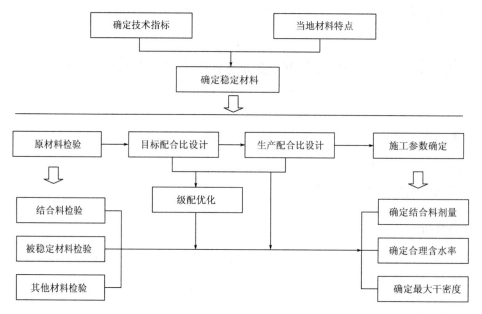

图 5-4 无机结合料稳定材料设计流程

水泥稳定材料的推荐级配范围(%) 表 5-15
《公路路面基层施工技术细则》(JTG/T F20—2015)

筛孔尺寸 (mm)	高速公路和一级公路的底基层或二级公路的基层	高速公路和一级公路的底基层	二级以下公路的基层	二级及二级以下公路的底基层
	C-A-1	C-A-2	C-A-3	C-A-4
53	—	—	100	100
37.5	100	100	90~100	—
31.5	90~100	—	—	—
26.5	—	—	66~100	—
19	67~90	—	54~100	—
9.5	45~68	—	39~100	—
4.75	29~50	50~100	28~84	50~100
2.36	18~38	—	20~70	—
1.18	—	—	14~57	—
0.6	8~22	17~100	8~47	17~100
0.075	0~7	0~30	0~30	0~50

注:表中水泥稳定材料不包括水泥稳定级配碎石或砾石。

②水泥稳定级配碎石或砾石可采用表 5-16 中推荐级配范围。并宜符合下列规定:被稳定材料的液限宜不大于 28%;用于高速公路和一级公路时,被稳定材料的塑性指数宜不大于 5,

用于二级及二级以下公路时,塑性指数宜不大于7;用于高速公路和一级公路时,级配宜符合C-B-1(用于基层和底基层)、C-B-2(宜用于基层)的规定,混合料密实时,也可采用C-B-3的级配;用于二级及二级以下公路时,级配宜符合C-C-1(用于基层和底基层)、C-C-2(用于基层)、C-C-3(用于极重、特重交通荷载等级下的基层)的规定。

水泥稳定级配碎石或砾石的推荐级配范围(%) 表5-16

筛孔尺寸(mm)	高速公路和一级公路			二级及二级以下公路		
	C-B-1	C-B-2	C-B-3	C-C-1	C-C-2	C-C-3
37.5	—	—	—	100	—	—
31.5	—	—	100	100~90	100	—
26.5	100	—	—	94~84	100~90	100
19	86~82	100	68~86	83~67	87~73	100~90
16	79~73	93~88	—	78~61	82~65	92~79
13.2	72~65	86~76	—	73~54	75~58	83~67
9.5	62~53	72~59	38~58	64~45	66~47	71~52
4.75	45~35	45~35	22~32	50~30	50~30	50~30
2.36	31~22	31~22	16~28	36~19	36~19	36~19
1.18	22~13	22~13	—	26~12	26~12	26~12
0.6	15~8	15~8	8~15	19~8	19~8	19~8
0.3	10~5	10~5	—	14~5	14~5	14~5
0.15	7~3	7~3	—	10~3	10~3	10~3
0.075	5~2	5~2	0~3	7~2	7~2	7~2

③根据推荐的级配范围和以往的工程经验,应选择不少于4条级配曲线对目标级配曲线进行优化。选定目标级配曲线后,应对各档材料进行筛分,得到其平均筛分曲线,确定其使用比例,得到混合料的合成级配。

(2)拟定不少于5个结合料剂量,水泥稳定材料配合比试验推荐水泥剂量可采用表5-17中的推荐值。分别确定各剂量条件下混合料的最大干密度与最佳含水率(采用重型击实试验方法,也可以用振动压实方法)。

水泥稳定材料配合比试验推荐水泥剂量表 表5-17

被稳定材料	条件		推荐试验剂量(%)
有级配的碎石或砾石	基层	$R_d \geq 5.0$MPa	5、6、7、8、9
		$R_d < 5.0$MPa	3、4、5、6、7
土、砂、石屑等		$I_p < 12$	5、7、9、11、13
		$I_p \geq 12$	8、10、12、14、16
有级配的碎石或砾石	底基层	—	3、4、5、6、7
土、砂、石屑等		$I_p < 12$	4、5、6、7、8
		$I_p \geq 12$	6、8、10、12、14

(3)根据试验确定的最佳含水率、最大干密度及压实度,成型标准试件,验证不同结合料剂量条件下混合料的技术性能(主要是7d龄期无侧限抗压强度),确定满足设计要求的最佳

灰剂量。材料组成设计所得的水泥剂量小于表 5-17 中的最小剂量时,应采用表 5-18 中最小剂量。

水泥的最小剂量(%)　　　　表 5-18

被稳定材料类型	拌和方法	
	路拌法	集中厂拌法
中、粗粒材料	4	3
细粒材料	5	4

①稳定材料强度试验与计算

强度试验时,应按现场压实度标准采用静压法成型试件,试件的径高比应为 1:1。无机结合料稳定细粒料的试件直径应为 100mm,无机结合料稳定中、粗粒材料的试件直径应为 150mm。强度试验时平行试验的试件数量应符合表 5-19 的规定。试验结果的变异系数大于表中规定值时,应重做试验或增加试件数量。

平行试验的最少试件数量　　　　表 5-19

材料类型	变异系数要求		
	<10%	10%~15%	15%~20%
细粒材料	6	9	—
中粒材料	6	9	13
粗粒材料	—	9	13

注:公称最大粒径小于 16mm 的材料为细粒材料;公称最大粒径不小于 16mm,且小于 26.5mm 的材料为中粒材料;公称最大粒径不小于 26.5mm 的材料为粗粒材料。

根据试验结果,应按公式(5-21)计算强度代表值 R_d^0。

$$R_d^0 = \overline{R} \cdot (1 - Z_a C_V) \tag{5-21}$$

式中:C_V——试验结果的偏差系数(以小数计);

Z_a——标准正态分布表中随保证率(或置信度 α)而变的系数,高速公路和一级公路应取保证率 95%,此时 $Z_a = 1.645$;二级及二级以下公路应取保证率 90%,此时 $Z_a = 1.282$。

强度数据处理时,宜按 3 倍标准差的标准剔除异常数值,且同一组试件异常值剔除应不多于 2 个。

强度代表值 R_d^0 应不小于强度标准值 R_d,当强度代表值小于强度标准值时,应重新进行配合比设计。

②灰剂量最佳剂量的确定

根据不同灰剂量下成型标准试件的性能检测,确定满足设计要求的最佳剂量。测定 7d 龄期无侧限抗压强度代表值,以满足设计强度要求的灰剂量作为最佳灰剂量。

3)生产配合比设计

(1)根据目标配合比确定的各档材料比例,应对各拌和设备进行调试和标定,确定合理的生产参数。拌和设备的调试与标定主要是指料斗称量精度的标定、结合料剂量的标定和拌和设备加水量的控制等内容。

(2)按设定好的施工参数进行第一阶段的生产,验证生产级配,不满足要求时,应进一步调整施工参数。也就是进行第二阶段的试验。分别按不同结合料剂量和含水率进行混合料试

拌,并取样检验。试验应符合下列规定:
  a. 通过混合料中实际含水率的测定,确定施工过程中水流量计的设定范围。
  b. 通过混合料中实际结合料剂量的测定,确定施工过程中结合料掺加的相关技术参数。
  c. 通过击实试验,确定结合料剂量变化、含水率变化对混合料最大干密度的影响。
  d. 通过抗压强度试验,确定材料的实际强度水平与拌和工艺的变异水平。
 4)施工参数的确定
 混合料施工参数的确定包括结合料剂量、含水率和最大干密度等指标。
 (1)对水泥稳定材料,工地实际采用的水泥剂量宜比试验室试验确定的剂量多 0.5%~1.0%。采用集中厂拌法施工时宜增加 0.5%;采用路拌法施工时宜增加 1.0%。
 (2)以配合比设计的结果为依据,综合考虑施工过程的气候条件,对水泥稳定材料,含水率可增加 0.5%~1.5%;对于其他稳定材料,可增加 1%~2%。
 (3)最大干密度应以最终合成级配击实试验结果为标准。
 2. 水泥稳定材料配合比设计实例

【例 5-1】

某地高速公路路面的底基层设计为水泥稳定细粒土,试按现行技术规范要求的方法进行其目标配合比设计。

【原始资料】

(1)路面基层厚 20cm,要求 7d 无侧限抗压强度为 3.5~4.0MPa。
(2)拌和方法:采用厂拌法。
(3)分一层铺筑。
(4)压实度不低于 95%。

【原材料】

(1)水泥:普通水泥,强度等级为 32.5 级,技术指标均符合现行有关规范要求。
(2)土:该路所用土质 $I_p = 14$,为中塑限黏土,其他技术指标均符合现行规范要求。

【配合比计算】

(1)确定水泥剂量的掺配范围。
 根据推荐的水泥剂量,该水泥稳定细粒土的水泥剂量按 6%、8%、10%、12% 和 14% 5 种剂量配制。
(2)确定不同剂量的水泥稳定细粒土的最大干密度与最佳含水率。
(3)水泥稳定细粒土标准击实试验结果见表 5-20。

水泥稳定细粒土标准击实试验结果表   表 5-20

水泥剂量(%)	6.0	8.0	10.0	12.0	14.0
最佳含水率(%)	15.8	16.3	16.8	17.2	17.9
最大干密度(g/cm³)	1.87	1.85	1.84	1.82	1.80

(4)测定 7d 无侧限抗压强度。
 ①制作试件。每种料按 6 个试件配制。采用 φ100mm×100mm 的圆柱体试件。工地压实度按 95% 控制,每个剂量的每个试件所需材料计算如下:
  制备一个试件所需混合料的各材料质量(以 6% 剂量为例)[参考公式(5-14)~公式(5-19)]。

单个试件的标准质量：$m_0 = V \times \rho_{dmax}(1 + w_{opt}) \times \gamma = 1614.9(g)$

制件时每个试件称混合料质量（按2%的冗余量计算）：$m_0' = m_0 \times (1 + \delta) = 1647.2(g)$

干混合料质量：$m_1 = \dfrac{m_0'}{1 + w_{opt}} = 1422.5(g)$

每个试件的干土质量：$m_3 = \dfrac{m_1}{1 + \alpha} = 1342.0(g)$

每个试件水泥质量：$m_2 = m_3 - m_1 = 80.5(g)$

每个试件中的加水量：$m_w = (m_2 + m_3) \times w_{opt} = 224.7(g)$

用同样的方法对水泥剂量为8%、10%、129%、14%的混合料所需各材料进行计算，结果列于表5-21中。

水泥稳定细粒土各材料计算结果表　　　　　表5-21

水泥剂量(%)		6.0	8.0	10.0	12.0	14.0
单个试件标准质量(g)		1614.9	1604.5	1602.7	1590.7	1582.6
考虑制件损失后单个试件质量(g)($\delta = 2\%$)		1647.2	1636.6	1634.8	1622.5	1614.3
单个试件所需各材料质量（g）	干土质量	1341.9	1303.0	1272.5	1236.1	1201.1
	水泥质量	80.5	104.2	127.2	148.3	168.1
	加水质量	224.7	229.4	235.1	238.1	245.1

按表5-21的各材料质量进行备料、闷料（如果所做试验的试件为6个，为了试验方便，备料时需按7~8个试件考虑，可以单个配料，也可以混合配料，建议单个配料），并按各剂量试件的混合料质量进行制件。

②按规定方法养护6d，浸水1d后进行无侧限抗压强度试验。7d 无侧限抗压强度试验结果见表5-22。

水泥稳定细粒土7d无侧限抗压强度试验结果表（保证率95%）　　　　表5-22

水泥剂量(%)	6.0	8.0	10.0	12.0	14.0
强度平均值$\bar{R}$(MPa)	4.0	4.3	4.7	4.8	4.8
强度偏差系数C_v(%)	9.3	9.6	8.9	7.3	7.7
强度代表$R_d^0 = \bar{R} \cdot (1 - Z_a C_v)$(MPa)	3.4	3.6	4.0	4.2	4.2

5. 确定水泥最佳剂量。

从表5-22可知，水泥剂量8.0%、10.0%符合设计强度要求。考虑经济效益要求，因此本水泥稳定细粒土的最佳水泥剂量为8.0%。

课后任务

任务一　无机结合料稳定材料配合比设计中施工参数确定包括哪些内容？

任务二

【题目】　某地高速公路路面的基层设计为水泥稳定级配碎石，试计算在试验室制作无侧限抗压强度试块一个试件需装料多少？各材料的用量为多少？（计算至0.1g）

【说明】 计算时的冗余量为1.5%。

【原始资料】

(1)该路面基层厚20cm,要求7d无侧限抗压强度为6.5~7.0MPa;

(2)拌和方法:采用厂拌法;

(3)压实度不低于98%。最大干密度为2.563g/cm³,最佳含水率为4.8%。

【原材料】

(1)水泥:普通水泥,强度等级为32.5级,技术指标均符合现行有关规范要求;

(2)碎石:级配碎石,其技术性能符合现行有关规范要求(可自己设计四种集料的筛分试验结果)。

单元六　沥　青　材　料

应知点

1. 石油沥青、乳化沥青、改性沥青、煤沥青及再生沥青的概念。
2. 石油沥青的主要技术性质与技术指标。
3. 乳化沥青、改性沥青的分类。
4. 乳化沥青的主要技术性质和技术标准。
5. 改性沥青的主要技术性质和技术标准。

技能点

1. 沥青的密度与相对密度的测定。
2. 道路石油沥青三大指标的测定。
3. 乳化沥青稳定性检测方法。
4. 各试验结果的计算与分析。

胶凝材料按化学成分可分为无机胶凝材料与有机胶凝材料两大类。

沥青是一种有机胶凝材料,是由高分子碳氢化合物及其非金属(氧、氮、硫)的衍生物组成的混合物。沥青在常温下一般呈固体或半固体,也有少数品种的沥青呈黏性液体状态,颜色为黑褐色或褐色,可溶于二硫化碳、四氯化碳、三氯甲烷、苯等有机溶剂。

按照来源不同,沥青可分为地沥青和焦油沥青。我们最常用的石油沥青就属于地沥青,而煤沥青就属于焦油沥青。石油沥青根据常温下的稠度不同,一般又分为黏稠沥青(固体或半固体状态)和液体沥青(液体状态)。

课题一　石　油　沥　青

任务引入

常见的沥青材料主要应用在什么地方?什么样的沥青具有良好的路用性能呢?沥青品质的好坏应该通过哪些性能与指标来反映呢?沥青常规的试验检测项目有哪些呢?

任务分析

石油沥青是由石油(原油)加工而得到,主要用于沥青路面的各个结构层。石油沥青性能的好坏取决于石油沥青的组成和结构。黏稠石油沥青的黏滞性(黏性)、塑性、温度稳定性(感温性)是沥青材料三大技术性质,针入度、延度、软化点是黏稠石油沥青的三大技术指标,黏稠石油沥青的牌号是根据针入度划分的。黏稠石油沥青的三大技术指标的测定是此课题的中心任务。

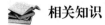 **相关知识**

1. 石油沥青概述

1)定义

从油井开采出来的石油,又称为原油。炼油厂将原油分馏而提取汽油、煤油、柴油和润滑油等石油产品后所剩残渣,再进行加工可得各种石油沥青。

2)分类

(1)石油沥青根据常温下的稠度不同,可分为黏稠石油沥青和液体石油沥青。

①黏稠石油沥青:在常温下呈固体或半固体状态,通常又称道路石油沥青。

②液体石油沥青:在常温下呈液体状态。

(2)按原油成分中所含石蜡数量的多少,石油沥青可分为石蜡基沥青(含蜡量大于5%)、混合基沥青(含蜡量在2%~5%之间)、沥青基沥青(含蜡量小于2%)。

(3)按用途不同,石油沥青可分为道路石油沥青与建筑石油沥青。

2. 石油沥青的组成

石油沥青是由多种碳氢化合物及其非金属(氧、硫、氮)的衍生物组成的混合物。由于石油沥青是由多种有机物组成混合物,分析其性质较困难,为了便于分析石油沥青的性质,常将沥青中性能相似,分子量相近的成分划分为"组",这一组称为"沥青化学组分",简称"组分"。

将沥青分为不同组分的化学分析方法称为组分分析法,是利用沥青在不同有机溶剂中的选择性溶解或在不同吸附剂上的选择性吸附等性质。《公路工程沥青及沥青混合料试验规程》(JTG E20—2011)中规定了三组分和四组分两种分析法。下面介绍三组分分析法。

石油沥青的三组分分析法是将石油沥青分离为油分、树脂和沥青质三个组分。这种分析方法称为溶解—吸附法,按三组分分析法所得各组分的特性见表6-1。

石油沥青三组分分析法的各组分的特性　　　　表6-1

组分	特性			
	外观特征	平均分子量	碳氢比 C/H	物化特征
油分	淡黄色透明液体	200~700	0.5~0.7	几乎可溶于大部分有机溶剂,具有光学活性,常发现有荧光,相对密度0.910~0.925,使沥青具有流动性
树脂	红褐色黏稠半固体	800~3000	0.7~0.8	温度敏感性高,熔点低于100℃,相对密度大于1.000,给予沥青以塑性
沥青质	深褐色固体粉末状微粒	1000~5000	0.8~1.0	加热不熔化,分解为硬焦碳,使沥青呈黑色,给予沥青以黏结性和高温稳定性

我国富产石蜡基或混合基沥青,在油分中往往含有蜡,蜡使沥青具有温度敏感性,并且蜡的存在使沥青的胶体结构发生变化。沥青中蜡的存在,在高温时会使沥青容易发软,导致沥青路面的高温稳定性降低,出现车辙。同样,在低温时会使沥青变得脆硬,导致路面低温抗裂性降低,出现裂缝。此外,蜡会使沥青与石料黏附性降低,在水分的作用下,会使路面石子与沥青

产生剥落现象,造成路面破坏;更严重的是,含蜡沥青会使沥青路面的抗滑性降低,影响路面的行车安全性。

我国现行行业标准《公路沥青路面施工技术规范》(JTG F40—2004)规定,含蜡量(蒸馏法)A级沥青不大于2.2%,B级沥青不大于3.0%,C级沥青不大于4.5%。

3. 石油沥青的技术性质

用于现代沥青路面的道路石油沥青,应具有以下主要技术性质。

1)黏滞性(黏性)

黏滞性是指沥青在外力作用下胶团之间产生相互位移时抵抗变形的能力。

各种石油沥青的黏滞性变化范围很大,黏滞性的大小与组分及温度有关。当沥青质含量较高,又含适量的树脂、含少量的油分时,则黏滞性较大。在一定温度范围内,当温度升高时,黏滞性随之降低,反之则增大。

黏滞性是与沥青路面力学性质联系最密切的一种性质。黏滞性亦称黏性,通常用黏度表示。在现代交通条件下,为防止路面出现车辙,对沥青黏度的选择成为首要考虑的因素。

沥青黏度的测定方法可分为两类:一类为"绝对黏度法",如采用毛细管黏度计等;另一类为"相对黏度"(或称"条件黏度")法,采用针入度法、道路标准黏度计法、赛氏黏度计法和恩氏黏度计法等试验方法确定。

黏稠石油沥青的黏滞性测定方法及指标介绍如下。

(1)针入度

针入度是测定道路石油沥青黏滞性的常用技术指标,采用针入度仪(图6-1)测定,测定方法见《公路工程沥青及沥青混合料试验规程》(JTG E20—2011 中的 T 0604—2011)。

图6-1 电动针入度仪

针入度是沥青试样在规定温度条件下,规定荷载作用下,在规定时间内,针入度标准针自由沉入试样的深度,以 0.1mm 表示。试验条件以 $P_{T,m,t}$ 表示,其中 P 为针入度,T 为试验温度,m 为荷载,t 为贯入时间。

针入度是划分沥青技术等级的主要指标。在相同试验条件下,针入度值越大,表示沥青愈软(稠度愈稀)。

(2)黏度

测定液体沥青(包括液体石油沥青和煤沥青)黏结性的常用技术指标为标准黏度,是国际上液体沥青材料条件黏度测定方法的一种,采用标准黏度计测定。

《公路工程沥青及沥青混合料试验规程》(JTG E20—2011)规定:液体状态的沥青材料,在标准黏度计中,于规定的温度条件下(20℃、25℃、30℃或60℃),通过规定的流孔直径(3mm、4mm、5mm 及 10mm),流出 50mL 体积所需的时间(s),以 $C_{T,d}$ 表示。其中 C 为黏度,T 为试验温度,d 为流孔直径。例如某沥青在60℃时,自5mm孔径流出50mL沥青所需时间为100s,表示为 $C_{60,5}=100s$。在相同温度和相同流孔条件下,流出时间越长,表示沥青黏度越大。

我国液体沥青是采用黏度来划分技术等级的。

2)塑性

塑性是指沥青在外力作用下发生变形而不破坏的能力。影响塑性大小的因素与沥青的组分及温度有关。沥青中树脂含量多,油分及沥青质含量适当,则塑性较大。当温度升高,塑性增大,沥青膜层越厚,则塑性越大。反之,塑性越小。在常温下,塑性好的沥青不易产生裂缝,并可减少摩擦时的噪声。同时它对于沥青在温度降低时抵抗开裂的性能有重要影响。

《公路工程沥青及沥青混合料试验规程》(JTG E20—2011)规定:沥青的塑性用延度表示,用延度仪测定(测试方法见 T 0605—2011)。

沥青延度是将沥青材料在规定温度(目前常用的温度为25℃、15℃、10℃、5℃)条件下,规定状态的试样(∞字形标准试样),在规定拉伸速度(5cm/min ± 0.25cm/min,当低温时采用1cm/min ± 0.5 cm/min)作用下,拉断时伸长的长度,以 cm 表示。沥青的延度越大,塑性越好,柔性和抗断裂性能就越好。

3)温度稳定性(感温性)

温度稳定性是指沥青的黏结性和塑性随温度升降而变化的性能。当温度升高时,沥青由固态或半固态逐渐软化成黏流状态;当温度降低时,由黏流态转变成固态至变脆。在工程上使用的沥青,要求有较好的温度稳定性。

(1)高温稳定性用软化点表示

《公路工程沥青及沥青混合料试验规程》(JTG E20—2011)规定:沥青软化点一般采用环球法软化点仪测定(测定方法见 T 0606—2011)。

软化点是沥青试样在规定加热上升速度条件下,在规定荷载作用下,试样产生规定变形时的温度。以℃表示。即是将沥青试样装入规定尺寸的铜环内(内径18.9mm),试样上放置标准钢球(质量:3.5g),浸入水或甘油中,以规定的升温速度(5℃/min)加热,使沥青软化下垂至规定距离时的温度,以℃表示。软化点越高,表明沥青的耐热性越好,温度稳定性越好。

(2)低温抗裂性用脆点表示

脆点是指沥青材料由黏塑状态转变为固体状态达到条件脆裂时的温度。

《公路工程沥青及沥青混合料试验规程》(JTG E20—2011)规定:沥青脆点采用弗拉斯法测定沥青,脆点试验是将沥青试样涂在金属片上,置于有冷却设备的脆点仪内,摇动脆点仪的曲柄,使涂有沥青的金属片产生弯曲,随制冷剂温度降低,沥青薄膜温度逐渐降低,当沥青在规定弯曲条件下,产生断裂时的温度,即为脆点。

在工程上使用的沥青,要求有较高的软化点和较低的脆点,避免夏季沥青材料高温变形和冬季低温开裂等现象。

4)密度

沥青密度是在规定温度条件下单位体积的质量,单位为 g/cm^3。

《公路工程沥青及沥青混合料试验规程》(JTG E20—2011)规定:测定沥青密度的标准温度为15℃。沥青密度也可用相对密度表示,相对密度是指25℃温度下,沥青密度与水密度之比。沥青的密度与其化学组成有密切的关系,通过沥青的密度测定,可以概略地了解沥青的化学组成。通常黏稠沥青的密度波动范围在 $0.96 \sim 1.04 g/cm^3$ 之间。

5)安全性

沥青材料在使用时必须加热,当加热至一定温度时,沥青材料中挥发的油分蒸气与周围空气组成混合气体,此混合气体遇火焰则发生闪火。若继续加热,油分蒸气的饱和度增加,由于此种蒸气与空气组成的混合气体遇火焰极易燃烧,易引起火灾或导致沥青烧坏,为此必须测定沥青的闪点和燃点。

闪点(闪火点)是指加热沥青挥发出可燃气体与空气组成混合气体在规定条件下与火接触,产生闪火时的沥青温度(℃)。燃点(着火点)指沥青加热产生的混合气体与火接触能持续燃烧5s以上时的沥青温度。

6）溶解度

沥青的溶解度是指石油沥青在三氯乙烯中溶解的百分率（即有效物质含量）。那些不溶解的物质为有害物质（沥青碳、似碳物），会降低沥青的性能，应加以限制。

7）含水率

沥青中含有水分，施工中挥发太慢，影响施工速度，所以要求沥青中含水率不宜过多。在加热过程中，如水分过多，易产生"溢锅"现象，引起火灾，使材料受到损失。所以在熔化沥青时应加快搅拌速度，促进水分蒸发，控制加热温度。

8）其他性能指标

(1)劲度模量

劲度模量是表示沥青的黏性和弹性联合效应的指标。大多数沥青在变形时呈现黏-弹性。当低温（高黏度）瞬时荷载作用下，以弹性形变为主；反之，高温（低黏度）长时间荷载作用下以黏性形变为主。

(2)黏附性

黏附性是路用沥青的重要性能之一。它是指沥青材料与集料之间的黏结能力。其直接影响沥青路面的使用质量和耐久性。沥青的黏附性不仅与沥青的性质有密切关系，而且也与集料性质有关。当采用一种固定的沥青时，不同矿物成分的岩石的剥落度也有所不同。从碱性、中性直至酸性岩石，随着 SiO_2 含量的增加，剥落度也随之增加。为保证沥青混合料的强度，在选择岩石时应优先考虑采用碱性岩石，当缺乏碱性岩石必须采用酸性岩石时，可掺加各种抗剥剂以提高沥青与岩石的黏附性。

对沥青与岩石的黏附性的试验方法，我国规范《公路工程沥青及沥青混合料试验规程》（JTG E20—2011）规定采用水煮法和水浸法。

(3)老化

沥青在自然因素（热、氧化、光和水）的作用下，产生"不可逆"的化学变化，导致路用性能劣化，通常称之为"老化"。

沥青老化后，在物理力学性质方面，表现为针入度减小，延度降低，软化点升高，绝对黏度提高，脆点降低等。

测定道路石油沥青薄膜加热试验（T 0609、T 0610—2011）后的质量损失，并根据需要，测定薄膜烘箱加热后的残留针入度、黏度、软化点、脆点及延度等的性质，以评定沥青的耐老化性能。

4.石油沥青的技术标准

1）道路石油沥青的技术标准

(1)道路石油沥青分级

道路石油沥青分为 A 级、B 级、C 级三个等级，适用范围应符合表6-2的规定。

道路石油沥青的适用范围　　　　　表6-2

强度等级	适用范围
A 级沥青	各个等级的公路，适用于任何场合和层次
B 级沥青	1.高速公路、一级公路沥青下面层及以下的层次，二级及二级以下公路的各个层次； 2.用作改性沥青、乳化沥青、改性乳化沥青、稀释沥青的基质沥青
C 级沥青	三级及三级以下公路的各个层次

表6-3

道路石油沥青技术要求

指 标	单位	等级	160号④	130号④	110号			90号						70号③					50号	30号	试验方法①
针入度(25℃,5s,100g)	0.1mm		140~200	120~140	100~120			80~100						60~80					40~60	20~40	T 0604
适用的气候分区⑥			注④	注④	2-1	2-2	2-3	1-2	1-2	1-3	2-2	2-3	2-3	1-3	1-4	2-2	2-3	2-4	1-4	注④	
针入度指数PI		A									-1.5~+1.0										T 0604
		B									-1.8~+1.0										
软化点(R&B) ≥	℃	A	38	40	43			45			44			46		45			49	45	T 0606
		B	36	39	42			43			42			44		43			46	53	
		C	35	37	41			42						43					45	50	
60℃动力黏度② ≥	Pa·s	A		60	120				160		140			180		160			200	260	T 0620
10℃延度② ≥	cm	A	50	50	40			45		30	30	20	20	20	15	20	20	15	15	10	T 0605
		B	30	30	30			30		20	20	15	15	15	10	15	15	10	10	8	
15℃延度 ≥	cm	A、B	80	80	60				100							40			80	50	
		C							50											30	20	
蜡含量(蒸馏法) ≤	%	A									2.2										T 0615
		B									3.0										
		C									4.5										

229

续上表

指标		单位	等级	沥青标号					试验方法①
				160号④	130号④	110号	90号	70号③	50号	30号	
闪点	≥	℃		230			245	260			T 0611
溶解度	≥	%		99.5							T 0607
密度(15℃)		g/cm³		实测记录							T 0603
TFOT(或RTFOT)后⑤											
质量变化	≤	%		±0.8							T 0610 或 T 0609
残留针入度比	≥	%	A	48	54	55	57	61	63	65	T 0609
			B	45	50	52	54	58	60	62	
			C	40	45	48	50	54	58	60	
残留延度(10℃)	≥	cm	A	12	12	10	8	6	4	—	T 0604
			B	10	10	8	6	4	2	—	T 0605
残留延度(15℃)	≥	cm	C	40	35	30	20	15	10	—	T 0605

注:①按照现行《公路工程沥青及沥青混合料试验规程》(JTG E20—2011)规定的方法执行。用干砂浴试验求取PI时的5个温度的针入度关系,相关系数不得小于0.997。
②经建设单位同意,表中PI值、60℃动力黏度、10℃延度可作为选择性的指标,也可不作为施工质量检验指标。
③70号沥青可根据需要要求供应商提供针入度范围为60～70或70～80的沥青,50号沥青可要求提供针入度范围为40～50或50～60的沥青。
④30号沥青仅适用于沥青稳定基层。130号和160号沥青除寒冷地区可直接在中低级公路上直接应用外,通常用做吸孔化剂、稀释沥青、改性沥青的基质沥青。
⑤老化试验以TFOT为准,也可以RTFOT代替。
⑥沥青路面气候分区按《公路沥青路面施工技术规范》(JTG F40—2004)中提出的沥青路面使用性能气候分区的概念。

(2)道路石油沥青标号

道路石油沥青的三大技术指标是针入度、延度、软化点,沥青的牌号是根据针入度划分的。延度与软化点也是沥青划分牌号的主要指标,同时对沥青的闪点、含蜡量、薄膜加热试验等技术指标也提出相应的要求。现行交通行业道路石油沥青的技术标准见表6-3。现行国家标准《重交通道路石油沥青》(GB/T 15180—2010)的技术标准见表6-4。

重交通道路石油沥青技术要求   表6-4

项 目		质 量 指 标					
		AH-130	AH-110	AH-90	AH-70	AH-50	AH-30
针入度(25℃,5s,100g)(0.1mm)		120~140	100~120	80~100	60~80	40~60	20~40
延度(15℃),(cm)		≥100				80	报告
溶解度(%)		≥99.0					
密度(25℃)(g/cm³)		参考报告中数据					
蜡含量(%)		≤3.0					
闪点(℃)		≥230				≥260	
薄膜烘箱试验(163℃,5h)	质量变化(%)	≤1.3	≤1.2	≤1.0	≤0.8	≤0.6	≤0.5
	针入度比(%)	≥45	≥48	≥50	≥55	≥58	≥60
	延度(15℃),(cm)	≥100	≥50	≥40	≥30	报告	报告

2)道路用液体石油沥青的技术标准

道路用液体石油沥青适用于透层、黏层及拌制冷拌沥青混合料。按其凝结速度分为快凝、中凝、慢凝三个等级。除黏度外,对蒸馏的馏分及残留物性质,闪点和含水率等也提出相应的要求。其技术标准见表6-5。

道路用液体石油沥青技术要求   表6-5

试验项目		单位	快凝		中凝						慢凝						试验方法
			AL(R)-1	AL(R)-2	AL(M)-1	AL(M)-2	AL(M)-3	AL(M)-4	AL(M)-5	AL(M)-6	AL(S)-1	AL(S)-2	AL(S)-3	AL(S)-4	AL(S)-5	AL(S)-6	
黏度	$C_{25,5}$	s	<20		<20						<20						T 0621
	$C_{60,5}$			5~15		5~15	16~25	26~40	41~100	101~200		5~15	16~25	26~40	41~100	101~200	
蒸馏体积	225℃前	%	>20	>15	<10	<7	<3	<2	0	0							T 0632
	315℃前	%	>35	>30	<35	<25	<17	<17	<8	<5							
	360℃前	%	>45	>35	<50	<35	<30	<25	<20	<15	<40	<35	<25	<15	<15	<5	
蒸馏后残留物	针入度(25℃)	0.1mm	60~200	60~200	100~300	100~300	100~300	100~300	100~300	100~300							T 0604
	延度(25℃)	cm	>60	>60	>60	>60	>60	>60	>60	>60							T 0605
	浮漂度(50℃)										<20	<20	<30	<40	<45	<50	T 0631
闪点(TOC法)		℃	>30	>30	>65	>65	>65	>65	>65	>65	>70	>70	>100	>100	>120	>120	T 0633
含水率		%	≤0.2	≤0.2	≤0.2	≤0.2	≤0.2	≤0.2	≤0.2	≤0.2	≤2.0	≤2.0	≤2.0	≤2.0	≤2.0	≤2.0	T 0612

任务实施(技能操作)

【一】 沥青取样法(T 0601—2011)

1. 目的和适用范围

(1)本方法适用于在生产厂、储存或交货验收地点为检查沥青产品质量而采集各种沥青材料的样品。

(2)进行沥青性质常规检验的取样数量:黏稠或固体沥青不少于4.0kg,液体沥青不少于1L,沥青乳液不少于4L。

进行沥青性质非常规检验及沥青混合料性质试验所需的沥青数量,应根据实际需要确定。

2. 仪具与材料

(1)盛样器。根据沥青的品种选择。液体或黏稠沥青采用广口、密封带盖的金属容器(如锅、桶等);乳化沥青也可使用广口、带盖的聚氯乙烯塑料桶;固体沥青可用塑料袋,但需有外包装,以便携运。

(2)沥青取样器。金属制、带塞、塞上有金属长柄提手。

3. 准备工作

检查取样器和盛样器是否干净、干燥,盖子是否配合严密。使用过的取样器或金属桶等盛样容器必须洗净、干燥后才可使用。对供质量仲裁用的沥青试样,应采用未使用过的新容器存放,且由供需双方人员共同取样,取样后双方在密封下签字盖章。

4. 试验步骤

1)从储油罐中取样

(1)无搅拌设备的储罐

①液体沥青或经加热已经变成流体的黏稠沥青取样时,应先关闭进油阀和出油阀,然后取样。

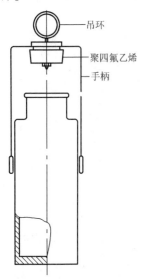

图 6-2 沥青取样器

②用取样器(图 6-2)按液面上、中、下位置(液面高各为 1/3 等分处,但距罐底不得低于总液面高度的 1/6)各取 1~4L 样品。每层取样后,取样器应尽可能倒净。当储罐过深时,也可在流出口按不同流出深度分 3 次取样。对静态存放的沥青,不得仅从罐顶用小桶取样,也不能仅从罐底阀门流出少量沥青取样。

③将取出的 3 个样品充分混合后取规定数量样品作为试样,样品也可分别进行检验。

(2)有搅拌设备的储罐

将液体沥青或经加热已经变成流体的黏稠沥青充分搅拌后,用取样器从沥青层的中部取规定数量试样。

2)从槽车、罐车、沥青洒布车中取样

(1)设有取样阀时,可旋开取样阀,待流出至少 4kg 或 4L 后再取样。

(2)仅有放料阀时,待放出全部沥青的一半时再取样。

(3)从顶盖处取样,可用取样器从中部取样。

3)在装料或卸料过程中取样

在装料或卸料过程中取样时,要按时间间隔均匀地取至少3个规定数量样品,然后将这些样品充分混合后取规定数量样品作为试样。样品也可分别进行检验。

4)从沥青储存池中取样

沥青储存池中的沥青应待加热熔化后,经管道或沥青泵流至沥青加热锅之后取样。分间隔每锅至少取3个样品,然后将这些样品充分混匀后再取4.0kg作为试样。样品也可分别进行检验。

5)从沥青运输船取样

沥青运输船到港后,应分别从每个沥青仓取样,每个仓从不同的部位取3个4.0kg的样品,混合在一起,将这些样品充分混合后再从中取4kg,作为一个仓的沥青样品供检验用。在卸油过程中取样时,应根据卸油量,大体均匀地分间隔3次从卸油口或管道途中的取样口取样,然后混合作为一个样品供检验用。

6)从沥青桶中取样

(1)当能确认是同一批生产的产品时,可随机取样。如不能确认是同一批生产的产品时,应根据桶数按照表6-6规定或按总桶数的立方根数随机选出沥青桶数。

选取沥青样品桶数　　　　　　　　　　　　表6-6

沥青桶总数	选 取 桶 数	沥青桶总数	选 取 桶 数
2~8	2	217~343	7
9~27	3	344~512	8
28~64	4	513~729	9
65~125	5	730~1000	10
126~216	6	1001~1331	11

(2)将沥青桶加热使桶中沥青全部熔化成流体后,按罐车取样法取样。每个样品的数量,以充分混合后能满足供检验用样品的规定数量不少于4.0kg要求为限。

(3)若沥青桶不便加热熔化沥青时,也可在桶高的中部将桶凿开取样,但样品应在距桶壁5cm以上的内部凿取,并采取措施防止样品散落地面沾有尘土。

7)固体沥青取样

从桶、袋、箱或散装整块中取样,应在表面以下及容器侧面以内至少5cm处采取。如沥青能够打碎,可用一个干净的工具将沥青打碎后取中间部分试样;若沥青是软塑的,则用一个干净的热工具切割取样。

当能确认是同一批生产的产品时,应随机取出一件按规定取4kg供检验用。

8)验收地点取样

当沥青到达验收地点卸货时,应尽快取样。所取样品为两份:一份样品用于验收试验,另一份样品留存备查。

5.试样的保护与存放

(1)除液体沥青、乳化沥青外,所有需加热的沥青试样必须存放在密封带盖的金属容器中,严禁灌入纸袋、塑料袋中存放。试样应存放在阴凉干净处,注意防止试样污染。装有试样的盛样器应加盖、密封,外部擦拭干净,并在其上标明试样来源、品种、取样日期、地点及取样人。

(2)冬季乳化沥青试样要注意采取妥善防冻措施。

(3)除试样的一部分用于检验外,其余试样应妥善保存备用。

(4)试样需加热采取时,应一次取够一批试验所需的数量装入另一盛样器,其余试样密封保存,应尽量减少重复加热取样次数。用于质量仲裁检验的样品,重复加热的次数不得超过2次。

【二】 沥青试样准备方法(T 0602—2011)

按《公路工程沥青及沥青混合料试验规程》(JTG E20—2011)中的 T 0602—2011 准备。

(1)将装有试样的盛样器带盖放入恒温烘箱中,当石油沥青试样中含有水分时,烘箱温度80℃左右,加热至沥青全部熔化后供脱水用。当石油沥青中无水分时,烘箱温度宜为软化点温度以上90℃,通常为135℃左右。对取来的沥青试样不得直接采用电炉或煤气炉明火加热。

(2)当石油沥青试样中含有水分时,将盛样器皿放在可控温的砂浴、油浴、电热套上加热脱水,不得已采用电炉、煤气炉加热脱水时必须加放石棉垫。时间不超过30min,并用玻璃棒轻轻搅拌,防止局部过热。在沥青温度不超过100℃的条件下,仔细脱水至无泡沫为止,最后的加热温度不超过软化点以上100℃(石油沥青)或50℃(煤沥青)。

(3)将盛样器中的沥青通过0.6mm的滤筛过滤,不等冷却立即一次灌入各项试验的模具中。根据需要也可将试样分装入擦拭干净并干燥的一个或数个沥青盛样器皿中,数量应满足一批试验项目所需的沥青样品并有富余。

(4)在沥青灌模过程中如温度下降可放入烘箱中适当加热,试样冷却后反复加热的次数不得超过2次,以防沥青老化影响试验结果。注意在沥青灌模时不得反复搅拌沥青,应避免混进气泡。

(5)灌模剩余的沥青应立即清洗干净,不得重复使用。

【三】 沥青密度与相对密度试验(T 0603—2011)

1. 目的与适用范围

本方法适用于利用比重瓶测定各种沥青材料的密度与相对密度。非特殊要求,本方法宜分别在试验温度25℃及15℃下测定沥青的密度与相对密度。

注:对于液体沥青,也可以采用适宜的液体比重计测定密度与相对密度。

2. 仪具与材料

(1)比重瓶。玻璃制,瓶塞下部与瓶口须经仔细研磨。瓶塞中间有一个垂直孔,其下部为凹形,以便由孔中排除空气。比重瓶的容积为20~30mL,质量不超过40g。比重瓶尺寸规格见图6-3,其实物见图6-4。

(2)恒温水槽。控温的准确度为0.1℃。

(3)烘箱。200℃,装有温度调节器。

(4)天平。感量不大于1mg。

(5)滤筛。0.6mm、2.36mm 各1个。

(6)温度计。0~50℃,分度为0.1℃。

(7)烧杯。600~800mL。

(8)真空干燥器。

(9)洗液。玻璃仪器清洗液,三氯乙烯(分析纯)等。

(10)蒸馏水。

(11)表面活性剂。洗衣粉。

(12)其他。软布、滤纸。

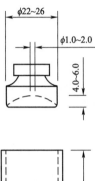
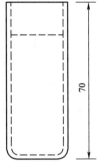

图 6-3　沥青密度比重瓶(尺寸单位:mm)　　　　图 6-4　沥青比重瓶实物图

3. 方法与步骤

1)准备工作

(1)用洗液、水、蒸馏水先后仔细洗涤比重瓶,然后烘干称其质量(m_1),准确至3位小数。

(2)将盛有新煮沸并冷却的蒸馏水的烧杯浸入恒温水槽中一同保温,在烧杯中插入温度计,水的深度必须超过比重瓶顶部40mm以上。

(3)使恒温水槽及烧杯中的蒸馏水达到规定的试验温度 ±0.1℃。

2)比重瓶水值的测定步骤

(1)将比重瓶及瓶塞放入恒温水槽中,烧杯底浸没水中的深度应不少于100mm,烧杯口露出水面,并用夹具将其固定。

(2)待烧杯中水温再次达到规定温度并保温30min后,将瓶塞塞入瓶口,使多余的水由瓶塞上的毛细孔中挤出。注意:比重瓶内不得有气泡。

(3)将烧杯从水槽中取出,再从烧杯中取出比重瓶,立即用干净软布将瓶塞顶部擦拭一次,再迅速擦干比重瓶外面的水分,称其质量 m_2,准确至 3 位小数,注意瓶塞顶部只能擦拭一次,即使由于膨胀瓶塞上有小水滴也不能擦拭。

3)液体沥青试样的试验步骤

(1)将试样过筛(0.6mm)后注入干燥比重瓶至满,注意不要混入气泡。

(2)将盛有试样的比重瓶及瓶塞移入恒温水槽(测定温度±0.1℃)内盛有水的烧杯中,水面应在瓶口下约 40mm,注意勿使水浸入瓶内。

(3)从烧杯内的水温达到要求的温度后起算保温 30min 后,将瓶塞塞上,使多余的试样由瓶塞的毛细孔中挤出,仔细用蘸有三氯乙烯的棉花擦净孔口挤出的试样,并注意保持孔中充满试样。

(4)从水中取出比重瓶,立即用干净软布仔细地擦去瓶外的水分或黏附的试样(注意不得再揩孔口)后,称其质量(m_3),准确至 3 位小数。

4)黏稠沥青试样的试验步骤

(1)按《沥青试样准备方法》(T 0602—2011)准备沥青试样,沥青的加热温度不高于估计软化点以上 100℃(石油沥青)或 50℃(煤沥青),仔细注入比重瓶中,约至 2/3 高度。注意勿使试样黏附瓶口或上方瓶壁,并防止混入气泡。

(2)取出盛有试样的比重瓶,移入干燥器中,在室温下冷却不少于 1h,连同瓶塞称其质量(m_4),准确至 3 位小数。

(3)从水槽中取出盛有蒸馏水的烧杯,将蒸馏水注入比重瓶,再放入烧杯中(瓶塞也放进烧杯中),然后把烧杯放回已达试验温度的恒温水槽中,从烧杯中的水温达到规定温度时起算保温 30min 后,使比重瓶中气泡上升到水面,用细针挑除。保温至水的体积不再变化为止。待确认比重瓶已经恒温且无气泡后,再用保温在规定温度水中的瓶塞塞紧。使多余的水从塞孔中溢出,此时应注意不得带入气泡。

(4)保温 30min 后,取出比重瓶,按前述方法迅速揩干瓶外水分后称其质量(m_5),准确至 3 位小数。

5)固体沥青试样的试验步骤

(1)试验前,如试样表面潮湿,可用干燥、清洁的空气吹干,或置 50℃烘箱中烘干。

(2)将 50~100g 试样打碎,过 0.6mm 及 2.36mm 筛。取 0.6~2.36mm 的粉碎试样不少于 5g 放入清洁、干燥的比重瓶中,塞紧瓶塞后称其质量(m_6),准确至 3 位小数。

(3)取下瓶塞,将恒温水槽内烧杯中的蒸馏水注入比重瓶,水面高于试样约 10mm,同时加入几滴表面活性剂溶液(如 1% 洗衣粉、洗涤灵),并摇动比重瓶使大部分试样沉入水底。必须使试样颗粒表面上附气泡逸出,注意摇动时勿使试样摇出瓶外。

(4)取下瓶塞,将盛有试样和蒸馏水的比重瓶置真空干燥箱(器)中抽真空,逐渐达到真空度 98kPa(735mmHg)不少于 15min。如比重瓶试样表面仍有气泡,可再加几滴表面活性剂溶液,摇动后再抽真空。必要时,可反复几次操作,直至无气泡为止。

注:抽真空不宜过快,防止将样品带出比重瓶。

(5)将保温烧杯中的蒸馏水再注入比重瓶中至满,轻轻地塞好瓶塞,再将带塞的比重放入盛有蒸馏水的烧杯中,并塞紧瓶塞。

(6)将有比重瓶的盛水烧杯再置恒温水槽(试验温度±0.1℃)中保持至少 30min 后,取出比重瓶,迅速揩干瓶外水分后称其质量(m_7),准确至 3 位小数。

4.结果计算与试验记录

(1)试验温度下液体沥青试样的密度或相对密度按式(6-1)及式(6-2)计算。

$$\rho_b = \frac{m_3 - m_1}{m_2 - m_1} \times \rho_w \tag{6-1}$$

$$\gamma_b = \frac{m_3 - m_1}{m_2 - m_1} \tag{6-2}$$

式中：ρ_b——试样在试验温度下的密度(g/cm^3)；
γ_b——试样在试验温度下的相对密度；
m_1——比重瓶质量(g)；
m_2——比重瓶与所盛满水的合计质量(g)；
m_3——比重瓶与所盛满试样的合计质量(g)；
ρ_w——试验温度下水的密度，15℃水的密度为0.9991g/cm^3，25℃水的密度为0.9971g/cm^3。

(2)试验温度下黏稠沥青试样的密度或相对密度按式(6-3)及式6-4)计算。

$$\rho_b = \frac{m_4 - m_1}{(m_2 - m_1) - (m_5 - m_4)} \times \rho_w \tag{6-3}$$

$$\gamma_b = \frac{m_4 - m_1}{(m_2 - m_1) - (m_5 - m_4)} \tag{6-4}$$

式中：m_4——比重瓶与沥青试样合计质量(g)；
m_5——比重瓶与试样和水合计质量(g)。

(3)试验温度下固体沥青试样的密度或相对密度按式(6-5)及式(6-6)计算。

$$\rho_b = \frac{m_6 - m_1}{(m_2 - m_1) - (m_7 - m_6)} \times \rho_w \tag{6-5}$$

$$\gamma_b = \frac{m_6 - m_1}{(m_2 - m_1) - (m_7 - m_6)} \tag{6-6}$$

式中：m_6——比重瓶与沥青试样合计质量(g)；
m_7——比重瓶与试样和水合计质量(g)。

(4)同一试样应平行试验2次，当2次试验结果的差值符合重复性试验的精密度要求时，以平均值作为沥青的密度试验结果，并准确至3位小数，试验报告应注明试验温度。

(5)精密度或允许差。

①对黏稠石油沥青及液体沥青，重复性试验的允许差为0.003g/cm^3；复现性试验的允许差为0.007g/cm^3。

②对固体沥青，重复性试验的允许差为0.01g/cm^3，复现性试验的允许差为0.02g/cm^3。

③相对密度的精密度要求与密度相同(无单位)。

(6)试验记录。

沥青密度与相对密度试验记录表见表6-7。

沥青密度与相对密度试验记录表　　　　　　　　　表 6-7

工程名称_____　　　　　试验方法_____
路段范围_____　　　　　试　验　者_____
试样来源_____　　　　　校　核　者_____
试验规程_____　　　　　试验日期_____

试 样 编 号		001	002
试验温度(℃)			
比重瓶质量(g)			
比重瓶与沥青试样合计质量(g)			
比重瓶与所盛满水合计质量(g)			
比重瓶与试样和水合计质量(g)			
沥青相对密度	单值		
	平均值		
沥青密度(g/cm³)	平均值		
结论			

【四】 沥青针入度试验(T 0604—2011)

1.目的与适用范围

本方法适用于测定道路石油沥青、聚合物改性沥青针入度以及液体石油沥青蒸馏或乳化沥青蒸发后残留物的针入度。其标准试验条件为温度 25℃,荷重 100g,贯入时间 5s,针入度以 0.1mm 计。

针入度指数用以描述沥青的温度敏感性,宜在 15℃、25℃、30℃ 等 3 个或 3 个以上温度条件下测定针入度后按规定方法计算得到。若 30℃ 时的针入度值过大,可采用 5℃ 代替。当量软化点 T_{800} 是相当于沥青针入度为 800 时的温度,用以评价沥青的高温稳定性。当量脆点 $T_{1,2}$ 是相当于沥青针入度为 1、2 时的温度,用以评价沥青的低温抗裂性。

27-沥青的黏滞性
（一）准备工作

28-沥青的黏滞性
（二）试验步骤

2.仪具与材料

(1)针入度仪。凡能保证针和针连杆在无明显摩擦下垂直运动,并能指示针贯入深度准确至 0.1mm 的仪器均可使用。针和针连杆组合件总质量为 50g ± 0.05g,另附质量 50g ± 0.05g 砝码一只,试验时总质量为 100g ± 0.05g。仪器应有放置平底玻璃保温皿的平台,并有调节水平的装置,针连杆应与平台相垂直。仪器设有针连杆制动按钮,使针连杆可自由下落。针连杆易于装拆,以便检查其质量。仪器还设有可自由转动与调节距离的悬臂,其端部有一面小镜或聚光灯泡,借以观察针尖与试样表面接触情况。当为自动针入度仪时,各项要求与此项相同,温度采用温度传感器测定,针入度值采用位移计测定,能自动显示或记录,且应对自动装置的准确性经常校验。为提高测试精密度,不同温度的针入度试验宜采用自动针入度仪进行。

(2)标准针(图 6-5)。由硬化回火的不锈钢制成,洛氏硬度 HRC54～60,表面粗糙度为 $R_a 0.2～0.3\mu m$,针及针杆总质量 2.5g ± 0.05g,针杆上应打印有号码标志,针应设有固定用装置盒(筒),以免碰撞针尖,每根针必须附有计量部门的检验单,并定期进行检验。

238

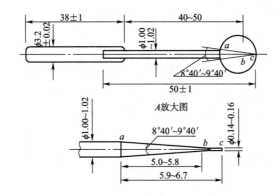

图 6-5 针入度标准针(尺寸单位:mm)

(3)盛样皿。金属制,圆柱形平底。小盛样皿的内径 55mm,深 35mm(适用于针入度小于 200);大盛样皿内径 70mm,深 45mm(适用于针入度 200~350);对针入度大于 350 的试样需使用特殊盛样皿,其深度不小于 60mm,试样体积不小于 125mL。

(4)恒温水槽。容量不少于 10L,控温的准确度为 0.1℃。水槽中应设有一带孔的搁架,位于水面下不得小于 100mm,距水槽底不得小于 50mm 处。

(5)平底玻璃皿。容量不少于 1L,深度不小于 80mm。内设有一不锈钢三脚支架,能使盛样皿稳定。

(6)温度计。0~50℃,分度为 0.1℃。

(7)秒表。分度 0.1s。

(8)盛样皿盖。平板玻璃,直径不小于盛样皿开口尺寸。

(9)溶剂。三氯乙烯等。

(10)其他。电炉或砂浴、石棉网、金属锅或瓷把坩埚等。

3. 方法与步骤

1)准备工作

(1)按《沥青试样准备方法》(T 0602—2011)的方法准备试样。

(2)按试验要求将恒温水槽调节到要求的试验温度 25℃或 15℃、30℃(5℃),保持稳定。

(3)将试样注入盛样皿中,试样高度应超过预计针入度值 10mm,并盖上盛样皿,以防落入灰尘。盛有试样的盛样皿在 15~30℃室温中冷却不少于 1.5h(小盛样皿)或 2h(大盛样皿)或 3h(特殊盛样皿)后,移入保持规定试验温度 ±0.1℃的恒温水槽中不少于 1.5h(小盛样皿)或 2h(大盛样皿)或 2.5h(特殊盛样皿)。

(4)调整针入度仪使之水平。检查针连杆和导轨,以确认无水和其他外来物,无明显摩擦。用三氯乙烯或其他溶剂清洗标准针,并拭干。将标准针插入针连杆,用螺钉固紧。按试验条件,加上附加砝码。

2)试验步骤

(1)取出达到恒温的盛样皿,并移入水温控制在试验温度 ±0.1℃(可用恒温水槽中的水)的平底玻璃皿中的三脚支架上,试样表面以上的水层深度不小于 10mm。

(2)将盛有试样的平底玻璃皿置于针入度仪的平台上。慢慢放下针连杆,用适当位置的反光镜或灯光反射观察,使针尖恰好与试样表面接触。将位移计或刻度盘指针复位为零。

(3)开始试验,按下释放键,这时计时与标准针落下贯入试样同时开始,至5s时自动停止。

(4)读取刻度盘指针或位移指示计的读数,准确至0.1mm。

(5)同一试样平行试验至少3次,各测试点之间及与盛样皿边缘的距离不应少于10mm。每次试验后应将盛有盛样皿的平底玻璃皿放入恒温水槽,使平底玻璃皿中水温保持试验温度。每次试验应换一根干净标准针或将标准针取下用蘸有三氯乙烯溶剂的棉花或布揩净,再用干棉花或布擦干。

(6)测定针入度大于200的沥青试样时,至少用3支标准针,每次试验后将针留在试样中,直至3次平行试验完成后,才能将标准针取出。

(7)测定针入度指数PI时,按同样的方法在15℃、25℃、30℃(或5℃)3个或3个以上(必要时增加10℃、20℃)温度条件下,分别测定沥青的针入度,但用于仲裁试验的温度条件应为5个。

4.结果计算与试验记录

(1)同一试样3次平行试验结果的最大值和最小值之差在下列允许范围内时,计算3次试验结果的平均值,取整数作为针入度试验结果,以0.1mm计。

针入度(0.1mm)	允许误差(0.1mm)
0~49	2
50~149	4
150~249	12
250~500	20

当试验值不符此要求时,应重新进行试验。

(2)精密度或允许差。

①当试验结果小于50(0.1mm)时,重复性试验的允许差为2(0.1mm),复现性试验的允许差为4(0.1mm)。

②当试验结果等于或大于50(0.1mm)时,重复性试验的允许差为平均值的4%,复现性试验的允许差为平均值的8%。

③试验记录。

沥青针入度试验记录表见表6-8。

沥青针入度试验记录表　　表6-8

工程名称_____　　试验方法_____
路段范围_____　　试　验　者_____
试样来源_____　　校　核　者_____
试验规程_____　　试验日期_____

试样编号		001	002	003
试验温度				
试验结果				
针入度(0.1mm)	单值			
	平均值			
结论				

【五】 沥青延度试验(T 0605—2011)

1. 目的与适用范围

(1)本方法适用于测定道路石油沥青、聚合物改性沥青、液体沥青蒸馏残留物和乳化沥青蒸发残留物等材料的延度。

29-沥青的低温延伸性
(一)准备工作

30-沥青的低温延伸性
(二)试验步骤

(2)沥青延度的试验温度与拉伸速率可根据要求采用,通常采用的试验温度为25℃、15℃、10℃或5℃,拉伸速度为5cm/min±0.25cm/min。当低温采用1cm/min±0.05cm/min拉伸速度时,应在报告中注明。

2. 仪具与材料

(1)延度仪(图6-6)。延度仪的测量长度不宜大于150cm,仪器应有自动控温、控速系统。应满足试件浸没于水中,能保持规定的试验温度及按照规定拉伸速度拉伸试件,且试验时无明显振动。

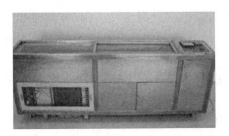 

图6-6 低温延度仪与操作界面

(2)试模。黄铜制,由两个端模和两个侧模组成,试模内侧面粗糙度$R_a 0.2\mu m$。其形状与尺寸如图6-7、图6-8所示。

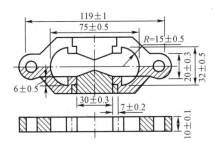 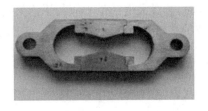

图6-7 延度试模尺寸(尺寸单位:mm)   图6-8 延度试模实物图

(3)试模底板。玻璃板或磨光的铜板、不锈钢板(表面粗糙度R_a为$0.2\mu m$)。

(4)恒温水槽。容量不少于10L,控制温度的准确度为0.1℃,水槽中应设有带孔搁架,搁架距水槽底不得小于50mm。试件浸入水中深度不小于100mm。

(5)温度计:0~50℃,分度为0.1℃。

(6)砂浴或其他加热炉具。

(7)甘油滑石粉隔离剂(甘油与滑石粉的质量比2:1)。

(8)其他。平刮刀、石棉网、酒精、食盐等。

3. 方法与步骤

1）准备工作

（1）将隔离剂拌和均匀,涂于清洁干燥的试模底板和两个侧模的内侧表面,并将试模在试模底板上装妥。

（2）按《沥青试样准备方法》(T 0602—2011)规定的方法准备试样,然后将试样仔细自试模的一端至另一端往返数次缓缓注入模中,最后略高出试模,灌模时应注意勿使气泡混入。

（3）试件在室温中冷却不少于1.5h,然后用热刮刀刮除高出试模的沥青,使沥青面与试模面齐平。沥青的刮法应自试模的中间刮向两端,且表面应刮得平滑。将试模连同底板再放入规定试验温度的水槽中保温1.5h。

（4）检查延度仪延伸速度是否符合规定要求,然后移动滑板使其指针正对标尺的零点,将延度仪注水,并保温达试验温度±0.1℃。

2）试验步骤

（1）将保温后的试件连同底板移入延度仪的水槽中,然后将盛有试样的试模自玻璃板或不锈钢板上取下,将试模两端的孔分别套在滑板及槽端固定板的金属柱上,并取下侧模。水面距试件表面应不小于25mm。

（2）开动延度仪,并注意观察试样的延伸情况。此时应注意,在试验过程中,水温应始终保持在试验温度规定范围内,且仪器不得有振动,水面不得有晃动,当水槽采用循环水时,应暂时中断循环,停止水流。

在试验中,如发现沥青细丝浮于水面或沉入槽底时,则应在水中加入酒精或食盐,调整水的密度至与试样相近后,重新试验。

（3）试件拉断时,读取指针所指标尺上的读数,以cm表示。在正常情况下,试件延伸时应呈锥尖状,拉断时实际断面接近于零。如不能得到这种结果,则应在报告中注明。

4. 结果统计与试验记录

（1）同一试样,每次平行试验不少于3个,如3个测定结果均大于100cm,试验结果记作">100cm";特殊需要也可分别记录实测值。如3个测定结果中,当有一个以上的测定值小于100cm时,若最大值或最小值与平均值之差满足重复性试验精密度要求,则取3个测定结果的平均值的整数作为延度试验结果,若平均值大于100cm,记作">100cm";若最大值或最小值与平均值之差不符合重复性试验精密度要求时,试验应重新进行。

（2）精密度或允许差。

当试验结果小于100cm时,重复性试验的允许差为平均值的20%;复现性试验的允许差为平均值的30%。

（3）试验记录。

沥青延度试验记录表见表6-9。

沥青延度试验记录表　　　　　表6-9

工程名称_____　　试验方法_____
路段范围_____　　试　验　者_____
试样来源_____　　校　核　者_____
试验规程_____　　试验日期_____

试样编号	001	002	003
试验温度			

续上表

试样编号	001	002	003
拉伸速度			
延度(cm) 单值			
平均值			
结论			

【六】 沥青软化点试验(环球法)(T 0606—2011)

1. 目的与适用范围

本方法适用于测定道路石油沥青、聚合物改性沥青的软化点,也适用于测定液体石油沥青、煤沥青蒸馏残留物或乳化沥青蒸发后残留物的软化点。

2. 仪具与材料

(1)软化点试验仪如图 6-9 所示,由下列部件组成:

31-沥青的温度稳定性
(一)准备工作

32-沥青的温度稳定性
(二)试验步骤

①钢球。直径 9.53mm,质量 $3.5g \pm 0.05g$。

②试样环。由黄铜或不锈钢等制成,见图 6-10。

图 6-9 电控沥青软化点试验仪

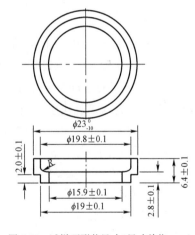

图 6-10 试样环形状尺寸(尺寸单位:mm)

③钢球定位环。由黄铜或不锈钢制成,见图 6-11。

图 6-11 钢球、试样环、定位环实物图

④金属支架。由两个主杆和三层平行的金属板组成。上层为一圆盘,直径略大于烧杯直径,中间有一圆孔,用以插放温度计。中层板板上有两个孔,各放置金属环,中间有一小孔可支持温度计的测温端部。一侧立杆距环上面 51mm 处刻有水高标记。环面距下层底板为 25.4mm,而下底板距烧杯底不小于 12.7mm,也不得大于 19mm。三层金属和两个主杆由两螺母固定在一起。

⑤耐热玻璃烧杯。容量 800～1000mL,直径不小于 86mm,高不小于 120mm。

243

(2)环夹。由薄钢条制成,用以夹持金属环,以便刮平表面。

(3)装有温度调节器的电炉或其他加热炉具(液化石油气、天然气等)。应采用带有振荡搅拌器的加热电炉,振荡子置于烧杯底部。

(4)试样底板。金属板(表面粗糙度应达 $R_a 0.8\mu m$)或玻璃板。

(5)恒温水槽。控温的准确度为 0.5℃。

(6)平直刮刀。

(7)甘油滑石粉隔离剂(甘油与滑石粉的质量比为 2:1)。

(8)新煮沸过的蒸馏水。

(9)其他。石棉网。

3. 方法与步骤

1)准备工作

(1)将试样环置于涂有甘油滑石粉隔离剂的试样底板上。按《沥青试样准备方法》(T 0602—2011)的规定方法将准备好的沥青试样徐徐注入试样环内至略高出环面为止。

如估计试样软化点高于 120℃,则试样环和试样底板(不用玻璃板)均应预热至 80~100℃。

(2)试样在室温冷却 30min 后,用热刮刀刮除环面上的试样,应使其与环面齐平。

2)试验步骤

(1)试样软化点在 80℃以下者:

①将装有试样的试样环连同试样底板置于 5℃±0.5℃ 水的恒温水槽中至少 15min,同时将金属支架、钢球、钢球定位环等亦置于相同水槽中。

②烧杯内注入新煮沸并冷却至 5℃的蒸馏水或纯净水,水面略低于立杆上的深度标记。

③从恒温水槽中取出盛有试样的试样环放置在支架中层板的圆孔中,套上定位环;然后将整个环架放入烧杯中,调整水面至深度标记,并保持水温为 5℃±0.5℃。环架上任何部分不得附有气泡。将 0~100℃的温度计由上层板中心孔垂直插入,使端部测温头底部与试样环下面齐平。

④将盛有水和环架的烧杯移至放有石棉网的加热炉具上,然后将钢球放在定位环中间的试样中央,立即开动振荡搅拌器,使水微微振荡,并开始加热,使杯中水温在 3min 内调节至维持每分钟上升 5℃±0.5℃。在加热过程中,应记录每分钟上升的温度值,如温度上升速度超出此范围时,则试验应重做。

⑤试样受热软化逐渐下坠,至与下层底板表面接触时,立即读取温度,准确至 0.5℃。

(2)试样软化点在 80℃以上者:

①将装有试样的试样环连同试样底板置于装有 32℃±1℃甘油的恒温槽中至少 15min,同时将金属支架、钢球、钢球定位环等亦置于甘油中。

②在烧杯内注入预先加热至 32℃的甘油,其液面略低于立杆上的深度标记。

③从恒温槽中取出装有试样的试样环,按上述(1)的方法进行测定,准确至 1℃。

4. 结果统计与试验记录

(1)同一试样平行试验 2 次,当 2 次测定值的差值符合重复性试验精密度要求时,取其平均值作为软化点试验结果,准确至 0.5℃。

(2)精密度或允许偏差。

①当试样软化点小于 80℃时,重复性试验的允许差为 1℃,复现性试验的允许差

为4℃。

②当试样软化点等于或大于80℃时,重复性试验的允许差为2℃,复现性试验的允许差为8℃。

(3)试验记录。

沥青软化点试验记录表见表6-10。

沥青软化点试验记录表 表6-10

工程名称＿＿＿＿	试验方法＿＿＿＿	
路段范围＿＿＿＿	试 验 者＿＿＿＿	
试样来源＿＿＿＿	校 核 者＿＿＿＿	
试验标准＿＿＿＿	试验日期＿＿＿＿	
试样编号	001	002
液体介质种类		
试验起始温度(℃)		
试验升温速度(℃/min)		
软化点(℃) 单值		
平均值		
结论		

【七】 沥青闪点与燃点试验(克利夫兰开口杯法)(T 0611—2011)

1.目的与适用范围

本方法适用于克里夫兰开口杯(简称COC)测定黏稠石油沥青、聚合物改性沥青及闪点在79℃以上的液体石油沥青材料的闪点和燃点,以评定其施工安全性。

2.仪具与材料

克里夫兰开口杯式闪点仪,由以下部分组成:克里夫兰开口杯、加热板、温度计(0~360℃,分度为2℃)、点火器、铁支架、加热源、防风屏。

3.方法与步骤

1)准备工作

(1)将试样杯用溶剂洗净,烘干,装置于支架上,加热板放在可调节电炉上,如用煤气炉时,加热板距炉口约50mm,接好可燃气管道或电源。

(2)安装温度计,垂直插入试样杯中,温度计的水银球距杯底约6.5mm,位置在与点火器相对一侧距杯边缘约16mm处。

(3)按沥青试样准备方法(T 0602)准备试验后,注入试样中至标线处,并使试样杯其他部位不沾有沥青。

注:试样加热温度不能超过闪点以下55℃。

(4)全部装置应置于室内光线较暗且无显著空气流通的地方,并用防风屏三面围护。

(5)将点火器转向一侧,试验点火,调节火苗成标准球的形状或成直径为4mm±0.8mm的小球形试焰。

2)试验步骤

(1)开始加热试样,升温速度迅速地达到14~17℃/min。待试样温度达到预期闪点前

56℃时,调节加热器降低升温速度,以便在预期闪点前28℃时能升温速度控制在5.5℃/min±0.5℃/min。

(2)试样温度达到预期闪点前28℃时开始,每隔2℃将点火器的试焰沿试验杯口中心以150mm半径作弧水平扫过一次,从试验杯口的一边至另一边所经过的时间约为1s,此时应确认点火器的试焰为直径4mm±0.8mm的火球,并位于坩埚口上方2~2.5mm处。

(3)当试样液面上最初出现一瞬即灭的蓝色火焰,立即从温度计上读记温度,作为试样的闪点。

(4)继续加热,保持试样升温速度5.5℃/min±0.5℃/min,并按上述操作要求用点火器点火试验。

(5)当试样接触火焰立即着火,并能继续燃烧不少于5s时,停止加热,并读记温度计上的温度,作为试样的燃点。

4. 结果统计与试验记录

(1)同一试样至少平行试验2次,2次测定结果的差值不超过重复性试验允许差8℃时,取其平均值的整数作为试验结果。

(2)当试验时大气压在95.3kPa(715mmHg)以下时,应对闪点或燃点的试验结果进行修正,若大气压为95.3~84.5kPa(715~634mmHg)时,修正值为增加2.8℃,当大气压为84.5~73.3kPa(634~550mmHg)时,修正值增加5.5℃。

(3)精密度或允许差。

重复性试验的允许差:闪点8℃,燃点8℃;

复现性试验的允许差:闪点16℃,燃点14℃。

5. 试验记录

沥青的闪点与燃点试验记录表见表6-11。

沥青闪点与燃点试验记录表　　　　　　　　　　　　表6-11

工程名称_____　　　试验方法_____
路段范围_____　　　试　验　者_____
试样来源_____　　　校　核　者_____
评定标准_____　　　试验日期_____

试样编号		001	002
闪点(℃)	单值		
	平均值		
燃点(℃)	单值		
	平均值		
结论			

技能训练(试验实例)

试验实例见表6-12、表6-13。

沥青密度试验实训任务单及试验结果评定

表 6-12

实训日期		姓名		成绩	
实训任务	沥青密度与相对密度试验(T 0603—2011)				
实训任务书	题目:某高速公路沥青路面工程使用沥青为 A 级道路石油沥青,标号为 70 号,现需要求得该沥青的密度与相对密度。 要求:测得该沥青的密度与相对密度				
主要设备					
主要步骤	(每位学生按照实际操作过程进行填写)				

沥青密度与相对密度试验记录

工程名称 ×××高速公路路面工程　　　　试验方法 T 0603—2011
路段范围 K12+000~K30+500　　　　　　试 验 者
试样来源 工程沥青罐　　　　　　　　　校 核 者
评定标准 JTG F40—2004　　　　　　　　试验日期

试样编号		001	002
试验温度(℃)		25	25
比重瓶质量(g)		29.079	27.875
比重瓶与所盛满水的合计质量(g)		53.408	51.308
比重瓶与沥青试样合计质量(g)		48.032	46.893
比重瓶与试样和水合计质量(g)		53.980	51.823
沥青相对密度	单值	1.031	1.027
	平均值	1.029	
沥青密度(g/cm^3)	平均值	1.026	
结论		经检测,该沥青的密度为 1.026g/cm^3	

黏稠石油沥青三大指标试验实训任务单及试验结果评定

表 6-13

实训日期		姓名		成绩	
实训任务	沥青三大指标试验(T 0604、T 0605、T 0606—2011)				
实训任务书	题目:某高速公路沥青路面工程使用沥青为 A 级道路石油沥青,标号为 70 号,适用的气候分区为 1-3 区,现需要测得该沥青的三大指标,并对该沥青相关指标进行评价。 要求:测得该沥青试样的针入度、延度、软化点,并判断其是否符合 70 号沥青的技术标准				
主要设备					
主要步骤	(每位学生按照实际操作过程进行填写)				

续上表

沥青三大指标试验记录表

工程名称　×××高速公路路面工程　　　　试验方法 T 0604、T 0605、T 0606—2011
路段范围　K12+000~K30+500　　　　　　试　验　者＿＿＿＿＿＿＿＿＿＿
试样来源　工地沥青罐　　　　　　　　　校　核　者＿＿＿＿＿＿＿＿＿＿
评定标准　JTG/T F20—2015　　　　　　　试验日期　　　年　月　日

沥青针入度试验记录表

试样编号		001	002	003
试验温度(℃)		25	25	25
针入度(cm)	单值	64.0	63.5	64.5
	平均值	64		
结论		经检测,该试样符合《公路沥青路面施工技术规范》(JTG F40—2004)规定的70号道路石油沥青针入度应在60~80的技术要求		

沥青延度试验记录表

试样编号		001	002	003
试验温度(℃)		15	15	15
拉伸速度(cm/min)		5	5	5
延度(cm)	单值	145	155	180
	平均值	>100		
结论		经检测,该试样符合《公路沥青路面施工技术规范》(JTG F40—2004)规定的70号A级道路石油沥青延度应不小于100cm的技术要求		

沥青软化点试验记录表

试样编号		001	002
液体介质种类		蒸馏水	蒸馏水
试验起始温度(℃)		5	5
试验升温速度(℃/min)		5	5
软化点(℃)	单值	48.5	47.5
	平均值	48.0	
结论		经检测,该试样符合《公路沥青路面施工技术规范》(JTG F40—2004)规定的70号1-3区道路石油沥青软化点应不小于46℃的技术要求	

结论:经对沥青三大指标的检测,此沥青试样符合三大指标的技术要求

课后任务

任务一　道路石油沥青的三大指标是哪些指标？分别表征沥青的哪些特征？

任务二　某沥青路面工程使用沥青为A级道路石油沥青,标号为70号,适用的气候分区为1-3区,测得该沥青的针入度(0.1mm)数据分别为:65.0、61.5、66.0;软化点(℃)数据分

别为:48.0、48.5;延度(mm)数据分别为:150、140、90;试判断上述试验数据是否符合相关要求,如果符合试判断该指标是否合格?

任务三　沥青蜡的含量不合格会对沥青路用性能有哪些方面的影响?

任务四　根据本课题的实训项目,对道路石油沥青的技术性质指标进行测定,并填写实训报告与任务单。

课题二　乳化沥青

任务引入

什么是乳化沥青?乳化沥青主要应用在什么地方?它与石油沥青在使用上有什么区别?如何评价乳化沥青性能的好坏以及评价的主要技术指标有哪些?

任务分析

乳化沥青是由石油沥青与水在乳化剂、稳定剂等的作用下经乳化加工制得的"乳液"。乳化沥青适用于冷拌沥青混合料路面,修补裂缝、喷洒透层、黏层、封层。乳化沥青筛上剩余量、乳化沥青稳定性、乳化沥青蒸发残留物含量是评价道路用乳化沥青性能的主要指标,这些指标的检测是本课题的重点。

相关知识

1. 乳化沥青概述

1)定义

乳化沥青是指石油沥青与水在乳化剂、稳定剂等的作用下经乳化加工制得的均匀沥青产品(也称沥青乳液)。

2)特点

(1)可冷态施工,节省了能源。乳化沥青具有较好的流动性,可以在常温下进行喷洒,贯入或拌和摊铺,现场无需加热,简化了施工程序,操作简便,节省了大量的能源。

(2)施工便利,节约沥青。由于乳化沥青黏度低、混合料中含有水分、施工和易性好,施工方便,可节约劳动力。此外,由于乳化沥青在集料表面形成的沥青膜较薄,不仅提高沥青与集料的黏附性,而且可以节约沥青用量。

(3)保护环境,减少污染,施工安全。

(4)乳化沥青铺筑的路面成型期较长。

(5)乳化沥青储存时间不能太长,易破乳。

2. 乳化沥青的组成配比

乳化沥青主要由沥青、乳化剂、稳定剂和水等组分组成,有时为了提高乳化沥青的性能还加入聚合物改性剂。

1)沥青

沥青是乳化沥青组成的主要材料,占总质量30%~70%。在选择作为乳化沥青用的沥青时,首先要考虑它的易乳化性。一般说来,相同油源和工艺的沥青,针入度较大者易于形成乳液。但针入度的选择,应根据乳化沥青在路面工程中的用途来决定。高速公路和一级公路宜选用石油沥青 A、B 级沥青,其他情况可采用 C 级沥青。

2) 乳化剂

乳化剂是乳化沥青形成的关键材料。乳化剂的剂量依乳化剂品种和沥青质量而定,一般为沥青质量的 0.3% ~5%。沥青乳化剂是一种表面活性剂,从化学结构上看,它是一种"两亲性"分子,分子的一部分是亲水性的,另一部分是亲油性的。这两面三刀种子基团具有使互不相容的沥青与水连接起来的特性。乳化剂按其亲水基在水中是否电离而分为离子型和非离子型两大类。其分类如图 6-12 所示。

图 6-12 乳化剂分类

(1)阴离子型乳化剂。阴离子型沥青乳化剂是在溶于水时,能电离为离子或离子胶束,且与亲油基相连的亲水基团带有阴(或负)电荷的乳化剂。

(2)阳离子型乳化剂。阳离子型沥青乳化剂是在溶于水中时,能电离为离子或离子胶束,且与亲油基相连接的亲水基团带有阳(或正)电荷的乳化剂。

(3)两性离子型乳化剂。两性离子型沥青乳化剂是在水中溶解时,电离成离子或离子胶团,且与亲油基相连接的亲水基团,既带有阴电荷又带有阳电荷的乳化剂。

(4)非离子型乳化剂。非离子型沥青乳化剂是在水中溶解时,不能离解成离子或离子胶束,而是依赖分子所含的羟基(—OH)和醚链(—O—)等作为亲水基团的乳化剂。

3) 稳定剂

为使乳液具有良好的储存稳定性,以及在施工中喷洒或拌和机械作用下的稳定性,必要时加入适量的稳定剂。稳定剂可分为两类:

(1)有机稳定剂。常用的有聚乙烯醇、聚丙烯酰胺、羧甲基纤维素钠、糊精、MF 废液等。这类稳定剂可提高乳液的储存稳定性和施工稳定性。

(2)无机稳定剂。常用的有氯化钙、氯化镁、氯化铵和氯化铬等。这类稳定剂可提高乳液的储存稳定性。稳定剂对乳化剂协同作用必须通过试验来确定,并且稳定剂的用量不宜过多,一般为沥青乳液的 0.1% ~0.15% 为宜。

4) 水

水是乳化沥青的主要组成部分。水在乳化沥青中起着润湿、溶解及化学反应的作用。所以要求乳化沥青中的水应当纯净,不含其他杂质。乳化沥青中一般水的用量为 30% ~70%。

5) 聚合物改性剂

近年来,随着交通量与轴载重量的不断增加,对路面的沥青性能要求越来越高,使用聚合物改性沥青,可以提高沥青的黏结力、弹韧性、耐候性、抗老化等路用性能。常用于改性的聚合物有苯乙烯-丁二烯-苯乙烯(SBS)、苯乙烯-异戊二烯-苯乙烯(SIS)、苯乙烯-聚乙烯/丁基-聚乙烯(SE/BS)、丁苯橡胶(SBR)、氯丁橡胶(CR)、聚乙烯(PE)、乙烯-乙酸乙烯共聚物(EVA)等,聚合物改性剂的使用要根据改性效果、乳化效果、经济效益综合比较后选择,其剂量一般要试验室进行试配后确定。

3.乳化沥青的性质与技术要求

乳化沥青在使用中,与砂石集料拌和成型后,在空气中逐渐脱水,水膜变薄,使沥青微粒靠拢,将乳化剂薄膜挤裂而凝成连续的沥青黏结膜层。成膜后的乳化沥青具有一定的耐热性、黏结性、抗裂性、韧性及防水性。

(1)乳化沥青的主要技术性质指标与试验目的见表6-14。

乳化沥青试验项目、目的及意义　　　　　表6-14

试 验 项 目	目 的 与 意 义
蒸发残留物试验(T 0651)	检验乳液中实际沥青的含量
筛上剩余量试验(T 0652)	检验乳液中沥青微粒的均匀程度
微粒离子电荷试验(T 0653)	检验乳液沥青微粒的离子电荷,以区别是阳离子乳液还是阴离子乳液
与矿料拌和试验(T 0659)	检验分散乳液与集料拌和时的均匀性,乳液用于拌和施工的适用性
储存稳定性试验(T 0655)	检验乳液的存放稳定性,将试样存放在室温中一定时间后,观察乳液是否产生絮凝、沉淀和分离现象,从而判断乳液的允许存放时间
低温储存稳定性(T 0656)	检验乳液由于低温而产生冻融现象时质量是否发生变化。低温储存时必须进行该项试验
与水泥拌和试验(T 0657)	当沥青乳液用于加固稳定砂石土底基层时,为了检验乳液与砂石土拌和的均匀性,就用普通硅酸盐水泥
破乳速度试验(T 0665)	检验乳液与集料拌和时破乳速度,确定破乳类型
与矿料黏附性试验(T 0654)	检验沥青乳液与各种集料表面的黏附性,针对阳离子沥青乳液与湿润集料表面具有黏附特点而进行的

(2)乳化沥青、改性乳化沥青技术标准与技术要求应符合表6-15、表6-16的规定。在高温条件下宜采用黏度较大的乳化沥青,寒冷条件下宜使用黏度较小的乳化沥青。

道路用乳化沥青技术要求　　　　　表6-15

试 验 项 目		单位	品种及代号									试验方法
			阳离子				阴离子				非离子	
			喷洒用			拌和用	喷洒用			拌和用	喷洒用	拌和用	
			PC-1	PC-2	PC-3	BC-1	PA-1	PA-2	PA-3	BA-1	PN-2	BN-1	
破乳速度		—	快裂	慢裂	快裂或中裂	慢裂或中裂	快裂	慢裂	快裂或中裂	慢裂或中裂	慢裂	慢裂	T 0658
粒子电荷		—	阳离子(+)				阴离子(−)				非离子		T 0653
筛上残留物(1.18mm筛)≤		%	0.1				0.1				0.1		T 0652
黏度	恩格拉黏度 EV	—	2~10	1~6	1~6	2~30	2~10	1~6	1~6	2~30	1~6	2~30	T 0622
	道路标准黏度计 $C_{25,3}$	s	10~25	8~20	8~20	10~60	10~25	8~20	8~20	10~60	8~20	10~60	T 0621

续上表

试验项目			单位	品种及代号										试验方法
				阳离子				阴离子				非离子		
				喷洒用			拌和用	喷洒用			拌和用	喷洒用	拌和用	
				PC-1	PC-2	PC-3	BC-1	PA-1	PA-2	PA-3	BA-1	PN-2	BN-1	
蒸发残留物	残留分含量 ≥		%	50	50	50	55	50	50	50	55	50	55	T 0651
	溶解度 ≥		%	97.5				97.5				97.5		T 0607
	针入度(25℃)		0.1mm	50~200	50~300	45~150		50~200	50~300	45~150		50~300	60~300	T 0604
	延度(15℃) ≥		cm	40				40				40		T 0605
与粗集料的黏附性,裹附面积 ≥				2/3				2/3				2/3	—	T 0654
与粗、细粒式集料拌和试验				—			均匀	—			均匀	—		T 0659
水泥拌和试验的筛上剩余 ≤			%	—				—				—	3	T 0657
常温储存稳定性: 1d ≤ 5d ≤			%	1 5				1 5				1 5		T 0655

注:
1. P 为喷洒型,B 为拌和型,C、A、N 分别表示阳离子、阴离子、非离子乳化沥青。
2. 黏度可选用恩格拉黏度计或沥青标准黏度计之一测定。
3. 表中的破乳速度与集料和黏附性、拌和试验的要求、所使用的石料品种有关,质量检验时应采用工程上实际的石料进行试验,仅进行乳化沥青产品质量评定时可不要求此三项指标。
4. 储存稳定性根据施工实际情况选用试验时间,通常采用5d,乳液生产后能在当天使用时也可用1d的稳定性。
5. 当乳化沥青需要在低温冰冻条件下储存或使用时,尚需按 T 0656 进行 -5℃低温储存稳定性试验,要求没有粗颗粒、不结块。
6. 如果乳化沥青是将高浓度产品运到现场经稀释后使用时,表中的蒸发残留物等各项指标指稀释前乳化沥青的要求。

改性乳化沥青技术要求 表6-16

试验项目		单位	品种及代号		试验方法
			PCR	BCR	
破乳速度		—	快裂或中裂	慢裂	T 0658
粒子电荷		—	阳离子(+)	阳离子(+)	T 0653
筛上残留物(1.18mm 筛) ≤		%	0.1	0.1	T 0652
黏度	恩格拉黏度 EV		1~10	3~30	T 0622
	道路标准黏度计 $C_{25,3}$	s	8~25	12~60	T 0621
蒸发残留物	残留分含量 ≥	%	50	60	T 0651
	溶解度 ≥	%	97.5	97.5	T 0607
	针入度(25℃)	0.1mm	40~120	40~100	T 0604
	延度(5℃) ≥	cm	20	20	T 0605

续上表

试验项目	单位	品种及代号 PCR	品种及代号 BCR		试验方法
与粗集料的黏附性，裹附面积 ≥		2/3	—		T 0654
常温储存稳定性： 1d ≤ 5d ≤	%	1 5	1 5	1 5	T 0655

注：1. 表中的破乳速度与集料和黏附性、拌和试验的要求、所使用的石料品种有关，质量检验时应采用工程上实际的石料进行试验，仅进行乳化沥青产品质量评定时可不对这些指标提出要求。
2. 当用于填补车辙时，CBR 蒸发残留物的软化点宜提高至不低于 55℃。
3. 储存稳定性根据施工实际情况选用试验时间，通常采用 5d，乳液生产后能在当天使用时也可用 1d 的稳定性；个别情况下改性乳化沥青 5d 的储存稳定性难以满足要求，如果经搅拌后能达到均匀一致并不影响正常使用，此时要求改性乳化沥青运至工地后存放在附有搅拌装置的储罐内，并不断地进行搅拌，否则不准使用。
4. 当乳化沥青需要在低温冰冻条件下储存或使用时，尚需按 T 0656 进行 -5℃ 低温储存稳定性试验，要求没有粗颗粒、不结块。

4. 乳化沥青的应用

乳化沥青适用于沥青表面处治路面、沥青贯入式路面、冷拌沥青混合料路面，修补裂缝，喷洒透层、黏层与封层等。乳化沥青的品种和适用范围宜符合表 6-17、表 6-18 的规定。

乳化沥青品种及使用范围　　　　　　　　　　表 6-17

分 类	品种及代号	适 用 范 围
阳离子乳化沥青	PC-1	下封层用
	PC-2	透层油及基层养护用
	PC-3	黏层油用
	BC-1	稀浆封层或冷拌沥青混合料用
阴离子乳化沥青	PA-1	下封层用
	PA-2	透层油技基层养护用
	PA-3	黏层油用
	BA-1	稀浆封层或冷拌沥青混合料用
非离子乳化沥青	PN-2	透层油用
	PN-1	与水混稳定集料同时使用（基层路拌或再生）

改性乳化沥青的品种和适用范围　　　　　　　　　　表 6-18

品 种		代 号	适 用 范 围
改型乳化沥青	喷洒型改型乳化沥青	PCR	黏层、封层、桥面防水黏结层用
	拌和用改型沥青	BCR	改型稀浆封层和微表处理

任务实施（技能操作）

【一】 乳化沥青筛上剩余量试验（T 0652—1993）

1. 目的与适用范围

本方法适用于测定各类乳化沥青的筛上剩余物含量，评定沥青乳液的质量（乳液中沥青微粒的均匀程度)。非经注明,筛孔尺寸为1.18mm。

2．仪器与材料

(1)滤筛。筛孔为1.18mm。

(2)金属盘。尺寸不小于100mm。

(3)天平。感量不大于0.1g。

(4)烧杯。750mL和2000mL各一个。

(5)油酸钠溶液。含量2%。

(6)蒸馏水。

(7)烘箱。装有温度控制器。

(8)其他。玻璃棒、溶剂、干燥器等。

3．方法与步骤

1)准备工作

将滤筛、金属盘、烧杯等用溶剂擦洗干净,再用水和蒸馏水洗涤后用烘箱(105℃±5℃)烘干,分别称其质量,准确至0.1g。

2)试验步骤

(1)在一烧杯中称取充分搅拌均匀的乳化沥青试样质量m,m为500g±5g,准确至0.1g。

(2)将筛网用油酸钠溶液(阴离子乳液)或蒸馏水(阳离子乳液)润湿。

(3)将滤筛支在烧杯上,再将烧杯中的乳液试样边搅拌边徐徐注入筛内过滤,在过滤畅通情况下,筛上乳液试样仅可保留一薄层,如发现筛孔堵塞或过滤不畅,可用手轻轻拍打筛框。

(4)试样全部过滤后,移开盛有乳液的金属盘,并换置另一空金属盘。

(5)用蒸馏水多次清洗烧杯,并将洗液过筛,再用蒸馏水冲洗滤筛,直至过滤的水完全清洁为止。

(6)将滤筛置于另一已称质量和洁净的金属盘中,并置于烘箱(105℃±5℃)中烘干2~4h。

(7)取出滤筛,连同金属盘一起置于干燥器中冷却至室温(一般为30min以上)后称其质量(m_2),准确至0.1g。

4．结果计算与试验记录

(1)乳化沥青试样过筛后筛上残留物含量按公式(6-7)计算,准确至小数点后一位。

$$P_r = \frac{m_2 - m_1}{m} \times 100 \tag{6-7}$$

式中:P_r——筛上残留物含量(%);

m——乳化沥青试样质量(g);

m_1——滤筛及金属盘质量(g);

m_2——滤筛、金属盘与筛上残留物合计质量(g)。

(2)同一试样至少平行试验两次,两次试验结果的差值不大于0.03%时,取平均值作为结果。

(3)精密度或允许差。

重复性试验的允许差为0.03%,复现性试验的允许差为0.08%。

(4)试验记录。

乳化沥青筛上剩余量试验记录表见表6-19。

乳化沥青筛上剩余量试验记录表 表6-19

工程名称_____　　　试验方法_____
路段范围_____　　　试　验　者_____
试样来源_____　　　校　核　者_____
评定标准_____　　　试验日期_____

试样编号		001	002
乳化沥青试样质量(g)			
滤筛及金属盘质量(g)			
滤筛、金属盘与筛上残留物合计质量(g)			
筛上剩余量(%)	单值		
	平均值		
结论			

【二】 乳化沥青储存稳定性试验(T 0655—1993)

1. 目的与适用范围

本方法适用于测定各类乳化沥青的储存稳定性。非经注明,乳液的储存温度为乳液制造时的室温,储存时间为5d,根据需要也可为1d。

2. 仪具与材料

(1)沥青乳液稳定性试验管。玻璃制。

(2)试样容器。小铝锅或磁蒸发皿,300mL以上。

(3)电炉或电热板。

(4)天平。感量不大于0.1g。

(5)滤筛。筛孔为1.18mm。

(6)其他。温度计、气温计、玻璃棒、溶剂、洗液等。

3. 方法与步骤

1)准备工作

(1)将稳定性试验管分别用溶剂(可用汽油)、洗液和洁净水洗净并置温度105℃±5℃的烘箱中烘干,冷却后用塞子塞好上下支管出口。

(2)将均匀的乳化沥青试样约300mL通过1.18mm滤筛过滤至试样容器内。

2)试验步骤

(1)将过滤后的乳液试样用玻璃棒搅匀,缓缓注入稳定性试验管内,使液面达到管壁上的250mL标线处。注入时应注意支管上不得附有气泡。然后,用塞子塞好管口。

(2)将盛样封闭好的稳定性试验管置于试管架上,在室温下静置5昼夜。静置过程中,经常观察乳液有否分层、沉淀或变色等情况,做好记录,并记录5d内的室温变化情况(最高及最低温度)。当生产的乳液计划在5d内用完时,储存稳定性试验的试样也可静置一昼夜(24h)。

(3)静置后,轻轻拔出上支管的塞子,从上支管口流出试样约 50g 接入一个已称质量的蒸发残留物试验容器中,再拔开下支管口的塞子,将下支管以上的试样全部放出,流入另一容器。然后充分摇匀下支管以下的试样,倾斜稳定性管,将管内的剩余试样从下支管口流出试样约 50g,接入第三个已称质量的蒸发残留物试验容器内。

(4)分别称取上下的两部分试样质量,准确至 0.2g,然后按本规程 T 0651"乳化沥青蒸发残留物含量试验"方法测定蒸发残留物含量 P_A 及 P_B。

4. 结果计算与试验记录

(1)乳化沥青的储存稳定性按式(6-8)计算,取其绝对值。

$$S_S = |P_A - P_B| \tag{6-8}$$

式中:S_S——试样的储存稳定性(%);

P_A——储存后上支管部分试样蒸发残留物含量(%);

P_B——储存后下支管部分试样蒸发残留物含量(%)。

(2)同一试样平行试验至少两次,两次测定的差值符合重复性试验精密度要求时,取平均值作为试验结果,以整数表示。

注:试验报告应注明乳液储存的温度变化范围与储存时间。

(3)精密度或允许差。

重复性试验的允许差为 0.5%,复现性试验的允许差为 0.6%。

(4)试验记录。

乳化沥青储存稳定性试验记录表见表 6-20。

乳化沥青储存稳定性试验记录表 表 6-20

工程名称_____ 试验方法_____

路段范围_____ 试　验　者_____

试样来源_____ 校　核　者_____

评定标准_____ 试验日期_____

储存温度(℃)	最低温度		
	最高温度		
储存时间(d)			
试验次数			
上支管	试样容器、玻璃棒合计质量(g)		
	试样容器、玻璃棒及乳液合计质量(g)		
	试样容器、玻璃棒及蒸发残留物合计质量(g)		
下支管	试样容器、玻璃棒合计质量(g)		
	试样容器、玻璃棒及乳液合计质量(g)		
	试样容器、玻璃棒及蒸发残留物合计质量(g)		
储存稳定性(%)	单值		
	平均值		
结论			

【三】 乳化沥青蒸发残留物含量试验（T 0651—1993）

1. 目的与适用范围

本方法适用于测定各类乳化沥青中加热脱水后残留沥青的含量（检验乳液中实际沥青的含量）。

2. 仪具与材料

（1）试样容器。容量 1500mL，高约 60mm，壁厚 0.5~1mm 的金属盘，也可用小铝锅或磁蒸发皿代替。

（2）天平。感量不大于 1g。

（3）烘箱。装有温度控制器。

（4）电炉或燃气炉。装有石棉网。

（5）玻璃棒。

（6）其他：温度计、溶剂、洗液等。

3. 方法与步骤

（1）将试样容器、玻璃棒等洗净、烘干并称其合计质量 m_1。

（2）在试样容器内称取搅拌均匀的乳化沥青试样 300g±1g，称取容器、玻璃棒及乳液的合计质量 m_2，准确至 1g。

（3）将盛有试样的容器连同玻璃棒一起置于电炉或燃气炉（放有石棉垫）上缓缓加热，边加热边搅拌，其加热温度不应致乳液溢溅，直至确认试样中的水分已完全蒸发（通常需要 20~30min），然后在 163℃±3.0℃ 温度下加热 1min。

（4）取下试样容器冷却至室温，称取容器、玻璃棒及沥青一起的合计质量 m_3，准确至 1g。

4. 结果计算与试验记录

1）计算

乳化沥青试样的蒸发残留物含量试验按公式（6-9）计算，并以整数表示。

$$P_b = \frac{m_3 - m_1}{m_2 - m_1} \times 100 \tag{6-9}$$

式中：P_b——乳化沥青中的沥青含量（%）；

m_1——试样容器、玻璃棒合计质量（g）；

m_2——试样容器、玻璃棒及乳液的合计质量（g）；

m_3——试样容器、玻璃棒及残留物合计质量（g）。

2）精度与允许差

（1）同一试样至少平行试验两次，两次试验结果的差值不大于 0.4%，取其平均值作为试验结果。

（2）精密度或允许差为 0.4%，复现性试验的允许差为 0.8%。

3）试验记录

乳化沥青蒸发残留物含量试验记录表见表 6-21。

乳化沥青蒸发残留物含量试验记录表 表6-21

工程名称_____ 试验方法_____
路段范围_____ 试 验 者_____
试样来源_____ 校 核 者_____
评定标准_____ 试验日期_____

试验次数		1	2
试样容器、玻璃棒合计质量(g)			
试样容器、玻璃棒及乳液合计质量(g)			
试样容器、玻璃棒及蒸发残留物合计质量(g)			
蒸发残留物(%)	单值		
	平均值		
结论			

技能训练(试验实例)

试验实例见表6-22。

乳化沥青技术性质指标试验实训任务单及试验结果评定 表6-22

实训日期		姓名		成绩	
实训任务	乳化沥青技术性质指标试验(T 0652、T 0655、T 0651—1993)				
实训任务书	题目:某高速公路沥青路面工程使用PC-1型阳离子乳化沥青,对该乳化沥青的蒸发残留物含量、储存稳定性、筛上剩余量指标进行检测并评判。 要求:对乳化沥青蒸发残留物含量、乳化沥青储存稳定性、乳化沥青筛上剩余量指标评定				
主要设备					
主要步骤	(每位学生按照实际操作过程进行填写)				

乳化沥青乳化沥青技术性质指标试验记录表

工程名称 ×××高速公路路面工程   试验方法 T 0652、T 0655、T 0651—1993
路段范围 K12+000~K30+500   试 验 者_____
试样来源 工地乳化沥青罐   校 核 者_____
评定标准 JTG F40—2004   试验日期_____

乳化沥青蒸发残留物含量试验

试 验 次 数	1	2
试样容器、玻璃棒合计质量(g)	145.0	144.3
试样容器、玻璃棒及乳液合计质量(g)	445.0	444.3
试样容器、玻璃棒及蒸发残留物合计质量(g)	313.2	311.9

续上表

试验次数		1	2
蒸发残留物含量(%)	单值	56.1	55.9
	平均值	56	
结论		经检测,该试样符合《公路沥青路面施工技术规范》(JTG F40—2004)规定的 PC-1 阳离子乳化沥青残留物含量应不小于50%的技术要求	

乳化沥青筛上剩余量试验

试样编号		001	002
乳化沥青试样质量(g)		500.3	500.1
滤筛及金属盘质量(g)		363.4	371.0
滤筛、金属盘与筛上残留物合计质量(g)		363.6	371.2
筛上剩余量(%)	单值	0.04	0.04
	平均值	0.0	
结论		经检测,该试样符合《公路沥青路面施工技术规范》(JTG F40—2004)规定的 PC-1 阳离子乳化沥青筛上残留物含量应不小于0.1%的技术要求	

乳化沥青储存稳定性试验

试验次数		1	2
储存温度(℃)	最低温度	18	18
	最高温度	22	22
储存时间(d)		5	5
上支管	试样容器、玻璃棒合计质量(g)	141.4	140.3
	试样容器、玻璃棒及乳液合计质量(g)	191.4	190.3
	试样容器、玻璃棒及蒸发残留物合计质量(g)	160.8	159.6
下支管	试样容器、玻璃棒合计质量(g)	142.1	141.2
	试样容器、玻璃棒及乳液合计质量(g)	192.1	191.2
	试样容器、玻璃棒及蒸发残留物合计质量(g)	171.3	170.4
储存稳定性(%)	单值	19.6	19.8
	平均值	20	
结论		经检测,该试样不符合《公路沥青路面施工技术规范》(JTG F40—2004)规定的 PC-1 阳离子乳化沥青储存稳定性5d应不小于5%的技术要求	

课后任务

任务一 乳化沥青的组成材料有哪些?其技术要求有哪些?

任务二　乳化沥青是如何分类的？其适用范围有哪些？
任务三　乳化沥青的技术性质有哪些？
任务四　根据本课题的实训项目，对乳化沥青的蒸发残留物含量、储存稳定性、筛上剩余量进行测定，并填写实训报告与任务单。

课题三　改 性 沥 青

任务引入

什么是改性沥青？改性沥青主要应用在什么地方？它与石油沥青有什么区别？改性沥青性能的好坏如何来评价以及评价的主要技术指标有哪些？

任务分析

为改善沥青性能，在沥青材料中掺加高分子聚合物、天然沥青等外掺剂（改性剂），加工得到的沥青称为改性沥青。改性沥青一般使用在沥青路面的表面层。目前我国使用最多的是聚合物改性沥青。聚合物改性沥青的技术指标除了列入与黏稠石油沥青相同的针入度、延度、软化点、闪点、溶解度等指标以外，增加了运动黏度、弹性恢复、储存稳定性指标。

相关知识

1．概述

随着国民经济的高速发展，现代高等级沥青路面的特点是交通密度大，车辆轴载重，荷载作用间歇时间短，高速和渠化。由于这些特点造成沥青路面高温出现车辙，低温产生裂缝，抗滑性很快衰降，使用年限不长，出现坑槽、松散等水损坏以及局部龟裂等。为提高沥青混合料的路用性能，必须对沥青加以改性，也即改善沥青的流变性能，改善沥青与集料的黏附性，改善沥青的耐久性。

2．改性沥青的分类及特性

1）聚合物改性沥青的分类

改性沥青一般是指聚合物改性沥青，用于改性的聚合物种类很多，一般将其分为三类：

（1）橡胶类。如天然橡胶（NR）、丁苯橡胶（SBR）、氯丁橡胶（CR）、丁二烯橡胶（BR）、乙丙橡胶（EPDM）等；

（2）热塑性橡胶类。即热塑性弹性体，如苯乙烯-丁二烯嵌段共聚物（SBS）、苯乙烯-异戊二烯嵌段共聚物（SIS）等；

（3）树脂类。热塑性树脂，如聚乙烯（PE）、乙烯-醋酸乙烯共聚物（EVA）、无规聚丙烯（APP）、聚氯乙烯（PVC）、聚酰胺等；热固性树脂，如环氧树脂（EP）等。

2）几种常用改性沥青的特性

（1）橡胶类改性沥青

通常称为橡胶沥青，其中使用最多的是丁苯橡胶（SBR）和氯丁橡胶（CR）。SBR改性沥青最大特点是低温性能得到改善，所以主要适宜在寒冷气候条件下使用。例如，青藏公路上就铺筑了橡胶沥青路面。

(2)热塑性橡胶类改性沥青

此类沥青主要是苯乙烯类嵌段共聚物,如苯乙烯-丁二烯-苯乙烯(SBS)。目前世界各国用于道路沥青改性最多的是 SBS 改性沥青。

SBS 类改性沥青最大特点是高温稳定性和低温抗裂性能都好,且有良好的弹性恢复性能,抗老化性能良好。SBS 使沥青软化点提高,使沥青延度大幅度增大,且薄膜加热后的针入度比保留 90% 以上。

(3)热塑性树脂类改性沥青

聚乙烯(PE)、聚丙烯、聚氯乙烯、聚苯乙烯和乙烯-乙酸乙烯共聚物(EVA)等在道路沥青的改性中被使用,这一类热塑性树脂的共同特点是加热后软化,冷却时硬化。此类改性剂的最大特点是使沥青结合料在常温下黏度增大,从而使高温稳定性增加,遗憾的是并不能使沥青混合料的弹性增加,且加热后易离析,再次冷却时产生众多的弥散体。不过这些局限性在一定程度上已被接受。

(4)掺加天然沥青的改性沥青

在沥青中通常可掺加天然沥青进行改性,如:湖沥青(如特立尼达湖沥青 TLA)、岩石沥青(如美国的 Gilsonite)和海底沥青(如 BMA)等。

掺加 TLA 的混合沥青具有良好的高温稳定性及低温抗裂性能,耐久性好;掺加岩石沥青的沥青具有抗剥离、耐久性、高温抗车辙,抗老化特点;BMA 适用于重交通道路、飞机场跑道、抗磨耗层等,最小铺筑厚度可减薄到 2cm,由此可降低工程造价。

(5)其他改性沥青

①掺多价金属皂化物的改性沥青。多价金属与一元羧酸所形成的盐类称为金属皂(有机锰等)。将一定的金属皂溶解在沥青中,可使延度增加,脆点降低,明显提高与集料的黏附性能,增加沥青混合料的强度,提高沥青路面的柔性和疲劳强度。

②掺碳黑的改性沥青。碳黑是由石油、天然气等碳氢化合物经高温不完全燃烧而生成的高含碳量粉状物质,在改性好的 SBS 改性沥青中混入碳黑综合改性,可使改性沥青的黏度增大,回弹性能提高。

③加玻纤格栅的改性沥青。将一种自黏结型的玻璃纤维格栅,用一种专门的摊铺机铺设,铺在沥青混合料层中,耐热、黏结性好。这些格栅对提高高温抗车辙能力及低温抗裂性能都有良好效果,同时还可防治沥青路面的反射性裂缝。

3.改性沥青应用

改性沥青可用作排水或吸音磨耗层及其下面的防水层;在老路面上做应力吸收膜中间层,以减少反射裂缝,在重载交通道路的老路面上加铺薄和超薄沥青面层,以提高耐久性;在老路面上或新建一般公路上用作表面处治,以恢复路面使用性能或减少养护工作量等。使用改性沥青时,应当特别注意路基、路面的施工质量,以避免产生路基沉降和其他早期损坏。否则,使用改性沥青就会达不到应有的效果。

 课后任务

任务一　改性沥青的组成材料有哪些?

任务二　改性沥青与普通沥青相比,有哪些优点和缺点?

课题四 其他沥青

任务引入

什么是煤沥青？什么是再生沥青？它们在性能及使用上与石油沥青有什么不同？

任务分析

煤沥青是从煤中炼制而成的沥青。再生沥青是已经老化的沥青，经掺加再生剂后使其恢复到原来性能的一种沥青。煤沥青在使用性能上与石油沥青有比较大的差距，所以相关规范规定严禁用于热拌热铺的沥青混合料，因此煤沥青的使用范围有限。采用再生沥青可以充分利用道路原来沥青混合料中的沥青，合理利用筑路资源，在当前国内外沥青路面养护工程中的应用越来越普遍。

相关知识

1. 煤沥青

煤沥青(俗称柏油)是用煤干馏炼焦和制煤气的副产品煤焦油炼制而成。根据煤干馏温度不同，煤焦油分为高温煤焦油(700℃以上)和低温煤焦油(450～700℃)两类。路用煤沥青主要是由炼焦或制造煤气得到的高温煤焦油加工而成的。

1) 煤沥青的结构特点

煤沥青和石油沥青相似，也是复杂的胶体分散系，游离碳和硬树脂组成的胶体微粒为分散相，油分为分散介质，而软树脂为保护物质，它吸附于固态分散胶粒周围，逐渐向外扩散，并溶解于油分中，使分散系形成稳定的胶体体系。

2) 煤沥青的技术性质

煤沥青与石油沥青相比，在技术性质有下列差异：

(1) 温度稳定性差。由于可溶性树脂含量较多，受热易软化，故温度稳定性差。

(2) 气候稳定性差。由于煤沥青中含有较多不饱和碳氢化合物。在热、阳光、氧气等长期综合作用下，煤沥青的组分变化较大，易老化变脆。

(3) 塑性较差。因含有较多的游离碳，所以在使用时易因受力变形而开裂。

(4) 煤沥青与矿质材料表面黏附性能好。煤沥青组分中含有酸碱等表面活性物质，故与矿质材料表面黏结力较强。

(5) 防腐性能好。由于煤沥青中含有酚、蒽、萘油等成分，所以防腐性好，故宜用于地下防水层及防腐材料等。

3) 道路用煤沥青的使用

道路用煤沥青适用于透层油，也可用于三级及三级以下的公路铺筑表面处治或贯入式沥青路面，但不能用于热拌热铺沥青混合料。煤沥青的技术性质与石油沥青相比，存在较多的缺点，因此在国内外工程的中使用已经越来越少。

2. 再生沥青

再生沥青是已经老化的沥青，经掺加再生剂后使其恢复到原来(甚至超过原来)性能的一种沥青。

1）沥青材料的老化

沥青材料的老化是指沥青材料在路面中受到自然因素（氧、光、热和水等）的作用，随时间而产生"不可逆"的化学组成结构和物理-力学性能变化的过程。

2）沥青的再生

沥青再生的机理，目前有两种理论，即"相容性理论"和"组分调节理论"。

"相容性理论"从化学热力学出发，认为沥青产生老化的原因是沥青中各组分相容性降低，导致组分间溶度参数差增大。认为掺入一定的再生剂使其溶度参数差减小，沥青则能恢复到（甚至超过）原来性质。

"组分调节理论"是从化学组分移行出发，认为由于组分的移行，沥青老化后，所以各组分间比例不协调导致路用性能降低。如能通过掺加再生剂调节其组分，则沥青将恢复原来性质。因此，要使老化沥青恢复原有性能，就需要将老化沥青和原沥青的组分进行比较后，向老化沥青中加入所缺少的组分（即添加沥青再生剂），使组分重新协调。

"组分调节理论"目前可以更好地应用于废旧沥青的再生。

课后任务

任务一　为什么煤沥青严禁用于热拌热铺的沥青混合料？

任务二　沥青的再生有什么工程意义？

单元七　沥青混合料

1. 沥青混合料的分类。
2. 各种沥青混合料的特点。
3. 沥青混合料对各组成材料的技术要求。
4. 沥青混合料的技术性质与技术标准。
5. 沥青混合料最佳沥青用量的确定。
6. 沥青玛蹄脂碎石混合料(SMA)大孔隙开级配排水式沥青磨耗层(OGFC)技术特点。

1. 矿粉的细度筛分、密度、亲水性系数试验。
2. 粗集料与沥青的黏附性试验。
3. 沥青混合料试件的制作与压实沥青混合料的密度试验。
4. 马歇尔稳定度试验。
5. 沥青混合料中沥青含量试验(离心分离法)的试验。
6. 各试验的结果计算与结果分析。

课题一　沥青混合料概述

 任务引入

水泥混凝土路面与沥青混合料路面有什么不同？什么是沥青混合料？它的基本组成材料有几种？道路工程中使用什么样的沥青混合料？

 **任务分析**

沥青混合料是由矿料与沥青结合料按一定比例配合，均匀拌和而成的混合料。其适用于道路路面的面层，具有一定的高温稳定性和低温抗裂性。它与水泥混凝土路面相比不需设置施工缝和伸缩缝，路面平整且有弹性，行车比较舒适。

相关知识

1. 青混合料的特点

(1)沥青混合料是一种弹塑性黏性材料，具有一定的高温稳定性和低温抗裂性。不需设置施工缝和伸缩缝，路面平整且有弹性，行车比较舒适。

(2)沥青混合料路面有一定的粗糙度,雨天具有良好的抗滑性。路面又能保证一定的平整度,如高速公路路面,其平整度可达 1.0mm 以下,而且沥青混合料路面为黑色,无强烈反光,行车比较安全。

(3)施工方便,速度快,养护期短,能及时开放交通。

(4)沥青混合料路面可分期改造和再生利用。随着道路交通量的增大,可以对原有的路面拓宽和加厚。对旧有的沥青混合料,可以运用现代技术,再生利用,以节约原材料。

当然,沥青混合料也存在一些问题,如夏季高温时易软化,路面易产生车辙、波浪等现象。冬季低温时易脆裂,在车辆重复荷载作用下易产生裂缝。因老化现象会使路面表层产生松散开裂,引起路面破坏。

2.沥青混合料的分类

沥青混合料是沥青混凝土混合料与沥青碎石混合料的总称。

沥青混凝土混合料是由粗、细集料及填料按最佳级配的原理配成的矿料与沥青材料按比例配合而制成的符合技术标准的沥青混合料,简称 AC。

沥青碎石混合料是由粗、细集料不加填料或少加填料按一定的级配原则配成的矿料与沥青材料按比例配合而制成的符合技术标准的沥青混合料,简称 AM。

1)按施工温度分类

(1)热拌热铺沥青混合料。沥青与矿料经加热后拌和,并在一定温度下完成摊铺和碾压施工过程的混合料。

(2)常温沥青混合料。乳化沥青或液态沥青在常温下与矿料拌和,并在常温下完成摊铺和碾压施工过程的混合料。

(3)温拌沥青混合料。拌和、碾压时的温度比普通热拌热铺沥青混合料降低 30℃ 左右的沥青混合料。

2)按矿质集料级配类型分类

(1)连续级配沥青混合料。矿料是按级配原则,从大到小各粒级均占有一定比例的级配,这种沥青混合料称为连续级配沥青混合料。如沥青混混凝土(AC)。

(2)间断级配沥青混合料。矿料级配组成中缺少 1 个或几个粒级(或用量很少)而形成的沥青混合料称为间断级配沥青混合料。如沥青玛蹄脂碎石混合料(SMA)。

(3)开级配沥青混合料。级配主要由粗集料组成,细集料与填料很少的混合料。如排水式沥青磨耗层混合料(OGFC)。

3)按空隙率大小分类

(1)密实型沥青混合料。空隙率在 3%~6% 之间,这类混合料主要有沥青混凝土混合料(AC)、沥青稳定碎石混合料(ATM)和沥青玛蹄脂碎石混合料(SMA)。

(2)多孔透水沥青混合料。空隙率在 18% 以上,这类混合料常见种类有排水式沥青磨耗层混合料(OGFC)和排水式沥青碎石基层(ATPB)。

(3)沥青碎石混合料。空隙在 6%~12% 之间,如沥青碎石混合料(AM)。这类混合料路面性能较差,目前不常用。

4)按公称最大粒径的大小分类

(1)特粗式。矿料公称最大粒径 37.5mm。

(2)粗粒式。矿料公称最大粒径 26.5mm 或 31.5mm。

(3)中粒式。矿料公称最大粒径 16mm 或 19mm。

(4)细粒式。矿料公称最大粒径 9.5mm 或 13.2mm。

(5)砂粒式。矿料公称最大粒径 4.75mm。

目前,我国在沥青路面中采用最多的沥青混合料类型是以石油沥青为结合料、矿料级配为连续级配、空隙率为 3%~6% 的密实型热拌热铺沥青混凝土混合料(简称 HMA)。沥青混合料类型汇总于表 7-1 中。

热拌沥青混合料种类　　　　　　　表 7-1

混合料类型	密级配			开级配		半开级配	公称最大粒径(mm)	最大粒径(mm)
	连续级配		间断级配	OGFC	ATPB	AM		
	AC	ATB	SMA					
特粗式	—	ATB-40	—	—	ATPB-40	—	37.5	53.0
粗粒式		ATB-30			ATPB-30		31.5	37.5
	AC-25	ATB-25			ATPB-25		26.5	31.5
中粒式	AC-20		SMA-20		—	AM-20	19.0	26.5
	AC-16		SMA-16	OGFC-16		AM-16	16.0	19.0
细粒式	AC-13		SMA-13	OGFC-13		AM-13	13.2	16.0
	AC-10		SMA-10	OGFC-10		AM-10	9.5	13.2
砂粒式	AC-5	—	—			AM-5	4.75	9.5
设计空隙率(%)	3~6	3~6	3~4	>18	>18	6~12	—	—

本单元主要介绍热拌热铺沥青混合料(以下简称沥青混合料)的组成结构、技术性质、组成材料和设计方法。

3. 沥青混合料的组成结构

沥青混合料组成结构可分为三种类型。

(1)悬浮-密实结构。是指矿质集料由大到小组成连续型密级配,混合料中粗集料数量较少,不能形成骨架[图 7-1a)]。这种沥青混合料黏聚力较大,内摩阻角较小,因而高温稳定性差。对双层或三层结构的沥青路面,其中至少必须有一层密级配沥青混合料。对干燥地区的高等级公路,也可采用这种结构的沥青混合料做表层。

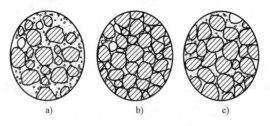

图 7-1　沥青混合料的典型组成结构
a)悬浮-密实结构；b)骨架-空隙结构；c)骨架-密实结构

(2)骨架-空隙结构。是指矿质集料属于连续型开级配的混合料结构。矿质集料中粗集料较多,可互相靠拢形成骨架,细集料较少,不足以填满空隙[图 7-1b)]。所以此结构混合料空隙率大,耐久性差,沥青与矿料的黏聚力差,热稳定性较好。当沥青路面采用这种形式的沥青混合料时,沥青面层下必须做下封层。

(3)骨架-密实结构。是指矿质集料属于间断型密级配的混合料结构。此结构具有较多数量的粗集料形成空间骨架,同时又有足够的细集料填满骨架的空隙[图7-1c)]。这种结构密实度大,具有较高的黏聚力和内摩阻角,是沥青混合料中最理想的一种结构类型。

课后任务

任务一　沥青混合料是如何分类的？

任务二　AC-25的工程含义是什么？适用于沥青路面的哪些结构层？沥青路面的表面层一般用哪些型号的沥青混合料？

课题二　沥青混合料中各组成材料的要求

任务引入

沥青混合料是由什么材料组成？各组成材料的技术要求有哪些？想一想水泥混凝土的各组成材料的要求,并对比。

任务分析

沥青混合料是由粗集料、细集料、填料、沥青等材料组成,它们质量好坏直接影响沥青混合料的品质。掌握沥青混合料中各组成材料技术要求与标准至关重要。

相关知识

沥青混合料的技术性质决定于组成材料的性质、组成配合的比例和混合料的制备工艺等因素。为保证沥青混合料的技术性质,首先应正确选择符合质量要求的组成材料。

沥青混合料中各组成材料的技术要求分述如下：

1.沥青

拌制沥青混合料选用沥青材料,应考虑当地的气候条件、交通性质、沥青混合料的类型和施工条件等因素。通常较热的气候区,较繁重的交通,细粒式或砂粒式的混合料则应采用稠度较高的沥青;反之,则采用稠度较低的沥青。在其他配料条件相同的情况下,较黏稠的沥青配制的混合料具有较高力学强度和稳定性,但如稠度过高,则沥青混合料的低温变形能力较差,沥青路面容易产生裂缝。反之,在其他配料条件相同的条件下,采用稠度较低的沥青,虽然配制的混合料在低温时具有较好的变形能力,但在夏季高温时往往稳定性不足而使路面产生推挤现象。

2.矿料

沥青面层的矿料包括粗集料、细集料和填料。粗集料是指粒径在2.36mm以上的碎石,细集料是指粒径在2.36mm以下的砂粒或石屑,填料是指粒径在0.075mm以下的粉粒。

1)粗集料

粗集料应是洁净、干燥、表面粗糙并带棱角性(无尖锐棱角)的立方形颗粒,具有一定的强度与抗磨耗性。

沥青层用粗集料包括碎石、破碎砾石、筛选砾石、钢渣、矿渣等,但高速公路和一级公路不得使用筛选砾石和矿渣。

(1)粗集料的质量要求

我国行业标准《公路沥青路面施工技术规范》(JTG F40—2004)规定,其各项质量要求应符合表7-2、表7-3的要求。

沥青混合料用粗集料质量技术要求　　　　表7-2

指　　标	单　位	高速公路及一级公路		其他等级公路	试 验 方 法
		表面层	其他层次		
石料压碎值 ≤	%	26	28	30	T 0316
洛杉矶磨耗损失 ≤	%	28	30	35	T 0317
表观相对密度 ≤	t/m³	2.60	2.50	2.45	T 0304
吸水率 ≤	%	2.0	3.0	3.0	T 0304
坚固性 ≤	%	12	12	—	T 0314
针片状颗粒含量(混合料) ≤	%	15	18	20	T 0312
其中粒径大于9.5mm ≤	%	12	15	—	
其中粒径小于9.5mm ≤	%	18	20	—	
水洗法 <0.075mm ≤	%	1	1	1	T 0310
软石含量 ≤	%	3	5	5	T 0320

注:1.坚固性试验可根据需要进行。
　　2.用于高速公路、一级公路时,多孔玄武岩的视密度可放宽至2.45 t/m³,吸水率可放宽3%,但必须得到建设单位的批准,且不得用于SMA路面。
　　3.对S14即3~5mm规格的粗集料,针片状颗粒含量可不予要求,<0.075mm含量可放宽到3%。

粗集料与沥青的黏附性、磨光值的技术要求　　　　表7-3

雨量气候区		1(潮湿区)	2(湿润区)	3(半干区)	4(干旱区)	试验方法
年降雨量(mm)		>1000	1000~500	500~250	<250	JTG F40—2004附录A
粗集料的磨光值PSV ≥		42	40	38	36	T 0321
粗集料与沥青的黏附性,不小于高速公路、一级公路	表面层	5	4	4	3	T 0616
	其他层次及其他等级公路的各个层次	4	4	3	3	T 0663

高速公路、一级公路沥青路面的表面层(或磨耗层)的粗集料的磨光值应符合表7-3的要求。

(2)粗集料的级配

粗集料的粒径与规格应按我国行业标准《公路沥青路面施工技术规范》(JTG F40—2004)规定的沥青混合料用粗集料规格(表7-4)选用;如粗集料不符合表7-4规格,但确认与其他矿料配合后级配符合各类沥青混合料矿料级配要求时,也可以使用。

沥青混合料用粗集料规格   表 7-4

规格名称	公称粒径(mm)	通过下列筛孔(mm)的质量百分率(%)												
		106	75	63	53	37.5	31.5	26.5	19.0	13.2	9.5	4.75	2.36	0.6
S1	40~75	100	90~100	—	—	0~15	—	0~5						
S2	40~60		100	90~100	—	0~15	—	0~5						
S3	30~60		100	90~100	—	—	0~15	—	0~5					
S4	25~50			100	90~100	—	0~15	—	0~5					
S5	20~40				100	90~100	—	—	0~15	—	0~5			
S6	15~30					100	90~100	—	0~15	—	0~5			
S7	10~30					100	90~100	—	—	0~15	—	0~5		
S8	10~25						100	90~100	—	0~15	—	—	0~5	
S9	10~20							100	90~100	—	0~15	0~5		
S10	10~15								100	90~100	0~15	0~5		
S11	5~15								100	90~100	40~70	0~15	0~5	
S12	5~10									100	90~100	0~15	0~5	
S13	3~10									100	90~100	40~70	0~20	0~5
S14	3~5										100	90~100	0~15	0~3

(3)沥青与粗集料的黏附性

沥青与粗集料的黏附性是路用沥青混合料重要性能之一,其直接影响沥青路面的使用质量和耐久性。沥青裹覆集料后的抗水性(即抗剥性)不仅与沥青的性质有密切关系,而且也与集料性质有关。当采用一种固定的沥青时,不同矿物成分的石料的剥落度也有所不同。从碱性、中性直至酸性石料,随着 SiO_2 含量的增加,剥落度也随之增加。为保证沥青混合料的强度,在选择石料时应优先考虑利用碱性石料,当地缺乏碱性石料必须采用花岗岩、石英岩等酸性石料时,宜使用针入度较小的沥青。

粗集料与沥青的黏附性应符合表 7-3 的要求,当使用不符合要求的粗集料时,宜采用下列抗剥离措施使沥青混合料的水稳定性检验达到要求:

①掺加消石灰、水泥或用饱和石灰水处理后使用;

②必要时可同时在沥青中掺加耐热、耐水、长期性能好的抗剥落剂;

③采用改性沥青。

掺加外加剂的剂量由沥青混合料的水稳定性检验确定。

沥青与集料的黏附性的试验方法,我国规范《公路工程沥青及沥青混合料试验规程》(JTG E20—2011)规定采用水煮法和水浸法。

2)细集料

沥青路面的细集料包括天然砂、机制砂及石屑。细集料应洁净、干燥、无风化、不含杂质,并有适当的颗粒级配。

我国行业标准《公路沥青路面施工技术规范》(JTG F40—2004)对细集料的技术要求见表 7-5 ~ 表 7-7。

沥青混合料用细集料质量要求　　　　表7-5

项　目		单　位	高速公路及一级公路	其他等级公路	试验方法
表观相对密度	≥	—	2.50	2.45	T 0328
坚固性(>0.3部分)	≥	%	12	—	T 0340
含泥量(<0.075mm颗粒含量)	≤	%	3	5	T 0333
砂当量	≥	%	60	50	T 0334
亚甲蓝值	≤	g/kg	25	—	T 0346
棱角性	≥	s	30	—	T 0345

沥青混合料用天然砂规格　　　　表7-6

筛孔尺寸(mm)	通过各孔筛的质量百分率(%)		
	粗砂	中砂	细砂
9.5	100	100	100
4.75	90~100	90~100	90~100
2.36	65~95	75~90	85~100
1.18	35~65	50~90	75~100
0.6	15~30	30~60	60~84
0.3	5~20	8~30	15~45
0.15	0~10	0~10	0~10
0.075	0~5	0~5	0~5

沥青混合料用机制砂或石屑规格　　　　表7-7

规　格	公称粒径(mm)	水洗法通过各筛孔的质量百分率(%)							
		9.5	4.75	2.36	1.18	0.6	0.3	0.15	0.075
S15	0~5	100	90~100	60~90	40~75	20~55	7~40	2~20	0~10
S16	0~3		100	80~100	50~80	25~60	8~45	0~25	0~15

细集料的级配应满足与粗集料和填料配制后混合级配满足矿质混合料的级配要求。当一种细集料不能满足级配要求时,可采用两种或两种以上的细集料掺和使用。

3)填料

填料是指在沥青混合料中起填充作用的粒径小于0.075mm的矿质粉末。在沥青混合料中,填料通常是指矿粉。矿粉是采用石灰岩等碱性石料粉磨得到的,在沥青混合料中起填料作用的以碳酸钙为主要成分的矿物质粉末,其小于0.075mm的颗粒含量大于75%。另外,干燥的消石灰粉或水泥也可作为填料使用,其掺量应控制在矿料总量的1%~2%。

矿粉在沥青混合料中起到重要作用,矿粉性质和用量对沥青混合料的抗剪强度影响很大。矿粉用量少不足以形成足够的比表面吸附沥青;矿粉用量过多又会使胶泥成团,致使路面胶泥离析,同样造成不良后果。

拌和机的粉尘可作为矿粉的一部分,但每盘用量不得超过填料总量的25%。矿粉应干燥、洁净,能自由地从矿粉仓流出,根据我国现行行业标准《公路沥青路面施工技术规范》(JTG F40—2004)的规定,其质量应符合表7-8的技术要求。

沥青混合料用矿粉质量要求　　　　　　　　表7-8

项　　目	单　　位	高速公路、一级公路	其他等级公路	试　验　方　法
表观密度　≥	t/m³	2.50	2.45	T 0352
含水率　≤	%	1	1	T 0103 烘干法
粒度范围 <0.6mm	%	100	100	T 0351
<0.15mm	%	90~100	90~100	
<0.075mm	%	75~100	70~100	
外观		无团粒结块		
亲水系数		<1		T 0353
塑性指数		<4		T 0354
加热安定性		实测记录		T 0355

任务实施（技能操作）

【一】 矿粉筛分试验（水洗法）（T 0351—2000）

1. 目的与适用范围

适用于测定矿粉的颗粒级配。同时，适用于测定供拌制沥青混合料用的其他填料如水泥、石灰、粉煤灰的颗粒级配。

2. 仪具与材料

(1) 标准筛。孔径为 0.6mm、0.3mm、0.15mm、0.075mm。

(2) 天平。感量不大于 0.1g。

(3) 烘箱。能控温 105℃±5℃。

(4) 搪瓷盘。

(5) 橡皮头研杵。

3. 试验步骤

(1) 将矿粉试样放入 105℃±5℃烘箱中烘干至恒重，冷却，称取 100g，准确至 0.1g。如有矿粉团粒存在，可用橡皮头研杵轻轻研磨粉碎。

(2) 将 0.075mm 筛装在筛底上，仔细倒入矿粉，盖上筛盖。手工轻轻筛分，至大体上筛不下去为止。存留在筛底上的小于 0.075mm 部分可弃去。

(3) 除去筛盖与筛底，按筛孔大小顺序套成套筛。将存留在 0.075mm 筛上的矿粉倒回 0.6mm 筛上，在自来水龙头下方接一胶管，打开自来水，用胶管的水轻轻冲洗矿粉过筛，0.075mm 筛下部分任其流失，直至流出的水色清澈为止。水洗过程中，可以适当用手扰动试样，加速矿粉过筛，待上层筛冲干净后，取去 0.6mm 筛，接着从 0.3mm 筛或 0.15mm 筛上冲洗，但不得直接冲洗 0.075mm 筛。

注：①自来水的水量不可太大太急，防止损坏筛面或将矿粉冲出，水不得从两层筛之间流出，自来水龙头宜装有防溅水龙头。当现场缺乏自来水时，也可由人工浇水冲洗。

②如直接在 0.075mm 筛上冲洗，将可能使筛面变形，筛孔堵塞，或者造成矿粉与筛面发生共振，不能通过筛孔。

(4) 分别将各筛上的筛余反过来用小水流仔细冲洗入各个搪瓷盘中，待筛余沉淀后，稍微倾斜搪瓷盘,仔细除去清水,放入105℃烘箱中烘干至恒重。称取各号筛上的筛余量,准确至0.1g。

4.结果计算与试验记录

(1)各号筛上的筛余量除以试样总量的百分率,即为各号筛的分计筛余百分率,精确至0.1%。用100减去0.6mm、0.3mm、0.15mm、0.075mm各筛的分计筛余百分率,即为通过0.075mm筛的通过百分率,加上0.075mm筛的分计筛余百分率即为0.15mm筛的通过百分率,依次类推,计算出各号筛的通过百分率,精确至0.1%。

(2)精密度或允许差。

以两次平行试验结果的平均值作为试验结果。各号筛的通过率相差不得大于2%。

(3)试验记录。

矿粉筛分试验(水洗法)记录表见表7-9。

矿粉筛分试验(水洗法)记录表　　　　　　表7-9

工程名称_____　　　　试验方法_____
路段范围_____　　　　试　验　者_____
试样来源_____　　　　校　核　者_____
评定标准_____　　　　试验日期_____

干燥试样总质量(g)	第1组			第2组			平均值
筛孔尺寸(mm)	筛上质量(g)	分计筛余百分率(%)	通过百分率(%)	筛上质量(g)	分计筛余百分率(%)	通过百分率(%)	通过百分率(%)
结论							

【二】 矿粉密度试验(T 0352—2000)

33-矿粉密度试验

1.目的与适用范围

用于检验矿粉的质量,供沥青混合料配合比设计计算使用,同时适用于测定供拌制沥青混合料用的其他填料如水泥、石灰、粉煤灰的相对密度。

2.仪具与材料

(1)李氏比重瓶。容量为250mL或300mL。

(2)天平(感量不大于0.01g)。

(3)烘箱。能控温105℃±5℃。

(4)恒温水槽。能控温在20℃±0.5℃。

(5)其他。瓷皿、小牛角匙、干燥器、漏斗等。

3. 试验步骤

(1)将代表性矿粉试样置于瓷皿中,在105℃烘箱中烘干至恒重(一般不少于6h),放入干燥器中冷却后,连同小牛角匙、漏斗一起准确称量(m_1),准确至0.01g,矿粉质量应不少于200g。

(2)向比重瓶中注入蒸馏水,至刻度0~1mL之间,将比重瓶放入20℃的恒温水槽中,静放至比重瓶中的水温不再变化为止(一般不少于2h),读取比重瓶中水面的刻度(V_1),准确至0.02mL。

(3)将矿粉试样加入比重瓶中,待比重瓶中水的液面上升至接近比重瓶的最大读数时为止,轻轻摇晃比重瓶,使瓶中的空气充分逸出。再次将比重瓶放入恒温水槽中,待温度不再变化时,读取比重瓶的读数(V_2),准确至0.02mL。整个试验过程中,比重瓶中的水温变化不得超过1℃。

(4)准确称取瓷皿、小牛角匙、漏斗及剩余矿粉的质量(m_2),准确至0.01g。

注:对亲水性矿粉应采用煤油作介质测定,方法相同。

4. 结果计算与试验记录

(1)按公式(7-1)及公式(7-2)计算矿粉的密度和相对密度,精确至小数点后3位。

$$\rho_f = \frac{m_1 - m_2}{V_1 - V_2} \tag{7-1}$$

$$\gamma_f = \frac{\rho_f}{\rho'_w} \tag{7-2}$$

式中:ρ_f——矿粉的密度(g/cm^3);

γ_f——矿粉对水的相对密度,无量纲;

m_1——牛角匙、瓷皿、漏斗及试验前瓷器中矿粉的干燥质量(g);

m_2——牛角匙、瓷皿、漏斗及试验后瓷器中矿粉的干燥质量(g);

V_1——加矿粉以前比重瓶的初读数(mL);

V_2——加矿粉以后比重瓶的终读数(mL);

ρ'_w——试验温度时水的密度,按表7-10取用。

不同水温时水的密度及水温修正系数 表7-10

水温(℃)	15	16	17	18	19	20
水的密度ρ_w(g/cm^3)	0.99913	0.99897	0.99880	0.99862	0.99843	0.99822
水温修正系数α_w	0.002	0.003	0.003	0.004	0.004	0.005
水温(℃)	21	22	23	24	25	—
水的密度ρ_w(g/cm^3)	0.99802	0.99779	0.99765	0.99733	0.99702	—
水温修正系数α_w	0.005	0.006	0.006	0.007	0.007	—

(2)精密度或允许差。

同一试样应平行试验两次,取平均值作为试验结果。两次试验结果的差值不得大于0.01g/cm³。

(3)试验记录。

矿粉密度试验记录表见7-11。

矿粉密度试验记录表　　　　　　　　　表 7-11

工程名称＿＿＿＿		试验方法＿＿＿＿	
路段范围＿＿＿＿		试　验　者＿＿＿＿	
试样来源＿＿＿＿		校　核　者＿＿＿＿	
评定标准＿＿＿＿		试验日期＿＿＿＿	

试样编号		001	002
牛角匙、瓷皿、漏斗及试验前瓷器中矿粉的干燥质量 m_1(g)			
牛角匙、瓷皿、漏斗及试验后瓷器中矿粉的干燥质量 m_2(g)			
加矿粉以前比重瓶的初读数 V_1(mL)			
加矿粉以后比重瓶的终读数 V_2(mL)			
矿粉密度(g/cm³)	单值		
	平均值		
矿粉对水的相对密度	单值		
	平均值		
结论			

【三】 矿粉亲水系数试验(T 0353—2000)

1.目的与适用范围

矿粉的亲水系数即矿粉试样在水(极性介质)中膨胀的体积与同一试样在煤油(非极性介质)中膨胀的体积之比,用于评价矿粉与沥青结合料的黏附性能。本方法也适用于测定供拌制沥青混合料用的其他填料,如水泥、石灰、粉煤灰的亲水系数。

2.仪具与材料

(1)量筒。50mL 两个,刻度至 0.5mL。

(2)研钵及有橡皮头的研杵。

(3)天平。感量不大于 0.01g。

(4)煤油。在温度 270℃分馏得到的煤油,并经杂黏土过滤而得到者(过滤用杂黏土应先经加热至 250℃、3h,待其冷却后使用)。

(5)烘箱。

3.试验步骤

(1)称取烘干至恒重的矿粉 5g(准确至 0.01g),将其放在研钵中,加入 15～30mL 蒸馏水,用橡皮研杵仔细磨 5min。用洗瓶把研钵中的悬浮液洗入量筒中,使量筒中的液面恰为 50mL,然后用玻璃棒搅和悬浮液。

(2)同上法将另一份同样质量的矿粉,用煤油仔细研磨后将悬浮液冲洗移入另一量筒中,液面也为 50mL。

(3)将以上两量筒静置,使量筒内液体中的颗粒沉淀。

(4)每天两次记录沉淀物的体积,直至体积不变为止。

4.结果计算与试验记录

(1)亲水系数按公式(7-3)计算。

$$\eta = \frac{V_B}{V_H} \tag{7-3}$$

式中：η——亲水系数，无量纲；

V_B——水中沉淀物体积(mL)；

V_H——煤油中沉淀物体积(mL)。

(2)平行测定两次，以两次测定值的平均值作为试验结果。

(3)试验记录。

矿粉亲水系数试验记录表见表7-12。

矿粉亲水系数试验记录表 表7-12

工程名称_____		试验方法_____	
路段范围_____		试 验 者_____	
试样来源_____		校 核 者_____	
评定标准_____		试验日期_____	
试样编号		001	002
水中沉淀物体积 V_B(mL)			
煤油中沉淀物体积 V_H(mL)			
亲水系数 η	单值		
	平均值		
结论			

【四】 沥青与粗集料的黏附性试验(T 0616—1993)

34-沥青与集料的黏附性水煮法(一)准备工作

35-沥青与集料的黏附性水煮法(二)试验步骤

36-沥青与集料的黏附性水浸法(一)准备工作

37-沥青与集料的黏附性水浸法(二)试验步骤

1. 目的与适用范围

本方法适用于检验沥青与粗集料表面的黏附性及评定粗集料的抗水剥离能力。对于最大粒径大于13.2mm的集料应用水煮法，对最大粒径小于或等于13.2mm的集料应用水浸法进行试验。对同一种料源集料，最大粒径既有大于又有小于13.2mm不同的集料时，取大于13.2mm水煮法试验为标准，对细粒式沥青混合料应以水浸法试验为标准。

2. 仪具与材料

(1)天平。称量500g，感量不大于0.01g。

(2)恒温水槽。能保持温度80℃±1℃。

(3)拌和用小型设备。500mL。

(4)烧杯。1000mL。

(5)试验架。

(6)细线。尼龙线或棉线、铜线。

(7)铁丝网。

(8)标准筛。9.5mm、13.2mm、19mm 标准筛各一个。

(9)烘箱。装有自动温度调节器。

(10)电炉、煤气炉。

(11)玻璃板。200mm×200mm 左右。

(12)搪瓷盘。300mm×400mm 左右。

(13)其他。拌和铲、石棉网、纱布、手套等。

3. 水煮法试验

1)准备工作

(1)将集料过 13.2mm、19mm 的筛,取粒径 13.2~19mm 形状接近立方体的规则集料 5 个,用洁净水洗净,置温度为 105℃±5℃的烘箱中烘干,然后放在干燥器中备用。

(2)将大烧杯中盛水,并置加热炉的石棉网上煮沸。

2)试验步骤

(1)将集料逐个用细线在中部系牢,再置 105℃±5℃烘箱内 1h。按规程 T 0602 的方法准备沥青试样。

(2)逐个取出加热的矿料颗粒用线提起,浸入预先加热的沥青(石油沥青 130~150℃)试样中 45s 后,轻轻拿出,使集料颗粒完全为沥青膜所裹覆。

(3)将裹覆沥青的集料颗粒悬挂于试验架上,下面垫一张纸,使多余的沥青流掉,并在室温下冷却 15min。

(4)待集料颗粒冷却后,逐个用线提起,浸入盛有煮沸水的大烧杯中央,调整加热炉,使烧杯中的水保持微沸状态,如图 7-2c)、b)所示,但不允许有沸开的泡沫,如图 7-2a)所示。

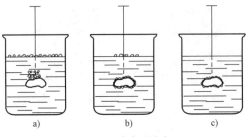

图 7-2 水煮法试验

(5)浸煮 3min 后,将集料从水中取出,观察矿料颗粒上沥青膜的剥落程度,并按表 7-13 评定其黏附性等级。

(6)同一试样应平行试验 5 个集料颗粒,并由两名以上经验丰富的试验人员分别评定后,取平均等级作为试验结果,评定标准见表 7-13。

沥青与集料的黏附性等级　　　　表 7-13

试验后石料表面上沥青膜剥落情况	黏附性等级
沥青膜完全保存,剥离面积百分率接近于零	5
沥青膜少部为水所移动,厚度不均匀,剥离面积百分率少于 10%	4
沥青膜局部明显地为水所移动,基本保存在石料表面上,剥离面积百分率少于 30%	3
沥青膜大部为水所移动,局部保留在石料表面上,剥离面积百分率大于 30%	2
沥青膜完全为水所移动,石料基本裸露,沥青全浮于水面上	1

4. 水浸法试验

1) 准备工作

(1) 将集料过 9.5mm、13.2mm 筛,取粒径 9.5~13.2mm 形状规则的集料 200g 用洁净水洗净,并置温度为 105℃±5℃的烘箱中烘干,然后放在干燥器中备用。

(2) 按本规程 T 0602 准备沥青试样,加热至按 T 0702 的要求决定的沥青与矿料的拌和温度。

(3) 将煮沸过的热水注入恒温水槽中,并维持温度 80℃±1℃。

2) 试验步骤

(1) 按四分法称取集料颗粒(9.5~13.2mm)100g 置搪瓷盘中,连同搪瓷盘一起放入已升温至沥青拌和温度以上 5℃的烘箱中持续加热 1h。

(2) 按每 100g 矿料加入沥青 5.5g±0.2g 的比例称取沥青,准确至 0.1g,放入小型拌和容器中,一起置入同一烘箱中加热 15min。

(3) 将搪瓷盘中的集料倒入拌和容器的沥青中后,从烘箱中取出拌和容器,立即用金属铲均匀拌和 1~1.5min,使集料完全被沥青薄膜裹覆。然后,立即将裹有沥青的集料取 20 个,用小铲移至玻璃板上摊开,并置室温下冷却 1h。

(4) 将放有集料的玻璃板浸入温度为 80℃±1℃的恒温水槽中,保持 30min,并将剥离及浮于水面的沥青,用纸片捞出。

(5) 由水中小心取出玻璃板,浸入水槽内的冷水中,仔细观察裹覆集料的沥青薄膜的剥落情况。由两名以上经验丰富的试验人员分别目测,评定剥离面积的百分率,评定后取平均值表示。

注:为使估计的剥离面积较为正确,宜先制取若干个不同剥离率的样本,用比照法目测评定,不同剥离率的样本,可用加不同比例抗剥离剂的改性沥青与酸性集料拌和后浸水得到,也可由同一种沥青与不同集料品种拌和后浸水得到,样本的剥离面积百分率逐个仔细计算得出。

(6) 由剥离面积百分率评定沥青与集料黏附性的等级。

5. 试验结果记录表

沥青与粗集料的黏附性试验记录表见表 7-14。

沥青与粗集料的黏附性试验记录表 表 7-14

工程名称_____ 试验方法_____
路段范围_____ 试　验　者_____
试样来源_____ 校　核　者_____
评定标准_____ 试验日期_____

试验采用的沥青型号				
试件编号	粒径(mm)	剥落情况	实测等级	综合评定
1				
2				
3				
4				
5				
结论				

技能训练（试验实例）

试验实例见表 7-15、表 7-16。

矿粉的筛分、密度和亲水系数试验实训任务单及试验结果评定　　　　　表 7-15

实训日期		姓名		成绩	
实训任务	矿粉的筛分、密度和亲水系数试验（T 0351—2000）					
实训任务书	题目：某沥青路面工程使用的填料为石灰石磨细的矿粉，现需要测得该矿粉的颗粒级配、密度、亲水系数三个指标，并对该矿粉相关指标进行评判。 资料： (1) 确定矿粉的颗粒级配需要采用水洗法筛分试验。 (2) 测定矿粉的密度采用李氏比重瓶法测定。 (3) 亲水系数是测定矿粉试样在水中膨胀的体积与同一试样在煤油中膨胀的体积之比。 (4) 相关沥青混合料用矿粉质量要求见表 7-8。 要求：测得该矿粉的颗粒级配、密度和亲水系数三个指标，并判定其是否满足沥青混合料用矿粉质量要求				
主要设备					
主要步骤	（每位学生按照实际操作过程进行填写）				

矿粉试验记录表

工程名称　×××高速公路路面工程　　　　试验方法　T 0351、T 0352、T 0353—2000
路段范围　K12+000 ~ K30+500　　　　　　试　验　者　　×××
试样来源　工地　　　　　　　　　　　　　校　核　者　　×××
评定标准　JTG F40—2004　　　　　　　　　试验日期　××年××月××日

干燥试样总质量(g)	第1组			第2组			平均值
	100.0			100.0			
筛孔尺寸（mm）	筛上质量(g)	分计筛余百分率(%)	通过百分率(%)	筛上质量(g)	分计筛余百分率(%)	通过百分率(%)	通过百分率(%)
0.6	0.0	0.0	100.0	0.0	0.0	100.0	100.0
0.3	0.2	0.2	99.8	0.4	0.4	99.6	99.7
0.15	2.1	2.1	97.7	2.3	2.3	97.3	97.5
0.075	14.2	14.2	83.5	14.6	14.6	82.7	83.1
结论	经检测，该试样符合《公路沥青路面施工技术规范》（JTG F40—2004）规定的沥青混合料用矿粉质量要求中粒度范围的技术要求						

续上表

试样编号		001	002
牛角匙、瓷皿、漏斗及试验前瓷器中矿粉的干燥质量 $m_1(g)$		421.53	425.72
牛角匙、瓷皿、漏斗及试验后瓷器中矿粉的干燥质量 $m_2(g)$		363.95	368.06
加矿粉以前比重瓶的初读数 $V_1(mL)$		0.14	0.16
加矿粉以后比重瓶的终读数 $V_2(mL)$		20.86	20.92
矿粉密度(g/cm^3)	单值	2.779	2.777
	平均值	2.778	
矿粉对水的相对密度	单值	2.784	2.782
	平均值	2.783	
结论		经检测，该试样符合《公路沥青路面施工技术规范》(JTG F40—2004)规定的沥青混合料用矿粉质量要求密度应不小于 $2.50g/cm^3$ 的技术要求	

试样编号		001	002
水中沉淀物体积 $V_B(mL)$		6.5	6.6
煤油中沉淀物体积 $V_H(mL)$		7.8	7.8
亲水系数 η	单值	0.8	0.8
	平均值	0.8	
结论		经检测，该试样符合《公路沥青路面施工技术规范》(JTG F40—2004)规定的沥青混合料用矿粉质量要求亲水系数小于1的技术要求	

沥青与粗集料的黏附性试验实训任务单及试验结果评定　　表7-16

实训日期		姓名		成绩	
实训任务		沥青与粗集料的黏附性试验(T 0616—1993)			
实训任务书		题目：某粗集料是高速公路沥青路面工程中下面层准备使用的粗集料，雨量气候区为潮湿区，年降雨量>1000mm，现需要知道该集料与沥青的黏附性是否合格，并对该沥青相关指标进行评判。 资料： (1)本方法适用于检验沥青与粗集料表面的黏附性及评定粗集料的抗水剥离能力。 (2)对于最大粒径大于13.2mm的集料应用水煮法，对最大粒径小于或等于13.2mm的集料应用水浸法进行试验。 (3)对同一种料源集料最大粒径既有大于又有小于13.2mm不同的集料时，取大于13.2mm水煮法试验为标准，对细粒式沥青混合料应以水浸试验为标准。 (4)对粗集料黏附性的技术要求见表7-3。 要求：用水煮法测得该沥青与粗集料的黏附等级，并判定该沥青与粗集料的黏附等级是否满足要求				

续上表

主要设备	
主要步骤	（每位学生按照实际操作过程进行填写）

沥青与粗集料的黏附性试验记录表

工程名称　×××高速公路路面工程　　　　试验方法　T 0616—1993
路段范围　K12+000～K30+500　　　　　　试 验 者　
试样来源　　　工地　　　　　　　　　　校 核 者　
评定标准　JTG F40—2004　　　　　　　　试验日期　

试验采用的沥青型号	A-70 号石油沥青			
试件编号	粒径（mm）	剥落情况	实测等级	综合评定等级
1	9.5～13.2	沥青膜少部为水所移动,厚度不均匀,剥离面积百分率少于10%	4	4
2	9.5～13.2	沥青膜少部为水所移动,厚度不均匀,剥离面积百分率少于10%	4	
3	9.5～13.2	沥青膜少部为水所移动,厚度不均匀,剥离面积百分率少于10%	4	
4	9.5～13.2	沥青膜少部为水所移动,厚度不均匀,剥离面积百分率少于10%	4	
5	9.5～13.2	沥青膜局部明显地为水所移动,基本保存在石料表面上,剥离面积百分率少于30%	3	
结论	经检测,该试样符合《公路沥青路面施工技术规范》(JTG F40—2004)规定的粗集料与沥青的黏附性不小于4级的技术要求			

课后任务

任务一　用于高速公路沥青路面的粗、细集料的技术要求有哪些？对填料的技术要求又有哪些？

任务二　沥青路面表面层用的粗集料中与其他层次用的粗集料相比,多增加了哪些技术指标？这些指标的意义何在？

任务三　提高集料与沥青的黏附性的措施有哪些？

课题三 沥青混合料的技术性质和技术标准

  任务引入

水泥混凝土是一种刚(脆)性材料,沥青混合料是一种黏弹性材料,它们均用于高等级公路路面面层。水泥混凝土的技术性质在模块四中已讲过,沥青混合料应具备什么技术性质呢?这些技术性质应利用什么指标表示呢?如何检测呢?

  任务分析

沥青混合料的使用性能主要包括:高温稳定性、低温抗裂性、抗滑性、耐久性与施工和易性等。我国现行行业标准采用马歇尔稳定度试验(包括稳定度、流值、马歇尔模数)来评价沥青混合料高温稳定性;沥青混凝土合料的密度、空隙率、饱和度、油石比或沥青用量对沥青混合料的抗滑性、耐久性与和易性皆有一定的影响。

相关知识

1.沥青混合料的技术性质

1)物理特征常数

(1)密度和相对密度

密度是指压实沥青混合料在常温条件下单位体积的干燥质量,以 g/cm³ 表示;相对密度指同温度条件下压实沥青混合料试件密度与水的密度的比值,无量纲。

在计算沥青混合料的空隙率时,要用到沥青混合料的理论最大密度,它是指假设压实沥青混合料试件全部为矿料(包括矿料自身内部的空隙)及沥青所占有,空隙率为零的理想状态下的最大密度,单位是 g/cm³。

沥青混合料的密度可以通过各种试验方法来测定,如表干法(见 T 0705—2011)、水中重法、蜡封法和体积法。沥青混合料的理论最大密度有两种测定方法:真空法(见 T 0711—2011)和溶剂法。

(2)空隙率

沥青混合料空隙率是指混合料内矿料及沥青以外的空隙(不包括矿料自身内部已被沥青封闭的孔隙)的体积占试件总体积的百分率,以 VV 表示。

(3)矿料间隙率

矿料间隙率是指压实沥青混合料试件内矿料部分以外的体积占试件总体积的百分率,以 VMA 表示。

(4)有效沥青饱和度

沥青混合料的有效沥青饱和度是指压实沥青混合料试件内沥青部分的体积占矿料骨架以外的空隙部分体积的百分率,以 VFA 表示。

沥青混合料的空隙率、矿料间隙率、有效沥青饱和度的计算见 T 0705—2011。

2)主要技术性质

(1)高温稳定性

沥青混合料高温稳定性,是指沥青混合料在夏季高温(通常为60℃)条件下,经车辆荷载长期重复作用后,不产生车辙和波浪等病害的性能。

我国行业标准《公路沥青路面施工技术规范》(JTG F40—2004)规定,采用马歇尔稳定度试验(包括稳定度、流值、马歇尔模数)来评价沥青混合料高温稳定性;对高速公路、一级公路、城市快速路、主干路用沥青混合料,还应通过动稳定度试验检验其抗车辙能力。

①马歇尔稳定度

马歇尔稳定度的试验方法自 B.马歇尔(Marshall)提出,迄今已有半个多世纪,经过许多研究者的改进,目前普遍是测定马歇尔稳定度(MS)、流值(FL)和马歇尔模数(T)三项指标。

a.马歇尔稳定度。是指标准尺寸试件在规定温度和加荷速度下,在马歇尔仪中最大的破坏荷载(kN)。按标准方法制备的试件,在60℃的条件下,保温30~40min,然后将试件放置于马歇尔稳定度仪上,以 50mm/min ± 5mm/min 的形变速度加荷,直至试件破坏时的最大荷载(以 kN 计)即为马歇尔稳定度(简称 MS)。

b.流值。是达到最大破坏荷重时试件的垂直变形(以 mm 计)。在测定稳定度的同时,测定试件的流动变形,当达到最大荷载的瞬间,试件所产生的垂直流动变形值(以 mm 计)即为流值(简称 FL)。

在有 X-Y 记录仪的马歇尔稳定度仪上,可自动绘出荷载(P)与变形(F)的关系曲线,如图7-3 所示。

在图7-3 中曲线的峰值(P_m)即为马歇尔稳定度 MS。而流值可以有三种不同的计算方法,通常采用 F_x 作为测定流值。

c.马歇尔模数。通常用马歇尔稳定度(MS)与流值(FL)之比值表示沥青混合料的劲度,称为马歇尔模数,见式(7-4)。

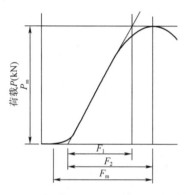

图 7-3 马歇尔稳定度试验荷载与变形曲线
F_1-直线流值;F_2-中间流值;F_m-总流值

$$T = \frac{MS}{FL} \tag{7-4}$$

式中:T——马歇尔模数(kN/mm);

MS——马歇尔稳定度(kN);

FL——流值(mm)。

②车辙试验

车辙试验的方法,首先由英国道路研究所(RRL)提出,后来经过了许多国家道路工作者的研究改进。目前的方法是用标准成型方法,制成 300mm×300mm×50mm 的沥青混合料试件,在60℃的温度条件下,以一定荷载的轮子在同一轨迹上做一定时间的反复行走,形成一定的车辙深度,然后计算试件变形 1mm 所需试验车轮行走次数,即为动稳定度。

$$DS = \frac{(t_1 - t_2) \times 42}{d_1 - d_2} \cdot c_1 \cdot c_2 \tag{7-5}$$

式中:DS——沥青混合料动稳定度(次/mm);

d_1、d_2——相对时间 t_1 和 t_2 的变形量(mm);

42——每分钟行走次数(次/min);

c_1、c_2——试验机或试样修正系数。

③影响沥青混合料高温稳定性的因素

影响沥青混合料高温稳定性的主要因素有沥青的用量、沥青的黏度、矿料的级配、矿料的尺寸、形状等。

a. 沥青混凝土的强度取决于沥青混合料的黏结力和内摩擦角。沥青用量过多,不仅降低了沥青混合料的内摩阻力,而且在夏季容易产生泛油现象。因此,严格控制沥青的用量,可以使矿料颗粒更多地以结构沥青的形式相联结,增加混合料黏聚力和内摩阻力。

b. 使用温度稳定性好的沥青是提高沥青混凝土温度稳定性和抗剪强度的最重要措施。在规定沥青标号范围内使用较稠且黏度高的沥青可以提高沥青混凝土的抗形变能力。

c. 由合理矿料级配组成的沥青混合料,可以形成骨架密实结构,这种混合料的黏聚力和内摩阻力都比较大。

d. 使用接近立方体的有尖锐棱角和粗糙表面的碎石以及增加碎石用量,可以提高沥青混凝土的抗车辙能力。

(2)低温抗裂性

沥青混合料随着温度的降低,变形能力下降。路面由于低温收缩以及行车荷载的作用,在薄弱部位产生裂缝,从而影响道路的正常使用。因此,要求沥青混合料具有一定的低温抗裂性。

沥青混合料的低温裂缝是由混合料的低温脆化、低温缩裂和温度疲劳引起的。混合料的低温脆化是指其在低温条件下变形能力降低;低温缩裂通常是由于材料本身的抗拉强度不足而造成的;温度疲劳则是因温度循环而引起的疲劳破坏。因此在混合料组成设计中,应选用稠度较低、温度敏感性低、抗老化能力强的沥青。

(3)耐久性

沥青混合料在路面中,长期受自然因素的作用,为保证路面具有较长的使用年限,必须具备有较好的耐久性。

影响沥青混合料耐久性的因素如下:

①沥青的成分与含量。沥青的成分是决定沥青材料老化速度的主要原因,沥青中含有分子量小的成分老化速度就快,沥青混合料的耐久性差。沥青用量较正常的用量减少时,则沥青膜变薄,混合料的延伸能力降低,脆性增大;而且沥青用量偏少,将使混合料的空隙率增大,沥青膜暴露较多,加速了老化作用;同时增加了渗水率,加强了水对沥青的剥落作用。有研究认为,沥青用量较最佳沥青用量少0.5%的混合料能使路面使用寿命减少一半以上。

②矿料的矿物成分与级配。矿料的矿物成分决定其与沥青材料的黏结能力,矿料的酸性成分含量多,矿料与沥青材料的黏附性差,易发生剥落,影响路面的耐久性,应在矿料中增加碱性矿粉来调解矿料表面的酸性。矿料的级配是决定沥青混合料的空隙率大小的主要因素,要求矿料的级配应符合规范要求。

③沥青混合料的组成结构(残留空隙、沥青填隙率)对沥青混合料的耐久性影响较大。沥青混合料的组成结构而言,首先是沥青混合料的空隙率的影响。空隙率的大小与矿质骨料的级配、沥青材料的用量以及压实程度等有关。从耐久性角度出发,希望沥青混合料空隙率尽量减小,以防止水的渗入和日光紫外线对沥青的老化作用等,但是一般沥青混合料中均应残留3%~6%空隙,以备夏季沥青材料膨胀。

我国现行规范采用空隙率、饱和度(即沥青填隙率)和残留稳定度等指标来表征沥青混合料的耐久性。

(4)抗滑性

抗滑性是指车轮制动后沿路面滑移所产生的力。沥青混合料路面的抗滑性与矿质集料的微表面性质、混合料的级配组成以及沥青用量等因素有关。

我国行业标准《公路沥青路面施工技术规范》(JTG F40—2004)对抗滑层集料提出了磨光值指标要求。

沥青用量对抗滑性的影响非常敏感,沥青用量超过最佳用量的0.5%即可使抗滑系数明显降低。

(5)施工和易性

沥青混合料的施工和易性,是指沥青混合料在施工过程中是否容易拌和、摊铺和压实的性能。它主要决定于矿料的级配、沥青的品种及用量,以及施工环境条件等。

单纯从混合料材料性质的角度,影响沥青混合料施工和易性的首先是混合料的级配情况。如粗细集料的颗粒大小相距过大,缺乏中间尺寸,混合料容易分层层积(粗粒集中表面,细粒集中底部);如细集料太少,沥青层就不容易均匀地分布在粗颗粒表面;细集料过多,则使拌和困难。此外当沥青用量过少,或矿粉用量过多时,混合料容易产生疏松不易压实。反之,如沥青容量过多,或矿粉质量不好,则容易使混合料黏结成团块,不易摊铺。

2. 沥青混凝土混合料的技术标准

我国现行行业标准《公路沥青路面施工技术规范》(JTG F40—2004)中有关密级配沥青混凝土混合料马歇尔试验技术标准规定如表7-17所示。该标准分三个等级,对马歇尔试验指标(包括稳定度、流值、空隙率、矿料间隙率、沥青饱和度等)提出不同要求。

密级配沥青混凝土混合料马歇尔试验技术标准　　　　表7-17

试验指标		单位	高速公路、一级公路				其他等级公路	行人道路
			夏炎热区 (1-1、1-2、1-3、1-4区)		夏热区及夏凉区 (2-1、2-2、2-3、2-4、3-2区)			
			中轻交通	重载交通	中轻交通	重载交通		
击实次数(双面)		次	75				50	50
试件尺寸		mm	φ101.6mm×63.5mm					
空隙率 VV	深约90mm以内	%	3~5	4~6	2~4	3~5	3~6	2~4
	深约90mm以下	%	3~6	2~4	3~6		3~6	—
稳定度 MS ≥		kN	8				5	3
流值 FL		mm	2~4	1.5~4	2~4.5	2~4	2~4.5	2~5
矿料间隙率 VMA(%) ≥	设计空隙率(%)	相应于以下公称最大粒径(mm)的最小VMA及VFA技术要求(%)						
		26.5	19	16	13.2	9.5	4.75	
	2	10	11	11.5	12	13	15	
	3	11	12	12.5	13	14	16	
	4	12	13	13.5	14	15	17	
	5	13	14	14.5	15	16	18	

续上表

矿料间隙率 VMA(%) ≥	设计空隙率 (%)	相应于以下公称最大粒径(mm)的最小 VMA 及 VFA 技术要求(%)					
		26.5	19	16	13.2	9.5	4.75
	6	14	15	15.5	16	17	19
沥青饱和度 VFA(%)		55~70	65~75			70~85	

注:1. 对空隙率大于5%的夏炎热区重载交通路段,施工时应至少提高压实度1个百分点。
  2. 当设计的空隙率不是整数时,由内插确定要求的 VMA 最小值。
  3. 对改性沥青混合料,马歇尔试验的流值可适当放宽。
  4. 本表适用于公称最大粒径≤26.5mm的密级配沥青混凝土混合料。

任务实施(技能操作)

【一】 沥青混合料取样方法(T 0701—2011)

1. 目的与适用范围

本方法适用于在拌和厂及道路施工现场采集热拌沥青混合料或常温沥青混合料试样,供施工过程中的质量检验或在试验室测定沥青混合料的各项物理力学性质。所取的试样应有充分的代表性。

2. 仪具与材料技术要求

(1)铁锹。
(2)手铲。
(3)搪瓷盘或其他金属盛样容器、塑料编织袋。
(4)温度计。分度值1℃。宜采用有金属插杆的插入式数显温度计,金属插杆的长度应不小于150mm。量程0~300℃。
(5)其他。标签、溶剂(煤油)、棉纱等。

3. 取样方法

1)取样数量
取样数量应符合下列要求:
(1)试样数量根据试验目的决定,宜不少于试验用量的2倍。按现行规范规定进行沥青混合料试验的每一组代表性取样见表7-18。

常用沥青混合料试验项目的样品数量 表7-18

试验项目	目的	最少试样量(kg)	取样量(kg)
马歇尔试验、抽提筛分	施工质量检验	12	20
车辙试验	高温稳定性检验	40	60
浸水马歇尔试验	水稳定性检验	12	20
冻融劈裂试验	水稳定性检验	12	20
弯曲试验	低温性能检验	15	25

平行试验应加倍取样。在现场取样直接装入试模或盛样盒成型时,也可等量取样。
(2)取样材料用于仲裁试验时,取样数量除应满足本取样方法规定外,还应多取一份备用

样,保留到仲裁结束。

2) 取样方法

(1) 沥青混合料应随机取样,并具有充分的代表性。用以检查拌和质量(如油石比、矿料级配)时,应从拌和机一次放料的下方或提升斗中取样,不得多次取样混合后使用。用以评定混合料质量时,必须分几次取样,拌和均匀后作为代表性试样。

(2) 热拌沥青混合料在不同地方取样的要求如下:

①在沥青混合料拌和厂取样。

在拌和厂取样时,宜用专用的容器(一次可装 5~8kg)装在拌和机卸料斗下方(图 7-4),每放一次料取一次样,顺次装入试样容器中,每次倒在清扫干净的平板上,连续几次取样,混合均匀,按四分法取样至足够数量。

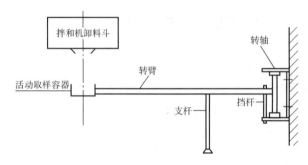

图 7-4 装在拌和机上的沥青混合料取样装置

②在沥青混合料运料车上取样。

在运料汽车上取沥青混合料样品时,宜在汽车装料一半后,分别用铁锹从不同方向的 3 个不同高度处取样,然后混在一起用手铲适当拌和均匀,取出规定数量。在施工现场的运料车上取样时,应在卸掉一半后从不同方向取样。样品宜从 3 辆不同的车上取样混合使用。

注意:在运料车上取样时不得仅从满载的运料车车顶上取样,且不允许只在一辆车上取样。

③在道路施工现场取样。

在道路施工现场取样时,应在摊铺后未碾压前,于摊铺宽度的两侧 1/3~1/2 位置处取样,用铁锹取摊铺层的料。每摊铺一车料取一次样,连续 3 车取样后,混合均匀按四分法取样至足够数量。

(3) 对热拌沥青混合料每次取样时,都必须用温度计测量温度,准确至 1℃。

(4) 乳化沥青常温混合料试样的取样方法与热拌沥青混合料相同,但宜在乳化沥青破乳水分蒸发后装袋,对袋装常温沥青混合料亦可直接从储存的混合料中随机取样。取样袋数不少于 3 袋,使用时将 3 袋混合料倒出作适当拌和,按四分法取出规定数量试样。

(5) 液体沥青常温沥青混合料的取样方法同上,当用汽油稀释时,必须在溶剂挥发后方可封袋保存;当用煤油或柴油稀释时,可在取样后即装袋保存,保存时应特别注意防火安全。

(6) 从碾压成型的路面上取样时,应随机选取 3 个以上不同地点,钻孔、切割或刨取该层混合料。需重新制作试件时,应加热拌匀按四分法取样至足够数量。

3) 试样的保存与处理

(1) 热拌热铺的沥青混合料试样需送至中心试验室或质量检测机构作质量评定且二次加热会影响试验结果(如车辙试验)时,由于二次加热会影响试验结果,必须在取样后趁高温立即装入保温桶内,送试验室立即成型试件,试件成型温度不得低于规定要求。

(2)热混合料需要存放时,可在温度下降至60℃后装入塑料编织袋内,扎紧袋口,并宜低温保存,应防止潮湿、淋雨等,且时间不要太长。

(3)在进行沥青混合料质量检验或进行物理力学性质试验时,当采集的试样温度下降或结成硬块不符合温度要求时,宜用微波炉或烘箱加热至符合压实的温度,通常加热时不宜超过4h,且只容许加热一次,不得重复加热。不得用电炉或燃气炉明火局部加热。

4.样品的标记

(1)取样后当场试验时,可将必要的项目一并记录在试验记录报告上。此时,试验报告必须包括取样时间、地点、混合料温度、取样数量、取样人等栏目。

(2)取样后转送试验室试验或存放后用于其他项目试验时,应附有样品标签。标签应记载下列内容:

①工程名称、拌和厂名称。

②沥青混合料种类及摊铺层次、沥青品种、标号、矿料种类、取样时混合料温度及取样位置或用以摊铺的路段桩号等。

③试样数量及试样单位。

④取样人、取样日期。

⑤取样目的或用途。

【二】 沥青混合料试件制作方法(击实法)(T 0702—2011)

38-沥青混合料试件制作方法　　39-沥青混合料试件制作方法　　40-沥青混合料试件制作方法
(击实法)一、准备工作　　　　(击实法)二、拌制沥青混合料　　(击实法)三、成型方法

1.目的与适用范围

(1)本方法适用于标准击实法或大型击实法制作沥青混合料试件,以供试验室进行沥青混合料物理力学性质试验使用。

(2)标准击实法适用于马歇尔试验、间接抗拉试验(劈裂法)等所使用的 $\phi 101.6mm \times 63.5mm$ 圆柱体试件的成型,大型击实法适用于大型马歇尔试验和 $\phi 152.4mm \times 95.3mm$ 大型圆柱体试件的成型。

(3)沥青混合料试件制作时的条件及试件数量应符合如下规定:

①当集料公称最大粒径小于或等于26.5mm时,采用标准击实法。一组试件的数量不少于4个。

②当集料公称最大粒径大于26.5mm时,宜采用大型击实法。一组试件的数量不少于6个。

2.仪具与材料

(1)自动击实仪。击实仪应具有自动记数、控制仪表、按钮设置、复位及暂停等功能。按其用途分为以下两种:

①标准击实仪。由击实锤、$\phi 98.5mm \pm 0.5mm$ 平圆形压实头及带手柄的导向棒组成。用

机械将压实锤提升,至457.2mm±1.5mm高度沿导向棒自由落下连续击实,标准击实锤质量4536g±9g。

②大型击实仪。由击实锤、φ149.5mm±0.1mm平圆形压实头及带手柄的导向棒组成。用机械将压实锤提升,至457.2mm±2.5mm高度沿导向棒自由落下击实,大型击实锤质量10210g±10g。

(2)试验室用沥青混合料拌和机。能保证拌和温度并充分拌和均匀,可控制拌和时间,容量不小于10L,如图7-5所示。搅拌叶自转速度70~80r/min,公转速度40~50r/min。

(3)脱模器。电动或手动,应能无破损地推出圆柱体试件,备有标准试件及大型试件尺寸的推出环。

(4)试模。由高碳钢或工具钢制成,几何尺寸如下:

①标准击实仪试模的内径为101.6mm±0.2mm,圆柱形金属圆筒,底座直径约120.6mm,套筒内径104.8mm、高70mm。

②大型击实仪的试模与套筒尺寸如图7-6所示。套筒外径165.1mm,内径155.6mm±0.3mm,总高83mm;试模内径152.4mm±0.2mm,总高115mm;底座板厚12.7mm,直径172mm。

图7-5 试验室用沥青混合料拌和机

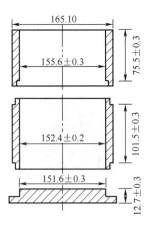

图7-6 大型圆柱体试件的试模与套筒(尺寸单位:mm)

(5)烘箱。大、中型各一台,应有温度调节器。

(6)天平或电子秤。用于称量矿料的,感量不大于0.5g;用于称量沥青的,感量不大于0.1g。

(7)布洛克菲尔德黏度计。

(8)插刀或大螺钉刀。

(9)温度计。分度1℃。宜采用有金属插杆的插入式数显温度计,金属插杆的长度不小于150mm。量程0~300℃。

(10)其他。电炉或煤气炉、沥青熔化锅、拌和铲、标准筛、滤纸(或普通纸)、胶布、卡尺、秒表、粉笔、棉纱等。

3. 准备工作

1)确定制作沥青混合料试件的拌和温度与压实温度

(1)按本规程测定沥青的黏度,绘制黏温曲线。按表7-19的要求,确定适宜于沥青混合料拌和及压实的等黏温度。

沥青混合料拌和及压实的沥青等黏温度　　　　　　　　　　表 7-19

沥青结合料种类	黏度与测定方法	适宜于拌和的沥青结合料黏度	适宜于压实的沥青结合料黏度
石油沥青	表观黏度,T 0625	(0.17±0.02)Pa·s	(0.28±0.03)Pa·s

注:液体沥青混合料的压实成型温度按石油沥青要求执行。

(2)当缺乏沥青黏度测定条件时,试件的拌和与压实温度可按表 7-20 选用,并根据沥青品种和标号作适当调整。针入度小、稠度大的沥青取高限值;针入度大、稠度小的沥青取低限值,一般取中间值。

沥青混合料拌和及压实温度参考表　　　　　　　　　　表 7-20

沥青结合料种类	拌和温度(℃)	压实温度(℃)
石油沥青	140~160	120~150
改性沥青	160~175	140~170

(3)对改性沥青,应根据实践经验、改性剂的品种和用量,适当提高混合料的拌和和压实温度,对大部分聚合物改性沥青,通常在普通沥青的基础上提高 10~20℃;掺加纤维时,尚需再提高 10℃左右。

(4)常温沥青混合料的拌和及压实在常温下进行。

2)沥青混合料试件的制作条件

(1)在拌和厂或施工现场采取沥青混合料制作试件时,按本规程 T 0701 的方法取样。将试样置于烘箱中加热或保温,在混合料中插入温度计测量温度,待混合料温度符合要求后成型。需要拌和时可倒入已加热的室内沥青混合料拌和机中适当拌和,时间不超过 1min。不得在电炉或明火上加热炒拌。

(2)在试验室人工配制沥青混合料时,材料准备按下列步骤进行:

①将各种规格的矿料置 105℃±5℃的烘箱中烘干至恒重(一般不少于 4~6h)。

②将烘干分级的粗、细集料,按每个试件设计级配要求称其质量,在一金属盘中混合均匀,矿粉单独放入小盆里;然后置烘箱中加热至沥青拌和温度以上约 15℃(采用石油沥青时通常为 163℃;采用改性沥青时通常需 180℃)备用。一般按一组试件(每组 4~6 个)备料,但进行配合比设计时宜对每个试件分别备料。常温沥青混合料的矿料不应加热。

③将按《沥青取样法》(T 0601—2011)采取的沥青试样,用烘箱加热至规定的沥青混合料拌和温度,但不得超过 175℃。当不得已采用燃气炉或电炉直接加热进行脱水时,必须使用石棉垫隔开。

4.拌制沥青混合料

1)黏稠石油沥青混合料

(1)用蘸有少许黄油的棉纱擦净试模、套筒及击实座等,置 100℃左右烘箱中加热 1h 备用。常温沥青混合料用试模不加热。

(2)将沥青混合料拌和机提前预热至拌和温度以上 10℃左右。

(3)将加热的粗细集料置于拌和机中,用小铲子适当混合;然后再加入需要数量的已加热至拌和温度的沥青(如沥青已称量在一专用容器内时,可在倒掉沥青后用一部分热矿料将沾在容器壁上的沥青擦拭掉并一起倒入拌和锅中),开动拌和机一边搅拌一边将拌和叶片插入混合料中拌 1~1.5min;暂停拌和,加入单独加热的矿粉,继续拌和至均匀为止,并使沥青混合料保持在要求的拌和温度范围内。标准的总拌和时间为3min。

2)液体石油沥青混合料

将每组(或每个)试件的矿料置已加热至55~100℃的沥青混合料拌和机中,注入要求数量的液体沥青,并将混合料边加热边拌和,使液体沥青中的溶剂挥发至50%以下。拌和时间应事先试拌决定。

3)乳化沥青混合料

将每个试件的粗细集料,置于沥青混合料拌和机(不加热,也可用人工炒拌)中;注入计算的用水量(阴离子乳化沥青不加水)后,拌和均匀并使矿料表面完全湿润;再注入设计的沥青乳液用量,在1min内使混合料拌匀;然后加入矿粉后迅速拌和,使混合料拌成褐色为止。

5.成型方法

(1)击实法的成型步骤如下:

①将拌好的沥青混合料,用小铲适当拌和均匀,称取一个试件所需的用量(标准马歇尔试件约1200g,大型马歇尔试件约4050g)。当已知沥青混合料的密度时,可根据试件的标准尺寸计算并乘以1.03得到要求的混合料数量。当一次拌和几个试件时,宜将其倒入经预热的金属盘中,用小铲适当拌和均匀分成几份,分别取用。在试件制作过程中,为防止混合料温度下降,应连盘放在烘箱中保温。

②从烘箱中取出预热的试模及套筒,用沾有少许黄油的棉纱擦拭套筒、底座及击实锤底面。将试模装在底座上,放一张圆形的吸油性小的纸,用小铲将混合料铲入试模中,用插刀或大螺钉刀沿周边插捣15次,中间捣10次。插捣后将沥青混合料表面整平。对大型击实法的试件,混合料分两次加入,每次插捣次数同上。

③插入温度计至混合料中心附近,检查混合料温度。

④待混合料温度符合要求的压实温度后,将试模连同底座一起放在击实台上固定,在装好的混合料上面垫一张吸油性小的圆纸,再将装有击实锤及导向棒的压实头插入试模中,开启电机,使击实锤从457mm的高度自由落下击实规定的次数(75次或50次)。对大型马歇尔试件,击实次数为75次(相应于标准击实50次)或112次(相应于标准击实75次)。

⑤试件击实一面后,取下套筒,将试模翻面,装上套筒,然后以同样的方法和次数击实另一面。

乳化沥青混合料试件在两面击实后,将一组试件在室温下横向放置24h;另一组试件置温度为105±5℃的烘箱中养护24h。将养护试件取出后再立即两面锤击各25次。

⑥试件击实结束后,立即用镊子取掉上下面的纸,用卡尺量取试件离试模上口的高度并由此计算试件高度。高度不符合要求时,试件应作废,并按公式(7-6)调整试件的混合料质量,以保证高度符合63.5mm±1.3mm(标准试件)或95.3mm±2.5mm(大型试件)的要求。

$$调整后混合料质量 = \frac{要求试件高度 \times 原用混合料质量}{所得试件的高度} \quad (7-6)$$

(2)卸去套筒和底座,将装有试件的试模横向放置冷却至室温后(不少于12h),置脱模机上脱出试件。用本规程T 0709现场马歇尔指标检验的试件,在施工质量检验过程中如急需试验,允许采用电风扇吹冷1h或浸水冷却3min以上的方法脱模;但浸水脱模法不能用于测量密度、空隙率等各项物理指标。

(3)将试件仔细置于干燥洁净的平面上,供试验用。

【三】 沥青混合料理论最大相对密度试验(真空法)(T 0711—2011)

1. 目的与适用范围

(1)本方法适用于真空法测定混合料理论最大相对密度,供沥青混合料配合比设计、路况调查或路面施工质量管理计算空隙率、压实度等使用。

(2)本方法不适用于吸水率大于3%的多孔性集料的沥青混合料。

2. 仪具与材料

(1)天平。称量5kg以上,感量不大于0.1g;称量2kg以上,感量不大于0.05g。

(2)负压容器。根据试样数量选用表7-21中的A、B、C任何一种类型。负压容器口带橡皮塞,上接橡胶管,管口下方有滤网,防止细料部分吸入胶管。

负压容器类型 表7-21

类型	容器	附属设备
A	耐压玻璃,塑料或金属制的罐,容积大于2000mL	有密封盖,接真空胶管,分别与真空装置和压力表连接
B	容积大于2000mL的真空容量瓶	带胶皮塞,接真空胶管,分别与真空装置和压力表连接
C	4000mL耐压真空干燥器	带胶皮塞,接真空胶管,分别与真空装置和压力表连接

(3)真空负压装置:由真空泵、真空表、调压装置、压力表及干燥或积水装置等组成。

①真空泵应使负压容器内产生3.7kPa(27.5mmHg±2.5mmHg)负压;真空表分度值不得大于2kPa。

②调压装置应具备过压调节功能,以保持负压容器的负压稳定在要求范围内,同时还应具有卸除真空压力的功能。

③压力表应经过标定,能够测定0~4kPa(0~30mmHg)负压。当采用水银压力表时分度值1mmHg;非水银压力表分度值0.1kPa,示值误差为0.2kPa。压力表不得直接与真空装置连接,应单独与负压容器相接。

④采用干燥或积水装置主要是为了防止负压容器内的水分进入真空泵内。

(4)恒温水槽。水温控制25℃±0.5℃。

(5)振动装置。试验过程中根据需要可以开启或关闭。

(6)温度计。分度为0.5℃。

(7)其他。玻璃板、平底盘、铲子等。

3. 方法和步骤

1)准备工作

(1)按以下几种方法获取沥青混合料试样,试样质量不少于表7-22规定质量。

最少试样质量 表7-22

沥青混合料中集料公称最大粒径(mm)	最少试样质量(g)
37.5	3500
31.5	3000
26.5	2500
19.0	2000
13.2、16.0	1500

续上表

沥青混合料中集料公称最大粒径(mm)	最少试样质量(g)
9.5	1000
4.75	500

①按照 T 0702 的方法拌制沥青混合料,分别拌制两个平行试样,放置于平底盘中。

②按照 T 0701 沥青混合料取样方法从拌和楼、运料或者摊铺现场取样,趁热缩分成两个平行试样,分别放置于平底盘中。

③从沥青路面上钻芯取样或切割的试样,或者其他来源的冷沥青混合料,应置 125℃±5℃烘箱中加热至变软、松散后,然后缩分成两个平行试样,分别放置于平底盘中。

(2)将平底盘中的热沥青混合料,在室温中冷却或者用电风扇吹,一边冷却一边将沥青混合料团块仔细分散,粗集料不破碎,细集料团块分散到小于 6.4mm。若混合料坚硬时可用烘箱适当加热后再分散,加热温度不超过 60℃。分散试样时可用铲子翻动、分散,在温度较低时应用手掰开,不得用锤打碎,防止集料破碎。当试样是从施工现场采取的非干燥混合料时,应用电风扇吹干至恒重后再操作。

(3)负压容器标定方法:

①采用 A 类容器时,将容器全部浸入 25℃±0.5℃的恒温水槽中,负压容器完全浸没、恒温 10min±1min 后,称取容器的水中质量 m_1。

②B、C 类负压容器:

Ⅰ 大端口的负压容器,需要有大于负压容器端口的玻璃板。将负压容器和玻璃板放进水槽中,注意轻轻摇动负压容器使容器内气泡排除。恒温 10min±1min,取出负压容器和玻璃板,向负压容器内加满 25℃±0.5℃水至液面稍微溢出,用玻璃板先盖住容器端口 1/3,然后慢慢沿容器端口水平方向移动盖住整个端口,注意查看有没有气泡。擦除负压容器四周的水,称取盛满水的负压容器质量为 m_b。

Ⅱ 小口的负压容器,需要采用中间带垂直孔的塞子,其下部为凹槽,以便于空气从孔中排除。将负压容器和塞子放进水槽中,注意轻轻摇动负压容器使容器内气泡排除。恒温 10min±1min,在水中将瓶塞塞进瓶口,使多余的水由瓶塞上的孔中挤出。取出负压容器,将负压容器用干净软布将瓶塞顶部擦拭一次,再迅速擦除负压容器外面的水分,最后称其质量 m_b。

(4)将负压容器干燥、编号称取其干燥质量。

2)试验步骤

(1)将沥青混合料试样装入干燥的负压容器中,称容器及沥青混合料总质量,得到试样的净质量 m_a,试样质量应不小于上述规定的最小数量。

(2)在负压容器中注入 25℃±0.5℃的水,将混合料全部浸没,并较混合料顶面高出约 2cm。

(3)将负压容器放在试验仪上,与真空泵、压力表连接,开动真空泵,使负压容器内负压在 2min 内达到 3.7kPa±0.3kPa(27.5mmHg±2.5mmHg)时,开始计时,同时开动振动装置和抽真空,持续 15min±2min。

为使气泡容易除去,试验前可在水中加 0.01% 浓度的表面活性剂(如每 100mL 水中加 0.01g 洗涤灵)。

(4)当抽真空结束后,关闭真空装置和振动装置,打开调压阀慢慢卸压,卸压速度不得大于 8kPa/s(通过真空表读数控制),使负压容器内压力逐渐恢复。

(5)当负压容器采用 A 类容器时,将盛试样的容器浸入保温至 25℃±0.5℃的恒温水槽中,恒温 10min±1min 后,称取负压容器与沥青混合料的水中质量(m_2)。

(6)当负压容器采用 B、C 类容器时,将装有沥青混合料试样的容器浸入保温至 25℃±0.5℃的恒温水槽,恒温 10min±1min 后,注意容器中不得有气泡,擦净容器外的水分,称取容器、水和沥青混合料试样的总质量(m_c)。

4. 结果计算与试验记录

(1)采用 A 类容器时,沥青混合料的理论最大相对密度按式(7-7)计算。

$$\gamma_t = \frac{m_a}{m_a - (m_2 - m_1)} \tag{7-7}$$

式中:γ_t——沥青混合料理论最大相对密度;
m_a——干燥沥青混合料试样的空气中质量(g);
m_1——负压容器在 25℃水中的质量(g);
m_2——负压容器与沥青混合料一起在 25℃水中的质量(g)。

(2)采用 B、C 类容器作负压容器时,沥青混合料的理论最大相对密度按式(7-8)计算。

$$\gamma_t = \frac{m_a}{m_a + m_b - m_c} \tag{7-8}$$

式中:m_b——装满 25℃水的负压容器质量(g);
m_c——25℃时试样、水和负压容器的总质量(g)。

(3)沥青混合料 25℃时的理论最大密度按式(7-9)计算。

$$\rho_t = \gamma_t \times \rho_w \tag{7-9}$$

式中:ρ_t——沥青混合料的理论最大密度(g/cm³);
ρ_w——25℃时水的密度(0.9971g/cm³)。

(4)修正试验。

①需要进行修正试验的情况。

a. 对现场钻取芯样或切割后的试件,粗集料有破碎情况,破碎面没有裹覆沥青。

b. 沥青与集料拌和不均匀,部分集料没有完全裹覆沥青。

②修正试验方法。

a. 完成试验步骤(5)后,将负压容器装置一段时间使混合料沉淀后,使容器慢慢倾斜,使容器内水通过 0.075mm 筛滤掉。

b. 将残留部分水的沥青混合料细心倒入一个平底盘中,然后用适当水涮容器和 0.075mm 筛网,并将其也倒入平底盘中,重复几次直到无残留混合料。

c. 静置一段时间后,稍微提高平底盘一端,使试样中部分水倒出平底盘,并用洗耳球慢慢吸去水。

d. 将试样在平底盘中尽量摊开,用吹风机或电风扇吹干,并不断翻拌试样。每 15min 称量一次,当两次质量相差小于 0.05% 时,认为达到表干状态,称取质量为表干质量,用表干质量代替 m_a 重新计算。

(5)同一试样至少平行试验两次,取平均值作为试验结果,计算至小数点后三位。采用修正试验时需要在报告中注明。

(6)重复性试验的允许误差为 0.011g/cm³,再现性试验的允许误差为 0.019g/cm³。

(7)试验记录。

沥青混合料的理论最大相对密度与理论最大密度试验记录表见表 7-23(以 B 类负压容器为例)。

沥青混合料的理论最大相对密度与理论最大密度试验记录表　　表 7-23

工 程 名 称_____　　　　路 段 范 围_____
混合料类型_____　　　　试验室温度、湿度_____
试 验 方 法_____　　　　计 算 者_____
评 定 标 准_____　　　　校 核 者_____
负压容器类型_____　　　　试 验 日 期_____

试件编号	理论最大相对密度 γ_t						
	容器干质量 (g)	装满水的容器质量(g)	容器与试样质量 m_b (g)	容器+水+试样质量 m_c (g)	试样质量 m_a (g)	$m_a + m_b - m_c$ (g)	理论最大相对密度 γ_t
							单值　平均值
结论	$\rho_t = \gamma_t \times \rho_w$						

【四】 压实沥青混合料密度试验(表干法)

(包括水中重法)(T 0705—2011)

1. 目的与适用范围

41-压实沥青混合料密度(表干法)试验

(1)表干法适用于测定吸水率不大于2%的各种沥青混合料试件,包括密级配沥青混凝土、沥青玛蹄脂碎石混合料(SMA)和沥青稳定碎石等沥青混合料试件的毛体积相对密度和毛体积密度。水中重法适用于测定吸水率小于0.5%的密实沥青混合料试件的表观相对密度或表观密度,标准温度为25℃±0.5℃。

(2)本方法测定的毛体积相对密度适用于计算沥青混合料试件的空隙率、矿料间隙率等各项体积指标。(当试件很密实,几乎不存在与外界连通的开口孔隙时,可采用水中重法测定的表观相对密度代替按 T 0705 表干法测定的毛体积相对密度,并据此计算沥青混合料试件的空隙率、矿料间隙率等各项体积指标。)

2. 仪具与材料

(1)浸水天平或电子天平。当最大称量在3kg以下时,感量不大于0.1g;最大称量3kg以上时,感量不大于0.5g。应有测量水中重的挂钩,如图 7-7 所示。

(2)网篮。

(3)溢流水箱。使用洁净水,有水位溢流装置,保持试件和网篮浸入水中后的水位一定。能调整水温至25℃±0.5℃。

(4)试件悬吊装置。天平下方悬吊网篮及试件的装置,吊线应采用不吸水的细尼龙线绳,并有足够的长度。对轮碾成型机成型的板块状试件可用铁丝悬挂。

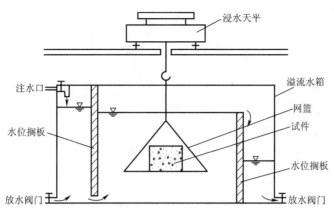

图 7-7 溢流水箱及浸水天平水中重称量方法示意图

(5)秒表。
(6)电风扇或烘箱。
(7)毛巾。

3. 方法与步骤

(1)准备试件。本试验可以采用室内成型的试件,也可以采用工程现场钻芯、切割等方法获得的试件。当采用现场钻芯取样时,应按照 T 0710 的方法进行。试验前试件宜在阴凉处保存(温度不宜高于35℃),且放置在水平的平面上,注意不要使试件产生变形。

(2)选择适宜的浸水天平或电子天平,最大称量应满足试件质量的要求。

(3)除去试件表面的浮粒,称取干燥试件的空中质量(m_a),根据选择的天平的感量读数,准确至0.1g或0.5g。

(4)将溢流水槽水温保持在25℃±0.5℃。挂上网篮,浸入溢流水箱中,调节水位,将天平调平并复零,把试件置于网篮中(注意不要使水晃动)浸水中 3~5min,称取水中质量(m_w)。若天平读数持续变化,不能很快达到稳定,说明试件吸水较严重,不适用于此法测定,应改用《公路工程沥青及沥青混合料试验规程》(JTG E20—2011)中 T 0705 或 T 0707 的方法测定。

(5)从水中取出试件,用洁净柔软的拧干湿毛巾轻轻擦去试件的表面水(不得吸走空隙中的水),称取试件表干质量(m_f)(水中重法可不测定此步骤)。

(6)对从工程现场钻取的非干燥试件,可先称取水中质量(m_w)和表干质量(m_f),然后用电风扇将试件吹干至恒重(一般不少于12h,当不需进行其他试验时,也可用60℃±5℃烘箱烘干至恒重),再称取空中质量(m_a)。

4. 结果计算与试验记录

(1)按式(7-10)及式(7-11)计算用水中重法测定的沥青混合料试件的表观相对密度及表观密度,取3位小数。

$$\gamma_a = \frac{m_a}{m_a - m_w} \tag{7-10}$$

$$\rho_a = \frac{m_a}{m_a - m_w} \times \rho_w \tag{7-11}$$

式中:γ_a——在25℃温度条件下试件的表观相对密度,无量纲;
ρ_a——在25℃温度条件下试件的表观密度(g/cm³);

m_a——干燥试件的空中质量(g);

m_w——试件的水中质量(g);

ρ_w——在25℃温度条件下水的密度,取0.9971g/cm³。

(2)当试件的吸水率小于0.5%时,以表观相对密度代替毛体积相对密度,按本规程T 0705的方法计算试件的理论最大相对密度及空隙率、沥青的体积百分率、矿料间隙率、粗集料骨架间隙率、沥青饱和度等各项体积指标。

(3)计算试件的吸水率,取1位小数。

试件的吸水率是试件吸水质量占沥青混合料毛体积的百分率,按公式(7-12)计算,取1位小数。

$$S_a = \frac{m_f - m_a}{m_f - m_w} \times 100 \tag{7-12}$$

式中: S_a——试件的吸水率(%);

m_w——试件的水中质量(g);

m_a——干燥试件的空中质量(g);

m_f——试件的表干质量(g)。

(4)用表干法计算试件的毛体积密度和毛体积相对密度,取三位小数。

当试件的吸水率小于2%要求时,试件的毛体积相对密度与毛体积密度按公式(7-13)及公式(7-14)计算,取3位小数。

$$\gamma_f = \frac{m_a}{m_f - m_w} \tag{7-13}$$

$$\rho_f = \frac{m_a}{m_f - m_w} \times \rho_w \tag{7-14}$$

式中: γ_f——用表干法测定的试件毛体积相对密度,无量纲;

ρ_f——用表干法测定的试件毛体积密度(g/cm³)。

(5)计算沥青混合料试件的空隙率、矿料间隙率、有效沥青的饱和度等体积指标,取一位小数。按公式(7-15)~公式(7-17)计算。

$$VV = \left(1 - \frac{\gamma_f}{\gamma_t}\right) \times 100 \tag{7-15}$$

$$VMA = \left(1 - \frac{\gamma_f}{\gamma_{sb}} \times \frac{P_s}{100}\right) \times 100 \tag{7-16}$$

$$VFA = \frac{VMA - VV}{VMA} \times 100 \tag{7-17}$$

式中: γ_t——按本规程T 0711或T 0712测定的沥青混合料理论最大相对密度,取三位小数;

VV——沥青混合料试件的空隙率(%);

VMA——沥青混合料试件的矿料间隙率(%);

VFA——沥青混合料试件的沥青饱和度(%);

P_s——沥青混合料中各种矿料占沥青混合料总质量的百分率之和(%), $P_s = 100 - P_b$ (其中 P_b 为沥青用量);

γ_{sb}——全部矿料合成毛体积相对密度,按公式(7-18)计算:

$$\gamma_{sb} = \frac{100}{\frac{P_1}{\gamma_1} + \frac{P_2}{\gamma_2} + \cdots + \frac{P_n}{\gamma_n}} \tag{7-18}$$

$P_1, P_2, \cdots, P_n$——各矿料成分的配合比(%),其和为100%;

$\gamma_1, \gamma_2, \cdots, \gamma_n$——各矿料对应的毛体积相对密度($g/cm^3$)。

(6)试验记录。

压实沥青混合料密度试验记录表如表7-24。

压实沥青混合料密度试验记录表 表7-24

工程名称_____ 路段范围_____
混合料类型_____ 试验室温度、湿度_____
试验方法_____ 计算者_____
评定标准_____ 校核者_____
试验日期_____

试件编号	试件尺寸(mm)		油石比(%)	干燥试件的空中质量 m_a(g)	试样在水中的质量 m_w(g)	试样的表干质量 m_f(g)	吸水率 S_a(%)	毛体积相对密度 γ_f		毛体积密度 ρ_f(g/cm^3)
	直径	高						单值	平均值	
结论										

【五】 沥青混合料马歇尔稳定度试验(T 0709—2011)

1.目的与适用范围

(1)本方法适用于马歇尔稳定度试验和浸水马歇尔稳定度试验,以进行沥青混合料的配合比设计或沥青路面施工质量检验。浸水马歇尔稳定度试验(根据需要,也可进行真空饱水马歇尔试验)供检验沥青混合料受水损害时抵抗剥落的能力时使用,通过测试其水稳定性检验配合比设计的可行性。

42-沥青混合料马歇尔稳定度试验

(2)本方法适用于《公路工程沥青及沥青混合料试验规程》(JTG E20—2011)中 T 0702 成型的标准马歇尔试件圆柱体和大型马歇尔试件圆柱体。

2.仪具与材料技术要求

(1)沥青混合料马歇尔试验仪(图7-8),分为自动式和手动式。自动马歇尔试验仪应具备控制装置、记录荷载—位移曲线、自动测定荷载与试件的垂直变形,能自动显示和存储或打印试验结果等功能。手动式由人工操作,试验数据通过操作者目测后读取。

对用于高速公路和一级公路的沥青混合料宜采用自动马歇尔试验仪。

①当集料公称最大粒径小于或等于 26.5mm 时,宜采用 $\phi101.6mm \times 63.5mm$ 的标准马歇尔试件,试验仪最大荷载不得小于25kN,读数准确至0.1kN,加载速率应能保持 50mm/min ± 5mm/min。钢球直径 16mm ± 0.05mm,上下压头曲率半径为 50.8mm ± 0.08mm。

②当集料公称最大粒径大于26.5mm 时,宜采用 $\phi152.4mm \times 95.3mm$ 大型马歇尔试件,

试验仪最大荷载不得小于50kN,读数准确度为100N。上下压头的曲率内径为ϕ152.4mm±0.2mm,上下压头间距19.05mm±0.1mm。大型马歇尔试件的压头尺寸如图7-9所示。

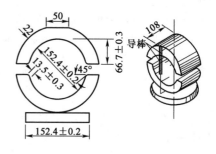

图7-8　自动马歇尔试验仪　　　　图7-9　大型马歇尔试件的压头(尺寸单位:mm)

(2)恒温水槽。控温准确至1℃,深度不小于150mm。

(3)真空饱水容器。包括真空泵及真空干燥器。

(4)烘箱。

(5)天平。感量不大于0.1g。

(6)温度计。分度值1℃。

(7)卡尺。

(8)其他。棉纱,黄油等。

3.标准马歇尔试验方法

1)准备工作

(1)按T 0702标准击实法成型马歇尔试件,标准马歇尔尺寸应符合直径101.6mm±0.2mm、高63.5mm±1.3mm的要求。对大型马歇尔试件,尺寸应符合直径152.4mm±0.2mm、高95.3mm±2.5mm的要求。一组试件的数量不得少于4个,并符合T 0702的规定。

(2)量测试件的直径及高度:用卡尺测量试件中部的直径,用马歇尔试件高度测定器或用卡尺在十字对称的4个方向量测离试件边缘10mm处的高度,准确至0.1mm,并以其平均值作为试件的高度。如试件高度不符合63.5mm±1.3mm或95.3mm±2.5mm要求或两侧高度差大于2mm时,此试件应作废。

(3)按本规程规定的方法测定试件的密度、并计算空隙率、沥青体积百分率、沥青饱和度、矿料间隙率等体积指标。

(4)将恒温水槽调节至要求的试验温度,对黏稠石油沥青或烘箱养护过的乳化沥青混合料为60℃±1℃,对煤沥青混合料为33.8℃±1℃,对空气养护的乳化沥青或液体沥青混合料为25℃±1℃。

2)试验步骤

(1)将试件置于已达到规定温度的恒温水槽中保温,保温时间对标准马歇尔试件需30~40min,对大型马歇尔试件需45~60min。试件之间应有间隙,底下应垫起,离容器底部不小于5cm。

(2)将马歇尔试验仪的上下压头放入水槽或烘箱中达到同样温度。将上下压头从水槽或烘箱中取出擦拭干净内面。为使上下压头滑动自如,可在下压头的导棒上涂少量黄油。再将试件取出置于下压头上,盖上上压头,然后装在加载设备上。

（3）在上压头的球座上放妥钢球,并对准荷载测定装置的压头。

（4）当采用自动马歇尔试验仪时,将自动马歇尔试验仪的压力传感器、位移传感器与计算机或 X-Y 记录仪正确连接,调整好适宜的放大比例,压力和位移传感器调零。

（5）当采用压力环和流值计时,将流值计安装在导棒上,使导向套管轻轻地压住上压头,同时将流值计读数调零。调整压力环中百分表,对零。

（6）启动加载设备,使试件承受荷载,加载速度为 50 mm/min ±5mm/min。计算机或 X-Y 记录仪自动记录传感器压力和试件变形曲线,并将数据自动存入计算机。

（7）当试验荷载达到最大值的瞬间,取下流值计,同时读取压力环中百分表读数及流值计的流值读数。

（8）从恒温水槽中取出试件至测出最大荷载值的时间,不得超过 30s。

4. 浸水马歇尔试验方法

浸水马歇尔试验方法与标准马歇尔试验方法的不同之处在于,试件在已达规定温度恒温水槽中的保温时间为 48h,其余均与标准马歇尔试验方法相同。

5. 真空饱水马歇尔试验方法

试件先放入真空干燥器中,关闭进水胶管,开动真空泵,使干燥器的真空度达到 97.3kPa（730mmHg）以上,维持 15min,然后打开进水胶管,靠负压进入冷水流使试件全部浸入水中,浸水 15min 后恢复常压,取出试件,再放入已达规定温度的恒温水槽中保温 48h。其余均与标准马歇尔试验方法相同。

6. 结果计算与试验记录

1）试件的稳定度及流值

（1）当采用自动马歇尔试验仪时,将计算机采集的数据绘制成压力和试件变形曲线,或由 X-Y 记录仪自动记录的荷载-变形曲线,按图 7-10 所示的方法在切线方向延长曲线与横坐标相交于 O_1,将 O_1 作为修正原点,从 O_1 起量取相应于荷载最大值时的变形作为流值(FL),以 mm 计,准确至 0.1mm。最大荷载即为稳定度(MS),以 kN 计,准确至 0.01kN。

（2）采用压力环和流值计测定时,根据压力环标定曲线,将压力环中百分表的读数换算为荷载值,或者由荷载测定装置读取的最大值即为试样的稳定度(MS),以 kN 计,准确至 0.01kN,由流值计及位移传感器测定装置读取的试件垂直变形,即为试件的流值(FL),以 mm 计,准确至 0.1mm。

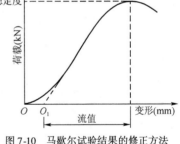

图 7-10 马歇尔试验结果的修正方法

2）试件的马歇尔模数

按式(7-4)计算。

$$T = \frac{MS}{FL}$$

3）试件的浸水残留稳定度

按式(7-19)计算。

$$MS_0 = \frac{MS_1}{MS} \times 100 \tag{7-19}$$

式中：MS_0——试件的浸水残留稳定度(%)；

MS_1——试件浸水 48h 后的稳定度(kN)。

4）试件的真空饱水残留稳定度

按式(7-20)计算。

$$MS'_0 = \frac{MS_2}{MS} \qquad (7-20)$$

式中：MS'_0——试件的真空饱水残留稳定度(%)；

MS_2——试件真空饱水后浸水 48h 后的稳定度(kN)。

5）允许误差

当一组测定值中某个测定值与平均值之差大于标准差的 k 倍时，该测定值应予舍弃，并以其余测定值的平均值作为试验结果。当试件数目 n 为 3、4、5、6 个时，k 值分别为 1.15、1.46、1.67、1.82。

6）试验记录

压实沥青混合料马歇尔稳定度试验记录见表 7-25。

压实沥青混合料马歇尔稳定度试验记录表　　　　表 7-25

工 程 名 称＿＿＿＿＿＿＿＿　　路 段 范 围＿＿＿＿＿＿＿＿

混合料类型＿＿＿＿＿＿＿＿　　试验室温度、湿度＿＿＿＿＿＿＿＿

试 验 方 法＿＿＿＿＿＿＿＿　　计 算 者＿＿＿＿＿＿＿＿

评 定 标 准＿＿＿＿＿＿＿＿　　校 核 者＿＿＿＿＿＿＿＿

试 验 日 期＿＿＿＿＿＿＿＿

试件编号	试件尺寸(mm)		试件质量(g)	油石比 P_a (%)	60℃恒温水槽中的恒温时间(min)	稳定度 MS(kN)		流值 FL(mm)		马歇尔模数 T (kN/mm)
	直径	高				单值	平均值	单值	平均值	
结论										

注：在结论中注明试件的密度、空隙率、沥青饱和度、矿料间隙率等各项物理指标。采用自动马歇尔试验时，试验结果应附上荷载—变形曲线原件或自动打印结果。

【六】 沥青混合料中沥青含量试验（离心分离法）（T 0722—1993）

1．目的与适用范围

（1）本方法采用离心分离法测定黏稠石油沥青拌制的沥青混合料中的沥青含量（或油石比）。

（2）本方法适用于热拌热铺沥青混合料路面施工时的沥青用量检测，以评定拌和厂产品质量。此法也适用于旧路调查时检测沥青混合料的沥青用量，用此法抽提的沥青溶液可用于回收沥青,以评定沥青的老化性质。

2. 仪具与材料

(1)离心抽提仪(图7-11)。由试样容器及转速不小于3000r/min的离心分离器组成,分离器备有滤液出口。容器盖与容器之间用耐油的圆环形滤纸密封。滤液通过滤纸排出后从出口流出收入回收瓶中,仪器必须安放稳固并有排风装置。

(2)圆环形滤纸。

(3)回收瓶。容量1700mL以上。

(4)压力过滤装置。

(5)天平。感量不大于0.01g、1mg的天平各一台。

(6)量筒。最小分度1mL。

(7)电烘箱。装有温度自动调节器。

(8)三氯乙烯。工业用。

(9)碳酸铵饱和溶液。供燃烧法测定滤纸中的矿粉含量用。

(10)其他。小铲、金属盘、大烧杯等。

图7-11 离心抽提仪实物图

3. 方法与步骤

1)准备工作

(1)按规程T 0701沥青混合料取样方法,在拌和厂从运料卡车采取沥青混合料试样,放在金属盘中适当拌和,待温度稍下降后至100℃以下时,用大烧杯取混合料试样质量1000~1500g(粗粒式沥青混合料用高限,细粒式用低限,中粒式用中限),准确至0.1g。

(2)如果试样是路上用钻机法或切割法取得的,应用电风扇吹风使其完全干燥,置微波炉或烘箱中适当加热后成松散状态取样,但不得用锤击以防集料破碎。

2)试验步骤

(1)向装有试样的烧杯中注入三氯乙烯溶液,将其浸没,浸泡30min,用玻璃棒适当搅动混合料,使沥青充分溶解。

注:也可直接在离心分离器中浸泡。

(2)将混合料及溶液倒入离心分离器,用少量溶剂将烧杯及玻璃棒上的黏附物全部洗入分离容器中。

(3)称取洁净的圆环形滤纸质量,准确至0.01g。

注:滤纸不宜多次反复使用,有破损者不能使用,有石粉黏附时应用毛刷清除干净。

(4)将滤纸垫在分离器边缘上,加盖坚固,在分离器出口处放上回收瓶,上口应注意密封,防止流出液成雾状散失。

(5)开动离心机,转速逐渐增至3000r/min,沥青溶液通过排出口注入回收瓶中,待流出停止后停机。

(6)从上盖的孔中加入新溶剂,数量大体相同,稍停3~5min后,重复上述操作,如此数次直至流出的抽提液成清澈的淡黄色为止。

(7)卸下上盖,取下圆环形滤纸,在通风橱或室内空气中蒸发干燥,然后放入105℃±5℃的烘箱中干燥,称取质量,其增重部分(m_2)为矿粉的一部分。

(8)将容器中的集料仔细取出,在通风橱或室内空气中蒸发后放入105℃±5℃烘箱中烘干

(一般需4h),然后放入大干燥箱中冷却至室温,称取集料质量为(m_1)。

(9)用压力过滤器过滤回收瓶中的沥青溶液,由滤纸的增重 m_3,得出泄漏入滤液中矿粉,如无压力过滤器时,也可用燃烧法测定。

(10)用燃烧法测定抽提液中矿粉质量的步骤如下:

①将回收瓶中的抽提液倒入量筒中,准确定量至mL(V_a)。

②充分搅匀抽提液,取出10mL(V_b)放入坩埚中,在热浴上适当加热使溶液试样呈暗黑色后,置高温炉(500~600℃)中烧成残渣,取出坩埚冷却。

③向坩埚中按每1g残渣5mL的用量比例注入碳酸铵饱和溶液,静置1h,放入105℃±5℃炉箱中干燥。

④取出放在干燥器中冷却,称取残渣质量(m_4),准确至1mg。

4.试验结果计算与试验记录

(1)沥青混合料中矿料的总质量按式(7-21)计算。

$$m_a = m_1 + m_2 + m_3 \tag{7-21}$$

式中:m_a——沥青混合料中矿料部分的总质量(g);

m_1——容器中留下的集料干燥质量(g);

m_2——圆环形滤纸在试验前后的增重(g);

m_3——泄漏入抽提液中的矿粉质量(g),用燃烧法时可按式(7-22)计算:

$$m_3 = m_4 \times \frac{V_a}{V_b} \tag{7-22}$$

式中:V_a——抽提液的总量(mL);

V_b——取出的燃烧干燥的抽提液数量(mL);

m_4——坩埚中燃烧干燥的残渣质量(g)。

(2)沥青混合料中的沥青含量按式(7-23)计算,油石比按式(7-24)计算。

$$P_b = \frac{m - m_a}{m} \tag{7-23}$$

$$P_a = \frac{m - m_a}{m_a} \tag{7-24}$$

式中:m——沥青混合料的总质量(g);

P_b——沥青混合料的沥青含量(%);

P_a——沥青混合料的油石比(%)。

(3)精度与允许误差。

同一沥青混合料试样至少平行试验两次,取平均值作为试验结果。两次试验结果的差值应小于0.3%,当大于0.3%但小于0.5%时,应补充平行试验一次,以3次试验的平均值作为试验结果,3次试验的最大值与最小值之差不得大于0.5%。

(4)试验记录。

沥青混合料中沥青含量试验记录表见表7-26。

沥青混合料中沥青含量试验记录表　　　　　表 7-26

工　程　名　称_____　　　　路　段　范　围_____
混合料类型_____　　　　试验室温度、湿度_____
试　验　方　法_____　　　　计　　算　　者_____
评　定　标　准_____　　　　校　　核　　者_____
试　验　日　期_____

试件编号	混合料试样质量 m (g)	矿料质量			油石比 P_a(%)	
		集料质量 m_1 (g)	圆形滤纸在试验前后的增重 m_2 (g)	抽提液中矿粉质量 m_3 (g)	$m_1+m_2+m_3$ (g)	单值	平均值
结论							

【七】 沥青混合料中沥青含量试验(燃烧炉法)(T 0735—2011)

1．目的与适用范围

(1)本方法适用于采用燃烧炉法测定沥青混合料中沥青含量,也适用于对燃烧后的沥青混合料进行筛分分析。

(2)本方法用于热拌沥青混合料以及路面取样的沥青混合料在生产、施工过程中的质量控制。

2．仪具与材料

(1)燃烧炉。由燃烧室、称量装置、自动数据采集系统、控制装置、空气循环装置、试样篮及其附件组成。

①燃烧室的尺寸应能容纳 3500g 以上的沥青混合料试样,并有警示钟和指示灯,当试样质量的变化在连续 3min 内不超过试样质量的 0.01% 时,可以发出指示声音。燃烧室的门在试验过程中应锁死。

②称量装置。该标准方法的称量装置为内置天平,感量 0.1g,能够称量至少 3500g 的试样(不包括试样篮的质量)。

③燃烧炉。具有数据自动采集系统,在试验过程中可以实时检测并且显示试样质量。有一套内置的计算机程序来计算试样篮质量的变化,并且能够输入集料损失的修正系数,进行自动计算、显示试验结果,并可以将试验结果打印出来。并应具有强制通风降低烟雾排放的设施,在试验过程中燃烧炉的烟雾必须排放到室外,不得有明显的烟味进入到试验室里。

(2)试样篮。可以使试样均匀地摊薄放置在篮里,能够使空气在试样内部及周围流通。2 个及 2 个以上的试样篮可套放在一起。试样篮由网孔板做成,一般采用打孔的不锈钢或其他合适的材料做成,通常情况下网孔的尺寸最大为 2.36mm,最小为 0.6mm。

(3)托盘。放置于试样篮下方,以接受从试样篮中滴落的沥青和集料。

(4)烘箱。温度应控制在设定值的±5℃。

(5)天平。满足称量试样篮及试样的质量,感量不大于0.1g。

(6)防护装置。防护眼睛、隔热面罩、隔热手套,可以耐高温650℃的隔热罩,试验结束后,试样篮应该放在隔热罩内冷却。

(7)其他。大平底盘(比试样篮稍大)刮刀、盆、钢丝刷等。

3.试样准备

(1)按本规程沥青混合料的取样方法,在拌和厂从运料车上采取沥青混合料试样,宜趁热放在金属盘(或搪瓷盘)中适当拌和,待温度下降至100℃以下时,称取混合料试样,准确至0.1g。

(2)当用钻孔法或切割法从路面上取得试样时,应用电风扇吹干,但不得用锤击以防集料破碎;然后置烘箱125℃±5℃加热成松散状态,并至恒重;适当拌和后称取质量,准确至0.1g。

(3)当混合料已经结团时,不得用刮刀或者铲刀处理,应该将试样置于托盘中放在烘箱125℃±5℃加热成松散状态取样。

(4)试样最小质量根据沥青混合料的集料公称最大粒径,按表7-27选用。

试样最小质量要求　　　　　表7-27

公称最大粒径(mm)	试样最小质量(g)	公称最大粒径(mm)	试样最小质量(g)
4.75	1200	19	2000
9.5	1200	26.5	3000
13.2	1500	31.5	3500
16	1800	37.5	4000

4.标定

1)标定要求

(1)对每一种沥青混合料都必须进行标定,以确定沥青用量的修正系数和筛分级配的修正系数。

(2)当混合料中任何一档料的料源变化或者单档集料配合比变化超过5%进行需要标定。

2)标定步骤

(1)按照沥青混合料配合比设计的步骤,取代表性各档集料,将各档集料放入105℃±5℃烘箱加热至恒重,冷却后按配合比配出5份集料混合料(含矿粉)。

(2)将其中2份集料混合料进行水洗筛分。取筛分结果平均值为燃烧前的各档筛孔的通过百分率P_{Bi},其级配需满足被检测沥青混合料的目标级配范围要求。

(3)分别称量3份集料混合料质量m_{B1},准确至0.1g。按照配合比设计进成型试件的相同条件拌制沥青混合料,如沥青的加热温度、集料的加热温度和拌和温度等。

(4)在拌制2份标定试样前,先将1份沥青混合料进行洗锅,其沥青用量宜比目标配合比沥青用量多P_b多0.3%~0.5%,目的是使拌和锅的内侧先附着一些沥青和粉料,这样可以防止在拌制标定用的试样过程中拌和锅黏度导致试验误差。

(5)正式分别拌制2份标定试样,其沥青用量为目标沥青用量P_b。将集料混合料和沥青加热后,先将集料混合料全部放入拌和机,然后称量沥青质量m_{B2},准确至0.1g。将沥青放入拌和锅开始拌和,拌和后的试样质量应满足表7-27要求。拌和好的沥青混合料应直接放进试样篮中。

(6)预热燃烧炉。将燃烧温度设定538℃±5℃,设定修正系数为0。

(7)称量试样篮和托盘质量 m_{B3},准确至0.1g。

(8)试样放入托盘中,将加热的试样均匀地在试样篮中摊平,尽量避免试样太靠近试样篮边缘。称量试样、试样篮和托盘总质量 m_{B4},准确至0.1g。计算初始试样总质量 $m_{B5}(m_{B4}-m_{B3})$,并将 m_{B5} 输入燃烧炉控制程序中。

(9)将试样篮、托盘和试样放入燃烧炉,关闭燃烧室门,检查燃烧炉控制程序中显示的 m_{B4} 是否准确,即试样、试样篮和托盘总质量与显示质量的差值不得大于5g,否则需调整托盘位置。

(10)锁定燃烧室的门,启动开始按钮进行燃烧,燃烧至连续3min试样质量每分钟损失率小于0.01%时,燃烧炉会自动发出示警声音或者指示灯亮起警报,并停止燃烧。燃烧炉控制程序自动计算试样燃烧损失 m_{B6},准确至0.1g。按下停止按钮,燃烧室的门会自动解锁,并打印试验结果,从燃烧室中取出试样盘。燃烧结束后,罩上保护罩适当冷却。

(11)将冷却后的残留物倒入大盘子中,用钢丝刷清洗试样篮确保所有残留物都刷到盘子中待用。

(12)重复(6)~(11)步骤,将2份混合料燃烧。

(13)根据公式(7-25)分别计算两份试样的质量损失系数 C_{fi}。

$$C_{fi} = \left(\frac{m_{B6}}{m_{B5}} - \frac{m_{B2}}{m_{B1}}\right) \times 100 \tag{7-25}$$

式中:C_{fi}——质量损失系数(%);

m_{B1}——每份集料混合料质量(g);

m_{B2}——沥青质量(g);

m_{B5}——初始试样总质量(g);

m_{B6}——试样燃烧损失质量(g)。

①当两个试样的质量损失系数差值不大于0.15%,则取平均值作为沥青用量的修正系数 C_f。

②当两个试样的质量损失系数差值大于0.15%,则重新准备两个试样按以上步骤进行燃烧试验,得到4个质量损失系数,除去1个最大值和1个最小值,将剩下的两个修正系数取平均值作为沥青用量的修正系数 C_f。

(14)当沥青用量的修正系数 C_f 小于0.5%时,按照公式(7-26)进行级配筛分。

(15)当沥青用量的修正系数 C_f 大于0.5%时,设定482℃±5℃燃烧温度按照(1)~(13)步骤重新标定,得到482℃的沥青用量修正系数 C_f。如果482℃与538℃得到的沥青用量修正系数差值在0.1%以内,则仍以538℃的沥青用量系数作为最终的修正系数 C_f;如果修正系数差值大于0.1%,则以482℃的沥青用量修正系数作为最终修正系数 C_f。

(16)确保试样在燃烧室得到完全燃烧。如果试样燃烧后仍有发黑等物质,说明没有燃烧干净。如果沥青混合料试样的数量超过了设备的试验能力,或者是一次试样质量太多,燃烧不够彻底时,可将试样分成两等份分别测定,再合并计算沥青含量。不宜人为延长燃烧时间。

(17)级配筛分。用最终沥青用量的修正系数 C_f 所对应的 2 份试样的残留物,进行筛分,取筛分平均值作为燃烧后沥青混合料各筛孔的通过率 P'_{Bi}。燃烧前、后各筛孔通过率差值符合表 7-28 的范围时,则取各筛孔的通过百分率修正系数 $C_{pi} = 0$,否则应按公式(7-26)进行燃烧后混合料级配修正。

燃烧前后混合料级配允许差值 表 7-28

筛孔(mm)	≥2.36	0.15~1.18	0.075
允许差值	±5%	±3%	±0.5%

$$C_{pi} = P'_{Bi} - P_{Bi} \qquad (7\text{-}26)$$

式中:P'_{Bi}——燃烧后沥青混合料各筛孔的通过百分率(%);

P_{Bi}——燃烧前的各档筛孔通过百分率(%)。

5. 试验方法与步骤

(1)将燃烧炉预热到设定温度(设定温度与标定温度相同)。将沥青用量的修正系数 C_f 输入到控制程序中,将打印机连接好。

(2)将试样放在 105℃±5℃ 的烘箱中烘至恒重。

(3)称量试样篮与托盘质量 m_1,准确至 0.1g。

(4)试样篮放入托盘中,将加热的试样均匀地摊平在试样篮中。称量试样、试样篮和托盘的总质量 m_2,准确至 0.1g。计算初始试样总质量 $m_3(m_2 - m_1)$,将 m_3 作为初始的试样质量输入燃烧炉控制程序中。

(5)将试样篮、托盘和试样放入燃烧炉,关闭燃烧室门。查看燃烧炉控制程序显示质量,即试样、试样盘和托盘总质量(m_2)与显示质量(m_{B4})的差值不得大于 5g,否则需调整托盘位置。

(6)锁定燃烧室的门,启动开始按钮进行燃烧。

(7)按照"4. 标定"步骤(10)的方法进行燃烧,连续 3min 试样质量每分钟损失率小于 0.01% 时结束,燃烧炉控制程序自动计算试样质量损失 m_4,准确至 0.1g。

(8)按公式(7-27)计算修正后的沥青用量 P,准确至 0.01%,此值也可由燃烧炉控制程序自动计算。

$$P = \left(\frac{m_4}{m_3} \times 100\right) - C_f \qquad (7\text{-}27)$$

(9)燃烧结束后,取出试样盘罩上保护罩适当冷却。将冷却后的残留物倒入大盘子中,用钢丝刷将所有残留物都刷到盘子中然后进行筛分,得到燃烧后沥青混合料各筛孔的通过率 P'_i,修正得到混合料的级配 $P_i(P'_i - C_{pi})$。

6. 试验结果精度要求与试验记录

(1)同一沥青混合料试样至少平行测定两次,取其算术平均值作为试验结果。

(2)沥青用量的重复性试验允许误差为 0.11%;再现性试验允许误差为 0.17%。

(3)试验记录。

沥青混合料中沥青含量试验(燃烧炉法)记录表见表 7-29。

沥青混合料中沥青含量试验(燃烧炉法)记录表　　　　表 7-29

工　程　名　称＿＿＿＿＿＿　　　　路　段　范　围＿＿＿＿＿＿
混 合 料 类 型＿＿＿＿＿＿　　　　燃烧炉的类型＿＿＿＿＿＿
试　验　方　法＿＿＿＿＿＿　　　　试　验　温　度＿＿＿＿＿＿
计　算　者＿＿＿＿＿＿　　　　　　校　核　者＿＿＿＿＿＿
试　验　日　期＿＿＿＿＿＿

试件编号	试样篮与托盘质量 m_1 (g)	试样、试样篮与托盘总质量 m_2 (g)	初始试样总质量 m_3 (g)	燃烧后沥青混合料质量损失 m_4 (g)	燃烧后残留物的质量 m_5 (g)	沥青用量修正系数 C_f	沥青用量 P (%)	
							单值	平均值
结论								

(4)标定与试验时的打印结果并附在试验报告中。

(5)如果需要进行集料的筛分试验,另附筛分结果(记录表见单元二粗集料筛分试验)。

 技能训练(试验实例)

试验实例见表 7-30 ~ 表 7-32。

压实沥青混合料密度试验实训任务单及试验结果评定　　　　表 7-30

实训日期		姓名		成绩	
实训任务	沥青混合料试件制作方法(击实法)(T 0702—2011) 压实沥青混合料的密度试验(表干法)(T 0705—2011)				
实训任务书	题目:某严寒地区设计修筑的 AC-16 型沥青混凝土路面,要求油石比为 5.0%,根据原材料对此路面进行配合比设计后,做一组马歇尔试件(4 个)。 资料:此沥青混合料所用的矿料有四种: A 矿料:最大粒径为 19mm,占矿料含量的 40%,γ_A =2.750g/cm³,技术性质符合要求; B 矿料:最大粒径 9.5mm,占矿料含量的 28%,γ_B =2.650g/cm³,技术性质符合要求; C 矿料:最大粒径为 2.36mm,占矿料含量的 23%,γ_C =2.255g/cm³,技术性质符合要求; D 矿料:矿粉,占矿料含量的 9%,γ_D =2.009g/cm³,技术性质符合要求。 沥青材料:道路石油沥青 110 号,技术性质符合标准要求。 要求: (1)对所做的马歇尔试件进行密度测定(表干法),并根据原材料计算出试件的空隙率、矿料间隙率、有效沥青饱和度等体积指标(已知试件的理论最大密度为 2.420g/cm³)。 (2)沥青混合料的设计空隙率为 5%,间隙率 15%,有效沥青饱和度为 65% ~75%				
主要设备					

续上表

主要步骤	（每位学生按照实际操作过程进行填写）

沥青混合料马歇尔试件的密度试验记录表

工 程 名 称 ＿＿＿＿＿＿　　　　路 段 范 围 ＿＿＿＿＿＿
混合料类型 ＿AC-16型＿　　　　试验室温度、湿度 ＿18℃，50%＿
试 验 方 法 ＿T 0705—2011＿　　计 算 者 ＿＿＿＿＿＿
评 定 标 准 ＿JTG F40—2004＿　　校 核 者 ＿＿＿＿＿＿
试 验 日 期 ＿＿＿＿＿＿

试件编号	试件尺寸(mm)		油石比(%)	干燥试件在空气中质量 m_a(g)	试样在水中的质量 m_w(g)	试样的表干质量 m_f(g)	吸水率 S_a(%)	毛体积相对密度 γ_f		毛体积密度 ρ_f (g/cm³)
	直径	高						单值	平均值	
1	101.7	64.2	5.0	1193.5	677.5	1201.0	1.4	2.280	2.277	2.277
2	101.6	63.8	5.0	1193.0	676.8	1200.5	1.4	2.278		
3	101.6	64.0	5.0	1193.5	677.9	1202.5	1.7	2.275		
4	101.5	64.2	5.0	1194.0	678.3	1203.2	1.8	2.275		

结论	$VV = \left(1 - \dfrac{1.277}{2.420}\right) \times 100 = 5.9\%$ ； $\gamma_{sb} = 2.513$ ； $VMA = \left(1 - \dfrac{2.277}{2.513} \times 0.952\right) \times 100 = 13.7\%$ ； $VFA = \dfrac{13.7 - 5.9}{13.7} \times 100 = 56.9\%$ 根据设计要求，此试件的有效沥青饱和度不符合设计要求

沥青混合料马歇尔稳定度试验实训任务单及试验结果评定　　表7-31

实训日期		姓名		成绩	
实训任务	沥青混合料马歇尔稳定度试验(T 0709—2011)				
实训任务书	题目：某严寒地区设计修筑的 AC-16 型的沥青混凝土路面，要求油石比为5.0%，根据原材料对此路面进行配合比设计后，做一组马歇尔试件(4个)。 资料： (1)此沥青混合料所用的矿料有四种。 A 矿料：最大粒径为19mm，占矿料含量的40%，$\gamma_A = 2.750 \text{g/cm}^3$，技术性质符合要求；B 矿料：最大粒径9.5mm，占矿料含量的28%，$\gamma_B = 2.650 \text{g/cm}^3$，技术性质符合要求；C 矿料：最大粒径为2.36，占矿料含量的23%，$\gamma_C = 2.255 \text{ g/cm}^3$，技术性质符合要求；D 矿料：矿粉，占矿料含量的9%，$\gamma_D = 2.009 \text{ g/cm}^3$，技术性质符合要求。 (2)沥青材料：道路石油沥青110号，技术性质符合标准要求。 (3) $\gamma_t = 2.420 \text{g/cm}^3$，$\gamma_f = 2.277 \text{g/cm}^3$，$VV = 5.9\%$，$VMA = 13.7\%$，$VFA = 56.9\%$。 要求：测定此组试件的马歇尔稳定度、流值，计算马歇尔模数				
主要设备					

续上表

主要步骤	（每位学生按照实际操作过程进行填写）

压实沥青混合料马歇尔稳定度试验记录表

工程名称　　　—　　　　　　路段范围　　　—
混合料类型　　AC-16型　　　　试验室温度、湿度　　18℃,50%
试验方法　　T 0705—2011　　　计　算　者　　　　　　
评定标准　　JTG F40—2004　　　校　核　者　　　　　　
试验日期　　　　　　　　　

试件编号	试件尺寸(mm)		试件质量(g)	油石比P_a(%)	60℃恒温水槽中的恒温时间(min)	稳定度 MS(kN)		流值 FL(mm)		马歇尔模数 T (kN/mm)
	直径	高				单值	平均值	单值	平均值	
1	101.7	64.2	5.0	1193.5	35	7.93		2.8		
2	101.6	63.8	5.0	1193.0	38	8.36	8.18	3.2	3.3	2.48
3	101.6	64.0	5.0	1193.5	37	8.28		3.5		
4	101.5	64.2	5.0	1194.0	36	8.15		3.8		
结论	此压实沥青混合料的稳定度与流值均符合标准要求									

沥青混合料中沥青含量试验实训任务单及试验结果评定

表 7-32

实训日期		姓名		成绩	
实训任务	沥青混合料中沥青含量试验(离心分离法)(T 0722—1993)				
实训任务书	题目:某严寒地区设计修筑的AC-16 Ⅰ型的沥青混凝土路面,要求油石比为5.0%,监理公司要求对其正在施工的路面油石比进行检测。 要求:按规范要求,从运料的卡车上采集沥青混合料试样,放在金属盘中适当拌和,待温度稍下降后至100℃以下时,用大烧杯取混合料试样质量1250.0g进行沥青混合料的油石比试验				
主要设备					
主要步骤	（每位学生按照实际操作过程进行填写）				

续上表

沥青混合料中沥青含量试验记录表

工程名称＿＿＿—＿＿＿ 路 段 范 围＿＿＿—＿＿＿
混合料类型＿＿AC-16 I＿＿ 试验室温度、湿度＿17℃,55%＿
试验方法＿T 7022—1993＿ 计 算 者＿＿＿＿＿＿
评定标准＿＿＿＿＿＿＿ 校 核 者＿＿＿＿＿＿
试 验 日 期＿＿＿＿＿＿＿

试件编号	混合料试样质量 m（g）	矿料质量				油石比 P_a(%)	
		集料质量 m_1（g）	圆形滤纸在试验前后的增重 m_2（g）	抽提液中矿粉质量 m_3（g）	$m_1+m_2+m_3$（g）	单值	平均值
1	1250.0	1089.5	62.8	33.5	1185.8	5.41	5.3
2	1250.0	1090.1	64.0	34.8	1188.9	5.14	
结论	沥青混合料试样的油石比为5.3%,比设计的油石比大0.3%。由于所处的气候条件属于严寒地区,此油石比没有大于设计油石比的0.3%,因而,此油石比符合设计要求						

课后任务

任务一　沥青混合料的高温稳定性用什么指标表征？用什么方法检测？

任务二　沥青混合料的耐久性用什么指标表征？沥青用量较最佳沥青用量少0.5%,路面的耐久性如何？

课题四　沥青混合料的配合比设计

任务引入

沥青混合料的各组成成分是如何计算的？沥青混合料的配合比设计包括哪些方面？如何才能做好一个沥青混合料的配合比设计？想一想如何进行水泥混凝土的配合比设计。

任务分析

沥青混合料的配合比设计主要包括两个方面：
(1)矿质混合料的组成设计(见单元二课题四　矿质混合料的配合比设计)；
(2)确定最佳沥青用量。

相关知识

1.沥青混合料目标配合比设计流程

我国行业标准《公路沥青路面施工技术规范》(JTG F40—2004)目标配合比设计宜按图7-12的框图步骤进行。

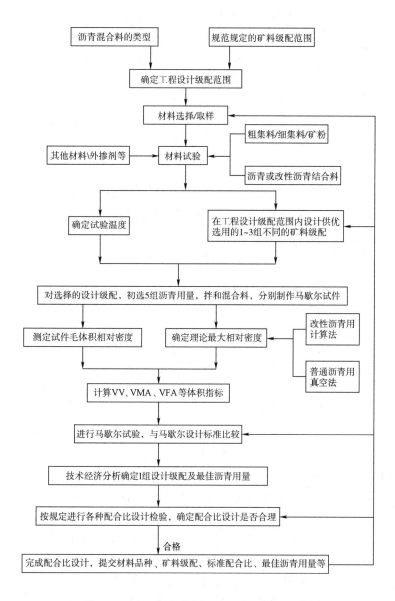

图 7-12 密级配沥青混合料目标配合比设计流程图

2. 沥青混合料的配合比设计

1) 矿质混合料的组成设计

(1) 矿质混合料的级配要求。

设计的矿料级配范围应与规范要求一致,如密级配沥青混凝土混合料矿料级配范围应符合我国行业标准《公路沥青路面施工技术规范》(JTG F40—2004)的规定范围(表 7-33)。其他类型的混合料的矿料级配也符合相应规范要求。

实践证明,同一种矿料针对不同的道路等级、气候和交通特点,适宜的级配有粗型(C 型)和细型(F 型)之分。通常夏季气温高且持续时间长、重载交通路段宜选用粗型密级配,并取较高的设计空隙率;对冬季温度低、持续时间长或重载交通少的路段宜选用细型密级配,并取较低的设计空隙率。粗型(C 型)和细型(F 型)的划分和粒径要求见表 7-34。

密级配沥青混凝土混合料矿料级配范围　　　　表7-33

级配类型		通过下列筛孔(mm)的质量百分率(%)											
		31.5	26.5	19	16	13.2	9.5	4.75	2.36	1.18	0.6	0.3	0.15	0.075
粗粒式	AC-25	100	90~100	75~90	65~83	57~76	45~65	24~52	16~42	12~33	8~24	5~17	4~13	3~7
中粒式	AC-20		100	90~100	78~92	62~80	50~72	26~56	16~44	12~33	8~24	5~17	4~13	3~7
	AC-16			100	90~100	76~92	60~80	34~62	20~48	13~36	9~26	7~18	5~14	4~8
细粒式	AC-13				100	90~100	68~85	38~68	24~50	15~38	10~28	7~20	5~15	4~8
	AC-10					100	90~100	45~75	30~58	20~44	13~32	9~23	6~16	4~8
砂粒式	AC-5						100	90~100	55~75	35~55	20~40	12~28	7~18	5~10

粗型(C型)和细型(F型)密级配沥青混合料关键性筛孔通过率　　　　表7-34

混合料类型	公称最大粒径(mm)	用以分类的关键性筛孔(mm)	粗型密级配		细型密级配	
			名称	关键性筛孔通过率(%)	名称	关键性筛孔通过率(%)
AC-25	26.5	4.75	AC-25C	<40	AC-25F	>40
AC-20	19	4.75	AC-20C	<45	AC-20F	>45
AC-16	16	2.36	AC-16C	<38	AC-16F	>38
AC-13	13.2	2.36	AC-13C	<40	AC-13F	>40
AC-10	9.5	2.36	AC-10C	<45	AC-10F	>45

(2)矿质混合料的组成设计。

矿质混合料级配组成设计按下列步骤进行。

①确定沥青混合料类型、矿质混合料的级配范围。

沥青路面工程的混合料设计级配范围由工程设计文件或招标文件规定,密级配沥青混合料宜根据公路等级、气候及交通条件按表7-34选择采用粗型(C型)或细型(F型)混合料,并在表7-33范围内确定工程设计级配范围,根据公路等级、工程性质、气候条件、交通条件、材料品种,通过对条件大体相当的工程使用情况进行调查研究后调整确定,必要时允许超出规范级配范围。密级配沥青稳定碎石混合料可直接以表7-33规定的级配范围作工程设计级配范围使用。经确定的工程设计级配范围是配合比设计的依据,不得随意变更。

②调整工程设计级配范围宜遵循下列原则:

a. 对夏季温度高、高温持续时间长,重载交通多的路段,宜选用粗型密级配沥青混合料(AC-C型),并取较高的设计空隙率。对冬季温度低,且低温持续时间长的地区,或者重载交通较少的路段,宜选用细型密级配沥青混合料,并取较低的设计空隙率。称最大粒径附近的粗集料用量,减少0.6mm以下部分细粉的用量,使中等粒径集料较多,形成S形级配曲线,并取中等或偏高水平的设计空隙率。

b. 确定各层的工程设计级配范围时应考虑不同层位的功能需要,经组合设计的沥青路面应能满足耐久、稳定、泌水、抗滑等要求。

c. 根据公路等级和施工设备的控制水平,确定的工程设计级配范围应比规范级配范围窄,其中4.75mm和2.36mm通过率的上下限差值宜小于12%。

d. 沥青混合料的配合比设计应充分考虑施工性能,使沥青混合料容易摊铺和压实,避免造成严重的离析。

③矿质混合料配合比例计算(见单元二课题四 矿质混合料的配合比设计)。

2)确定最佳沥青用量

沥青混合料的最佳沥青用量(简称 OAC),可以通过马歇尔试验方法确定。我国行业标准《公路沥青路面施工技术规范》(JTG F40—2004)对密级配沥青混凝土混合料马歇尔试验技术标准规定如表7-17所示。该标准分三个等级,对马歇尔试验指标(包括稳定度、流值、空隙率、矿料间隙率、沥青饱和度等)提出不同要求。

确定沥青最佳用量 OAC 步骤如下:

(1)成型试件。以预估油石比为中值,按一定间隔(对于密级配沥青混合料通常为 0.5%)取 5 个或 5 个以上不同油石比分别成型马歇尔试件,做马歇尔试验,并测定其物理指标。

(2)绘制沥青用量与物理–力学指标关系图。以油石比或沥青用量为横坐标,以表现密度、空隙率、饱和度、稳定度和流值为纵坐标,分别将试验结果点入图中,连成圆滑的曲线,并使密度及稳定度曲线出现峰值。

(3)确定最佳沥青用量初始值 OAC_1。

①在曲线图求取相应于密度最大值、稳定度最大值、目标空隙率(或中值)、沥青饱和度范围的中值的沥青用量 a_1、a_2、a_3、a_4,求取四者的平均值作为最佳沥青用量的初始值 OAC_1,即

$$OAC_1 = \frac{a_1 + a_2 + a_3 + a_4}{4}$$

②如果在所选择的沥青用量范围未能涵盖沥青饱和度的要求范围,则求取 3 者的平均值作为 OAC_1,即

$$OAC_1 = \frac{a_1 + a_2 + a_3}{3}$$

③对所选择试验的沥青用量范围,密度或稳定度没有出现峰值(最大值经常在曲线的两端)时,可直接以目标空隙率所对应的沥青用量 a_3 作为 OAC_1,但 OAC_1 必须介于下面介绍的 $OAC_{min} \sim OAC_{max}$ 的范围内。否则,应重新进行配合比设计。

(4)确定沥青最佳用量 OAC_2。

求出各项技术指标均符合沥青混合料技术标准(表7-17)的沥青用量范围 $OAC_{min} \sim OAC_{max}$,其中值为 OAC_2。即

$$OAC_2 = \frac{OAC_{min} + OAC_{max}}{2}$$

(5)根据 OAC_1 和 OAC_2 综合确定最佳沥青用量 OAC。

通常情况下取 OAC_1 及 OAC_2 的中值作为计算的最佳沥青用量 OAC。检查相应于此 OAC 的各项指标是否均符合马歇尔试验技术标准。

$$OAC = \frac{OAC_1 + OAC_2}{2}$$

(6)调整确定最佳沥青用量 OAC,根据实践经验和公路等级气候条件、交通情况,调整确定最佳沥青用量 OAC。

①调查当地各项条件相接近的工程的沥青用量及使用效果,论证适宜的最佳沥青用量。检查计算得到的最佳沥青用量是否相近,如相差甚远,应查明原因,必要时重新调整级配,进行配合比设计。

②对炎热地区公路以及高速公路、一级公路的重载交通路段,山区公路的长大坡度路段,预计有可能产生较大车辙时,宜在空隙率符合要求的范围内将计算的最佳沥青用量减小 $0.1\% \sim 0.5\%$。作为设计沥青用量。此时,除空隙率外的其他指标可能会超出马歇尔试验配合比设计技术标准,如果试验段试拌试铺并通过加强碾压,空隙率仍未达到调整前的水平,且渗水系数达不到要求时,宜减小沥青用量调整幅度。

③对寒区公路、旅游公路、交通量很少的公路,最佳沥青用量可以在 OAC 的基础上增加 $0 \sim 0.3\%$,以适当减小设计空隙率,但不得降低压实度要求。

(7)计算沥青结合料被集料吸收的比例及有效沥青含量。

(8)检验最佳沥青用量时的粉胶比和有效沥青膜厚度。

3)配合比设计检验

对用于高速公路和一级公路的密级配沥青混合料,需在配合比设计的基础上按规范要求进行各种使用性能的检验,不符合要求的沥青混合料,必须更换材料或重新进行配合比设计。

(1)高温稳定性检验。对公称最大粒径等于或小于 19mm 的混合料,按试验规程方法,在 60℃ 条件下用车辙试验机对设计的沥青用量检验其动稳定度。动稳定度应符合表 7-35 要求。

沥青混合料车辙试验动稳定度技术要求 表 7-35

气候条件	相应于下列气候分区所要求的动稳定度(次/mm)								试验方法
7月平均最高气温(℃)及气候分区	>30				20~30			<20	
	1.夏炎热区				2.夏热区			3.夏凉区	
	1-1	1-2	1-3	1-4	2-1	2-2	2-3	2-4	3-1	
普通沥青混合料 ≥	800		1000		600		800		600	T 0719
改性沥青混合料 ≥	2400		2800		2000		2400		1800	

(2)水稳定性试验。按规定的试验方法进行浸水马歇尔试验和冻融劈裂试验,残留稳定度及残留强度比均必须符合表 7-36 要求。

沥青混合料水稳定性检验技术要求 表 7-36

气候条件与技术指标	相应于下列气候分区的技术要求(%)				试验方法
年降雨量(mm)及气候分区	>1000	500~1000	250~500	<250	
	1.潮湿区	2.湿润区	3.半干区	4.干旱区	
浸水马歇尔试验残留稳定度(%),不小于					
普通沥青混合料	80		75		T 0709
改性沥青混合性	85		80		
冻融劈裂试验的残留度强度比(%),不小于					
普通沥青混合料	75		70		T 0729
改性沥青混合性	80		75		

(3)低温抗裂性能检验。对公称最大粒径等于或小于19mm的混合料,按规定方法进行低温弯曲试验,其破坏应变宜符合表7-37要求。

沥青混合料低温弯曲试验破坏应变技术要求　　　　　表7-37

气候条件与技术指标	相应于下列气候分区所要求的破坏应变(με)								试验方法
年极端最低气温(℃)及气候分区	<-37.0		-21.5～-37.0			-9.0～-21.5		>-9.0	
	1.冬严寒区		2.冬寒区			3.冬冷区		4.冬温区	
	1-1	2-1	1-2	2-2	3-2	1-3	2-3	1-4　2-4	
普通沥青混合料 ≥	2600		2300			2000			T 0728
改性沥青混合性 ≥	3000		2800			2500			

(4)渗水系数检验。利用轮碾机成型的车辙试件进行渗水试验检验的渗水系数宜符合表7-38要求。

沥青混合料试件渗水系数技术要求　　　　　表7-38

级 配 类 型	渗水系数要求(mL/min)	试 验 方 法
密级配沥青混凝土	≤ 120	
SMA 混合料	≤ 80	T 0730
OGFC 混合料	≤ 实测	

(5)钢渣活性试验。对使用钢渣的沥青混合性,应按规定试验规程(T 0363)进行活性和膨胀性试验,钢渣沥青混凝土的膨胀量不得超过为1.5%。

(6)对改性沥青混合料的性能检验,应针对改性目的进行。以提高高温稳定性车辙性能为主要目的时,以低温性能可按照普通沥青混合料的要求执行;以提高低温抗裂性能为主要目的时,高温稳定性可按照普通沥青混合料的要求执行。

任务实施(沥青混合料配合比设计例题)

【例7-1】 试设计某高速公路沥青混凝土路面用的沥青混合料的配合比。

【设计资料】
(1)道路等级:高速公路;
(2)路面类型:沥青混凝土;
(3)结构层位:三层式沥青混凝土的上面层;
(4)气候条件:最热月平均最高气温大于30℃,年极度最低气温大于-9℃,年降雨量大于1000mm;
(5)工程设计级配范围见表7-39;

工程设计级配范围　　　　　表7-39

级 配 类 型	通过下列筛孔的质量百分率(%)									
	16.0	13.2	9.5	4.75	2.36	1.18	0.6	0.3	0.15	0.075
细粒式沥青混合料(AC-13)	100	90～100	68～85	38～68	24～50	15～38	10～28	7～20	5～15	4～8

315

(6)所用材料:沥青为70号A级道路石油沥青;矿质材料采用石灰石轧制碎石,矿粉采用石灰石磨细的矿粉。

【设计内容】

(1)原材料试验;

(2)根据各种矿料筛分结果,用图解法确定各种矿质材料的配合比;

(3)通过马歇尔试验确定最佳沥青用量;

(4)配合比设计检验。

【解】

(1)经检验,原材料试验均符合技术指标要求。1号粗集料的毛体积相对密度=2.765,2号粗集料的毛体积相对密度=2.743,石屑的毛体积相对密度=2.721,矿粉的表观相对密度=2.787。筛分结果见表7-40。

筛分试验数据　　　　　　　　　表7-40

材料名称及规格	筛孔尺寸(方孔筛)(mm)								
	16	13.2	9.5	4.75	2.36	1.18	0.6	0.3	0.15	0.075
	通过百分率(%)								
1号粗集料(5~15mm)	100	92.6	24.3	0.4	0.3	0.3	0.3	0.3	0.3	0.2
2号粗集料(3~10mm)	100	100	100	44.5	4.2	0.4	0.4	0.4	0.4	0.3
石屑(0~3mm)	100	100	100	100	97.2	69.8	42.5	29.4	18.9	8.0
矿粉	100	100	100	100	100	100	100	99.8	96.6	88.3

(2)矿质混合料配合比设计。

①组成材料筛分试验。

②组成材料配合比计算。用图解法计算组成材料配合比,计算并调整后的矿质混合料组成配合比计算,见表7-41。

矿质混合料组成配合比计算表　　　　　　　　　表7-41

材料组成		筛孔尺寸(方孔筛)(mm)								
		16	13.2	9.5	4.75	2.36	1.18	0.6	0.3	0.15	0.075
		通过百分率(%)								
矿料筛分结果	1号粗集料	100	92.6	24.3	0.4	0.3	0.3	0.3	0.3	0.3	0.2
	2号粗集料	100	100	100	44.5	4.2	0.4	0.4	0.4	0.4	0.3
	石屑	100	100	100	100	97.2	69.8	42.5	29.4	18.9	8.0
	矿粉	100	100	100	100	100	100	100	99.8	96.6	88.3
各种矿料在混合料中的比例	1号粗集料28%	28.0	25.9	6.8	0.1	0.1	0.1	0.1	0.1	0.1	0.1
	2号粗集料36%	36.0	36.0	36.0	16.0	1.5	0.1	0.1	0.1	0.1	0.1
	石屑33%	33.0	33.0	33.0	33.0	32.1	23.0	14.0	9.7	6.2	2.6
	矿粉3%	3.0	3.0	3.0	3.0	3.0	3.0	3.0	3.0	2.9	2.6
合成级配		100	97.9	78.8	52.1	36.7	26.3	17.3	12.9	9.4	5.5

续上表

材料组成	筛孔尺寸(方孔筛)(mm)								
	16	13.2	9.5	4.75	2.36	1.18	0.6	0.3	0.15	0.075
	通过百分率(%)								
级配范围(AC-13)	100	90~100	68~85	38~68	24~50	15~38	10~28	7~20	5~15	4~8
级配中值	100	95	76.5	53	37	26.5	19	13.5	10	6

(3)确定预估沥青混合料的适宜的油石比 P_a。

已知1号粗集料的毛体积相对密度=2.765,2号粗集料的毛体积相对密度=2.743,石屑的毛体积相对密度=2.721,矿粉的表观相对密度=2.787(矿粉以表观相对密度代替毛体积相对密度)。

$$\gamma_{sb} = \frac{100}{\frac{P_1}{\gamma_1} + \frac{P_2}{\gamma_2} + \cdots + \frac{P_n}{\gamma_n}} = \frac{100}{\frac{28}{2.765} + \frac{36}{2.743} + \frac{33}{2.721} + \frac{3}{2.787}} = 2.743$$

式中：P_1、P_2、$\cdots$、P_n——各种矿料成分的配合比,其和为100;

γ_1、γ_2、$\cdots$、γ_n——各种矿料按试验规程方法测定的毛体积相对密度。

计算得到预估沥青混合料的适宜的油石比：

$$P_a = \frac{P_{a1} \times \gamma_{sb1}}{\gamma_{sb}} = \frac{5.0 \times 2.765}{2.743} \approx 5.0$$

式中：P_a——预估的最佳油石比(%);

P_{a1}——已建类似工程沥青混合料的标准油石比(%);

γ_{sb}——集料的合成毛体积相对密度;

γ_{sb1}——已建类似工程集料的合成毛体积相对密度。

(4)成型试件,以预估沥青混合料的适宜的油石比为中值,采用0.5%间隔变化,确定5组油石比为4.0%、4.5%、5.0%、5.5%、6.0%,按《公路工程沥青及沥青混合料试验规程》(JTG E20—2011)中的相关试验规程成型试件。并在试件成型的同时,用真空法实测各组沥青混合料的最大理论相对密度 γ_{ti}。

(5)马歇尔试验。

①测定并计算试件的物理指标。马歇尔成型试件冷却脱模后,用表干法测定试件的毛体积相对密度。计算各组沥青混合料试件的空隙率VV、矿料间隙率VMA、有效沥青饱和度VFA。

②测定力学指标。进行马歇尔试验,测定马歇尔稳定度及流值,各项试验结果汇总见表7-42。

马歇尔试验技术指标测定结果汇总表 表7-42

试件编号	油石比(%)	毛体积相对密度		空隙率(%)	粒料间隙率(%)	饱和度(%)	稳定度(kN)	流值(0.1mm)
		实际值	理论值					
1	4.0	2.342	2.486	5.8	17.9	67.6	9.30	21
2	4.5	2.381	2.506	5.0	16.9	70.5	9.84	27
3	5.0	2.442	2.539	3.8	15.2	74.9	10.21	35

续上表

试件编号	油石比（%）	毛体积相对密度 实际值	毛体积相对密度 理论值	空隙率（%）	粒料间隙率（%）	饱和度（%）	稳定度（kN）	流值（0.1mm）
4	5.5	2.436	2.521	3.4	15.8	78.7	10.32	40
5	6.0	2.421	2.500	3.2	16.7	81.1	9.43	45
技术标准 JTG F40—2004	—	—	—	3~6	详见表7-17	65~75	≥8	15~40

(6) 确定最佳沥青用量。

以油石比为横坐标，分别以毛体积相对密度、稳定度、空隙率、流值、矿料间隙率 VMA、有效饱和度 VFA 为纵坐标，绘制沥青用量与马歇尔稳定度试验物理-力学性能指标关系图，如图 7-13 所示。

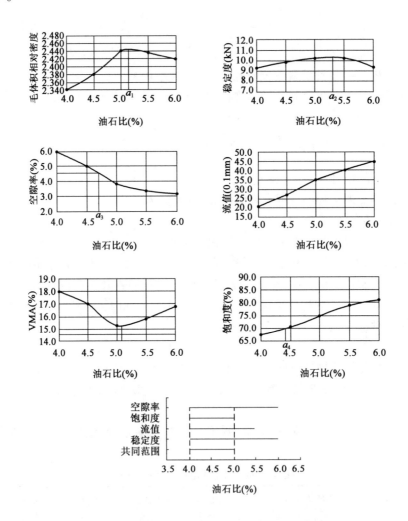

图 7-13 沥青用量与马歇尔稳定度试验指标关系图

注：图中求得相应于密度最大值、稳定度最大值、目标空隙率（或中值）、沥青饱和度范围的中值的沥青用量，分别为 $a_1 = 5.1\%$、$a_2 = 5.3\%$、$a_3 = 4.7\%$、$a_4 = 4.4\%$；$OAC_1 = (a_1 + a_2 + a_3 + a_4)/4 = 4.9\%$；$OAC_{min} = 4.0\%$、$OAC_{max} = 5.0\%$；$OAC_2 = (OAC_{min} + OAC_{max})/2 = 4.5\%$；$OAC = (OAC_1 + OAC_2)/2 = 4.8\%$。

①确定最佳油石比 OAC_1,从图上求得相应于密度最大值、稳定度最大值、目标空隙率(或中值)、沥青饱和度范围的中值的沥青用量,分别为 $a_1 = 5.1\%$、$a_2 = 5.3\%$、$a_3 = 4.7\%$、$a_4 = 4.4\%$。

$$OAC_1 = \frac{a_1 + a_2 + a_3 + a_4}{4} = 4.9\%$$

②确定最佳油石比 OAC_2,各项指标均符合技术标准(不包含 VMA)的沥青用量范围:

$$OAC_{min} = 4.0\% ; OAC_{max} = 5.0\%$$

$$OAC_2 = \frac{OAC_{min} + OAC_{max}}{2} = 4.5\%$$

③确定最佳油石比 OAC:

$$OAC = \frac{OAC_1 + OAC_2}{2} = 4.7\%$$

计算得到的 OAC 所对应的空隙率 $VV = 4.1\%$ 和 $VMA = 16.1\%$,均满足相关表 7-17 的要求,且位于 VMA 凹形曲线最小值的贫油一侧。

检查图 7-13 相应于此 OAC 的各项指标均符合马歇尔试验技术指标。

④根据实践经验和公路等级、交通情况,调整确定最佳油石比 OAC。

当地为夏炎热地区,且为高速公路的重载交通,预计可能产生较大车辙,宜在空隙率符合要求的范围内将计算得到的最佳沥青用量减少 $0.1\% \sim 0.5\%$。

因此将最佳油石比减少 0.1%,调整后的最佳油石比 $OAC = 4.6\%$。

⑤计算沥青结合料被集料吸收的比例及有效沥青含量。

⑥检验最佳油石比时的粉胶比和有效沥青膜厚度。

(7)配合比设计检验。

①高温稳定性检验。

对公称最大粒径小于或等于 19mm 的混合料,按规定方法进行车辙试验。

以油石比 4.6%,制备试件,60℃条件夏进行车辙试验,得到动稳定度 DS = 1260 次/mm,符合表 7-35 的不小于 800 次/mm 的要求。

②水稳定性检验。

按规定方法进行浸水马歇尔试验和冻融劈裂试验,以油石比 4.6%,制备试件,按规定方式试验得到残留稳定度 $MS_0 = 93\%$、冻融劈裂强度比 $TSR = 84\%$,符合表 7-36 水稳定性的要求。

③低温抗裂性能检验(对夏炎热地区不需要检验低温抗裂性能)。

④渗水系数检验。

利用车辙试件进行渗水系数试验,测得渗水系数为 60mL/min,符合表 7-38 渗水系数的要求。

⑤钢渣活性检验(对使用钢渣的沥青混合料,应按规定的试验方法检验钢渣的活性及膨胀性试验),此处不需要。

由以上结果得到,当油石比为 4.6%,各项指标均符合要求,所以最佳油石比为 4.6%。

课后任务

任务一 我国现行的沥青混合料配合比设计方法中,沥青最佳用量(OAC)是怎样确定的?

任务二 某一级公路路面下面层用热拌沥青混合料,类型为 AC-25C 型,厚度为 70mm,使用环境为重交通、夏炎热区,马歇尔试验技术指标测定结果汇总于表 7-43,试填满该表的空白处,并确定该沥青混合料的沥青最佳用量(OAC)。

马歇尔试验技术指标测定结果汇总表　　　　表 7-43

试件编号	油石比(%)	毛体积相对密度		空隙率(%)	粒料间隙率(%)	饱和度(%)	稳定度(kN)	流值(0.1mm)
		实际值	理论值					
1	3.5	2.352	2.486				11.79	20
2	4.0	2.391	2.505				10.24	25
3	4.5	2.442	2.542				12.60	35
4	5.0	2.436	2.527				12.80	42
5	5.5	2.421	2.507				10.79	47

课题五　新型沥青混合料

 任务引入

新型沥青混合料与传统的沥青混合料相比有哪些优点?什么是 SMA 沥青混合料?什么是 OGFC 沥青混合料?它们各有什么特点?

 任务分析

沥青玛蹄脂碎石混合料(SMA)和大孔隙开级配排水式沥青磨耗层(OGFC)都是新型的沥青混合料,它们与传统的沥青混合料不同的地方就是采用的新型的沥青混合料设计理念,以改善沥青混合料的路用性能。

相关知识

1. 沥青玛蹄脂碎石混合料(简称 SMA)

1)定义

SMA 由沥青混合料与少量的纤维稳定剂、细集料以及较多量的填料(矿粉)组成的沥青玛蹄脂填充于间断级配的粗集料的间隙,组成一体的沥青混合料。它主要采用粗集料,相互间构成嵌锁结构,很少使用细集料,从而形成所谓间断级配。

2)技术性能

根据国内外使用的经验,SMA 有下述优、缺点。

(1)优点

①抗车辙能力强;

②优良的抗裂性能;

③良好的耐久性;

④摊铺和压实性能好;

⑤增加抗滑性能、降低噪声。

(2)缺点

①造价增加约20%;

②沥青和矿粉用量多,还需使用纤维素,加工较繁,生产率较低;

③使用性能对矿粉和沥青用量的敏感性强,适应的气温条件温差较小;

④新建的SMA潮湿状态时,有过滑的危险。

3)分类

按照公称最大粒径的大小及压实度的厚度,SMA分为SMA-20、SMA-16、SMA-13、SMA-10。

4)术语

(1)沥青胶浆。由沥青结合料、矿粉、纤维组成的沥青玛蹄脂的黏结剂。

(2)沥青玛蹄脂。由沥青胶浆与细集料组成的混合物,用以填充沥青玛蹄脂碎石混合料SMA的粗集料骨架的间隙,同时起黏结作用。

(3)纤维稳定剂。在沥青玛蹄脂碎石混合料中起吸附沥青,增强结合料黏结力和稳定作用的木质纤维、矿物纤维、聚合物化学纤维等各类纤维的名称。

(4)粗集料。在SMA混合料中形成嵌挤起到骨架作用的集料部分,对SMA-20、SMA-16、SMA-13指粒径大于4.75mm的集料,对SMA-10是指粒径大于2.36的集料。

5)材料组成

(1)沥青

用于SMA的沥青结合料必须具有较高的黏度,与集料有良好的黏附性,以保证有足够的高温稳定性和低温韧性。对高速公路等承受繁重交通的重大工程。夏季特别炎热或冬季特别寒冷的地区,宜采用改性沥青。

(2)纤维稳定剂

稳定剂在SMA中的作用,一是稳定沥青,二是改善低温路面性质和抗滑性。沥青玛蹄脂碎石混合料在没有纤维,沥青含量多,矿粉用量大的情况下,沥青矿粉胶浆在运输、摊铺过程中会产生流淌离析,或在成型后由于沥青膜厚而引起路面抗滑性差等现象。所以,有必要加入纤维聚合物作为稳定剂。稳定剂包括纤维和聚合物两类,也有用橡胶粉的。

(3)粗集料

SMA的高温稳定性是基于含量甚多的粗集料之间的嵌挤作用,在很大程度上取决于集料石质的坚韧性、颗粒形状和棱角性。可以说,粗集料的这些性质是关于SMA成败的关键。因此,用于SMA的粗集料应采用质地坚硬、表面粗糙、形状接近立方体、有良好的嵌挤能力的破碎集料,并必须符合现行规范的相关技术要求,当采用酸性石料作粗集料,沥青与石料的黏附性和沥青混合料的水稳定性不符合要求时,应采用改性沥青、掺加适量消石灰粉或水泥等措施。如使用抗剥落剂时,必须确认抗剥落剂具有长期的抗水损害效果。

(4)细集料

细集料宜采用专用的细料破碎机(制砂机)生产的机制砂。当采用普通石屑代替时,宜采用与沥青黏附好的石灰岩石屑,且不得含有泥土、杂物。与天然砂混用时,天然砂的用量不宜过机制砂或石屑的用量。细集料的质量,应符合相应的技术要求。

(5)填料

填料必须采用由石灰石等碱性岩石磨细的矿粉。矿粉必须保持干燥,能从石粉仓自由流出。其质量应符合相应的技术要求。为改善沥青结合料与集料的黏附性,使用消石灰粉和水泥时,其用量不应超过矿料总质量的2%。粉煤灰不得作为SMA的填料使用。

6)混合料设计

SMA配合比设计的任务是确定骨架和玛蹄脂部分各种材料的规格和比例,以便保证真正形成粗集料骨架,骨架间又恰好被玛蹄脂填充,玛蹄脂能真正发挥使混合料成为整体的胶结作用。SMA混合料必须规定有充分的矿料间隙率(VMA)或最小沥青用量这两个关键性技术指标。

2.大孔隙开级配排水式沥青磨耗层(OGFC)

1)概述

大孔隙开级配排水式沥青磨耗层(OGFC)也称为多孔隙沥青混凝土表面层或多孔隙沥青混凝土磨耗层,又称开级配磨耗层或称排水沥青混凝土磨耗层或透水沥青混凝土磨耗层。多孔隙沥青混凝土压实后有15%~30%的孔隙,从而在面层内形成一个水道网。

2)技术性能

OGFC路面的优点:

(1)降低噪声性能

OGFC沥青路面降低噪声的性能主要是由于大空隙的作用。OGFC路面的降噪声效果与路面厚度、空隙率大小有关,即OGFC路面越厚,空隙率越大,降噪声效果越好。

(2)改善抗滑性能

OGFC路面的抗滑性能主要改善潮湿气候(即降雨时)条件下和高速行驶时的抗滑能力。

(3)减少行车引起的水雾

OGFC路面可以在减少由交通引起的水雾现象,40mm厚的OGFC路面足以吸收8mm的雨量才能使内部空隙趋于饱和。

OGFC路面的缺点:

(1)耐久性差

OGFC路面在使用一定时间后,空隙会由于灰尘,污物堵塞而减少,排水、吸音效果降低,产生老化、剥落的现象会较早出现。

(2)沥青含量允许范围较小

如果沥青含量过低则集料覆裹不够或是沥青膜太薄而很快地被氧化导致路面提早破坏,沥青含量过多又会导致沥青从集料中析出,摊铺时材料中沥青含量不均匀。

在OGFC沥青路面具有优点的同时,也带有相应的缺陷。但在选料、设计、养护方面采取专门措施,在某种程度上,可消除或弥补这些不足。如聚合物改性沥青OGFC路面的耐久性比不改性的高,这是因为改性沥青可增加沥青膜的厚度,延续沥青的老化,同时也可改善沥青与矿料间的黏结力,高压注水吸出法或"双氧水"发泡清洗污染等工艺可消除孔隙堵塞,保持路面排水吸音等功能。这些措施都可提高 OGFC 路面的耐久性。

课后任务

任务一　SMA 混合料组成材料有哪些？SMA 路面有哪些优缺点？

任务二　OGFC 沥青路面有哪些优点和缺点？

单元八 钢 材

1. 钢材的技术性质及定义。
2. 钢筋的分类。
3. 钢筋的力学性能标准。
4. 钢绞线的力学性能标准。

1. 钢筋抗拉、抗弯强度的测定方法。
2. 试验结果的计算与结果分析。

建筑钢材是指在建筑工程结构中使用的各种型材、钢板和用于钢筋混凝土的各种钢筋、钢丝等。

建筑钢材具有质地均匀密实、强度高、塑性及韧性好、耐冲击、性能可靠、可加工性能好等优点,也同时存在着易腐蚀、耐火性差、造价高等缺点。钢材是建筑工程主要材料之一,在建筑结构工程中得到广泛使用。

课题一 钢材的技术性质

任务引入

道路工程中为什么用钢材而不用铁?用在工程中的钢材应具有哪些技术性能?如何检测其性能?

任务分析

型材主要包括型钢和钢板,常用于钢桥建筑。线材主要包括钢筋、预应力钢筋、高强钢丝和钢绞线等,它是钢筋混凝土桥梁建筑中使用的主要材料之一。钢材性能的好坏直接影响桥梁建筑的使用品质,因此,了解和掌握钢材的性质及其测定方法,判定钢材的品质是本课题的中心任务。

相关知识

1. 钢的分类

1) 按化学成分分类

(1) 碳素钢。碳素钢亦称"碳钢"是指含碳量小于2%的铁碳合金。主要化学成分是铁,其次是碳,还有少量的硅、锰、磷、硫、氧、氮等杂质。

(2)合金钢。为改善钢的性能,在钢中特意加入某些合金元素(如锰、硅、钒、钛等),使钢材具有特殊的力学性能。

2)按杂质含量分类

(1)普通钢。磷含量不大于0.045%,硫含量不大于0.055%。

(2)优质钢。磷含量不大于0.035%,硫含量不大于0.040%。

3)按用途分类

(1)结构钢。用于建筑结构、机械制造等,一般为低碳钢和中碳钢。

(2)工具钢。用于各种工具,一般为高碳钢。

(3)特殊钢。具有某种特殊物理化学性质,如不锈钢。

2.钢材的技术性质

钢材的主要技术性质包括:钢材的强度、塑性、冷弯性能、冲击韧性、硬度、耐疲劳性能与良好的焊接性等。

1)强度

钢材的强度主要表现为抗拉强度。将低碳钢制成一定规格的试件,放在材料试验机上进行拉伸试验,可绘制图8-1中的应力—应变曲线,根据曲线特征、由屈服点、极限抗拉强度和伸长率等指标反映钢材的力学性能。

(1)弹性阶段($O—A$)。OA是一直线,此时应力与应变成正比例变化,应力增加,应变也增加。在OA范围内如卸去荷载,试件可恢复原状,称之为弹性变形。A点所对应的应力称为弹性极限,用σ_P表示。

(2)屈服阶段($B—B'$)。由A点当荷载增大时应力与应变不再成比例变化。这时如卸去外力,试件变形不能完全消失,即表明为塑性变形。图中B点是这一阶段的应力最高点,称为屈服上限,B'点称为屈服下限。由于B'点对应的应力相对比较稳定,容易测定,因此规范以B'点对应的应力为屈服点,对应的应力值称为屈服强度,以R_{eL}表示。其单位为MPa,按公式(8-1)计算。

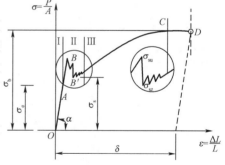

图8-1 碳素结构钢的应力—应变图

$$R_{eL} = \frac{F_S}{S_0} \tag{8-1}$$

式中:F_S——相当于所求应力的荷载(kN);

S_0——试件的原始截面面积(mm^2)。

中碳钢与高碳钢没有明显的屈服点,通常以残余变形0.2%的应力作为屈服强度(称为条件屈服),表示为$R_{eL0.2}$。屈服点对钢材使用有重要意义,当构件的实际应力超过屈服点时,将产生不可恢复的永久变形。因此,屈服强度是确定钢结构容许应力的主要依据。

(3)强化阶段($B—C$)。试件在B点后变形速度较快,随应力的提高而增加。对应于最高点C的应力称为极限抗拉强度,用R_m表示。

抗拉强度虽然不能直接作为计算根据,但钢材的屈服强度和抗拉强度的比值,即"屈强比",可以反映钢材可靠性和利用率。屈强比小时,钢材的可靠性大,结构安全;但屈强比过小,则钢材有效利用率偏低可能造成浪费。所以应合理选用屈强比,在保证安全可靠的前提下,尽量提高钢材的利用率。一般合理的屈强比在 0.60~0.75 之间。

(4)颈缩阶段(C—D)。当钢材强化达到最高点后,试件在某一薄弱处断面开始缩小,产生"颈缩"现象至 D 点断裂。

2)塑性

钢材在受力破坏前可以经受永久变形的性能,称为塑性。在工程中钢材的塑性指标通常用伸长率和断面收缩率表示。

(1)伸长率。是指试样拉断后,其标距部分所增加的长度与原标距长的百分比。伸长率按式(8-2)计算。

$$\delta_n = \frac{L_1 - L_0}{L_0} \times 100 \tag{8-2}$$

式中:L_1——试样拉断后标距部分的长(mm);

L_0——试样的原标距长(mm);

n——标距的长度与原始直径关系标志。当试样直径较小(一般不大于 4mm)时,试样 $L_0 = 11.3\sqrt{A_0} \approx 10d_0$,伸长率用 δ_{10} 表示;当试样直径较大时,试样 $L_0 = 5.65\sqrt{A_0} \approx 5d_0$,伸长率用 δ_5 表示(d_0 为试样直径)。

(2)断面收缩率。是指试件拉断后缩颈处横断面面积的最大缩减量占原横断面面积的百分比。

钢筋一般只进行伸长率单项检测。伸长率大表明钢材的塑性好。塑性良好的钢材,当偶尔超载时可产生塑性变形,使钢材内部应力重新分布,不至于应力集中而断裂。

3)冷弯性能

冷弯性能是指钢材常温下承受弯曲变形而不破坏的能力,并可在弯曲中显示钢材缺陷的一种工艺性能。冷弯性能是以规定试件在规定的弯曲角度、弯心直径及反复弯曲次数后(图 8-2),按规定试件弯曲处不产生裂纹、断裂和起层等现象时即认为合格。

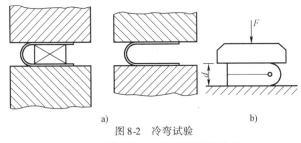

图 8-2 冷弯试验
a)弯至两臂平行;b)弯至两臂接触重合

4)硬度

硬度是钢材抵抗其他较硬的物体压入的能力,实际上硬度为钢材抵抗塑性变形的能力。我国现行国家标准金属硬度的方法有布氏硬度法、洛氏硬度法和维氏硬度法。通常用硬度来检查钢材质量和确定合理的加工工艺。

5)冲击韧性

钢材的冲击韧性,是指钢材在冲击荷载作用下断裂时吸收能量的能力,它是衡量钢材抵抗脆性破坏的力学性能指标。钢材的冲击韧性指标是采用标准试件的弯曲冲击韧性试验确定。

6)耐疲劳性

钢筋若在交变应力(随时间作周期性交替变更的应力)的反复作用下,往往在工作应力远小于抗拉强度时发生骤然断裂,这种现象称为"疲劳破坏"。钢材抵抗疲劳破坏的能力称为疲劳性。

7)良好的焊接性

良好的焊接性是指钢材的连接部分焊接后力学性能不低于焊件本身,以防止产生硬化脆裂和内应力过大等现象。钢材的连接主要采用的是焊接,为保证焊接质量,要求焊缝及附近过热区不产生裂缝及变脆倾向,焊接后钢材的力学性能,特别是强度不低于原钢材的性能。

相关知识

【一】 金属材料 室温拉伸试验方法(见 GB/T 228.1—2010)

1. 试样

(1)组批规则。

钢筋的技术性能试验前,应检查钢筋的进场手续是否符合要求。要求具有出厂质量证明书或试验报告单,每捆钢筋均应有标牌。检查时应按批进行检查和验收,每一批应由同一牌号、同一生产工艺和同一交货状态的钢筋组成,每批不大于60t。

(2)取样数量各类钢筋每组试件数量见表8-1。

43-钢筋的拉伸试验

各类钢筋每组试件数量 表8-1

钢 筋 种 类	每组试件数量	
	拉伸钢筋	弯曲钢筋
热轧带肋钢筋	2根	2根
热轧光圆钢筋	2根	2根
低碳热轧圆盘条	1根	2根
冷轧带肋筋	逐盘1个	每批2个

注:1. 凡表 8-1 中规定取两个试样的,均应从任意两根中分别切取一个拉伸试件、一个冷弯试件。
   2. 低碳钢热轧圆盘条,冷弯试件应取自同盘的两端。
   3. 试件切取时,应在钢筋或盘条的任意一端截去 500mm 后切取。

(3)取样长度。直径大于4mm 的钢筋,两夹头的长度应足够,以使试样原始标距的标记与最近夹头间近的距离不小于 1.5 倍的 d。试验机两夹头间的自由长度应至少为 $L_0 + 50$mm。如不测断后伸长率,两夹头间的最小自由长度可以为 50mm。

(4)标距。比例试样,原始标距与原始横截面面积有 $L_0 = k\sqrt{A_0}$ 关系。当试样直径较小(一般不大于4mm)时,试样 $L_0 = 11.3\sqrt{A_0} \approx 10d_0$;当试样直径较大时,试样 $L_0 = 5.65\sqrt{A_0} \approx 5d_0$。 (5)原始标距($L_0$)的标记。应用小标距、细划线或细墨线标记原始标距,但不得用引起过早断裂的缺口作标记。

对于比例试样,应将原始标距的计算值修约至最接近 5mm 的倍数,中间数值向较大一方修约。原始标距的标记应准确到 ±1%。

2. 试验仪器

(1)各种类型拉力试验机均可使用(图8-3、图8-4),但应按照《静力单轴试验机的检验 第1部分:拉力和(或)压力试验机测力系统的检验与校准》(GB/T 16825.1—2008)进行检验,并应为1级或优于2级准确度。

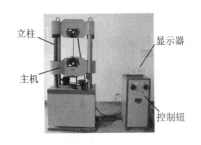

图8-3 钢筋拉伸试验机

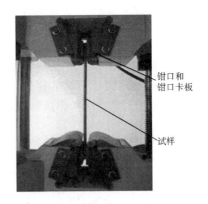

图8-4 钢筋拉伸试验示意图

(2)根据试样尺寸测量精度的要求,选用相应精度的任两种量具或仪器,如游标卡尺、螺旋千分尺或精度更高的测微仪、钢板尺、钢卷尺等。

3.试验条件

1)试验速率

(1)测定下屈服强度,在试样平行长度的屈服期间应变速率应在 0.00025/s ~ 0.0025/s 之间。平行长度内的应变速率应尽量可能保持恒定。

任何情况下,弹性范围内的应力速率不得超过表8-2规定的最大速率。

应 力 速 率 表8-2

材料弹性模量 $E(N/mm^2)$	应力速率($N/mm^2 \cdot s^{-1}$)	
	最小	最大
<150000	2	20
≥150000	6	60

(2)测定抗拉强度(R_m)的试验速率:平行长度的应变速率不应超过 0.008/s。

2)试验温度

一般在室温 10 ~ 35℃ 范围内进行。对温度要求严格的试验,试验温度应为 23℃ ±5℃。

4.试验步骤

(1)在试件上画标距,可用标距仪见图8-5进行标距,估算试验所需最大力。

图8-5 钢筋标距仪

(2)调试试验机,选择合理的量程。试件破坏荷载必须大于试验机全量程的20%且小于试验机全量程式的80%,试验机的测量精度应为±1%。

(3)测量屈服强度和抗拉强度。钢筋拉伸试验在试验机上进行,当测力度盘的指针停止转动后恒定负载或第一次回转的最小负荷即为所求屈服点的荷载。

抗拉强度是向试件连续加荷直至拉断,由测力度盘或拉伸曲线上读出最大负荷。最大力除以试样原始横截面面积得到抗拉强度。

(4)测定伸长率。试件拉断后,应将试样断裂的部分仔细地配接在一起,使其轴线处于同一直线上,并采取特别措施确保试样断裂部分适当接触后测量试样断后标距,计算伸长率。

5.结果数值的修约

试验测定的性能结果数值应按照相关产品标准的要求进行修约。如未规定具体要求,应按照如下要求进行修约:

(1)强度性能值修约至1MPa。

(2)屈服点延伸率修约至0.1%,其他延伸率和断后伸长率修约至0.5%。

(3)断面收缩率修约至1%。

6.试验结果处理

(1)试验出现下列情况之一其试验结果无效,应重做同样数量试样的试验。

①试样断在标距外或断在机械刻划的标距标记上,而且断后伸长率小于规定最小值;

②试验期间设备发生故障,影响了试验结果。

(2)试验后试样出现两个或两个以上的缩颈以及显示出肉眼可见的冶金缺陷(例如分层、气泡、夹渣、缩孔等),应在试验记录和报告中注明。

7.试验结果记录

钢筋的室温拉伸试验记录表见表8-3。

钢筋的室温拉伸试验记录表 表8-3

工程名称_____ 试验室温度、湿度_____
路段范围_____ 试　　验　　者_____
试样来源_____ 校　　核　　者_____
评定标准_____ 试　　验　　日　　期_____
试验方法_____

试件编号	炉批号、批量(t)	钢材品种	试件尺寸			断后标距(mm)	伸长率(%)	屈服荷载(kN)	抗拉荷载(kN)	屈服强度(MPa)	抗拉强度(MPa)	断口形状
			直径(mm)	横截面面积(mm²)	标距(mm)							
			技术要求									

结论:

【二】 金属材料 弯曲试验方法(GB/T 232—2010)

44-钢筋的弯曲试验

1.试验设备

弯曲试验可用压力机、特殊试验机、万能试验机或圆口老虎钳等设备进行。试验过程中应平稳地对试样施加压力。支辊式弯曲装置,见图8-6、图8-7。

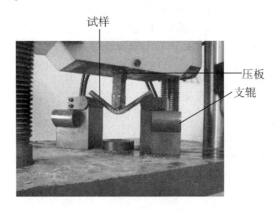

图8-6 支辊式弯曲装置

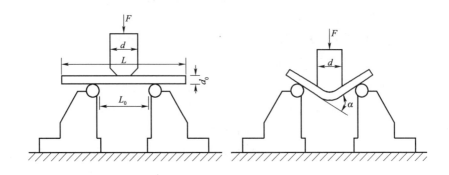

图8-7 钢筋弯曲试验示意图

(1)支辊长度应大于试样宽度或直径。支辊应具有足够的硬度。
(2)除非另有规定,支辊间距应按照公式(8-3)确定:

$$L_0 = (d + 3a) \pm 0.5a \tag{8-3}$$

式中:L_0——支辊间距(mm);
d——弯心直径(mm);
a——钢筋直径(mm)。

2.试样

(1)试样表面不得有划痕和损伤。
(2)选择适当的弯心直径d,对不同种类的钢材其弯心直径取值不同,可参考表8-8取值。

(3)一般试件截取长度为 $L \geqslant 5d + 150$ mm。

(4)试验数量见表8-1。

3.试验条件

一般在室温 10~35℃ 范围内进行。对温度要求严格的试验,试验温度应为 23℃ ±5℃。

4.试验程序

(1)试样弯曲至规定弯曲角度的试验,应将试样放于两支辊(图8-6)上,试样轴线应与弯曲压头轴线垂直,弯曲压头在两支座之间的中点处对试样连续施加力使其弯曲,直到达到规定的弯曲角度。

如不能直接达到规定的弯曲角度,应将试样置于两平行压板之间,连续施加压力,使其两端进一步弯曲,直到规定的弯曲角度。

(2)试样弯曲至180°两臂相距规定距离且相互平行的试验,当采用表8-2的加荷速率时,首先对试样进行初步弯曲(弯曲角度应尽可能大),然后将试样置于两平行压板之间连续施加力压,使其两端进一步弯曲,直到两臂平行。试验时可以加或不加垫块。除非产品标准中另有规定,垫块厚度等于规定的弯曲压头直径。

(3)弯曲试验时,应缓慢施加弯曲力。

5.试验评定

冷弯试验后,弯曲外侧表面无裂纹、断裂或起层,即判为合格。做冷弯曲的两根试件中,如有一根子试件不合格,可用双倍数量试件重新做冷弯试验,第二次试验中,如仍有一根不合格,即判该批钢筋为不合格产品。

6.试验结果记录

结果见表8-4。

钢筋抗弯曲试验记录表　　　　　　　　　　表8-4

工程名称_____　　　试验室温度、湿度_____
路段范围_____　　　试　验　者_____
试样来源_____　　　校　核　者_____
评定标准_____　　　试　验　日　期_____
试验方法_____

试件编号	炉批号、批量(t)	钢材品种	试件尺寸		弯心直径(mm)	角度(°)	评定
			直径(mm)	横截面面积(mm²)			
			技术要求				

结论:

技能训练(试验实例)

试验实例见表8-5、表8-6。

钢筋拉伸试验实训任务单及试验结果评定

表 8-5

实训日期		姓名		成绩	
实训任务	钢筋拉伸试验(GB/T 228.1—2010)				
实训任务书	题目:某工地桥梁桩基用钢,此钢筋为 HRB400 普通热轧钢筋,直径为14mm,总质量20t,此钢筋在施工中无需焊接。要求钢筋合格,试给予此钢筋进行评定。 要求:对此钢筋进行室温拉伸力学性能试验,评定此钢筋抗拉强度是否合格				
主要设备					
主要步骤	(每位学生按照实际操作过程进行填写)				

钢筋的室温拉伸试验记录表

工程名称 　某高速公路　　　　　试验室温、湿度　25℃、60%　　

路段范围 　桥梁桩基　　　　　　试　验　者　　　　　　　　

试验来源 　某钢厂　　　　　　　校　核　者　　　　　　　　

评定标准 　GB 1499.2—2018　　　试　验　日　期　　　　　　

试验方法 　GB/T 228.1—2010　　

试件编号	炉批号、批量(t)	钢材品种	试件尺寸			断后标距(mm)	伸长率(%)	屈服荷载(kN)	抗拉荷载(kN)	屈服强度(MPa)	抗拉强度(MPa)	断口形状
			直径(mm)	横截面面积(mm²)	标距(mm)							
YJ-004	451-2172-1 9.440t	热轧带肋	14	153.9	70	87	24.5	65.0	97.0	461	630	延性
						84	20.0	67.0	96.0	435	624	延性
			技术要求			—	≥16	—	—	≥440	≥540	延性

结论:符合评定标准要求,此钢筋抗拉强度合格

钢筋弯曲试验实训任务单及试验结果评定

表 8-6

实训日期		姓名		成绩	
实训任务	钢筋弯曲试验(GB/T 232—2010)				
实训任务书	题目:某工地桥梁桩基用钢,此钢筋为 HRB400 普通热轧钢筋,直径为14mm,总质量20t,此钢筋在施工中无需焊接。要求钢筋合格,试给予此钢筋进行评定。 要求:对此钢筋进行弯曲力学性能试验,评定此钢筋冷弯性能是否合格				
主要设备					

续上表

主要步骤	（每位学生按照实际操作过程进行填写）

钢筋的弯曲试验记录表

工程名称　　某高速公路　　　　　　试验室温、湿度　　25℃、60%　
路段范围　　桥梁桩基　　　　　　　试　验　者　　　　　　　　　　
试样来源　　某钢厂　　　　　　　　校　核　者　　　　　　　　　　
评定标准　　GB 1499.2—2018　　　　试　验　日　期　　　　　　　　
试验方法　　GB/T 232—2010　　

试件编号	炉批号、批量（t）	钢材品种	试件尺寸		弯心直径（mm）	弯曲角度（°）	评　定
			直径（mm）	横截面面积（mm²）			
YJ-004	451-2172-1 9.440t	热轧带肋	14	153.9	56	180	合格
							合格
			技术要求		56	180	—
结论：符合评定标准要求，此钢筋抗弯强度合格							

课后任务

任务一　评价建筑用钢的技术性质根据哪些主要指标？
任务二　受力钢筋的设计强度为什么应取屈服强度，而不是抗拉强度？
任务三　什么是钢筋的屈强比？它对结构安全有什么影响？
任务四　完成表8-7中的实训任务单与试验结果计算评定。

钢筋拉伸试验实训任务单及试验结果评定　　　　　　　　　　　　　表8-7

实训日期		姓名		成绩	
实训任务	钢筋拉伸试验(GB/T 228.1—2010)				
实训任务书	题目：某工地桥梁桩基用钢，此钢筋为 HRB400 普通热轧钢筋，直径为 22mm，总质量46.5t，此钢筋在施工中无须焊接。要求钢筋合格，试给予此钢筋进行评定。 要求：对此钢筋进行室温拉伸力学性能试验，评定此钢筋抗拉强度是否合格				
主要设备					
主要步骤	（每位学生按照实际操作过程进行填写）				

钢筋的室温拉伸试验记录表

工程名称_____　　　试验室温、湿度_____
路段范围_____　　　试　验　者_____
试样来源_____　　　校　核　者_____
评定标准_____　　　试　验　日　期_____
试验方法_____

试件编号	炉批号、批量(t)	钢材品种	试件尺寸			断后标距(mm)	伸长率(%)	屈服荷载(kN)	抗拉荷载(kN)	屈服强度(MPa)	抗拉强度(MPa)	断口形状
			直径(mm)	横截面面积(mm²)	标距(mm)							
BT-2018-1003	62-492-2 46.5t	热轧带肋	22		110	137		191	254			延性
						140		187	259			延性
			技术要求			—	≥16	—	—	≥400	≥540	延性

结论：

课题二　钢筋与钢绞线

 任务引入

什么是钢丝？什么是钢绞线？它们各有什么作用？

 任务分析

钢筋、预应力钢筋、高强度钢丝和钢绞线等，它是钢筋混凝土桥梁建筑中使用的主要材料之一。我们在课题一中已知，桥梁的使用品质与钢材性能的好坏有关，而对钢材的性能评定必须有一个标准来衡量，因此，学习钢筋、钢绞线的力学性能标准是本课题的中心任务。

相关知识

1.桥梁建筑用钢的技术要求

用于桥梁建筑的钢材，根据工程条件和特点，这类钢材具备下列技术要求。

1）良好的综合力学性能

桥梁结构在使用中承受复杂的交通荷载，同时暴露在大自然中受到外界大气影响，要求钢材必须具备良好的抗拉强度、良好的塑性、冷弯、冲击韧性等综合性能。

2）良好的焊接性

由于桥梁的设计、施工工艺的发展，要求钢材具备良好的可焊性，即钢材焊接的连接部分应强而韧，其强度与韧性不低于焊件本身，以防止产生硬化脆裂和内应力过大等现象。

3）良好的抗蚀性

桥梁长期暴露于大气中，要求桥梁用钢材具有良好的抵抗大气因素腐蚀的性能。

2.钢筋混凝土结构用钢筋及钢丝

桥梁钢筋混凝土结构用钢筋及钢丝是用碳素结构钢或低合金结构钢经加工而成的。按加工工艺不同有普通热轧钢筋、冷拉钢筋及冷轧带肋钢筋等。

普通热轧钢筋截面形状见图8-8。

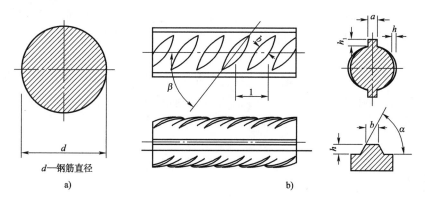

图8-8 普通热轧钢筋截面形状

根据《钢筋混凝土用钢 第Ⅰ部分》热轧光圆钢筋(GB 1499.1—2017),热轧直条光圆钢筋牌号为HPB300。根据《钢筋混凝土用钢 第2部分:热轧带肋钢筋》(GB 1499.2—2018),热轧钢筋分普通热轧钢筋和细晶粒热轧钢筋。钢筋的强度为400、500、600三个等级;400、500两个等级还有地震钢筋。钢筋牌号由HRB和牌号的屈服点最小值构成(如HRB400、HRBF400E)。各种钢筋在生产时,其表面应有标示,如HRB400、HRB500、HRB600分别用4、5、6表示;HRBF400、HRBF500分别用C4、C5表示;HRB400E、HRB500E分别用4E、5E表示;HRBF400E、HRBF500E分别用C4E、C5E表示;除此之外也应有直径标示,钢筋的公称直径范围为6~50mm。其力学性能及各种要求应符合表8-8要求。

混凝土用热轧光圆钢筋及热轧带肋钢筋的力学性能特征值与冷弯性能 表8-8

品种外形	强度等级代号	公称直径(mm)	下屈服强度 R_{eL}(MPa)	抗拉强度 R_m(MPa)	断后伸长率 A(%)	冷弯d:弯心直径;a:钢筋直径
光圆钢筋	HPB300	6~22	≥300	≥420	≥25	180° $d=a$
热轧钢筋	HRB400 HRBF400 HRB400E HRBF400E	6~25 28~50 >40~50	≥400	≥540	≥16	180° $d=4a$ 180° $d=5a$ 180° $d=6a$
热轧钢筋	HRB500 HRBF500 HRB500E HRBF500E	6~25 28~50 >40~50	≥500	≥630	≥15	180° $d=6a$ 180° $d=7a$ 180° $d=8a$
热轧钢筋	HRB600	6~25 28~50 >40~50	≥600	≥730	≥14	180° $d=6a$ 180° $d=7a$ 180° $d=8a$

3. 预应力混凝土用钢筋、钢丝

预应力混凝土用钢筋有热处理钢筋、冷拉钢筋和精扎钢筋。预应力混凝土用的钢丝有冷拔碳钢丝、冷拉或消除应力的光圆钢丝、螺旋肋钢丝和刻痕钢丝。

1)热处理钢筋

热处理钢筋由热轧螺纹钢筋经淬火和回火的调质处理而成。热处理后的钢筋因为改变了内部组织结构,其性能得到改善,抗拉强度提高到预应力钢筋的强度等级。

2)冷拉钢筋

冷拉是将钢筋在常温下拉伸超过屈服点,以提高钢筋的屈服极限、强度极限和疲劳极限的一种加工工艺。但钢筋经冷拉后会降低其延伸率、断面收缩率、冷弯性能和冲击韧性。预应力混凝土结构所用的钢筋,主要要求具有高的屈服极限、变形极限等性能。

3)精轧螺纹钢筋

精轧螺纹钢筋是用热轧方法直接生产的一种无纵肋的钢筋,钢筋的连接是在端部用螺纹套筒进行连接接长。

4)冷拔钢丝

冷拔钢丝是所直径6~8mm的普通碳素钢筋条用强力拉比它本身直径还小的硬质合金拉丝模,这时钢筋同时受到纵向拉力和横向拉力的作用,截面变小,长度拉长,经过几次拉丝,其弹性比原来有极大提高。

5)高强钢丝有冷拉钢丝、消除应力钢丝和消除应力刻痕钢丝。

冷拉钢丝是用盘条通过拔丝或轧辊经冷拉加工而成,以盘卷供货的钢丝。

消除应力钢丝是按一次性连续处理方法生产的钢丝。

刻痕钢丝是钢丝表面沿着长方向上具有规则间隔的压痕。

4. 预应力混凝土用钢绞线

大型预应力混凝土构件,由于受力很大,常采用强度很高的预应力高强度钢丝和钢绞线作为主要受力钢筋。

钢绞线是钢厂用优质碳素结构钢经过冷加工、再经回火和绞捻等加工而成的。标准型钢绞线是由冷拉光圆钢丝捻制而成的;刻痕钢绞线是由刻痕钢丝捻制而成的;模拔型钢绞线是捻制后再经冷拔而成的。

1)钢绞线的分类与代号

钢绞线按结构分为8类。其代号为:用2根钢丝捻制而成的钢绞线,1×2;用3根钢丝捻制而成的钢绞线,1×3;用3根刻痕钢丝捻制而成的钢绞线,(1×3)I;用7根钢丝捻制的标准型钢绞线,1×7;用6根钢丝和1根光圆中心钢丝捻制的钢绞线,(1×7)I;用7根钢丝捻又经拔模的钢绞线,(1×7)C;用19根钢丝捻制的1+9+9西鲁式的钢绞线,(1×19)S;用19根钢丝捻制的(1+6+6)/6瓦林吞式的钢绞线,(1×19)W。钢绞线的断面形状如图8-9所示。

2)钢绞线的技术性能

钢绞线具有强度高、柔韧性好、质量稳定,无接头、施工方便,使用可构对所根据要求长度切断。它主要适用于大荷载、大跨度、曲线配筋的预应力混凝土结构使用。

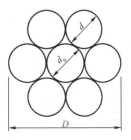

图8-9 钢绞线的断面形状

根据《预应力混凝土用钢绞线》(GB/T 5224—2014),桥涵工程常用(1×7)I、(1×7)C 结构钢绞线(图8-9),其力学性能要求见表8-9;其尺寸及允许偏差、每米参考质量见表8-10。

1×7 结构钢绞线的主要力学性能　　　　　　　　　表8-9

钢绞线结构	钢绞线公称直径 D_n (mm)	抗拉强度 R_m (Pa) ≥	整根钢绞线最大力 F_m (kN) ≥	整根钢绞线最大力的最大值 $F_{m,max}$ (kN) ≤	0.2%屈服力 $F_{m0.2}$ (kN) ≥	最大力总伸长率 (L_e≥500mm) A_{gt} (%) ≥	应力松弛性能 初始负荷相当于公称最大力的百分数(%)	应力松弛性能 1000h 后应力松弛率 r (%) ≤
(1×7)I	12.70	1860	184	203	162	3.5	80	4.5
(1×7)I	15.2(15.24)	1860	260	288	229			
(1×7)C	12.70	1860	208	231	183			
(1×7)C	15.20(15.24)	1820	300	333	264			
(1×7)C	18.00	1720	384	428	338			

1×7 结构钢绞线的尺寸及允许偏差、每米参考质量　　　　　　表8-10

绞 线 结 构	公称直径 (mm)	直径允许偏差 (mm)	钢绞线参考截面面积 (mm²)	每米钢绞线参考质量(g/m)	中心钢丝直径加大范围(%)≥
(1×7)I	12.70	+0.40 −0.15	98.7	775	2.5
(1×7)I	15.20(15.24)	+0.40 −0.15	140	1101	2.5
(1×7)C	12.70	+0.40 −0.15	112	890	2.5
(1×7)C	15.20(15.24)	+0.40 −0.15	165	1295	2.5
(1×7)C	18.00	+0.40 −0.15	223	1750	2.5

课后任务

任务一　钢筋有哪些分类方法?各分几类?

任务二　预应力混凝土用钢筋及钢丝有哪些?

任务三　什么是钢绞线?各分几类?其代号为哪些?

单元九　土工合成材料(选学)

1. 土工合成材料的概念和分类。
2. 土工合成材料的物理性质指标、力学性质指标及水力学性质指标。
3. 土工合成材料在公路工程中的应用。

 任务引入

土工合成材料是一种什么样的新型材料？分为哪几类？反映土工合成材料技术性质的指标主要有哪些？土工合成材料在公路工程中主要应用于哪几个方面？

 任务分析

土工合成材料是指工程建设中应用的以人工合成中天然聚合物为原料制成的工程材料的总称。其主要品种有土工织物、土工膜、土工复合材料和土工特种材料等。反映土工合成材料的物理性质的指标有单位面积质量、厚度、幅宽、孔径；反映土工合成材料力学性质的指标主要有拉伸强度、撕破强度、顶破强度、刺破强度、穿透强度和握持强度等；反映土工合成材料水力学性质的指标有孔隙率、孔径的大小及分布情况和渗透能力等。在公路工程中土工合成材料的作用主要是过滤、排水、隔离、加筋、防渗和防护，常用于路堤加筋、台背路基填土加筋、过滤与排水、路基防护、路面裂缝防治等五个方面。

 相关知识

1. 概述

1) 土工合成材料的概念

土工合成材料是指工程建设中应用的以人工合成中天然聚合物为原料制成的工程材料的总称。它是指以人工合成的聚合物如塑料、化纤、合成橡胶等为原料，制成各种类型的产品，置于土体内部、表面或各层土体之间，能发挥加强或保护土体的作用的工程材料。

2) 土工合成材料的分类

土工合成材料一般分为四大类：土工织物、土工膜、土工复合材料和土工特种材料。其详细分类情况如图9-1所示。工程中常用的土工合成材料有土工织物、土工格栅、土工网、土工膜和土工复合材料。

(1) 土工织物

用于岩土工程和土木工程的机织、针织和非织造的可渗透的聚合材料。透水性的平面土工合成材料(又称土工布)。主要包括有纺(织造)土工织物与无纺(非织造)土工织物。有纺土工织物是由纤维纱长丝按一定方向交织而成的织物。无纺土工织物是由短纤维或长线按定向排列结合在一起的织物。土工织物可用于两种介质间的隔离、路基防排水、防沙固沙、构筑物表面防腐、路面裂缝防治等场合,高强度的土工织物可用于加筋。

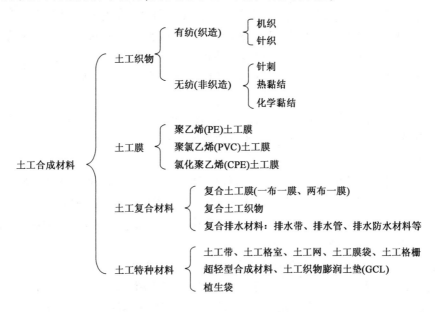

图 9-1 土工合成材料分类

(2) 土工格栅

由有规则的网状抗拉条带形成的用于加筋的土工合成材料。它具有较高强度,其开孔可容周围土、石或其他土工材料等穿入,用于加筋的平面材料。包括塑料拉伸土工格栅、经编土工格栅、黏结或焊接土工格栅等。

(3) 土工网

由平行肋条经以不同角度与其上相同肋条黏结为一体的用于平面排液、排气的土工合成材料。高分子聚合物经挤出制成的网状材料或其他材料经编织形成的网状材料,包括塑料平面土工网、经编平面土工网、塑料三维土工网、经编三维土工网等。

(4) 土工膜

由聚合物或沥青制成的一种相对不透水的薄膜。

(5) 土工复合材料

由两种或两种以上材料复合成的土工合成材料。复合土工膜可用于路基防水、盐渍土隔离等场合。

(6) 植生袋

采用孔隙率为 70%~99.5% 的多功能过滤毯状纤维,运用针刺法和喷胶法生产出的,内含草种、灌木种、培养料、保水剂和肥料等绿化辅料的袋状材料。

2. 土工合成材料的技术性质

1) 土工合成材料的物理性质

(1) 单位面积质量

单位面积质量是指单位面积的试样在标准大气条件下的质量。单位面积质量是土工合成材料物理性能指标之一,反映产品的原材料用量以及生产的均匀性和质量的稳定性,与产品性能密切相关。目前测定土工合成材料的单位面积质量通常采用称量法,单位采用 g/m²。

(2) 厚度

厚度是指土工合成材料在承受规定的压力下正反两面之间的距离。某些土工合成材料在承受压力时,厚度变化很大,厚度变化对织物的孔隙率、透水性和过滤性等水力学特性有很大影响。目前土工织物及复合土工织物的厚度采用专门的厚度测试仪进行测量,土工膜厚度的测定是采用机械测量方法测定土工薄膜和薄片厚度,厚度单位用 mm 表示。

(3) 幅宽

幅宽是指整幅样品经调湿除去张力后与长度方向垂直的整幅宽度。幅宽是土工合成材料规格中重要的指标之一,直接影响到产品的有效使用面积。

(4) 孔径

土工合成材料孔径从概念上来分包括当量孔径和有效孔径和两种。当量孔径是用于表示网格型(如土工网、土工格栅)土工合成材料孔隙大小的指标,是将某种形状的网孔换算为等面积圆的直径。有效孔径是指能有效通过土工织物的近似最大颗粒直径,例如 O_{90} 表示土工织物中 90% 的孔径低于该值。

土工合成材料的孔径反映其透水性能和保持土颗粒的能力,它是一个重要的特征指标。测定土工合成材料孔径的方法分直接法和间接法两种。直接法包括显微镜直接测读法和千分尺测量法;间接法包括干筛法、湿筛法、水动力法、水银压入法、吸引法和渗透法等。干筛法适用于测定无纺织物的有效孔径,同样适用于孔径较小的有纺织物;对于结构较稀疏的有纺织物和孔径较小的土工格栅则较适合于用直接法测定。

2) 土工合成材料的力学性质

反映土工合成材料力学性质的指标主要有:拉伸强度、撕破强度、顶破强度、刺破强度、穿透强度和握持强度等。

(1) 拉伸强度

拉伸强度是指试验中试样被拉伸直至断裂时每单位宽度的最大拉力,单位用 kN/m 表示。土工合成材料的拉伸强度与试样的宽度、形状以及试验条件有关。目前,测定土工合成材料的拉伸强度基本上采用宽条拉伸试验测定。

(2) 撕破强度

撕破强度是指土工合成材料试样在撕裂过程中抵抗扩大破损裂口的最大拉力。

土工合成材料在运输和现场铺设过程中,可能会受到剪切或刺破作用。此时,土工合成材料的抗破裂强度则可能由撕破强度所控制。目前,土工合成材料的撕破强度采用梯形撕破强力试验测定。

(3) CBR 顶破强度

CBR 顶破强度是指以圆柱形顶杆垂直顶压试样,直至破裂过程中测得的最大顶压力。

(4) 刺破强度

刺破强度是用直径 8mm 的刚性顶杆以规定速率垂直顶刺试样,直至刺破过程中所需的最大力。它所反映的是土工合成材料抵抗小面积集中荷载(如有棱角的石子或树枝等)的能力。目前,土工合成材料的刺破强度采用刺破强力试验测定。

(5) 握持强度

握持强度是指土工合成材料在握持拉过程中所能承受的最大拉力。它能够反映土工合成材料承受集中力时,分散集中力的能力。

握持强度试验选用的仪器一般与条带拉伸试验相同，但试验方法不同。握持强度试验是握持试样两端的部分宽度而进行的一种拉伸试验。试样的实际受力宽度取决于材料结构在横向分散荷载的能力。其强度为夹持宽度内纤维强度及相邻纤维所提供的附加强度之和。其强度与材料结构、经纬密度和纤维移动难易程度有关。握持拉伸强度与条带拉伸强度之间没有简单的对比关系。土工织物的握持强度一般不作为设计依据，只用作比较不同土工合成材料的抗拉特性。

(6) 穿透孔径

穿透孔径是指规定尺寸的落锥在土工合成材料上方 500mm 高度处自由落下时，穿透土工合成材料的孔洞直径。它是反映土工合成材料抵御穿透能力的力学特性指标。

穿透孔径的测定采用落锥穿透试验。该试验方法是模拟工程施工中具有尖角的石块或其他锐利物掉落在土工合成材料上时的情况，通过测量穿透孔径的大小，来评价土工合成材料抵御穿透的能力。

3) 土工合成材料的水力学性质

土工织物常被用于排水和过滤材料。土工织物可以让水和空气自由地通过，并能有效地截留和控制土颗粒的流失。与土工织物这种功能密切相关的水力学性质包括孔隙率、孔径的大小及分布情况和渗透能力等。

(1) 孔隙率

土工织物的孔隙率是指其孔隙体积与总体积的比值。用 $n\%$ 表示，它是无纺织物的主要水力学特性之一。

土工织物的孔隙率可直接通过计算来确定，公式如下：

$$n = \left(1 - \frac{G}{\rho \cdot \delta}\right) \times 100\% \tag{9-1}$$

式中：G——土工织物的单位面积质量（g/m^2）；

ρ——原材料密度（g/m^2）；

δ——织物的厚度（m）。

无纺织物的孔隙率随其所承受的压力改变而改变。在一般承压情况下，无纺织物的孔隙率在 90% 以上，承压后孔隙率明显降低。

(2) 渗透特性

土工合成材料的渗透特性用其渗透系数和透水率来评价。

渗透系数分垂直渗透系数和水平渗透系数两种。垂直渗透系数是指与土工织物平面垂直方向的渗流的水力梯度等于1时的渗透流速；水平渗透系数是指在土工织物内部沿平面方向的渗流的水力梯度等于1时的渗透流速。透水率是指水位差等于1时垂直于土工织物平面方向的渗透流速。

土工合成材料的渗透特性包括两个方向：对土工织物来讲，渗透特性指的是它的透水性；对于土工膜来讲，则是指它的防渗性。

土工合成材料的厚度会影响水力梯度和渗透系数的精度，因此，在试验过程中要准备测定土工合成材料的厚度。水流状态的改变也会影响试验结果，当水力梯度大于某一数值后，水流将由层流变为紊流，此时测得的渗透系数一般会导致低估土工合成材料的透水性能。

3. 土工合成材料在公路工程中的应用

土工合成材料可用于公路路基、挡土墙、路基防排水、路基防护、路基不均匀沉降、路面裂缝防治、特殊土和特殊路基处治、地基处理等工程中,可按表 9-1 的规定选择合适的土工合成材料。以下介绍土工合成材料应用于五种场合的使用与要求。

土工合成材料的工程应用　　　　表 9-1

应用场合	土工合成材料种类
	宜采用的土工合成材料
路基加筋	土工格栅、土工织物、土工格室
路基防排水	排水管、排水板、复合土工膜、无纺土工织物、土工织物土膨润土垫、透水软管、透水硬管等
路基防护	三维土工网、平面土工网、土工格室、土工膜袋、植生袋
路基不均匀沉降	土工格栅、土工织物、土工格室、ESP
路面裂缝防治	无纺土工织物、玻璃纤维格栅
防沙固沙	土工格室、土工织物、土工格栅
膨胀土路基处治	土工格栅、无纺土工织物、复合土工膜
盐渍土路基处治与构筑物表面防腐	复合土工膜、土工织物、土工格栅

1) 路基加筋

当路基的稳定性不足时,需要构筑陡坡以减少占地,以及对路堤边坡进行修复加固、道路加宽、增强重力式挡土墙的稳定性时,可采用土工合成材料加筋。当土工合成材料单纯用于加筋目的时,宜选择整体性与耐久性好、强度高、变形小的土工格栅、高强土工织物、土工室等土工合成材料。

2) 路基防排水

过滤宜采用无纺织物,排水可选用排水板(带)、排水、透水软管、透水硬管、长丝热黏排水体或其他土工合成材料,防渗可选用土工膜、复合土工膜、土工织物膨润土垫及复合防水材料等。

独立用于排水、隔离的无纺土工织物,其强度应符合表 9-2 的规定,单位面积质量宜为 $300 \sim 500 \text{g/m}^2$,通常环境条件下宜采用Ⅱ级,所处条件良好可采用Ⅲ级;有冲刷等恶劣环境条件时应采用Ⅰ级。

无纺土工织物强度的基本要求　　　　表 9-2

测试项目	单位	用途分类					
		Ⅰ级		Ⅱ级		Ⅲ级	
		伸长率<50%	≥50%	<50%	≥50%	<50%	≥50%
握持强度	N	≥1400	≥900	≥1100	≥700	≥800	≥500
撕破强度	N	≥500	≥350	≥400	≥250	≥300	≥175
CBR 顶破强度	N	≥3500	≥1750	≥2750	≥1350	≥1000	≥950

3) 路基防护

路基防护主要包括坡面防护和冲刷防护。坡面防护用于防护易受自然因素影响而破坏的土质或岩质边坡;冲刷防护用于防护水流对路基的冲刷与淘刷。

(1)坡面防护

用土工合成材料进行土质边坡防护的边坡坡度宜在1:1.0~1:2.0之间;岩石边坡坡度宜缓于1:0.3。坡面防护常用的土工合成材料为三维土工网、平面土工网、土工格室、土工膜袋、植生袋等。用于坡面生态防护的三维土工网的性能应符合表9-3的要求。

坡面生态防护三维土工网性能要求　　　　　　　　　表9-3

单位面积质量(g/m^2)	厚度(mm)	极限抗拉强度(kN/m)	
		纵向	横向
≥400	≥16	≥3.2	≥3.2

(2)冲刷防护

冲刷防护是保证路基坚固与稳定的重要措施。沿河路基可采用土工织物软体沉排或土工膜袋进行冲刷防护。

土工织物软体沉排是在土工织物上以块石或预制混凝土块体为压重的护坡结构。土工织物软体沉排一般适用于水下工程及预计可能发生冲刷的路基坡面。视具体情况可采用单片垫和双片垫两种结构形式。单片垫是利用土工织物拼接成大面积的排体;双片垫是将两块单片垫重叠后按一定距离和形式将两片垫连接在一起而构成管状或格状空间,其中再填充透水性材料(如砂卵石等),起到防冲与反滤的作用。排体材料可采用聚丙烯编织型土工织物,为了加固排体和施工时便于牵引定位,排体材料每隔30~50cm应设一根尼龙绳。

土工膜袋是一种双层织物袋,袋中充填流动性混凝土或水泥砂浆或稀释混凝土,凝固后形成高强度和高刚度的硬结板块。土工膜袋材料应满足表9-4的技术要求。充填混凝土时,混凝土粗集料最大粒径应符合表9-5的要求,坍落度不宜小于200mm,其强度等级不低于C10;充填砂浆时,砂浆强度等级不低于M2.5。

土工膜袋材料要求　　　　　　　　　表9-4

指标内容	指标要求
强度(N)	≥1500
渗透系数(10^{-3}cm/s)	0.86~10.0
等效孔径O_{95}(mm)	0.07~0.15
延伸率(%)	≤15

混凝土集料的最大粒径要求　　　　　　　　　表9-5

土工膜袋厚度(mm)	集料最大粒径d(mm)
150~250	$d≤20$
≥250	$20<d≤40$

4)路基不均匀沉降防治

路基填挖交界处、高填方路堤与陡坡路堤、软土地基路堤、软土地基不同处理方式交界处、改扩建公路新老路基结合处及路基与桥台构造物结合处等路段,可采用土工合成材料防治路基不均匀沉降。

防治路基不均匀沉降宜采用整体性和耐久性好、强度高、变形小的双向或三维土工格栅、高强土工织物、土工格室等土工合成材料,其性能应满足表9-6的要求。

防治路基不均匀沉降土工合成材料要求 表9-6

材　　料	要　　求
土工格栅、高强度土工织物	极限抗拉强度≥50kN/m,2%伸长率时的抗拉强度≥20kN/m
EPS块	密度在20～30kg/m³之间,抗压强度≥100kPa
土工格室	格室片极限抗拉强度≥20kPa,焊接处极限抗拉强度≥20kN/m,高度≥10cm。宜用于软土地基顶部处理垫层

5）路面裂缝防治

土工合成材料可应用于路面结构中,铺设于旧沥青路面、旧水泥混凝土路面的沥青加铺层底部或新建道路沥青面层底部,减少或延缓由旧路面对沥青加铺层的反射裂缝,或半刚性基层对沥青面层的反射裂缝。应用于路面裂缝防治的土工合成材料宜采用玻纤网、土工织物等。用于裂缝防治的玻纤网、土工织物应分别满足表9-7和表9-8的规定。实际采用的玻纤网网孔尺寸宜为其上铺筑的沥青面层材料最大粒径的0.5～1.0倍。采用的土工织物应能耐170℃以上的高温。

用于路面裂缝防治的玻璃纤维格栅要求 表9-7

技　术　指　标	技　术　要　求	测试温度(℃)
极限拉伸强度(kN/m)	≥50	20±2
极限伸长率(%)	≤4	20±2
网孔形状尺寸	矩形,孔径宜为其上铺筑的沥青面层材料最大粒径的0.5～1.0倍	20±2
热老化后断裂强度	经170℃、1h热处理,其经向和纬向拉伸断裂强度应不小于原强度的90%	

用于路面裂缝防治的聚酯玻璃纤维无纺土工织物技术要求 表9-8

单位面积质量 (g/m²)	抗拉强度 (kN/m)	极限抗拉强度 纵、横比	极限延伸率(%) (纵、横向)	CBR顶破强度 (kN)
125～200	≥8.0	1.00:1.20	≤5	≥0.55

课后任务

任务一　什么叫土工合成材料？分几类？

任务二　土工织物有哪些技术要求？

任务三　土工合成材料的作用有哪些？

参 考 文 献

[1] 中华人民共和国行业标准.JFG E40—2007 公路工程土工试验规程[S].北京:人民交通出版社,2007.

[2] 中华人民共和国行业标准.JTG E41—2005 公路工程岩石试验规程[S].北京:人民交通出版社,2005.

[3] 中华人民共和国行业标准.JTG E42—2005 公路工程集料试验规程[S].北京:人民交通出版社,2005.

[4] 中华人民共和国国家标准.GB/T 14684—2011 建筑用砂[S].北京:中国标准出版社,2011.

[5] 中华人民共和国国家标准.GB/T 14685—2011 建筑用卵石、碎石[S].北京:中国标准出版社,2011.

[6] 中华人民共和国国家标准.GB 175—2007 通用硅酸盐水泥[S].北京:中国标准出版社,2007.

[7] 中华人民共和国行业标准.JTG E30—2005 公路工程水泥及水泥混凝土试验规程[S].北京:人民交通出版社,2005.

[8] 中华人民共和国国家标准.GB/T 1346—2011 水泥标准稠度用水量、凝结时间、安定性测定方法[S].北京:中国标准出版社,2011.

[9] 中华人民共和国国家标准.GB/T 1596—2017 用于水泥和混凝土中的粉煤灰[S].北京:中国标准出版社,2017.

[10] 中华人民共和国国家标准.GB/T 50146—2014 粉煤灰混凝土应用技术规范[S].北京:中国标准出版社,2014.

[11] 中华人民共和国行业标准.JTG/T F30—2014 公路水泥混凝土路面施工技术细则[S].北京:人民交通出版社,2014.

[12] 中华人民共和国行业标准.JT/T 994—2015 公路工程路面基层用水泥[S].北京:人民交通出版社股份有限公司,2015.

[13] 中华人民共和国国家标准.GB 50119—2013 混凝土外加剂应用技术规范[S].北京:中国建筑工业出版社,2013.

[14] 中华人民共和国行业标准.JGJ 55—2011 普通混凝土配合比设计规程[S].北京:中国建筑工业出版社,2011.

[15] 中华人民共和国国家标准.GB 50164—2011 混凝土质量控制标准[S].北京:中国标准出版社,2011.

[16] 中华人民共和国国家标准.GB/T 50080—2016 普通混凝土拌和物性能试验方法标准[S].北京:中国标准出版社,2016.

[17] 中华人民共和国行业标准.JGJ 70—2009 建筑砂浆基本性能试验方法[S].北京:中国建筑工业出版社,2009.

[18] 中华人民共和国行业标准.JGJ/T 98—2010 砌筑砂浆配合比设计规程[S].北京:中国建筑工业出版社,2010.

[19] 中华人民共和国行业标准.JTG E51—2009 公路工程无机结合料稳定材料试验规程

[S].北京:人民交通出版社,2009.
[20] 中华人民共和国行业标准.JTG/T F20—2015 公路路面基层施工技术细则[S].北京:人民交通出版社股份有限公司,2015.
[21] 中华人民共和国行业标准.JTG E20—2011 公路工程沥青及沥青混合料试验规程[S].北京:人民交通出版社,2011.
[22] 中华人民共和国行业标准.JTG D50—2017 公路沥青路面设计规范[S].北京:人民交通出版社股份有限公司,2017.
[23] 中华人民共和国行业标准.JTG F40—2004 公路沥青路面施工技术规范[S].北京:人民交通出版社,2004.
[24] 中华人民共和国国家标准.GB/T 5224—2014 预应力混凝土用钢绞线[S].北京:中国标准出版社,2014.
[25] 中华人民共和国国家标准.GB 13788—2017 冷轧带肋钢筋[S].北京:中国标准出版社,2017.
[26] 中华人民共和国国家标准.GB 1499.1—2017 钢筋混凝土用 热轧光圆钢筋[S].北京:中国标准出版社,2017.
[27] 中华人民共和国国家标准.GB 1499.2—2018 钢筋混凝土用 热轧带肋钢筋[S].北京:中国标准出版社,2018.
[28] 中华人民共和国国家标准.GB/T 228.1—2010 金属材料 室温拉伸试验方法[S].北京:中国标准出版社,2010.
[29] 中华人民共和国国家标准.GB/T 232—2010 金属材料 室温弯曲试验方法[S].北京:中国标准出版社,2010.
[30] 中华人民共和国行业标准.JTG/T E50—2006 公路工程土工合成材料试验规程[S].北京:人民交通出版社,2006.
[31] 中华人民共和国行业标准.JTG/T D32—2012 公路土工合成材料应用技术规范[S].北京:人民交通出版社,2012.
[32] 张超,支喜兰.道路工程[M].北京:人民交通出版社股份有限公司,2016.
[33] 钱进.土质与筑路材料[M].北京:人民交通出版社,2006.